ZHONGGUO FAYUAN HUANJING ZIYUAN
CAIPAN GUIZE YU ANLI JINGXI

中国法院环境资源裁判规则与案例精析

编委会主任

江必新

最高人民法院党组副书记、副院长，环境资源司法研究中心主任

编委会副主任

郑学林

最高人民法院立案庭庭长、环境资源司法研究中心副主任

曹守晔

最高人民法院研究室审判员，环境资源司法研究中心副主任、学术委员会委员

王旭光

最高人民法院环境资源庭庭长、环境资源司法研究中心学术委员会副主任

中国法制出版社

CHINA LEGAL PUBLISHING HOUSE

最高人民法院院长周强对第二次全国法院环境资源审判工作会议的批示

（2018年11月22日）

生态文明建设是关系中华民族永续发展的根本大计。生态环境是关系党的使命宗旨的重大政治问题，也是关系民生的重大社会问题。人民法院充分发挥司法职能，加强环境资源审判工作，既是推动美丽中国建设和绿色发展的重要举措，也是践行司法为民宗旨、不断满足人民群众多元司法需求的必然要求。

近年来，各级人民法院紧紧围绕党和国家工作大局，依法审理各类环境资源案件，加强环境资源审判专业化建设，切实维护国家生态安全和人民群众环境权益，深化环境法治宣传和国际司法交流合作，为服务保障生态文明建设、促进经济高质量发展作出了积极贡献。

面对新形势新任务，各级人民法院要坚持以习近平新时代中国特色社会主义思想为指导，深入学习领会习近平生态文明思想，坚持用最严格制度最严密法治保护生态环境，切实增强做好环境资源审判工作的责任感、使命感，服务生态环境保护工作大局。要高举新时代改革开放旗帜，深刻把握环境资源审判工作的新使命新任务，坚持以改革创新为动力，依法审理各类环境资源案件，进一步完善环境资源审判体制机制，健全生态环境损害赔偿和司法修复制度，推进区域司法协作、全流域协同治理，不断提高环境司法的能力和水平。要深入调研人民群众对环境司法新需求，密切跟踪生态环境保护中出现的新情况新问题，健全完善司法政策，加强制度建设，确保环境资源案件处理实现政治效果、法律效果和社会效果的有机统一，努力让人民群众在每一个司法案件中感受到公平正义。

最高人民法院副院长江必新在第二次全国法院环境资源审判工作会议上的讲话（节选）

（2018 年 11 月 22 日）

……

二、以习近平生态文明思想统领环境资源审判工作

习近平生态文明思想是习近平新时代中国特色社会主义思想的重要组成部分，指明了新时代推进生态文明建设的方向，是新时代生态文明建设的根本遵循和行动指南。各级人民法院要深入学习贯彻习近平生态文明思想，准确把握服务新时代生态文明建设和绿色发展的目标任务，切实提高政治站位，进一步增强责任感使命感，把习近平生态文明思想体现和贯彻到环境资源审判工作全过程，围绕大局、完善思路、谋划发展，为新时代生态文明建设和绿色发展提供有力司法服务和保障。

牢固树立以人民为中心的根本理念。习近平总书记指出，人民对美好生活的向往，就是我们的奋斗目标。良好的生态环境是最普惠的民生福祉。各级人民法院要始终将人民群众对美好生活的向往作为环境资源审判工作的根本出发点和落脚点，努力为人民群众提供更加优质高效的司法服务。要积极创新工作方法，依法保障人民群众对环境司法的知情权、参与权和监督权，维护人民群众在健康、舒适、优美生态环境中生存发展的权利，不断提升人民群众的获得感、幸福感、安全感。

紧紧围绕打好污染防治攻坚战的总体目标。习近平总书记指出，要打好污染防治攻坚战，使全面建成小康社会得到人民的认可、经得起历史的检验。各级人民法院要认真贯彻落实习近平总书记的重要指示，围绕重污染天气、黑臭水体、垃圾围城、农村环境恶化等突出环境问题，坚持保护优先，加大对大气、水、土壤污染案件的审理力度，综合运用刑事、民事和行政责任方式，促

进环境整体改善，还人民群众蓝天白云、繁星闪烁、清水绿岸、鱼翔浅底。要把服务美丽乡村建设、助推乡村振兴战略作为环境资源审判工作新的发力点，服务绿色兴农，推进农村人居环境治理行动，保护好人民群众的米袋子、菜篮子、水缸子、城镇后花园，为人民群众留住鸟语花香与田园风光。

准确把握发展与保护协同共生的辩证关系。习近平总书记指出，绿水青山就是金山银山。各级人民法院要充分认识到绿水青山既是自然财富、生态财富，又是社会财富、经济财富。要准确把握发展经济与保护环境之间互为基础、互为目标、相互协调的关系，自觉在思想上行动上将两者统一起来。要坚持协同推进的指导思想，不断创新审判执行方式，以保护生态环境促进经济发展，以保障经济发展反哺生态环境改善，促进良性互动，形成良性循环。要统筹协调经济社会可持续发展与生态环境保护的关系，找准环境保护、经济发展与人民群众环境权益之间的平衡点，推动经济高质量发展和生态环境高水平保护。

切实强化最严格制度最严密法治的底线意识。习近平总书记指出，要用最严格的制度、最严密的法治保护生态环境。各级人民法院要坚持法律底线、生态红线不可触碰的理念，健全完善行政执法与环境司法衔接机制，严厉惩治严重污染环境、破坏生态以及玩忽职守、滥用职权导致生态环境严重损害的犯罪行为，提升环境犯罪成本，震慑潜在环境危害者。要正确运用法律解释规则和裁判方法，通过专门化的审判落实最严格的源头保护、损害赔偿和责任追究制度，着力解决生态环境的修复难问题，推动实现政治效果、法律效果、生态效果和社会效果的统一。要积极参与环境立法和政策制定，不断增强司法政策的及时性、系统性、针对性和有效性，让法律制度真正成为刚性的约束和不可触碰的高压线。

严格遵循山水林田湖草系统保护的科学路径。习近平总书记指出，生态是统一的自然系统，是相互依存，紧密联系的有机链条。人的命脉在田，田的命脉在水，水的命脉在山，山的命脉在土，土的命脉在林和草。各级人民法院要深刻领会习近平总书记关于山水林田湖草是生命共同体的重要论述，从系统工程和全局视野开拓司法参与环境治理的科学路径。要在认真学习贯彻落实的基础上结合各辖区的地域特点，按照生态系统的内在规律，确定山水林田湖草系统保护的基本思路，研究有效对策，创新具体举措。要充分考量针对特定环境要素的修复行为对生态环境整体造成的影响，最大限度运用近自然方法、生态化技术确定修复方案，不断提升环境修复的系统性、整体性、功能性和均衡性。

推动实现人与自然和谐共生的美丽愿景。习近平总书记指出，人与自然是生命共同体，人类对大自然的伤害最终会伤及人类自身。生态环境没有替代品，用之不觉，失之难存。习近平生态文明思想从“天人合一”等中国传统哲学思想中汲取了丰富的营养，自人类处理与生态环境关系的历史中总结了正反两方面的经验教训，确立人与自然和谐共生的理念，为我们描绘了望得见山、看得见水、记得住乡愁的美丽愿景。各级人民法院要坚持尊重自然、顺应自然、保护自然，像保护眼睛一样保护生态环境，像爱护生命一样爱护生态环境的理念，在审理案件时，本着节约优先、保护优先、自然恢复为主的原则，尽量减少人类活动对自然的干扰，通过有效法律手段把生产生活规制在环境承载力和环境容量范围内，还自然以宁静、和谐、美丽。

三、准确把握环境资源审判面临的形势和任务

当前，我国正处于全面建成小康社会决胜期和“两个一百年”奋斗目标的历史交汇期。既要全面建成小康社会、实现第一个百年奋斗目标，又要乘势而上开启建设社会主义现代化强国新征程，向第二个百年奋斗目标进军。站在新的历史起点，环境资源审判面临着前所未有的发展机遇。各级人民法院必须倾听时代足音、紧扣时代脉搏、迈开时代步伐，进一步增强政治责任感和历史使命感，积极回应时代赋予的新命题，努力做好时代的答卷人，自觉承担起环境资源审判肩负的历史使命。

中国特色社会主义进入新时代赋予了环境资源审判全新内涵。党的十九大作出了中国特色社会主义进入新时代的重大政治判断，明确了中国发展新的历史方位，指明了中国特色社会主义的时代特征和历史使命。环境资源审判应当遵循新时代的发展逻辑，打上新时代的烙印，为新时代的发展服务，并在服务新时代的过程中实现自身的进步和发展。各级人民法院要深刻领会新时代的内涵，准确把握新时代中国特色社会主义建设的目标，充分认识新时代我国社会主要矛盾发生历史性变化对人民法院工作的重大影响，围绕人民群众日益增长的对美好生态环境和公正环境资源司法保障的需求与人民法院环境资源审判工作发展不平衡、人民群众环境权益司法保障不充分之间的矛盾，找准环境资源审判服务新时代的结合点、切入点和着力点，不断完善审判理念、工作机制和裁判方法。要着眼于2020年全面建成小康社会、打赢污染防治攻坚战的当前任务和2035年生态环境根本好转的中长期目标，前瞻性地谋划各项工作，推动环境资源审判符合新时代需求，适应新时代发展，为建设富强民主文明和谐美丽的现代化强国、实现中华民族伟大复兴贡献力量。

党中央的高度重视为环境资源审判带来了历史机遇。习近平总书记亲自出席全国生态环境保护大会并发表重要讲话，全面阐述习近平生态文明思想。中央密集出台多项改革措施，生态文明体制的“四梁八柱”已经基本建立；严厉惩处祁连山、秦岭等地发生的严重破坏生态环境事件，开展中央环境保护督查行动，得到人民群众的衷心拥护；确立了长江经济带“共抓大保护、不搞大开发”重要发展方略，抓环保就是抓可持续发展的观念日益深入人心；生态文明建设取得全方位、开创性成就，发生深层次、根本性变革，为环境资源审判工作提供了历史机遇。各级人民法院要充分认识当前生态文明建设在国家发展和改革大局中的重要地位，对标中央的部署要求和工作力度寻找自身差距，不断在思想上提高认识，在工作中提高能力水平，凝心聚力、砥砺前行，自觉将环境资源审判工作打造成新时代生态文明建设的强劲助推器。

法律体系不断健全为环境资源审判开辟了广阔领域。当前，我国生态文明立法已经进入快车道，环境法律体系不断健全完善，环境责任体系不断丰富发展。今年3月通过的宪法修正案增加了贯彻新发展理念，建设生态文明和美丽中国，推动构建人类命运共同体等重要内容。民法总则将绿色原则确立为民法的基本原则；大气污染防治法、土壤污染防治法、海洋环境保护法等系列单行法得以制定或修订完善；民事诉讼法、行政诉讼法正式确立了检察公益诉讼制度；生态环境损害赔偿诉讼制度开始在全国试行。各级人民法院要认真学习领会宪法修正案的核心要义和法律规定的新精神、新内容，着力提高学法、用法的能力水平，依法独立、公正、高效审理各类环境资源案件，加强对环境资源新领域、新类型案件的理论和实务研究，及时作出司法回应，为推进生态文明建设提供有效法治保障。

服务保障经济高质量发展对环境资源审判提出了更高要求。我国经济已由高速增长阶段进入高质量发展阶段。各级人民法院要把推动经济高质量发展作为发挥环境资源审判职能作用的重要方面。要深入研究辖区内经济发展和环境保护工作面临的现实需求，充分发挥审判智慧，准确适用法律和司法解释的规定，合理探索创新审判执行方式，做好经济发展与环境保护之间协调与制约的动态平衡。要通过司法审判支持新兴产业发展，推动传统产业智能化、清洁化改造，督促重点排污企业依法公开环境信息，完善企业生态环境保护社会责任体系，助力构建科技含量高、资源消耗低、环境污染少的绿色产业结构。要高度关注自然资源开发利用领域以及共享经济、绿色建筑、新能源、新业态等领域环境资源案件，通过依法审理相关案件，推动构建绿色生产和生活方式，实现经济全面发展、社会全面进步、生态全面优化。

生态环境监管体制改革为环境资源审判提供了有利契机。生态环境监管体制改革是生态文明建设领域重要改革事项，将会推动环境治理体系和治理能力实现巨大飞跃。各级人民法院要抓住设立国有自然资源资产管理和自然生态监管机构，统一行使全民所有自然资源所有者职责、国土空间用途管制和生态保护修复职责、监管城乡各类污染排放和行政执法职责的契机，破解环境污染、生态破坏案件和自然资源开发利用案件审判中的难题。要密切跟踪本地区环境监管体制改革进程，强化与环境资源行政主管部门的协调联动，形成环境资源保护合力。要积极关注改革进程中出台的新政策，深入研究对审判工作可能产生的影响，主动适应生态环境监管体制改革的要求，实现环境资源审判工作的新提升。

人民法院司法体制改革为环境资源审判提出了实践课题。人民法院司法体制综合配套改革正在深入推进。作为司法综合配套改革的一项重要内容，省以下人民法院内设机构改革在严格控制内设机构规模的同时，必然会对环境资源审判专门化提出新的课题。各级人民法院必须提高思想认识，坚决服从改革大局，充分发挥主观能动性，深入调查研究，加大创新力度，探索在新形势下推动环境资源审判专门化发展的新方法新路径。要下大力气破解环境资源审判专门化发展的体制机制障碍，坚决避免踩急刹车、走回头路，努力实现司法综合配套改革与环境资源审判专门化的协同推进。

四、开辟环境资源审判工作的新境界

当前，生态文明建设正处于压力叠加、负重前行的关键期，已进入提供更多优质生态产品满足人民日益增长的优美生态环境需要的攻坚期，也到了有条件有能力解决生态环境突出问题的窗口期。做好当前和今后一个时期环境资源审判工作，总的思路和要求是：坚持以习近平新时代中国特色社会主义思想为指导，深入学习领会习近平生态文明思想，高举新时代改革开放旗帜，深刻把握新时代环境资源审判工作的新使命新任务，紧紧围绕“努力让人民群众在每一个司法案件中感受到公平正义”的目标要求，坚持司法为民、公正司法，以改革创新为动力，以服务保障污染防治攻坚战、服务保障经济高质量发展、服务保障生态文明体制改革、健全完善环境资源审判体制机制、加强环境资源审判队伍建设为重点，充分发挥审判职能作用，依法公正高效审理各类环境资源案件，以最严格制度最严密法治保护生态环境，维护国家利益、社会公共利益和人民群众环境权益，为推进新时代生态文明建设和绿色发展、建设美丽中国提供更加坚强有力的司法服务和保障。

（一）打造审判质效新高地

近年来，人民法院审理的一批环境资源重大典型案件被媒体广为关注，受到了全社会的广泛赞誉，充分说明了高质量的司法审判对于增强人民群众环境法治信仰，提升环境司法公信力的巨大作用。

一是要突出重点案件的审理。要围绕助力打好三大污染防治攻坚战的目标，持续加大对大气、水、土壤污染案件的审判力度，切实保障人民群众在蓝天、碧水、净土的良好生态环境中生活的权利。要以打赢蓝天保卫战为目标，加大对京津冀及周边、长三角、汾渭平原等重点区域大气污染纠纷案件的审判力度。要以打赢绿水保卫战为目标，加大对长江、黄河、鄱阳湖、洞庭湖、太湖等重点水域的水污染纠纷案件的审判力度。要以打赢净土保卫战为目标，严格按照土壤污染防治法的规定，准确界定土壤污染责任主体，探索多样化责任承担方式，妥善确定污染地治理、修复和再利用方案，维护人民群众食品安全和生活环境安全。

二是要不断提高审判质效。要充分认识高质量的司法审判对于提升司法公信力、促进全社会法治信仰形成的重要意义，坚持精品战略，以高质量审判为发展目标，不断强化质量意识和责任意识。要把习近平生态文明思想具体贯彻落实到审判执行工作的全过程，坚持法治原则，严格公正司法，保障当事人各项实体权利和程序权利。要遵循环境资源审判特殊规律，不断提升审判程序精细化水平，充分发挥庭审的功能作用，确保案件认定事实清楚，适用法律正确，裁判结果符合生态环境保护的客观需求。要高度重视裁判文书的载体作用，强化文书说理。要大力推进落实庭审公开、裁判文书上网以及人民陪审等制度，自觉接受人民群众监督，让司法权在阳光下运行，用看得见的方式彰显公平正义。要跳出就案办案的窠臼，善于总结案件审判中有价值的经验做法，将之理论化、系统化，提炼上升为能够普遍适用的制度规则，推动裁判规则的统一。

三是要注重总结提炼典型案例。各级人民法院要将总结提炼典型案例作为推进精品化审判的重要内容。要深入挖掘案件价值，发扬精益求精、专注敬业的工匠精神，做好典型案件的提炼、打磨和发布。今后最高人民法院发布的典型案例将主要从下级法院已经发布的典型案例中筛选。要不断加大案件宣传力度，拓展宣传载体、改进宣传方式、丰富宣传渠道。要充分运用法院官网、微信公号、微博同步直播案件的庭审，通过定期发布白皮书、召开新闻发布会等方式开展宣传。要牢牢把握宣传工作正确的政治方向、舆论导向和价值取向，通过典型案件宣传传播法治声音、培育法治精神、汇聚法治力量，推动形成人人依法履行环境保护法律义务的良好社会氛围。

（二）推动审判体制新发展

专门机构建设是做好环境资源审判工作的组织保障。新时代推进环境资源审判专门机构建设，必须着重关注以下问题。

一是要科学设置机构。实践证明，设立了环境资源审判专门机构的高级法院在推动辖区生态环境司法保护方面发挥了重要的指导和引领作用。已经设立专门机构的高级法院，要认真研究推动机构建设新发展。尚未设立专门机构的高级法院，必须尽快补足短板，把环境资源审判专门机构的设立纳入重要议事日程，积极协调，努力推进。新设机构确有困难的，可以在相关审判庭加挂牌子，并配备专职审判人员。要准确把握中级、基层法院“按需设立”机构的精神内涵，在重点区域、流域，如京津冀、长三角、汾渭平原、粤港澳大湾区以及福建、贵州、江西、海南等国家生态文明试验区，应当设立专门机构负责环境资源案件的审理。要认真梳理辖区内环境资源审判机构建设情况，因地制宜设立环境资源审判庭、派出法庭或合议庭，实现对重点区域、流域全覆盖。

二是要适应内设机构改革新要求。各级人民法院要准确把握内设机构改革和专门化审判的关系，对运行良好、区位优势明显、案件数量较多、审判力量较强或是实行跨行政区划集中管辖环境资源案件的中基层法院，要尽可能保留专门机构。不能全部保留已有机构的，应当在辖区内保留部分中基层法院的专门机构并实行跨行政区划集中管辖。对确实不符合保留条件的专门机构，可以通过设立环境资源派出法庭、在相关审判庭加挂牌子，或者组建专业化审判团队等替代方式最大限度保障审判专门化。

三是要确保环境资源案件由专门机构审理。从调研反映的情况看，部分地方法院设立的专门机构存在不能凝心聚力审理环境资源案件的情况。这一问题发生的原因，既有主观上的认识不到位，又有客观上环境资源案件范围不清晰的因素。目前，最高人民法院正在制定环境资源案件范围的规定，有望于年底前出台。各级人民法院要提高思想认识，结合辖区内环境资源案件类型、数量、特点，妥当确定环境资源专门审判机构的职责范围。要坚持统一指导、协同审判的原则，对相关审判庭审理的环境资源类案件，由环境资源审判专门机构统一牵头协调指导工作。要推动案件分配机制科学化，确保环境资源审判专门机构审理专业案件。

（三）构建环境资源审判新机制

各级人民法院要深刻认识机制建设对于推动环境资源审判工作的重要作用，坚持创新引领，重点在以下几个方面下功夫，推动机制建设取得新成效。

一是要继续探索跨行政区划集中管辖机制。要充分认识集中管辖制度对于打破地方保护主义藩篱，实现区域流域生态环境一体化保护目标的重要意义。要持续推进省级行政区划范围内集中管辖，认真研究集中管辖可能涉及的环境修复资金的赔付和使用，环境修复工作的开展，刑事案件、行政公益诉讼案件异地办案与公安机关、检察机关的工作衔接，以及当事人诉讼便利等具体问题，不断创新、改进工作方法。要积极探索在京津冀、长江流域、汾渭平原等重点区域实行跨省级行政区划集中管辖的可行性，在落实《京津冀法院环境资源审判协作框架协议》《长江经济带11+1省市高级人民法院环境资源审判协作框架协议》等已有合作成果的基础上加强协商，妥善确定跨区划管辖法院和跨区划管辖范围，形成可资借鉴的经验向全国推广。

二是要完善协调联动机制。各级人民法院要准确认识司法权在环境治理中的角色定位，积极构建和完善与公安机关、检察机关、环境资源行政主管部门的协调联动机制。要充分利用人民法院信息化建设和智慧法院建设的有利契机，打造环境保护信息共建共享平台，以科技手段拓展协调联动范围，简化协调联动程序，充分发挥协调联动机制效能。要针对当前环境修复资金保管难、使用难的问题，加大与发展改革部门、财政部门的沟通协调，建立健全公益诉讼、生态环境损害赔偿诉讼专项资金的保管、使用、审计监督及责任追究制度，让修复资金真正用于生态环境的修复。要针对环境损害司法鉴定机制尚不完善等问题，进一步加强与司法行政主管部门和生态环境主管部门的沟通，推动健全完善科学、公平、中立的环境损害司法鉴定制度。要充分发挥司法建议的作用，针对环境资源案件审判执行过程中发现的问题，积极向当地政府和有关部门发出司法建议。

三是要健全多元纠纷解决机制。要围绕人民群众对环境纠纷解决方式多样性需求，在加强环境资源审判工作的同时，积极建立健全多元化纠纷解决机制，推动完善仲裁、行政调解、人民调解、行业调解以及商事调解等非诉讼纠纷解决机制，发挥技术专家在化解环境资源纠纷中的作用。要认真研究土壤污染防治法等法律有关行政调处的规定，在尊重当事人意愿的前提下，充分发挥环境资源行政主管部门认定损害事实、确定损害结果的技术优势，鼓励当事人在行政机关的主持下解决矛盾纠纷。要充分发挥司法确认程序的积极作用，以完善生态环境损害赔偿诉讼诉前磋商制度为重点，加强诉讼和非诉讼纠纷解决机制的衔接配合，为环境纠纷的解决提供多元化选择。

（四）完善环境资源裁判新规则

各级人民法院要不断加强环境资源案件的类型化研究，进一步完善环境资源案件裁判规则。

一是要加强对环境资源审判专门规则的探索实践。要探索区分大气、水、土壤等物质污染与噪声、振动等能量污染以及生态破坏案件审理中的归责原则、举证责任分配规则和责任承担方式。在审理自然资源开发利用类案件时，要关注行政机关依法行使行政监管职能与作为民事主体参与民事活动的身份交织对案件审判规则可能产生的影响。要积极开展对于碳排放权交易、排污权交易、水权交易、新能源开发利用、绿色金融、环境保险等新类型案件裁判规则的研究。要探索在法律没有明确规定情况下案件裁判规则的适用，研究个案解决问题的最优路径，为法律和司法解释的制定或修改积累实践经验和素材。

二是要加强环境公益诉讼和生态环境损害赔偿诉讼规则的探索实践。要充分认识社会组织提起环境公益诉讼对于落实公众参与原则的重大意义，按照民事诉讼法的相关规定保障社会组织依法提起环境民事公益诉讼。案件审理中发现社会组织利用公益诉讼牟取经济利益的，应当依法予以制裁，并及时向有关机关发送司法建议。要认真贯彻落实民事诉讼法、行政诉讼法和检察公益诉讼司法解释的规定，加强检察公益诉讼实证研究，在遵循民事诉讼、行政诉讼基本制度基础上不断完善审理程序和裁判规则，充分发挥检察公益诉讼制度促进依法行政、公正执法、维护国家利益和社会公共利益的重要作用。要准确把握生态环境损害赔偿诉讼的性质，发挥诉前磋商制度在生态环境损害赔偿中的积极作用，构建赔偿诉讼和环境公益诉讼的衔接机制，完善责任承担方式。最高人民法院正在制定相关司法解释，争取尽快出台。

三是要加强环境资源刑事、行政案件审判规则的探索实践。要遵循宽严相济的刑事政策，加强污染环境、破坏资源犯罪量刑规范化研究，细化将生态环境损害作为量刑情节的具体标准。要围绕审判实践中存在的环境污染刑事犯罪打击力度不够、缓刑适用比例较高、罚金刑运用不当等问题，积极研究对策，完善规则。要推动健全刑事司法与行政执法的衔接机制，统一环境资源刑事诉讼证据标准。要积极探索将劳务代偿、补种复绿等新型责任承担方式纳入刑事责任范围。要深入研究涉及信息公开、环境影响评价、自然资源开发利用审批等环境资源领域重点行政案件的裁判规则，尊重环境资源行政主管部门的首次判断权和自由裁量权，监督和支持行政机关依法履职。

（五）实现理论研究新提升

厚实的理论积累和储备是环境资源审判发展的重要保障。各级人民法院要充分挖掘内部潜力，善于借用外部资源，将理论研究不断推向更高水平。

一是要充分发挥环境审判智库的作用。各级人民法院不能仅满足于智库机构的建立，更要着力于充分发挥智库机构的功能和作用，进一步完善智库团队，强化智库机构自身管理。要结合审判实践的需要确定重点研究领域，建立研究成果的评估考核机制，避免研究同质化、重复化。

二是要提高理论研究的针对性。各级人民法院要深入调研、准确把握当前环境资源审判的重点、难点，将之作为今后理论研究和实践探索的主要课题，推动理论研究和司法实践深度融合。要从审判实践需求出发，站在推进环境司法发展的全局高度，研究民法典中有关环境资源保护的内容，提出切合实际的立法建议。要善于参考国外一些较为成熟的制度，借鉴地方法院实践中好的经验做法，在法律框架范围内加强对环境资源案件证据制度、专业性事实查明规则等疑难问题研究，完善举证责任分配、专家证人等制度设计，探索惩罚性赔偿规则的适用。21家实践基地所在高级法院要自觉承担起对实践基地的指导职责，支持、督促实践基地成为沟通理论和实践的桥梁，促进实践基地的功能作用有效发挥。

三是要提升对外交流的实效。要树立人类命运共同体、利益共同体、责任共同体的理念，推动和引导应对气候变化、节能减排、生物多样性保护等领域国际司法交流合作。要精心打造交流平台，深化与有关国家和国际组织的合作，拓展环境资源法官国际交流、培训及互访渠道，定期举办环境司法国际高端论坛，加强环境资源领域法律比较研究和司法案例信息共享，展示中国生态环境保护和环境司法的发展成就，广泛传播中国环境资源司法理念。要通过积极参与全球环境治理，促进形成公平合理、合作共赢的世界环境保护和可持续发展的司法解决方案，为全球生态文明建设作出积极贡献。

（六）实现队伍建设新跨越

各级人民法院要始终把环境资源审判队伍建设摆在重要地位，围绕审判工作需要选干部、配班子、育人才，为新时代环境资源审判工作提供更加有力的组织保障。

一是要旗帜鲜明讲政治。要坚持以习近平新时代中国特色社会主义思想、习近平生态文明思想以及关于政法工作的系列重要论述武装头脑、指导实践、推动工作，牢固树立“四个意识”、坚定“四个自信”、坚决做到“两个维护”，确保环境资源审判工作始终坚持正确的政治方向。要树立大局观念和全局意识，不折不扣地贯彻落实党中央重大决策部署，自觉将加强环境资源审判工作与促进经济发展、维护社会稳定、保障人民权益、弘扬社会主义核心价值观等有机结合起来，为党和国家大局服好务。

二是要着力提升司法能力水平。要针对环境资源审判的专业性和复杂性特点，注重生态环境相关领域知识的普及和环境资源法学知识的升级。要重点加强对新出台司法解释和规范性文件的学习，确保正确理解适用法律和司法解释。要全面学习环境资源刑事、民事、行政等不同案件类型的审判规则，提升准确把握裁判尺度和综合运用不同责任方式保护生态环境的能力。要围绕环境资源审判工作直接关系民生的特点，坚持走群众路线，提升一线审判人员群众工作能力，着力培养既能坐堂问案，又能上门办案的复合型审判人才，确保环境资源领域的矛盾纠纷得到妥善化解。要在业绩考核时充分考虑环境资源案件办理周期长、难度大的客观实际，不能单纯以办案数量作为业绩考核标准。

三是要深入推进党风廉政和纪律作风建设。要根据环境资源案件主体多元、利益重大、矛盾尖锐的特点，认真梳理廉政风险点，加大防控力度，时刻保持警钟长鸣。要加强制度建设，针对生态环境修复资金的保管和使用、司法鉴定机构的选择、环境修复机构的确定等重点环节，建立健全各项规章制度，严格按制度程序行使权力。要严格落实“五个严禁”、任职回避、干预过问案件记录通报追责等制度，努力打造一支政治强、本领高、作风硬、敢担当的专业化环境资源审判队伍。

目 录

Contents

一、涉环境污染防治和生态保护案件

二、刑事附带民事公益诉讼案件

三、涉自然资源开发利用案件

四、生态环境损害赔偿诉讼案件

五、环境资源刑事案件中的法律适用

六、环境资源行政案件

附　录

附录一　最高人民法院发布的指导案例

附录二　最高人民法院发布的典型案例

附录三　环境资源相关司法解释

一、涉环境污染防治和生态保护案件

001

湖南省首例破坏生态环境民事公益诉讼案件

——郴州市人民检察院诉武汉创盛环保科技有限公司等环境污染责任纠纷案①

内容摘要：本案是环境违法者在受到刑事处罚后又被追究民事责任的一个典型案例，是民事诉讼法修正之后湖南省首例由检察机关提起的破坏生态环境民事公益诉讼案件，也是湖南省三级人民法院最先开庭审理并作出判决而当事人又服判的环境民事公益诉讼案件。本案的审理成功实现了社会效果、法律效果的有机统一，在日益重视生态文明建设和绿色发展的新时代，具有颇多的借鉴性。

关键词：破坏生态环境　民事公益诉讼　赔偿责任

【裁判规则】

环境侵权责任的构成要件包括污染的事实是否存在以及侵权行为与损害后果是否存在因果关系；对污染的责任主体，需要把握好多名侵权人共同侵权的认定以及承担责任类型；对污染的责任承担，需权衡修复被损害生态环境、赔偿损失、赔礼道歉三者之间的责任。

① 本案例一审法院合议庭成员：罗水平、胡桐辉、杨爱华。

【典型案例】

〔案件索引〕

湖南省郴州市中级人民法院（2018）湘10民初3号民事判决书

〔基本案情〕

创盛公司于2007年11月5日成立，经营范围为再生资源开发利用、再生物资回收、环保化工原料制造、销售（不含危化品）等，法定代表人为黄某。2014年12月8日经武汉市环保局批复，该公司的危险废物处置项目投入试生产，后经延期批复，试生产期限截至2015年12月8日。2015年2月28日经湖北省环保厅批复，该公司在试生产期间可处置HW12染料、涂料废物、HW49其他废物、HW34废酸、HW17表面处理废物、HW22含铜废物等危险废物。2015年3月9日黄某与该公司的股东签订合同，自2015年3月10日起至2021年3月21日止承包该公司的经营权。创盛公司在经营过程中，对属于HW12类危险废物的油墨渣无法处置，而外运至有资质处置的宜昌危废处置中心处置，费用太高，配额太少，黄某遂要曹某威（创盛公司生产部经理）找人来回收，处置费用不超过600元每吨。曹某威遂通过王某新、王某福二人的介绍，联系到了无危险废物处理能力的曹某有。三方约定了油墨渣的处置费用。截至2016年1月，创盛公司在未审查曹某有是否具备危险废物处置能力的情况下，先后五次将健鼎公司、沪士公司委托其处置的危险废物HW12中的油墨渣以及少量的HW49中的废抹布、手套共十一车约377吨直接转交给曹某有处置。创盛公司共支付处置费用213850元，其中，曹某有得处置费163190元，王某福得介绍费8710元，曹某威和黄某共得回扣41950元。

曹某有将从创盛公司拉回来的危险废物随意倾倒、堆放在宜章县笆篱乡平原村泰兴爆竹厂对面山地、宜章县迎春镇长村乡长启村X065县道197KM+300M路段北面山地、宜章县迎春镇山上村马鞍山S354省道201KM路段东侧山地、临武县金江镇铁坑等地，仅进行了简单的填埋处置，未采取任何防渗漏措施。案发后，经宜章县环境保护监测站、郴州市环境监测站出具监测报告，湖南省环境保护厅出具认可意见，倾倒、填埋在宜章县迎春镇山上村马鞍山S354省道201KM路段东侧山地的废物取样检测出铅含量为1.99mg/L，超过了国家标准，pH酸碱度为1.78，具有强酸性，系有毒物质；倾倒、填埋在临武县金江镇铁坑的废物及土壤取样检测出镉、铅、铬、铜、镍、锌含量均超过了国家标准。

宜章县环保局于2016年5月对宜章县境内的相关危险废物埋藏地点进行了应急处置，转运至有危险废物经营许可证的衡兴公司处置。2017年5月底，宜章县环保局代交部分处置费用628550元，衡兴公司在收到该笔费用之后于2017年7月对危险废物进行了处置。关于临武县境内的危险废物，临武县环保局对现场进行了清理，将危险废物转运至临武县永发砷渣治理股份公司内，但尚未处置。

受宜章县环保局委托，湖南省环境保护科学研究院于2017年2月作出《湖南省郴州市宜章县跨省非法处置危害物事件污染损害鉴定评估报告》，鉴定评估结论为“本次事件污染源及特征污染物明确，污染物迁移途径清晰，与其所造成的环境损害存在直接关系，因果关系成立”“本次事件环境损害评估中无人身损害，本报告主要核算财产损失、生态环境损害、事务性费用以及后续处置费用，总费用为1466929元。”宜章县环保局支付评估鉴定费用120000元。

受临武县环保局委托，环境保护部华南环境科学研究所于2017年7月出具《临武县金江镇非法转移处置危险废物场地清运后环境污染损害评估报告》，鉴定评估结论为：“4.1 环境损害确认。倾倒行为导致倾倒点土壤部分监测指标超出基线水平。4.2 因果关系判定。（1）存在明确的污染来源和污染排放行为；（2）环境介质中存在污染源排放的污染物，且与污染源产生或排放的污染物（或污染物的转化产物）具有一致性；（3）存在污染物传输路径的合理性。4.3 环境损害量化。（1）事务性费用。资料调研及调查、危险废物现场清理转运及处置、环境监测、环境损害评估等费用共计67.996万元；（2）环境修复费用（生态环境损害）：38.4万元。”临武县环保局支付评估鉴定费用30000元。

创盛公司、黄某、曹某威对湖南省环境保护科学研究院、环境保护部华南环境科学研究所鉴定评估中心出具的评估报告提出异议，但未申请重新鉴定。郴州市人民检察院在举证期限内申请宜章县环境保护监测站、郴州市环境监测站、湖南省环境保护科学研究院、环境保护部华南环境科学研究所的鉴定人出庭，本院予以准许，并依法通知了鉴定人到庭接受双方的质询，鉴定人分别就监测报告和评估报告作了说明。

另查明，郴州市人民检察院于2017年7月25日在《检察日报》发布公告，告知郴州市人民检察院已对创盛公司等环境污染损害赔偿案立案审查，并督促有权提起诉讼的机关或有关组织就创盛公司等环境污染损害社会公共利益行为向人民法院提起民事公益诉讼。公告期满后，没有符合起诉条件的机关或有关组织向人民法院提起诉讼。

〔**裁判结果**〕

湖南省郴州市中级人民法院于2018年5月3日作出（2018）湘10民初3号民事判决：一、武汉创盛环保科技有限公司、黄某、曹某有、曹某威、王某新、王某福于本判决生效后三个月内处置好倾倒于临武县境内的危险废物，消除危险，并修复被损害生态环境（须经环保部门验收合格）。如武汉创盛环保科技有限公司、黄某、曹某有、曹某威、王某新、王某福在上述期限内未履行该义务，则应立即向本院指定的账户连带支付危险废物处置费588000元、环境修复费384000元，共计972000元，作为代履行费用；二、武汉创盛环保科技有限公司、黄某、曹某有、曹某威、王某新、王某福于本判决生效后十日内向本院指定的账户连带支付环保部门因处置临武县境内环境损害的调查费30000元、危险废物现场清理转运费11960元、环境监测费用20000元、环境损害评估费30000元，共计91960元；三、武汉创盛环保有限公司、黄某、曹某有、曹某威、王某新、王某福于本判决生效后十日内向本院指定的账户连带支付环保部门因处置宜章县境内环境损害的损失1466929元、评估鉴定费120000元，共计1586929元；四、武汉创盛环保科技有限公司、黄某、曹某有、曹某威、王某新、王某福于本判决生效后十日内通过郴州日报向社会公众赔礼道歉（内容须经本院审定）。宣判后，武汉创盛环保科技有限公司、黄某、曹某有、曹某威、王某新、王某福不上诉，判决书已经发生法律效力。

〔**裁判理由**〕

法院生效裁判认为，《最高人民法院、最高人民检察院关于检察公益诉讼案件适用法律若干问题的解释》第十三条规定："人民检察院在履行职责中发现破坏生态环境和资源保护、食品药品安全领域侵害众多消费者合法权益等损害社会公共利益的行为，拟提起公益诉讼的，应当依法公告，公告期间为三十日。公告期满，法律规定的机关和有关组织不提起诉讼的，人民检察院可以向人民法院提起诉讼。"本案中，郴州市人民检察院对案件拟提起公益诉讼的情况进行了公告，公告期满后，没有任何符合提起环境民事公益诉讼条件的机关或有关组织提起诉讼，故郴州市人民检察院提起本案诉讼符合上述规定，各方当事人对其主体资格亦无异议，本院对此予以确认。本案的争议焦点是以下三个方面：一、污染的事实是否存在以及侵权行为与损害后果是否存在因果关系；二、污染的责任主体应如何确定；三、污染的责任应如何承担。

一、关于污染的事实是否存在以及侵权行为与损害后果是否存在因果关系的问题

（一）曹某有将377吨危险废物从创盛公司运输到宜章县和临武县境内随意倾倒、堆放是不争的事实。案件发生后，环保部门依法进行了污染物取样，宜章县环境保护监测站、郴州市环境监测站依法进行了数据监测，出具了监测报告。湖南省环境保护科学研究院、环境保护部华南环境科学研究所依法进行了污染损害评估，出具了评估报告。《最高人民法院关于审理环境侵权责任纠纷案件适用法律若干问题的解释》第十条规定，负有环境保护监督管理职责的部门或者其委托的机构出具的环境污染事件调查报告、检验报告、检测报告、评估报告或者监测数据等，经当事人质证，可以作为认定案件事实的根据。宜章县环境保护监测站、郴州市环境监测站的监测报告，湖南省环境保护科学研究院、环境保护部华南环境科学研究所的评估报告，经庭审质证，可以作为认定本案事实的根据，能够证明废物堆放地受重金属污染的事实。

（二）根据《中华人民共和国侵权责任法》第六十五条关于“因污染环境造成损害的，污染者应当承担侵权责任”以及第六十六条关于“因污染环境发生纠纷，污染者应当就法律规定的不承担责任或者减轻责任的情形及其行为与损害之间不存在因果关系承担举证责任”的规定，污染环境造成损害的，应由污染者承担侵权责任，且适用无过错责任原则和举证责任倒置原则。创盛公司、黄某、曹某有、曹某威、王某新、王某福均未就法律上规定的不承担责任或者减轻责任的情形及其行为与损害之间不存在因果关系提交证据予以证明。相反，湖南省环境保护科学研究院、环境保护部华南环境科学研究所作出的评估报告均认定污染物排放行为与环境损害存在直接关系。因此，应认定创盛公司、黄某、曹某有、曹某威、王某新、王某福的侵权行为与环境损害的后果存在直接的因果关系。

二、关于责任主体的问题

本案中，曹某有擅自倾倒、堆放固体废物，对造成环境损害的后果应承担侵权责任。创盛公司将公司交由黄某内部承包经营，疏于监管，导致黄某将危险废物交由不具有危险废物处置资质的人员处置，对本案环境污染的发生应当承担相应的责任。黄某、曹某威为了获得非法利益，直接将危险废物交由曹某

有处置，对本案环境污染的发生也应当承担相应的责任。王某新、王某福为了获得非法利益，仍然将危险废物交给不具有危险废物处置资质的曹某有处置，对本案环境污染的发生亦应当承担相应的责任。创盛公司、黄某、曹某有、曹某威、王某新、王某福的行为直接结合，导致污染损害后果的发生，构成共同侵权。故，创盛公司、黄某、曹某有、曹某威、王某新、王某福对污染损害后果应承担连带责任。

三、关于责任应如何承担的问题

（一）由于本案倾倒于临武县境内的危险废物尚未处置，郴州市人民检察院请求判令创盛公司、黄某、曹某有、曹某威、王某新、王某福依法及时处置该危险废物，消除危险并修复被损害生态环境，应予以支持。如创盛公司、黄某、曹某有、曹某威、王某新、王某福在本院指定的期限内不履行环境修复义务，则应当依照环境保护部华南环境科学研究所的评估意见缴纳危险废物处置费用588000元、环境修复费用384000元，共计972000元，由本院委托具有相关资质的第三方代为履行。

（二）本案中临武县环保局支付的环境损害调查费用30000元、危险废物现场清理转运11960元、环境监测费用20000元、环境损害评估费用30000元以及宜章县境内环境污染的处置费用1466929元、评估鉴定费用120000元，属于为处置环境污染而发生的合理费用，创盛公司、黄某、曹某有、曹某威、王某新、王某福应予以赔偿。

（三）赔礼道歉属于环境民事公益诉讼被告承担民事责任的方式。涉案的污染环境行为导致损害发生后到恢复原状前生态环境服务功能的损失，影响了社会公众享有美好生态环境的精神权益，郴州市人民检察院请求判令创盛公司、黄某、曹某有、曹某威、王某新、王某福向社会公众赔礼道歉，应予以支持。

【法官评析】

本案是民事诉讼法修正之后湖南省首例由检察机关提起的破坏生态环境民事公益诉讼案件，也是湖南省三级人民法院最先开庭审理并作出判决的环境民事公益诉讼案件。笔者根据相关理论学说、法律法规以及部门规章的规定，结合司法实践，浅谈以下四个方面的问题：

一、提起环境民事公益诉讼的主体：检察机关

在英美法系国家的环境民事公益诉讼中，法律均赋予了检察总长或检察官原告资格，并允许检察总长授权公民提起环境民事公益诉讼。但是，在大陆法系国家，检察机关提起环境民事公益诉讼的主体资格存在立法空档。考察世界上各国司法实践，检察机关具备提起环境民事公益诉讼的原告资格已经成为大多数国家的做法。在这一背景下，近年来，我国开始了检察机关提起环境民事公益诉讼的实践探索。2014 年 10 月，党的十八届四中全会通过《中共中央关于全面推进依法治国若干重大问题的决定》，明确要求“探索建立检察机关提起公益诉讼制度”。2015 年 7 月 1 日，十二届全国人大常委会第十五次会议通过决定，授权最高人民检察院在北京市等 13 个省、自治区、直辖市开展为期两年的提起公益诉讼试点，拉开试点工作序幕，最高人民检察院按照授权决定要求，及时出台公益诉讼试点方案和实施办法，积极稳妥推进试点工作，始终把生态环境和资源保护领域作为办案重点，取得显著成效。2017 年 6 月 27 日，第十二届全国人民代表大会常务委员会第二十八次会议审议通过行政诉讼法和民事诉讼法修正案，正式建立检察机关提起公益诉讼制度。为了便于司法实践操作，最高人民法院与最高人民检察院联合出台了司法解释——《最高人民法院、最高人民检察院关于检察公益诉讼案件适用法律若干问题的解释》。该司法解释已于2018 年 3 月 2 日起施行。该司法解释第四条规定，人民检察院以公益诉讼起诉人身份提起公益诉讼，依照民事诉讼法、行政诉讼法享有相应的诉讼权利，履行相应的诉讼义务，但法律、司法解释另有规定的除外。第十三条规定，人民检察院在履行职责中发现破坏生态环境和资源保护、食品药品安全领域侵害众多消费者合法权益等损害社会公共利益的行为，拟提起公益诉讼的，应当依法公告，公告期间为三十日。公告期满，法律规定的机关和有关组织不提起诉讼的，人民检察院可以向人民法院提起诉讼。

本案中，根据《最高人民法院、最高人民检察院关于检察公益诉讼案件适用法律若干问题的解释》第十三条规定，郴州市人民检察院对案件拟提起公益诉讼的情况进行了公告，公告期满后，没有任何符合提起环境民事公益诉讼条件的机关或有关组织提起诉讼，故郴州市人民检察院提起本案诉讼符合上述规定，各方当事人对其主体资格亦无异议，提起环境民事公益诉讼。根据《最高人民法院、最高人民检察院关于检察公益诉讼案件适用法律若干问题的解释》第四条规定，人民检察院以公益诉讼起诉人身份提起公益诉讼，故本案中，郴

州市人民检察院作为公益诉讼起诉人。在笔者看来，本案中的检察机关承担公益诉讼职责具有三重法治意义：第一，具有极大的政治权威性。检察机关提起公益诉讼是履行法律监督职责所在，不会滥权滥诉，既避免了对司法秩序和效率造成冲击，维护司法权威，又能支持人民法院公正行使审判权。第二，具有法律上的正当性。当危害公共利益的重大违法损害事件发生之后，普通公民或者组织不愿意或者由于各种原因无法起诉的时候，检察机关基于专业性、权威性和便利性，应当义不容辞地承担起公益诉讼的职责。第三，具有很强的专业性。检察机关具有专业法律监督队伍，能够高效、准确地配合人民法院进行诉讼，可以大幅度降低司法成本。

二、环境侵权责任的构成要件

环境侵权责任的构成要件有三点：一是环境侵权行为，二是损害事实，三是环境侵权行为与损害事实之间的因果关系。具体到本案，我们需要逐一进行分析。

首先，我们需要确定的是环境侵权行为是否存在。本案中，曹某有将377吨危险废物从创盛公司运输到宜章县和临武县境内随意倾倒、堆放是不容争议的客观事实。这一点充分说明了环境侵权行为是客观存在的。

其次，我们需要确定污染的事实是否存在。《最高人民法院关于审理环境侵权责任纠纷案件适用法律若干问题的解释》第十条规定，负有环境保护监督管理职责的部门或者其委托的机构出具的环境污染事件调查报告、检验报告、检测报告、评估报告或者监测数据等，经当事人质证，可以作为认定案件事实的根据。宜章县环境保护监测站、郴州市环境监测站的监测报告和湖南省环境保护科学研究院、环境保护部华南环境科学研究所的评估报告经庭审质证，监测和评估是按照相关质量管理体系要求进行，程序合法，且鉴定人到庭接受双方的质询，分别就监测报告和评估报告作了合理说明，监测报告和评估报告结果客观、公正，可以作为认定本案事实的根据，能够证明废物堆放地受重金属污染的事实。

最后，我们需要明确侵权行为与损害后果是否存在因果关系。由于环境污染损害一般具有长期性、潜伏性、持续性、广泛性的特点，环境污染造成损害的过程具有复杂性，有的环境污染涉及一系列的物理、化学、生物、地理、医学等专业知识甚至一些高科技知识，并且还存在一因多果或者多因一果的情况，因此侵权行为与损害结果之间存在因果关系一般由被侵权人证明。根据《中华人民共和国侵权责任法》第六十五条关于“因污染环境造成损害的，污染者应当承担侵权责任”以及第六十六条关于“因污染环境发生纠纷，污染者应当就法律规定的不承担责任或者减轻责任的情形及其行为与损害之间不存在因果关系承担举证责任”的规定，污染环境造成损害的，应由污染者承担侵权责任，且适用无过错责任原则和举证责任倒置原则。本案中，创盛公司、黄某、曹某有、曹某威、王某新、王某福均未就法律上规定的不承担责任或者减轻责任的情形及其行为与损害之间不存在因果关系提交证据予以证明，因而，创盛公司、黄某、曹某有、曹某威、王某新、王某福需要承担不利的法律后果。同时，关于因果关系的证明手段，“可以考虑以环境保护主管部门及其他环境监督管理部门的调查处理报告、鉴定机构的鉴定意见、学术论著、专家意见等作为证据”①。本案中，湖南省环境保护科学研究院、环境保护部华南环境科学研究所作出的评估报告均认定污染物排放行为与环境损害存在直接关系。因此，人民法院认定创盛公司、黄某、曹某有、曹某威、王某新、王某福的侵权行为与环境损害的后果存在直接的因果关系是正确的。

三、责任主体的认定问题

《中华人民共和国固体废物污染环境防治法》第五条规定：“国家对固体废物污染环境防治实行污染者依法负责的原则。产品的生产者、销售者、进口者、使用者对其产生的固体废物依法承担污染防治责任。”该法第十七条第一款规定：“收集、贮存、运输、利用、处置固体废物的单位和个人，必须采取防扬散、防流失、防渗漏或者其他防止污染环境的措施；不得擅自倾倒、堆放、丢弃、遗撒固体废物。”同时，还要根据《中华人民共和国侵权责任法》第八条“二人以上共同实施侵权行为，造成他人损害的，应当承担连带责任”以及《最高人民法院关于审理环境侵权责任纠纷案件适用法律若干问题的解释》第二条“两个以上污染者共同实施污染行为造成损害，被侵权人根据侵权责任法第八条规定请求污染者承担连带责任的，人民法院应予支持”的规定进行认定。

本案中，曹某有不具有危险废物处置资质，却擅自倾倒、堆放固体废物，造成环境污染，曹某有对造成环境损害的后果应承担侵权责任。创盛公司虽具有危险废物经营许可证，但却将公司交由黄某内部承包经营，疏于监管，未履

① 沈德咏：《最高人民法院环境侵权责任纠纷司法解释理解与适用》，人民法院出版社 2016 年版，第 94 页。

行防治污染的职责，导致黄某将危险废物交由不具有危险废物处置资质的人员处置，对本案环境污染的发生应当承担相应的责任。黄某、曹某威作为创盛公司当时的法定代表人和生产部经理，明知擅自倾倒固体废物的危害性，却为了获得非法利益，直接将危险废物交由曹某有处置，对本案环境污染的发生也应当承担相应的责任。王某新、王某福明知危险废物处置需要资质，却为了获得非法利益，仍然将危险废物交给不具有危险废物处置资质的曹某有处置，对本案环境污染的发生亦应当承担相应的责任。创盛公司、黄某、曹某有、曹某威、王某新、王某福的行为直接结合，导致污染损害后果的发生，构成共同侵权。同时，本案中，创盛公司、黄某、曹某有、曹某威、王某新、王某福对污染损害后果应承担连带责任。

四、责任承担的问题

实务界学者认为："破坏生态环境的案件应以生态环境的修复为着眼点，不仅要判令侵权人停止破坏生态环境的违法行为，更要判令侵权人承担限期修复受损生态环境的责任，还要判令侵权人赔偿生态环境受到损害至恢复原状期间服务功能损失，判决的赔偿款专款用于修复受损的生态环境，体现保护生态环境的司法价值理念。"①《最高人民法院关于审理环境民事公益诉讼案件适用法律若干问题的解释》第十八条规定，对污染环境、破坏生态，已经损害社会公共利益或者具有损害社会公共利益重大风险的行为，原告可以请求被告承担停止侵害、排除妨碍、消除危险、恢复原状、赔偿损失、赔礼道歉等民事责任。与环境污染侵权责任最为相关的责任承担方式主要是停止侵害、消除危险、恢复原状和赔偿损失。因本案主要涉及恢复原状、赔偿损失、赔礼道歉等民事责任，故从上述三个民事责任进行论述。

首先，承担修复被损害生态环境的责任。环境民事公益诉讼的目的是修复受损环境，维护社会公众环境权益。司法实践中，环境民事公益诉讼适用"恢复原状"的责任方式。所谓"恢复原状"是指要求将被破坏的生态环境恢复到损害之前的原有状态。② 但是法学界对"恢复原状"存在三种观点：第一种观

---

① 林锦斌、梅贤明：《破坏生态环境民事公益诉讼的侵权责任承担》，载《人民司法·案例》2017年第12期，第49～51页。

② 廖欣、林腾龙：《检视与探索：环境民事公益诉讼中的生态环境修复研究》，载胡云腾主编《法院改革与民商事审判问题研究——全国法院第29届学术讨论会获奖论文集》，人民法院出版社2018年版，第1235页。

点认为，原有状态是指与未破坏前的生态环境完全相同的状态；第二种观点认为，原有状态是指与未破坏前的生态环境基本相同的状态；第三种观点认为，原有状态是一种相对状态，达到国家规定的环境质量标准即可。[①] 但是，由于“恢复原状”不具有可操作性，为了使生效的裁判得到有效执行，最高人民法院找到了替代措施，即适用代偿性修复方式。这种形式主要是针对被告人在法院判令的期限内未能履行裁判确定的修复义务，此时，人民法院及相关部门则可以委托专业的第三方机构继续进行修复工作，后续修复的费用由被告人承担，避免因为被告人主观抗拒原因或客观能力因素而导致生态环境损害长时间得不到修复。[②]《最高人民法院关于审理环境侵权责任纠纷案件适用法律若干问题的解释》第十四条规定：“被侵权人请求恢复原状的，人民法院可以依法裁判污染者承担环境修复责任，并同时确定被告不履行环境修复义务时应当承担的环境修复费用。污染者在生效裁判确定的期限内未履行环境修复义务的，人民法院可以委托其他人进行环境修复，所需费用由污染者承担。”由此可见，该司法解释已经明确污染者在生效裁判确定的期限内未履行环境修复义务的，人民法院可以委托其他人进行环境修复，所需费用由污染者承担。司法实践中，一般会判决污染者承担环境修复责任，限期履行环境修复义务，在未履行的情况下，修复工作往往会委托第三人进行，所产生的费用由侵权人承担。由于本案倾倒于临武县境内的危险废物只是暂时由临武县环保局转运至临武县永发砷渣治理股份公司内，尚未处置。故，要求创盛公司、黄某、曹某有、曹某威、王某新、王某福依法及时处置该危险废物，消除危险并修复被损害的生态环境，理应支持。如上述侵权人在法院规定的期限内不履行环境修复义务，则需要缴纳危险废物处置费用与环境修复费用，并由法院委托具有相关资质的第三方代为履行。

其次，承担赔偿损失的责任。在我国民法上，赔偿损失是最主要、最基本的侵权责任方式。杨立新教授认为，赔偿损失，包括人身损害赔偿、财产损害赔偿，通常是指以金钱赔偿受害人的损失，但并不排除给付同样的物作为赔偿方式。[③] 在环境公益诉讼中，赔偿损失一般是指生态环境受到损害至恢复原状

---

① 王灿发：《环境法学教程》，中国政法大学出版社 2001 年版，第 135 页。

② 李挚萍：《环境修复的司法裁量》，载《中国地质大学学报（社会科学版）》2014 年第 4 期，第 56 页。

③ 杨立新：《侵权责任法原理与案例教程》，中国人民大学出版社 2008 年版，第 108 页。

期间服务功能的损失。根据《国家突发环境事件应急预案》第6.2条第二款的规定，环境突发事件应急处置所需经费首先由事件责任单位承担。同时，根据《最高人民法院关于审理环境民事公益诉讼案件适用法律若干问题的解释》第十九条第二款“原告为停止侵害、排除妨碍、消除危险采取合理预防、处置措施而发生的费用，请求被告承担的，人民法院可以依法予以支持”的规定，为消除危险采取合理预防、处置措施而发生的费用，属于环境民事公益诉讼赔偿请求的范围。正如王树义教授所言，考虑因素包括环境侵权人是否有过错及过错程度，环境侵权的危害程度，环境侵权的具体情节，包括污染源的种类、环境侵权的危害场合、环境侵权的危害时间等，环境侵权人的获利情况和承担责任的经济能力、受诉法院所在地的平均生活水平、受害者的情况、侵权人的救济态度等因素。① 本案中，临武县环保局支付的环境损害调查费用、危险废物现场清理转运、环境监测费用、环境损害评估费用以及宜章县境内环境污染的处置费用、评估鉴定费用，均属于为处置环境污染而发生的合理费用，创盛公司、黄某、曹某有、曹某威、王某新、王某福理应赔偿。

最后，承担赔礼道歉的责任。人格恢复性责任方式只有赔礼道歉一种，是指加害人通过口头或者书面形式向受害人公开认错，表示歉意，承认侵害行为的错误或者不法性，以取得其谅解。② 在环境公益诉讼中，赔礼道歉是侵权责任方式。《最高人民法院关于审理环境民事公益诉讼案件适用法律若干问题的解释》第十八条规定，对污染环境、破坏生态，已经损害社会公共利益或者具有损害社会公共利益重大风险的行为，原告可以请求被告承担停止侵害、排除妨碍、消除危险、恢复原状、赔偿损失、赔礼道歉等民事责任。本案中的污染环境行为导致损害发生后到恢复原状前生态环境服务功能的损失，影响了社会公众享有美好生态环境的精神权益，郴州市人民检察院请求判令创盛公司、黄某、曹某有、曹某威、王某新、王某福向社会公众赔礼道歉，应予以支持。

结语

当前，人民法院为了积极回应人民群众对美好生态环境司法需求，需要树立和践行“绿水青山就是金山银山”的理念，积极发挥审判职能，不断创新环

① 王树义等：《环境法前沿问题研究》，科学出版社2012年版，第272～276页。

② 沈德咏：《最高人民法院环境侵权责任纠纷司法解释理解与适用》，人民法院出版社2016年版，第94页。

资审判工作机制，加大环资审判力度，依法追究污染环境、破坏生态和自然资源的民事责任，促进生态环境恢复改善和自然资源合理开发利用，切实保障环境公共利益和人民群众环境权益，为生态文明建设提供有力司法保障和服务。

【相关法条】

《中华人民共和国侵权责任法》

第八条 二人以上共同实施侵权行为，造成他人损害的，应当承担连带责任。

第六十五条 因污染环境造成损害的，污染者应当承担侵权责任。

第六十六条 因污染环境发生纠纷，污染者应当就法律规定的不承担责任或者减轻责任的情形及其行为与损害之间不存在因果关系承担举证责任。

《最高人民法院关于审理环境侵权责任纠纷案件适用法律若干问题的解释》

第二条 两个以上污染者共同实施污染行为造成损害，被侵权人根据侵权责任法第八条规定请求污染者承担连带责任的，人民法院应予支持。

第十三条 人民法院应当根据被侵权人的诉讼请求以及具体案情，合理判定污染者承担停止侵害、排除妨碍、消除危险、恢复原状、赔礼道歉、赔偿损失等民事责任。

第十四条 被侵权人请求恢复原状的，人民法院可以依法裁判污染者承担环境修复责任，并同时确定被告不履行环境修复义务时应当承担的环境修复费用。

污染者在生效裁判确定的期限内未履行环境修复义务的，人民法院可以委托其他人进行环境修复，所需费用由污染者承担。

《最高人民法院关于审理环境民事公益诉讼案件适用法律若干问题的解释》

第十八条 对污染环境、破坏生态，已经损害社会公共利益或者具有损害社会公共利益重大风险的行为，原告可以请求被告承担停止侵害、排除妨碍、消除危险、恢复原状、赔偿损失、赔礼道歉等民事责任。

第二十条 原告请求恢复原状的，人民法院可以依法判决被告将生态环境修复到损害发生之前的状态和功能。无法完全修复的，可以准许采用替代性修复方式。

人民法院可以在判决被告修复生态环境的同时，确定被告不履行修复义务时应承担的生态环境修复费用；也可以直接判决被告承担生态环境修复费用。

生态环境修复费用包括制定、实施修复方案的费用和监测、监管等费用。

第二十一条 原告请求被告赔偿生态环境受到损害至恢复原状期间服务功能损失的，人民法院可以依法予以支持。

第二十二条 原告请求被告承担检验、鉴定费用，合理的律师费以及为诉讼支出的其他合理费用的，人民法院可以依法予以支持。

编写人：湖南省郴州市中级人民法院　陈建华、胡桐辉

002

检察机关在环境民事公益诉讼中的诉讼地位和举证责任以及被告责任承担方式的确定

——山东省聊城市人民检察院诉路某太环境污染责任纠纷案①

内容摘要：1. 随着民事诉讼法等法律的修订，检察环境公益诉讼的雏形初显，人民检察院相较于社会团体组织有诉讼地位、取证方面的优势，其作为公益诉讼人能发挥国家治理现代化、环境公益诉讼效率化、法理的司法实践路径化作用。强化检察机关诉讼主体地位，可从诉前程序与诉讼原则着手，诉前程序的设置应明确不同诉讼主体间起诉先后顺序，避免冲突或导致其他诉讼功能弱化。检察环境公益诉讼应遵循比例原则、有限原则、谦抑原则，以更好发挥诉讼功效。

2. 考虑到检察机关的强势地位，在检察环境公益诉讼中，当事人举证责任应依据诉讼情事合理变更。首先，当事人诉讼地位回归均衡，被告成为相对弱势一方；其次，传统环境侵权诉讼中，"证据偏在"产生的原告举证困难问题不复存在，人民检察院有证据的单独或联合调查权；最后，从诉讼效率化考量，检察机关对环境污染与损害后果的直接举证有利于案件快速审结。另外，在公正价值要求下，检察环境公益诉讼应依据个案实际，合理分配举证责任，加强裁判文书的说理性。

---

① 本案例一审法院合议庭成员：郭东辉、胡晓梅、李诚。

3. 环境侵权责任的承担方式应依据公益诉讼目的来确定。目前，除恢复原状、停止侵害等传统填补型责任方式外，各地也在探讨一些符合实际的新型责任承担方式，如异地补植等。考虑到侵权人能力，在检察环境公益诉讼中，借鉴环境公益信托模式，让其支付环境损害赔偿金至特定财政账户，再由当地主管部门统一进行生态修复是比较合理的做法。当然，也可进行环境责任保险、社会救济基金等措施的尝试。

关键词：原告资格　诉前程序　举证责任分配　赔偿方式

【裁判规则】

一、检察机关在特定区域内提起环境民事公益诉讼前，应先审查符合起诉条件的社会团体、环保组织是否已经提起环境民事公益诉讼，以防止司法资源的浪费。

二、检察机关提起环境民事公益诉讼，不适用传统环境污染侵权案件中的举证责任倒置原则，而应由检察机关直接就被告所造成的环境污染损害与因果关系进行举证。

三、被告责任承担方式必须符合公益诉讼的目的即生态环境的补偿或修复，而非传统民事诉讼中原告对诉讼标的享有任意处分权。从环境公益诉讼目的出发，应采取支付赔偿金到专项环境保护账户、设立环境损害保险制度与社会救济基金等多元化责任承担方式。

【典型案例】

〔案件索引〕

山东省淄博市中级人民法院（2017）鲁03民初57号民事判决书

〔基本案情〕

公益诉讼人山东省聊城市人民检察院诉称：2014年12月至2015年10月，被告路某太租用淄博市周村区西外环路前进村村民刘某顺的西院，在未经相关部门审批且不具备清洗资质的情况下，购买刷桶机器及大量废机油桶，使用强碱洗刷机油桶，并将未经无害化处理的强碱废液直接排入院内私自挖掘的渗坑内，对渗坑周边及地下土壤造成的污染体积达48立方米。2015年10月21日，淄博市周村区公安分局直属大队根据举报线索，发现被告路某太的违法行为，并对涉案地的排放液体取样，由淄博市公安局司法鉴定中心鉴定。该中心出具的［淄公（司）鉴（理）字（2015）1172号理化检验鉴定报告］载明，涉案渗坑内的液体检出强碱成分，pH酸碱度为13.1，属于有毒、有害物质。2016年7月11日，淄博市周村区公安分局以路某太涉嫌污染环境罪，将案件移送至淄博市周村区人民检察院，后检察院对其提起公诉。2016年12月20日，淄博市周村区人民法院以污染环境罪对路某太作出（2016）鲁0306刑初405号刑事判决。按照《全国人大常委会关于授权最高人民检察院在部分地区开展公益诉讼试点工作的决定》和《人民检察院提起公益诉讼试点工作实施办法》的相关规定，经检察机关调查，淄博市目前尚未有符合法律规定的机关或社会组织提起民事公益诉讼。本案属于人民检察院提起民事公益诉讼的受案范围，山东省聊城市人民检察院对本案提起公益诉讼的主体资格符合以上法律规定。根据《中华人民共和国侵权责任法》第六十五条，《最高人民法院关于审理环境民事公益诉讼案件适用法律若干问题的解释》第十八条、第二十条，《人民检察院提起公益诉讼试点工作实施办法》第十四条、第十五条、第十六条，《中华人民共和国民事诉讼法》第五十五条的规定，特提起环境民事公益诉讼，请求：1. 依法判令被告路某太对涉案地残留污染危害物及时处置并消除已造成的危害结果；2. 依法判令被告路某太对涉案地受污染土壤进行治理并恢复原状，如不能恢复原状，判令其承担涉案地受污染土壤治理及生态修复的相关费用。

被告路某太辩称：我仅是挖了一米多深的坑，向坑内倒入少量的废水，案发后根据公安机关的要求，已对渗坑进行了填埋处理，且已受到相应处罚，不应再承担其他责任。

法院经审理查明：2014年12月至2015年10月，被告路某太在其租用的院内，未经相关部门审批且不具备清洗资质的情况下，购买刷桶机器及大量废机油桶，使用强碱洗刷机油桶，并将未经无害化处理的强碱废液直接排入院内私自挖掘的渗坑内，经公安机关侦查并对涉案地排放液体取样鉴定，涉案渗坑内的液体检出强碱成分，pH酸碱度为13.1，属于有毒、有害物质，渗坑周边及地下土壤造成的污染体积达48立方米。淄博市环境保护局周村分局（以下简称周村区环保局）依据相关环境污染治理的规定和技术标准，出具《关于路某太环境污染行为造成环境损害依法予以治理及修复生态的实施意见》（以下简称《治理修复意见》），确定治理污染土壤及修复生态方案，并核定各项费用支出为38400元。淄博市目前尚未有符合法律规定的机关或社会组织提起民事公益诉讼。

〔裁判结果〕

山东省淄博市中级人民法院于2017年12月6日作出（2017）鲁03民初57号民事判决：由被告路某太在本判决生效后十日内，将污染治理及生态修复费38400元支付至山东省生态环境损害赔偿资金账户。一审宣判后，双方当事人均未上诉，一审判决已发生法律效力。

〔裁判理由〕

法院生效裁判认为：关于山东省聊城市人民检察院作为公益诉讼人的主体资格问题。根据全国人大常委会《关于授权最高人民检察院在部分地区开展公益诉讼试点工作的决定》，山东省聊城市人民检察院依据《人民检察院提起公益诉讼试点工作实施办法》的相关规定，对本案已履行诉前审查职责，故山东省聊城市人民检察院作为公益诉讼人提起本案诉讼，有事实及法律依据，依法予以支持。

关于被告路某太环境污染行为及后果问题。由公益诉讼人提交的证据证明，经公安机关立案侦查并移送检察机关提起公诉，淄博市周村区人民法院于2016年12月20日作出的（2016）鲁0306刑初405号刑事判决书，判决认定路某太实施了涉案环境污染犯罪行为并造成严重的环境污染后果。路某太主张涉案渗坑仅1米深，且排污量不大，在公安机关要求下已填埋处理，但未能举证证明其主张成立，亦未提交相反证据推翻公益诉讼人提交证据所证明的本案事实。综上，对路某太实施了环境污染行为并造成严重污染后果的事实，予以确认。

关于路某太承担涉案污染土壤治理及恢复生态的责任问题。《人民检察院提起公益诉讼试点工作实施办法》第十六条规定，人民检察院可以向人民法院提出要求被告停止侵害、排除妨碍、消除危险、恢复原状、赔偿损失、赔礼道歉等诉讼请求。《最高人民法院关于审理环境民事公益诉讼案件适用法律若干问题的解释》第十八条规定，对污染环境、破坏生态，已经损害社会公共利益或者具有损害社会公共利益重大风险的行为，原告可以请求被告承担停止侵害、排除妨碍、消除危险、恢复原状、赔偿损失、赔礼道歉等民事责任；第二十条规定，原告请求恢复原状的，人民法院可以依法判决被告将生态环境修复到损害发生之前的状态和功能。无法完全修复的，可以准许采用替代性修复方式。人民法院可以在判决被告修复生态环境的同时，确定被告不履行修复义务时应承担的生态环境修复费用；也可以直接判决被告承担生态环境修复费用。生态环境修复费用包括制定、实施修复方案的费用和监测、监管等费用；第二十三条规定，生态环境修复费用难以确定或者确定具体数额所需鉴定费用明显过高的，人民法院可以结合污染环境、破坏生态的范围和程度、生态环境的稀缺性、生态环境恢复的难易程度、防治污染设备的运行成本、被告因侵害行为所获得的利益以及过错程度等因素，并可以参考负有环境保护监督管理职责的部门的意见、专家意见等，予以合理确定。《最高人民法院关于审理环境侵权责任纠纷案件适用法律若干问题的解释》第十条规定，负有环境保护监督管理职责的部门或者其委托的机构出具的环境污染事件调查报告、检验报告、检测报告、评估报告或者监测数据等，经当事人质证，可以作为认定案件事实的根据。根据以上规定，本案公益诉讼人按照被告路某太因环境污染犯罪造成的侵害结果及查明认定的事实，依法有权要求被告路某太按照淄博市环境保护局周村分局出具的《治理修复实施意见》承担责任。路某太认为其犯罪行为已受到相应处罚且对涉案地污染处理完毕，不应再承担其他责任，但未提交已对涉案地环境污染处理的证据，其主张亦于法无据，依法不予支持。公益诉讼人山东省聊城市人民检察院主张路某太应承担消除危害并对受污染土壤进行治理、恢复原状，如不能恢复原状，应承担污染土壤治理及生态修复费共计38400元，符合本案客观事实及法律规定，依法予以支持。

【法官评析】

本案系山东省首例由人民检察院依职权主动提起的环境民事公益诉讼案件。本案以审判实务明晰了环境民事公益诉讼中的三个主要问题：一、人民检察院环境公益诉讼的主体资格及完善；二、人民检察院提起环境公益诉讼案件不宜适用传统环境污染案件中的举证责任倒置原则，否则有加重被告举证责任之嫌；三、从环境公益诉讼目的出发方能合理确定环境侵权责任承担方式。现结合具体案情对这三个方面的问题分析如下：

一、人民检察院环境公益诉讼主体资格及完善

新的《民事诉讼法》《环境保护法》实施后，社会团体、环保组织等虽然可以对环境侵权行为提起环境民事公益诉讼，但是这些团体组织受自身诉讼能力所限，它们在环境诉讼维权方面的效果并不显著。人民检察院虽有支持环境公益案件起诉义务，但并非公益诉讼的权利义务一方，在履行职责时存在诸多掣肘，发挥不出“国家队”优势。有鉴于此，为了更好地推进环境公益诉讼开展，最高人民法院和最高人民检察院相继出台了《人民检察院提起公益诉讼试点工作实施办法》（以下简称《试点方案》）、《最高人民法院关于审理环境民事公益诉讼案件适用法律若干问题的解释》，细化人民检察院在环境公益诉讼中的职责、定位、履职方式，以此构建检察环境公益诉讼①的雏形。

（一）检察机关公益诉讼人的重要地位作用

人民检察院作为环境公共利益的维护者和司法公正的监督者，相较社会民间组织，拥有独立的地位、法定的调查权、法律监督权等天然优势，其参与环境公益诉讼应是解决环境纠纷、维护环境公共利益与公民环境权益最有利的方式，具有极其重要而又不可替代的重要地位作用：

1. 国家治理现代化

检察机关提起环境公益诉讼是国家治理体系、能力现代化的现实需要，由检察机关直接提起环境公益诉讼，不仅应充分发挥公益诉讼职能，还要注重缓解检察权在公益诉讼中的刚性色彩，保障法治监督体系的形成。应通过环境民事公益诉讼直接进行环境侵权追责，以弥补民间环保组织诉讼能力的不足，同时以环境行政公益诉讼倒逼行政机关提升运行效能，监督依法行政，实现良法之治。

2. 公益诉讼效率化

“检察机关公益诉讼起诉人的权利，既体现了民事、行政检察监督权的独立性和完整性，又体现了通过司法程序及时解决问题的法治精神。”② 由此可见，赋予检察机关提起环境公益诉讼主体地位，具有司法效率方面的考量。检察机关具有环境公益诉讼方面的专业知识能力、法定的调查取证权利，具备检察独立地位，既可有效防止公益滥诉与案件延期问题，还能提升公益诉讼案件处理效率。检察机关从民事主体定位出发提起环境公益诉讼，有利于形成诉讼

① 本文将检察机关依法提起的环境公益诉讼统一简称为检察环境公益诉讼，下同。

② 张忠民、陈乾：《检察机关试点环境公益诉讼的环境法审视》，载《人民司法》2017 年第 13 期。

与监督一体化格局，使检察监督与诉讼效率相互融合。①

（二）检察机关提起环境民事公益诉讼的诉前程序完善

目前，各地虽有检察机关提起环境民事公益诉讼的案例，但在诉前程序上还有值得商榷的空间。之前检察机关无法直接提起环境公益诉讼，故只能发挥支持起诉或督促起诉等协助作用。检察机关可以直接提起环境公益诉讼后，为协调好不同诉讼主体之间关系，《试点方案》明确设计了诉前程序，明确不同诉讼主体之间起诉先后顺序，避免诉讼冲突或功能弱化，保障检察机关提起公益诉讼的主体性与程序性。

在无适格主体或适格主体不提起诉讼的情况下，检察机关应督促适格主体提起环境公益诉讼并提供必要协助，当适格社会团体组织不愿提起时，检察机关方能走向前台。本案中，公益诉讼人山东省聊城市人民检察院作为试点检察院，依据《试点方案》，在诉前对列于《淄博市环保类社团组织名录》上的社会团体组织予以审查，发现淄博市辖区内符合法律规定的组织机构没有提起环境公益诉讼，方才主动提起，这就是诉前程序的要求。这种审查既体现对环境侵权行为的追责惩处，又利于司法资源合理配置，避免司法权的浪费。此外，检察机关异地起诉的范围也应进一步明确，本案中，山东省聊城市人民检察院在淄博地区提起公益诉讼系试点安排，但当诉讼机制完备后，各地应划分司法辖区，规范受案范围。

检察机关提起环境民事公益诉讼前，除审查有无适格主体是否已提起诉讼及进行督促工作外，还需要明确适格主体起诉情况下，检察机关对该次诉讼仍负有司法支持义务，若适格主体无法有效收集公共利益受侵害证据，可由检察机关予以相应补充。另外，在判定检察机关是否已履行诉前程序时，主要依靠对时间节点的把握，即环保或公益团体在收到检察机关督促或支持起诉意见书后，一个月未回复或明确表示不起诉的，检察机关可据此提出环境公益诉讼。当然，环境民事公益诉讼与环境行政公益诉讼在诉前程序上有一定区别，前者针对环境污染行为，后者针对生态环境或资源保护方面职权性违法与不作为。环境民事公益诉讼提起前，检察机关需对适格主体发出督促或支持起诉意见书；而在环境行政公益诉讼中，则是发出检察建议书。诉前阶段经过后，检察机关要正式提起民事或行政环境公益诉讼，需要制作公益诉讼起诉书，并明确

① 赵世德：《司法实践视角下环境公益诉讼主体资格的判断考量》，载《山东审判》2017年第3期。

记录当事人身份情况、事实依据、证据清单、诉讼请求、法律适用方面的问题。

（三）检察机关提起环境民事公益诉讼应遵循的原则

在诉前审查与诉讼过程中，检察机关的诉讼行为应遵循三个原则，即比例原则、有限原则和谦抑原则。[①] 首先，比例原则要求检察机关在面对具体环境公益诉讼时应依据实际案情确定办案目的、方法、司法效果等，如针对环境行政公益诉讼占主流的情况，更多地思考如何在诉前程序中处理与行政机关的关系、宜采何种方法。在环境民事公益诉讼中，检察机关也应依据公益环保重要性、紧迫性，适当调节办案次序，合理配置检察资源，防止全面摊开，力求最佳效果；其次，有限原则要求检察机关介入环境公益诉讼时应对自身权力有所限制，在案件范围上，检察机关应依据诉前程序合理调整，诉讼中发现问题，也应及时调整。在环境民事公益诉讼中，检察机关若能督促社会环保组织提起公益诉讼，则无须主动出击。在环境行政公益诉讼中，能够在诉前程序中解决的环境保护问题，可尽量在诉前程序中处理，如确需检察机关提起行政公益诉讼，应当选择重点案件；最后，检察机关在公益诉讼中行使法定监督权应谦抑、保守。在穷尽其他救济办法后，检察机关才可以环境公益诉讼作为最后救济手段。同时，检察机关进行公益诉讼时，要注意自身民事角色定位，保持权力谦抑性，尊重法院审判程序，不能在监督干预上失去分寸，《试点方案》对这一点尤为注重。目前来看由人民检察院作为环境公益诉讼人从而担负起环境保护的重任是大势所趋。虽在诉前程序、诉讼地位等细节方面，各地作法不同，但随着实践案例增多与经验积累，由检察机关与社会团体组织担任环境公益诉讼原告的“一体二翼”格局将逐步形成。

二、人民检察院提起的环境民事公益诉讼案件不宜适用传统环境污染侵权案件中的举证责任倒置原则

（一）检察机关在环境民事公益诉讼中的强势地位

在环境私益诉讼中，原告的举证能力处于弱势地位，我国现行法律明确规定因环境污染引起的损害赔偿诉讼适用举证责任倒置原则，同时为防止举证责任分配过分失衡，《最高人民法院关于民事诉讼证据的若干规定》提出“人民

---

① 王刚、吴洪江：《检察机关提起环境公益诉讼中的法律衔接问题探析》，载《中国检察官》2018年第5期。

法院可以根据公平原则和诚实信用原则，综合当事人举证能力等因素确定举证责任的承担”，授予具体环境案件承办法官一定的举证责任分配自由裁量权。在环境公益诉讼中，当事人举证责任的分配原则尚未有明确法律规定与实施细则，以人民检察院这一特定原告主体视角看，环境公益诉讼适用举证责任倒置的合理性并不充分。首先，人民检察院是强势国家机关，以监督法律实施，维护社会公益为目的。在长期司法实践中，检察机关积累了可观的处理民事诉讼案件经验，这些经验能支持其进行环境公益诉讼。相较社会环保组织、普通公民、环境侵权人，检察机关对诉讼程序、诉讼方法、庭审技巧的把握更为娴熟，拥有很高专业素养；其次，人民检察院依国家权力收集证据，举证能力远超一般民事主体或行政机关。对环境污染行为，检察机关除有侦查、公诉方面的便利，还可在信息收集、证据鉴定等方面寻求环境保护行政主管部门的配合。《民事诉讼法》第二百一十条规定的民事检察调查核实权，也为检察机关在公益诉讼中的调查取证职能做了铺垫，是检察机关参与环境公益诉讼必备的保障措施。由此可见，检察机关并无传统环境公益诉讼中原告的弱势地位，并因职责所在而擅于收集证据，举证能力较强。

（二）检察环境公益诉讼中的诉讼情事显著变更

以本案为例，鉴于人民检察院作为公益诉讼人的优势，环境民事公益诉讼中举证责任倒置的适用基础明显弱化，不再具有显著地位。第一，当事人诉讼地位回归均衡。检察机关在专业知识、经济实力和司法资源方面均具备优越条件，足以支持公益诉讼，被告一般为被管理、监督的环境损害行为人，其享有的环境权利为私权利，相较检察机关的优势地位，被告有着与之完全不对等的司法能力，甚至有权利“反向”失衡之忧。[①] 本案中，被告路某太系失业农民，为生计而从事了损害环境违法行为，这与检察机关的强势地位形成了鲜明对比。从2010年以来的司法实践看，以检察机关为原告的环境公益诉讼案件无一败诉，诉讼目的也基本实现。诉讼双方力量悬殊是环境私益诉讼中举证责任倒置的决定性因素，但检察机关的地位特殊性反而缓解了环境侵权诉讼中主体平等结构受到的冲击。第二，“原告举证困难”不复存在，如上文所述，检察机关可以运用专业的证据收集方法与技术手段支撑证据收集、鉴定环境损害程

① 李爽：《浅谈我国民事举证责任倒置适用范围的完善及扩大》，载《法制博览》2018年6月上旬刊。

度、定量损害后果、判定因果关系，这就在一定程度上改变因证据偏在、举证妨碍而产生的举证困难，扭转“信息不对称”的情形，使得某些举证障碍并非难以逾越。另外，环境保护逐渐成为一种综合协调行为，检察机关可与环保部门、社会组织等主体以信息共享方式沟通协作，确保调查高效。广东的博朗五金厂水域污染纠纷一案的举证完成，就是检察机关与环保行政机关通力合作的结果。第三，环境污染的扩散性、易逝性，要求尽快收集、固定证据，这对检察机关来说并非难事。人民检察院在提起环境公益诉讼前，污染责任人已经就其污染行为受到行政或刑事处罚，相关的现场记录、处罚意见、鉴定报告、司法文书已经形成，具有法定证明效力，而提起公益诉讼的检察机关依职权完全可径直调取，在庭审中作为证据出示，若再要求被告就因果关系举证来进行司法推定，会造成诉讼程序的烦琐，实无必要。

（三）公正价值要求下的举证责任分配

公益诉讼主体地位均衡也是法哲学的要求，在检察环境公益诉讼中，若继续原则化参照私益诉讼而进行举证责任倒置，容易损害弱势被告的诉讼权益，造成当事人诉讼地位的实质不平等。从公正的价值目标出发，在遵循“谁主张、谁举证”基本规则的基础上，引入举证责任分配的自由裁量权，由法官依据个案案情与当事人诉讼能力，在检察机关与公民个人、企业等环境侵权主体之间进行举证责任的裁量分配较为适宜。

本案作为一审案件，加之环境侵害后果的间接性、复杂性、长期性，审理难度较大。一审判决实际结合了美国的审前证据开示制度，在尊重检察机关法律监督职能的前提下明确了如下规则：1. 在环境公益诉讼中，对举证责任的分配，法官应负有明确的先行释明义务，即使侵权人的举证责任较小，但鉴于其法律知识的匮乏，审判中也不一定能对法官举证能力分配事项理解到位，若法官不事先予以释明其相应的举证事项，则有剥夺被告证明机会而进行证据突袭的嫌疑；[①] 2. 检察环境公益诉讼时，被告即使承担一定举证义务，也应注重限度，若检察机关举证已达到“准盖然性”程度，可直接认定因果关系时，则无须再要求被告进行反证；3. 裁判文书应对举证责任的分配进行详细阐述，加强司法说理，特别是当有举证责任倒置情形时。一则令被告信服，避免其上诉、申请再审；二则在后续司法程序中，易于其他部门或上级法院审查举证责任倒

① 刘素馨：《环境侵权之诉因果关系的举证责任分配》，载《法制与社会》2018 年第 10 期。

置情形运用是否正确。

三、从环境公益诉讼目的出发合理确定环境侵权责任承担方式

（一）新型责任承担方式的探讨

传统环境侵权赔偿模式下，环境侵权人的责任承担不外乎停止侵害、排除妨碍、消除危险、恢复原状、赔偿损失等填补型方式，这与一般民事侵权责任无异。而在《试点方案》《最高人民法院关于审理环境民事公益诉讼案件适用法律若干问题的解释》《最高人民法院关于审理环境侵权责任纠纷案件适用法律若干问题的解释》等规定相继出台后，虽然也强调环境侵权责任承担的共性，但考虑到生态变化的多样性，司法上实际鼓励各地进行环境侵权责任创新。实践中，各地法院也进行了一系列有益探索，如南平法院创设的生态服务功能损失赔偿与无锡法院的“异地补植”恢复生态平衡判决等。[①] 本案中，人民法院从环境民事公益诉讼的目的即为社会公众利益尽快恢复或补偿被侵权行为所破坏的自然环境出发，考虑到侵权行为已经导致私自挖掘的渗坑及周边土壤污染严重且有扩散趋势，急需专业性的生态恢复与污染物无害化处理，加之公益诉讼人对诉讼标的不享有像民事诉讼中那样的任意处分权，对诉讼标的不享有直接利益这一客观现实，故人民法院在公益诉讼人主张的“被告路某太承担消除危害并对受污染土壤进行治理、恢复原状，如不能恢复原状，应承担污染土壤治理及生态修复费共计38400元侵权责任”诉讼请求基础上，直接依据具体案情与被告路某太履行环境修复义务能力，依法判令路某太支付生态修复金，侵权责任的承担一步到位，使得侵权人对侵权行为的责任承担更加清晰，既减少当事人诉累，又体现出人民法院对公益诉讼所倡导的价值导向与法律规定把握的准确到位。

本案中的案件赔偿资金专项账户制度系借鉴社会团体组织为原告的公益信托制度而来。在环保组织自然之友提起的江苏泰州水污染公益诉讼一案中，被告中丹化工经调解自愿拿出100万元设立公益信托基金，用于当地的环境污染治理。[②] 公益信托优势如下：1. 有明确法律依据和较完善的法律制度，《信托法》《慈善法》均有专门章节规定公益信托，且将审批制改为备案制，显著降低了

---

① 参见张宽明、赵正辉、朱加嘉、杨柯栊：《无锡滨湖法院判决“异地补植”恢复生态平衡》，载《人民法院报》2013年2月20日，第1版。

② 参见葛枫：《我国环境公益诉讼历程及典型案例分析——以“自然之友”环境公益诉讼实践为例》，载《社会治理》2018年第2期。

公益信托设立成本；2. 公益信托虽有民间性质，但管理十分严格，有专项账户保证资金的独立、安全，社会各界人士代表组成的决策委员会负责资金使用，监察人员享有信托章程规定的监督权。因此，在检察机关提起的环境公益诉讼中，将赔偿资金打入财政专门设立的资金账户，可以有效保障赔偿金用于修复受损自然环境，实现公益目的。

（二）环境损害赔偿金制度

环境损害赔偿金管理制度当前正处在逐步规范的阶段。以山东省制定的《山东省生态环境损害赔偿资金管理办法》为例，赔偿资金的来源分为：1. 环境公益案件判决、调解确定的生态环境损害赔偿金；2. 赔偿义务人自愿支付的赔偿金；3. 财政、环保等部门认定的赔偿资金；4. 生态环境损害赔偿磋商索赔的资金，但对磋商后赔偿义务人自行修复或由其组织第三方修复的项目，发生的污染清除、生态修复费用不纳入管理。赔偿资金属于政府非税收入，应全额上缴国库，人民法院在同级财政部门的协助下，负责公益判决的履行。赔偿金一般用于清除控制污染、生态环境修复、环境功能补偿及环境修复咨询、评估、验收等方面的合理支出。原则上特定环境损害赔偿金应用于该事件的生态环境修复，但不可修复或无必要修复的，可用于损害结果地的其他污染治理与环境修复。赔偿资金的使用由修复单位向赔偿权利人同级主管部门提出申请并提交相应的修复方案，修复方案在主管部门审核后报同级财政、环保部门审批。财政部门负责赔偿资金的审核、管理、监督检查，并按国库集中支付制度与政府采购有关规定执行。环保部门需设置资金台账制度，配合财政部门做好资金使用的管理工作。赔偿资金的使用应当由实施地主管部门与财政、环保部门报省级厅局备案后，以适当形式及时向全社会公开。

目前，环境公益诉讼案件赔偿金的专项管理已经逐步推开，各部门在财政部门指导的总体框架下，继续探索受损环境修复资金的管理和使用方法。例如，湖南省高级人民法院除依据最高人民法院相关环境审判工作会议精神设立环境诉讼专项基金账户外，还对账户的前期资金来源，提出协调相关部门，由财政资金先予垫付的思路。其借鉴国际经验，摸索修复费用妥善管理，科学使用的新路径，同时积极公开收支明细以接受各界监督，通过公益诉讼方式带动辖区内环境保护发展。①

① 参见陈思：《环境污染赔偿金实行专账专管》，载《法制周报》2016 年 6 月 7 日，第 1 版。

应当注意的一点是，在预防性环境公益诉讼中，因损害后果尚未造成，不应当让被告交付环境修复或损害金，因为起诉目的是避免人类行为对生态环境造成毁灭性影响，所以在进行合理评估后，以何种方式、行为对环境进行保护是司法裁判关注重点。若要求被告支付环境修复或损害金，则无异于变相鼓励其继续从事相关不当环境行为，有违法之嫌。

（三）环境责任保险与社会救济基金

对于环境侵权责任承担方式而言，为了能够确保实现环境公益诉讼的目的，除建立环境生态损害专项资金账户外，实践中还应考虑采取创设环境责任保险、社会救济基金等途径予以尝试。

1. 环境责任保险模式

环境责任保险本质上也是一种保险合同，由保险人与投保人之间就环境污染责任的承担而协商订立。我国《保险法》规定企业、个人可以通过与保险公司签订保险合同的方式将一部分责任转移给保险公司，保险公司再通过其他方式分担相应的环境侵权赔偿。这样既能最大限度地保护受害人权益，又能使侵权企业或个人规避相应诉讼风险，一举两得。但环境责任保险制度模式需根据各地实际状况进行变通设计，当前宜采强制保险与自愿保险相结合的方式，强制保险可适用于严重的环境侵权事件发生概率较高的企业或个人，自愿保险则可适用于发生环境侵权事件较少的民事主体。如此设计，一则能预防环境侵权事件发生与赔付率不高问题，二则可保障企业、个人经济管理上的自主权。

2. 社会救济基金模式

环境侵权发生后，若侵权人无法或不能及时偿付，则环境修复的赔偿金可从专门的社会救济基金中提取。目前，社会救济基金的来源渠道有三种：（1）专职救济机构，此类环保基金可通过发行环境福利彩票或由民间募捐活动设立。当然，基金的发放需以对受害者严格的损害程度审查为前提，只有在满足法律规定的赔偿基准线时，方能申请使用资金，兼顾环境污染治理需要与诉讼成本合理化的要求；（2）政府税收支持，环境治理支出也是国家财政拨付的重要内容，环保部门对造成环境损害的企业或个人进行的罚款与征税，可补充至救济基金内，并对环境侵权受害者进行相应的赔偿；（3）企业、个人设立专门环保基金，一般可由企业或个人进行相应经济活动时，基于环境保护或相关目的而申请设立。设立此类环保基金应以自愿为原则，但在污染事件频发的高工业化地区，也可考虑采强制原则。例如，山东省淄博市一直是重工业城市，为切实防止环境污染，新设的工业企业在进行注册时，应当建立环保基金，其基金总额依据企业可能造成的污染危害以及企业经济实力来确定，一旦发生环境侵权事件，可从基金中及时进行赔付。

结语

综上所述，在我国经济社会飞速发展的当下，环境污染日趋严重，赋予人民检察院环境公益诉讼主体地位，由其直接担负起对损害公共利益环境污染事件追责的义务十分必要。但环境公益诉讼在我国尚属新颖诉讼，检察机关提起环境公益诉讼在诉前程序、举证责任分配、赔偿方式厘定上均有可探讨之处。因此，在已有法律法规的指导下进行环境公益诉讼的深入研究与个案分析，将成熟的经验细化为健全的环境法律规则殊为必要。同时，也应检视传统环境理论的桎梏，在完善公益诉讼流程等基础上，借鉴国外先进经验，从而进一步完善环境损害赔偿金制度。

【相关法条】

《中华人民共和国民事诉讼法》

第五十五条 对污染环境、侵害众多消费者合法权益等损害社会公共利益的行为，法律规定的机关和有关组织可以向人民法院提起诉讼。

人民检察院在履行职责中发现破坏生态环境和资源保护、食品药品安全领域侵害众多消费者合法权益等损害社会公共利益的行为，在没有前款规定的机关和组织或者前款规定的机关和组织不提起诉讼的情况下，可以向人民法院提起诉讼。前款规定的机关或者组织提起诉讼的，人民检察院可以支持起诉。

《中华人民共和国侵权责任法》

第六十五条 因污染环境造成损害的，污染者应当承担侵权责任。

第六十六条 因污染环境发生纠纷，污染者应当就法律规定的不承担责任或者减轻责任的情形及其行为与损害之间不存在因果关系承担举证责任。

《最高人民法院关于审理环境民事公益诉讼案件适用法律若干问题的解释》

第十八条 对污染环境、破坏生态，已经损害社会公共利益或者具有损害社会公共利益重大风险的行为，原告可以请求被告承担停止侵害、排除妨碍、消除危险、恢复原状、赔偿损失、赔礼道歉等民事责任。

第二十条 原告请求恢复原状的，人民法院可以依法判决被告将生态环境修复到损害发生之前的状态和功能。无法完全修复的，可以准许采用替代性修复方式。

人民法院可以在判决被告修复生态环境的同时，确定被告不履行修复义务时应承担的生态环境修复费用；也可以直接判决被告承担生态环境修复费用。

生态环境修复费用包括制定、实施修复方案的费用和监测、监管等费用。

第二十三条 生态环境修复费用难以确定或者确定具体数额所需鉴定费用明显过高的，人民法院可以结合污染环境、破坏生态的范围和程度、生态环境的稀缺性、生态环境恢复的难易程度、防治污染设备的运行成本、被告因侵害行为所获得的利益以及过错程度等因素，并可以参考负有环境保护监督管理职责的部门的意见、专家意见等，予以合理确定。

第二十四条 人民法院判决被告承担的生态环境修复费用、生态环境受到损害至恢复原状期间服务功能损失等款项，应当用于修复被损害的生态环境。

其他环境民事公益诉讼中败诉原告所需承担的调查取证、专家咨询、检验、鉴定等必要费用，可以酌情从上述款项中支付。

《最高人民法院关于审理环境侵权责任纠纷案件适用法律若干问题的解释》

第十条 负有环境保护监督管理职责的部门或者其委托的机构出具的环境污染事件调查报告、检验报告、检测报告、评估报告或者监测数据等，经当事人质证，可以作为认定案件事实的根据。

编写人：山东省淄博市中级人民法院　荣明潇、杨富元、郭东辉

003

环境污染损失评估与修复

——抚州市人民检察院诉时某、黄某生环境污染民事公益诉讼案[①]

内容摘要： 人民法院针对检察机关提起的环境民事公益诉讼可以实行民事案件和刑事案件合一模式审理。在审理环境资源案件中，只要有损害事实的存

① 本案例第一审法院合议庭成员：葛明、揭颖、黄皓。

在，不论污染者是否有过错以及排污是否符合一些文件规范的标准，均可要求被告承担相应的环境污染侵权责任。而生态环境污染的损失和修复费用，要从多角度及环节努力朝着更科学和专业化靠近。采取的修复方式应根据案件本身的特点探索和开创更多元化的模式，如除补植复绿之外，还可判决被告进行社区卫生劳动、公共绿地维护、废物垃圾清理、土地复耕、放流鱼苗、寻求第三方专业机构治理土壤、空气等。

关键词：民事公益诉讼　环境污染损失评估　替代性环境修复

【裁判规则】

因污染环境造成损害，不论污染者有无过错以及污染是否符合国家或者地方污染物排放标准，污染者都应承担侵权责任；环境污染损失和修复费用要经过科学合理的评估和多方论证才可综合把控和认定；审判中将保护及修复环境理念置于首位，针对环境受污染后无法恢复原状的，可采取替代性多元化的环境修复方式。

【典型案例】

〔案件索引〕

江西省抚州市中级人民法院（2017）赣10民初142号民事判决书

〔基本案情〕

公益诉讼人抚州市人民检察院指控：2017年5月，被告时某、黄某生将113.44吨废旧电子元件运至资溪县高阜镇孔坑村桐麻坑山场焚烧，因焚烧产生的有害气体导致多名村民中毒，并对周边生态环境造成了破坏，当地政府和相关部门对中毒村民进行了救治，并对涉案当事人依法拘留，同时采取了有效措施对现场焚烧的残渣进行了安全处置。由于二被告以上行为造成了环境污染，损害了社会公共利益，检察机关故向法院提起民事公益诉讼，请求判令：（一）二被告时某、黄某生共同承担非法焚烧危险废物造成生态环境污染的修复费用68.62万元；（二）二被告共同承担为处置危险废物已经发生的费用2.69万元；（三）二被告依法共同及时处置非法焚烧危险废物造成的残渣及未焚烧的危险废物，消除危险；如二被告不履行上述处置义务时，判令二被告共同支付处置费用27.68万元；（四）二被告共同承担本案鉴定费评估费1.6万元。

被告时某、黄某生对其构成环境侵权的事实以及检察机关民事公益诉讼起诉书中的第（二）、（三）、（四）项诉求没有异议，对第（三）项恳请让其请有资质的厂家进行垃圾无害化处理。针对第（一）项诉求提出异议，认为公益诉讼人的诉请费用过高，大气污染防治法只规定了对超过大气污染排放标准及超过总量控制指标的排污行为进行处罚，焚烧时是否有超标排放、是否对大气的生态功能造成影响，现无证据显示，即被告的行为不构成侵权责任法中的损害结果，达不到大气污染防治法应当处罚的标准。环保部评估报告所采用的虚拟治理成本法计算大气环境污染的生态环境修复费用，是虚拟数额，缺乏事实依据，不科学也不客观，不应作为定案的依据。

法院经审理查明：2017年4月，被告时某、黄某生共同商议决定，采用焚烧方法从废旧电子元件中提取金属出售，谋取非法利益。5月10日至16日，二被告分别从江西、广东收购三车废旧电子元件共计113.44吨。5月25日，二被告在没有取得危险废物经营许可证、未办理任何环保手续的情况下，雇人采用柴油引燃的方式在桐麻坑山场厂棚内直接焚烧收购来的废旧电子元件。因焚烧废旧电子元件挥发有害气体，致附近多名村民因连日吸入有害气体而入院治疗。5月28日因群众举报，有关人员对仍在焚烧的废旧电子元件进行灭火作业，停止了焚烧。5月29日，资溪县环保局将未焚烧的废旧电子元件及焚烧后的残渣进行了清理、包装，并运输至资溪县环保局进行扣押。已发生包装、搬运、称重、租车加油等费用合计2.69万元。

经过磅称重，未焚烧的废旧电子元件重46.17吨，扣除包装袋净重为45.8吨，非法焚烧造成残渣50.47吨。经核算，时某和黄某生非法处置的危险废物重量为67.27吨。经资溪县环保局认定，已经焚烧的电子元件残渣50.47吨、未焚烧的电子元件45.8吨都属于《国家危险废物名录》中类别HW49、代码900－045－49的危险废物。

经检察机关委托鉴定，二被告焚烧危险废物造成了一定的大气环境损害，焚烧残渣和未焚烧的危险废物后续处置需支付一定数额的处置费用。检察机关委托鉴定评估费用为1.6万元。

〔裁判结果〕

抚州市中级人法院（以下简称抚州中院）于2018年2月6日作出了

(2017) 赣10民初142号民事判决：一、被告时某、黄某生共同承担生态环境修复费用8万元（本判决生效后一个月内支付）。在本判决生效后六个月内对本案焚烧危险废物的现场及周边40余亩土地进行植树造林，恢复植被，并养护3年，以达到植树造林的要求，植树造林期限届满后法院将会同相关部门对所植树木进行验收，如未达到植树造林的要求则再缴纳8万元生态环境修复费用。二、被告时某、黄某生共同承担为处置危险废物及其残渣已经发生的费用2.69万元，本案鉴定评估费1.6万元（本判决生效后一个月内支付）。三、被告时某、黄某生在本判决生效后一个月内对涉案全部危险废物及其残渣依法进行无害化处置，如未处置则承担因此而发生的处置费用。案件受理费6000元，由被告时某、黄某生负担。判决后二被告均表示服判未上诉，现判决已生效。

〔裁判理由〕

法院生效裁判认为，被告时某、黄某生以营利为目的，违反国家规定，在未获得处理危险废物经营许可证的情况下采用焚烧的方式非法处置有毒危险废物67.27吨，直接向大气中排放有毒有害气体，严重污染大气环境，损害了社会公共利益，依照《最高人民法院关于审理环境民事公益诉讼案件适用法律若干问题的解释》第十九条、第二十条之规定应当承担相应的民事责任，公益诉讼人依据鉴定评估意见确认二被告焚烧危险废物造成的生态环境修复费用为68.62万元，因该鉴定评估方法未考虑危险废物燃烧的时间和程度，故不准确。根据电子垃圾的具体焚烧程度等实际情况，综合酌情认定本案的生态环境修复费用为16万元，其中8万元由两被告缴纳至指定的环境公益诉讼基金账户用于开展替代修复，8万元由两被告自行用于电子垃圾焚烧现场及周边的植树造林和养护。被告时某、黄某生有关不应承担生态环境修复费用的意见不能成立，不予采纳。据此作出上述判决内容。

【法官评析】

本案系江西省首例由检察机关提起的环境民事公益诉讼并实行民事案件和刑事案件合一模式审理的案件（即抚州中院在受理了该起污染环境民事公益案件后，又将这起污染环境引发的刑事案件统一提级到该中院环境资源审判团队合并审理）。在该起案件宣判的当天，抚州中院还对牵涉的刑事案件［案号

(2018) 赣10刑初4号] 进行宣判，认定被告人时某、黄某生均构成污染环境罪，分别判处有期徒刑一年零六个月，缓刑二年以及有期徒刑一年零二个月，缓刑一年零六个月，并各处罚金人民币1万元，对扣押的危险废物及残渣依法没收，予以销毁。环资案件如此合并审理的模式能够在惩罚环境污染犯罪的同时充分注重生态环境的保护。此案作为江西省环境司法公益诉讼发展的助推器，对于构建生态环境司法保护新模式具有重要意义。

本案在审理中目前涉及的主要问题或者启示有以下几个方面：

一、环境污染程度是否要达到一定的标准才需要承担侵权责任

在庭审中，被告的委托代理人反复提及本案的污染仅是一般的违法行为，在一般性污染环境的案件中，不管对空气、土质还是水质的污染，如果没有实时监测的数据反映被告超标排放了，就没有证据证明被告的行为违反了国家环保排放的相关规定，不构成侵权责任法中的损害结果，因此主张被告承担环境污染赔偿的诉求缺乏基本的事实基础。该观点部分源于2009年8月27日修正的《中华人民共和国民法通则》第一百二十四条“违反国家保护环境防止污染的规定，污染环境造成他人损害的，应当依法承担民事责任”的规定，该条规定了污染环境承担民事责任需要以违反国家保护环境防止污染的规定为前提。但上述前提条件已经为《中华人民共和国侵权责任法》第六十五条所取代，该条规定“因污染环境造成损害的，污染者应当承担侵权责任”，取消了“违反国家保护环境防止污染的规定”的前置条件，是否达标排放不再影响环境侵权责任的承担。《中华人民共和国大气污染防治法》第一百二十五条规定“排放大气污染物造成损害的，应当依法承担侵权责任”。2015年6月3日施行的《最高人民法院关于审理环境侵权责任纠纷案件适用法律若干问题的解释》第一条第一款更进一步明确了“因污染环境造成损害，不论污染者有无过错，污染者应当承担侵权责任。污染者以排污符合国家或者地方污染物排放标准为由主张不承担责任的，人民法院不予支持”。具体到本案中，现场燃烧的照片、环保和公安等相关部门查封和侦查的记录、当地居民因吸入有害气体入住医院治疗的事实等综合证据，均可证明两被告实施了污染环境的行为，且造成了一定的损害事实。故笔者认为，在审理环境资源案件中，只要有损害事实的存在，不论污染者是否有过错以及排污是否符合一些文件规范的标准，均可要求被告承担相应的环境污染侵权责任，以达到更好地震慑环境污染者的目的。

二、生态环境污染的损失和修复费用如何确定

环境污染修复需要的费用要以污染造成的损失为基础，对于该费用，检察机关委托了相关部门进行了评估鉴定。评估报告在“技术方法”上指出，因本案污染事实真实存在，但缺乏实时的检测数据，化学性污染物挥发得也很快，因此采用虚拟治理成本法估算损失。根据此方法，报告认为，本案被告共焚烧危险废物67.27吨，单位污染物的处理成本3400元/吨，环境空气功能区类别为II类（居住区、商业交通居民混合区、文化区、工业区和农林地区），因此环境功能敏感系数取3，故虚拟治理成本为68.62（67.27吨×3400元/吨×3）万元。但庭审时鉴定人也说明了其采用3倍系数法部分系主观意见。被告的委托代理人认为虚拟成本计算法采取的系数不科学，处理成本单位定价不合理，整体定损和修复费用都缺乏合理性。对此，笔者认为评估报告有一定的参考价值，但确实存在瑕疵，如本案被告的违法行为被制止的时间较早，其焚烧的电子垃圾67.27吨中有部分并未完全燃尽，同时3400元/吨的处理价格以及系数选取等方面可能过于直接、简单化。审判人员对于该问题的认定也经过和江西省高院环资庭以及相关的环境专家反复沟通验证，综合各类实际情况才最后酌定将本案的生态环境修复费用定为16万（8万用于缴纳罚金，8万用于被告自身在焚烧地植树造林）。

生态环境污染的损失和修复费用如何确定，确实是目前环资审判中遇到的一大难题和困境，专业技术性非常强。该损害界定方法与《侵权责任法》传统上所指的具体损害不同，环境污染造成损害有直接性的（如对污染现场造成的林木的直接破坏、环境损害赔偿调查、鉴定评估费用等），但更多的是间接性的（如生态服务功能退化的损害、生态环境修复费用、生态环境修复期间服务功能的损失、生态环境功能永久性损害造成的损失等）。这方面目前难以达到精准认定，但在审判中还是要从多角度及环节努力朝着更科学和专业化的方向靠近。笔者观察了一些省内外的环资判例，对提高损失和修复准确性认定提出以下两点建议：（一）司法鉴定程序应尽量前置，因为损害和修复数据的确定是环资案件中不可或缺的一步，有确定损害事实的污染案件的司法鉴定程序不应该等到案件进入检察机关起诉阶段再进行，否则诸多证据已经灭失无法进行监测；（二）总结和优化认定损害和修复的程序为：在发现违法行为后，当地环保部门应会同有关部门对污染地第一时间进行调查并监测、固定和保留数据；确定有损害事实后，有资质的司法鉴定机构就应介入对污染程度和损失进

行鉴定，编制评估报告和修复方案；案件进入庭审之后，合议庭法官应会同鉴定人员、环保、法律等专业人士对评估报告和修复方案进行充分的审查和认证；然后在判决前至少提前一周将报告和方案对社会公开，接受公众监督，确实有重大问题的要及时修缮，以此多方位、多环节确保损害和修复方案更合理科学（即环保部门实地调查、固定和监测实时数据——鉴定部门出评估报告和修复方案——法官会同专家论证——方案公开接受公众监督——完善）。

三、环境修复方式多元化的启示

《最高人民法院关于审理环境民事公益诉讼案件适用法律若干问题的解释》第二十条第一款规定，原告请求恢复原状的，人民法院可以依法判决被告将生态环境修复到损害发生之前的状态和功能；无法完全修复的，可以准许采用替代性修复方式。众所周知，涉环境污染的案件一般都难以恢复原状，因此审判实践中大多数法院的判决除了要求被告缴纳一定的修复费用和对污染物进行无害化处理之外，大多数选择的替代性修复方式便是让被告原地或者异地植树造林，本案亦不例外。在此笔者同时认为，针对污染环境案件，采取的修复方式应根据案件本身的特点探索和开创更多元化的模式，除补植复绿外，还可判决被告进行社区卫生劳动、公共绿地维护、废物垃圾清理、土地复耕、放流鱼苗、寻求第三方专业机构治理土壤、空气等。

四、环境资源案件刑、民、行合一审理模式的检视

环境问题的发生原因往往有多种，既可能是行政机关的不作为，也可能是因某行为涉及环境民事利益关系而引发的触犯刑事法律规定的行为，因而环境纠纷案件在法律事实和责任构成认定方面往往具有综合性的特点，案件性质可能涉及民事、刑事、行政等单一或多领域，该类案件若仍依据传统的审判结构和审判程序进行审理，不仅可能增加诉讼成本，也可能在审理标准上很难进行统一考量而导致同案不同判的现象出现。

为在审判标准上统一生态环境司法保护理念，提高环境资源审判质效，现阶段很多地方的法院都推行和倡导环境资源案件刑民行三审合一模式审理。三审合一的模式似乎已经得到了普遍认可，但是如何更好地施行这一审理模式是今后需要尽快完善的方向。

现阶段的完善路径可以考虑包括以下几方面：（一）组建环境资源专门的审判团队。目前在暂无条件成立专门的环境资源审判机构的情况下，部分中基层法院可以先行组建环境资源审判团队，抽调审判专业水平过硬，兼备环境法律专业素养及环境科学知识的队伍构成。例如，抚州中院的环境资源审判团队的四名成员都具有刑事、民事、行政审判经验中的一种或多种，复合型审判经验背景和扎实的理论功底让环资审判团队更能驾驭该类案件的审理。（二）科学界定收案范围。在审判实践中，我们发现在环资工作的起步阶段，部分审判人员包括立案人员对于何谓环资案件以及类型包括哪些并不明确或者概念很模糊，因此有必要在案件立案阶段就把好收案、分案关。2017 年 9 月江西省高级法院下发的《江西省环境资源案件案由范围（试行）》对环资案由收案做了规范，将涉及生态环境资源的刑事、民事、行政等案件作为收案范围，推动了环资集中审判模式。抚州中院严格按照该规定的要求，由专门的审查人员在案件受理端就进行初步的审查和分类，对于属于环资类的案件就分到环资审判团队统一审理，疑似环资类或某些新型的环资案件，要与环资审判团队的法官进行沟通和探讨，符合条件再分案，避免漏分或错分，从而保障环资审判工作的顺利进行。（三）环境资源案件审理程序灵活化。虽然该类案件往往涉及多种案件性质，但是审理该类案件不必然受传统的先刑后民等程序的桎梏，同时，案件由一个审判机构归口审理，也不意味着所有的案件事实糅杂在一起分析和判定，更不是对三种程序加以简单汇总，而是遵循具体情况具体对待的原则，决定性案件事实的审理程序在先，在先审理的证据和事实的判定效力可扩张和延伸至后置的审理程序中。对于涉及民事和行政类的环境资源案件的裁判程序，审理时要根据案件的起因进行分类对待，如果是民事法律关系引发的行政法律关系的案件，应采取先民后行的裁判原则；若是民事违法行为涉嫌构成环境犯罪的案件，则采用先民后刑原则。而本文所述的案件中，因行为人的犯罪事实清楚，构成要件清晰，证据更全面充分，故承办法官在审理时就将刑事程序前置，查核案件事实，举证质证证据，而后在同一天开庭审理的民事公益诉讼案件程序中，对于刑事案件已经开庭认证过的事实直接适用，最大程度地合理和优化了案件的审理进程。

破坏生态环境的行为不仅损害社会公共利益，更与国家发展生态环境的理念背道而驰，法院通过类似的环资案例向社会昭告，司法领域对破坏环境的行为是零容忍的，我们任何人都不能因为一己私利而窃取公共的环境利益。

【相关法条】

《中华人民共和国民法总则》

第一百八十七条 民事主体因同一行为应当承担民事责任、行政责任和刑事责任的，承担行政责任或者刑事责任不影响承担民事责任；民事主体的财产不足以支付的，优先用于承担民事责任。

《中华人民共和国刑法》

第三百三十八条 违反国家规定，排放、倾倒或者处置有放射性的废物、含传染病病原体的废物、有毒物质或者其他有害物质，严重污染环境的，处三年以下有期徒刑或者拘役，并处或者单处罚金；后果特别严重的，处三年以上七年以下有期徒刑，并处罚金。

《中华人民共和国侵权责任法》

第六十五条 因环境污染造成损害的，污染者应当承担侵权责任。

《中华人民共和国大气污染防治法》

第一百二十五条 排放大气污染物造成损害的，应当依法承担侵权责任。

《最高人民法院关于审理环境民事公益诉讼案件适用法律若干问题的解释》

第十九条 原告为防止生态环境损害的发生和扩大，请求被告停止侵害、排除妨碍、消除危险的，人民法院可以依法予以支持。

原告为停止侵害、排除妨碍、消除危险采取合理预防、处置措施而发生的费用，请求被告承担的，人民法院可以依法予以支持。

第二十条 原告请求恢复原状的，人民法院可以依法判决被告将生态环境修复到损害发生之前的状态和功能。无法完全修复的，可以准许采用替代性修复方式。

人民法院可以在判决被告修复生态环境的同时，确定被告不履行修复义务时应承担的生态环境修复费用；也可以直接判决被告承担生态环境修复费用。

生态环境修复费用包括制定、实施修复方案的费用和监测、监管等费用。

《最高人民法院关于审理环境侵权责任纠纷案件适用法律若干问题的解释》

第一条 因污染环境造成损害，不论污染者有无过错，污染者应当承担侵权责任。污染者以排污符合国家或者地方污染物排放标准为由主张不承担责任的，人民法院不予支持。

污染者不承担责任或者减轻责任的情形，适用海洋环境保护法、水污染防治法、大气污染防治法等环境保护单行法的规定；相关环境保护单行法没有规定的，适用侵权责任法的规定。

编写人：江西省抚州市中级人民法院　余磊

004

被侵权人对污染者排放的污染物与损害之间是否具有基本关联性承担举证证明责任

——黎某伦等88人诉浙江省宏途交通建设有限公司水污染责任纠纷案①

内容摘要：涉案污染地为被告建设的商砼站，主要的污染方式为粉尘和噪音污染，清洗设备、车辆清洗会产生污水废水，废水污染主要含有金属性质的理化指标污染物。88名原告主张沉淀池废水外溢导致地下溶洞暗河水流污染。因为环境污染的特征决定了污染与损害间的因果关系很难认定，所以只要被侵权人能证明自己遭受的环境污染损害与污染者具有一定的因果关联性，即由污染者承担严苛的举证责任。被告生产排放的废水生化指标合格，理化指标值高，而地下水生化指标超标，理化指标合格，且距离污染源越远，理化指标值越差，违反会造成污染的常理，结合上游溶洞水和原告取水点取水均未检出水泥搅拌污染物的典型特征，不能得出被告排污导致原告取水点水质污染的结论。本案用个案案例对被侵权人需完成的证明污染者污染行为与污染损害具有基础关联性的"度"、应负的举证责任与把握的尺度进行了详细论证，供以评判。

关键词：水污染　地下水暗流　水文流向　因果关系　举证责任倒置

【裁判规则】

被侵权人对污染者排放的污染物与损害之间是否具有因果关系，应满足三个条件：1. 原告受到特定污染物污染或者有特定污染物可导致的损害后果；2. 被

---

① 本案例一审合议庭成员：何林、王莹、何德华；二审合议庭成员：李玉振、罗小龙、唐川。

告排放了同类污染物或者其排放的污染物能够产生同类次生污染物；3. 被告排放的污染物或次生污染物能到达原告。

【典型案例】

〔案件索引〕

贵州省遵义市播州区人民法院（2016）黔0321民初5596号民事判决书

贵州省遵义市中级人民法院（2017）黔03民终2695号民事判决书

〔基本案情〕

88名原告诉称：2015年10月初，浙江省宏途交通建设有限公司在龙坪镇上水村石坝组汪家坳修建商砼站，持续向附近排放未经处理的大量污水污物，致使遵义市播州区龙坪镇上水村修建的饮用水工程被废弃，水源受到严重污染。上水村村民在不知情的情况下仍使用该水，造成该村村民身体不同程度受损，农作物、牲畜等遭受严重损失。2015年5月20日由贵州黔北建筑实验测试有限公司出具的检测报告显示该地下水是符合GB 5749－2006《国家生活饮用水卫生标准》的，而2015年年底原、被告曾就此事协商并委托遵义市产品质量检验部门进行抽样检查，显示该地下水不符合国家生活饮用水卫生标准。被告的侵权行为给上水村200多名村民的人身、财产造成严重损失，损害了88名原告的权利、国家的利益，故向播州区法院提起民事诉讼，请求：1. 判决被告立即停止侵权，排除危害；2. 判决被告侵权破坏饮用水工程的赔偿20万元。

被告浙江省宏途交通建设有限公司辩称：1. 原告不能证明饮用水工程污染与被告工程施工之间存在任何因果关联性；2. 商砼站排放的废水无法到达原告取水点，并未对饮用水工程造成污染，且该处水源在被告工程施工之前就已经受到污染；3. 88名原告并不具有要求饮用水工程侵权损害赔偿的主体资格；4. 要求赔偿工程施工所致饮用水工程侵权损失20万元的理由无事实及法律依据，更无相应计算标准或计算依据。

播州区法院经审理查明：88名原告取水点饮用水工程系遵义市播州区龙坪镇政府和龙坪镇上水村村民于2007年共同出资修建的上水村中坝集中饮用水供水站，水站及配套供水工程向龙坪镇上水村300余户村民集中供水。建设前，播州区龙坪镇水利站委托贵州省水环境监测中心进行水质监测，于2007年7月24日作出黔水质检（遵义）〔2007016〕号《检测报告》，载明细菌总数为33个/ml，总大肠菌群16000个/l，报告结论为符合GB5749－2006《生活饮用水卫生标准》。

2015年12月底，被告浙江省宏途交通建设有限公司项下遵义至贵阳扩容工程第一合同段项目三处进驻遵义市播州区龙坪镇上水村，建商砼站进行水泥拌和作业，为兰海高速公路遵义至贵阳段扩容工程服务，不对外经营。商砼站东侧有一天坑，北侧向上山坡中有一个天然形成的窄小的溶洞口，与88名原告取水点一山相隔，翻过山的北面底部亦有一个天坑，为龙坪镇上水村中坝集中饮用水取水站（88名原告取水点）。被告建设商砼站时设置了办公生活区与生产作业区；生活区建有自带化粪池的公共厕所，公共厕所斜前方处即为东侧天坑，天坑边缘20米左右修建了污水沉淀池，经沉淀处理后泵送外运。案外人遵义县上水饮用水有限公司与88名原告共用同一水源，该公司每月例行对生产的桶装纯净水委托产品质量检测机构检测产品质量是否合格。自2016年3月起，例行送检的桶装水产品多次检测出菌落总数、大肠杆菌超标，被产品质量检测机构判定为不合格。88名原告据此认为东侧天坑底部至上游溶洞再至原告取水点之间存在相连贯通的地下水暗流，被告水泥拌和生产性污水、公共厕所粪便污物、生活污水均排至沉淀池，污水注满沉淀池后会外溢流向东侧天坑，与溶洞底部的地下水相汇，再经山中地下水暗流流向原告取水点，导致水源污染。遂向遵义市播州区环境监察大队反映要求处理。

遵义市播州区环境监察大队在接到环境污染举报后，迅速进行实地调查，组织上水饮用水公司、上水村村民、商砼站共同对原告取水点源水、与上游污染处相平行几公里外的干田坝小溪沟地表水两个点分别取水后，委托遵义市产品质量检验检测院检测，该检测院于2016年6月13日作出YL160188号（干田坝小溪沟水地表水）、YL160188号（原告取水点原水）的检验报告，显示干田坝小溪沟水地表水菌落总数（1.9×10^{3}CFU/ml）、大肠菌群（2.4×102 MPN/100ml）、浑浊度（1.6NTU）三项指标不合格；原告取水点原水菌落总数（1.3×10^{3}CFU/ml）、大肠菌群（1.3×102MPN/100ml），浑浊度（1.8NTU）三项指标不合格，结合调查和检测的情况，认为整片大区域均存在同一水源质量问题，环境监察大队遂作出调查处理意见，认定播州区龙坪镇上水村取水点水质超标与商砼站生产无关。原告对该调查结论不服，环境监察大队再次开展调查，其间饮用水公司法定代表人程某明以个人名义委托贵州遵义博源环境科技检测服务有限公司对商砼站沉淀池废水、上游溶洞水（即溶洞底部取水）、上游参照点（即平行几公里外干田坝小溪源头水井取水）、水厂取水点地下水（即原告取水点）四个点水质采样进行对比监测，于2016年10月9日作出黔博源监报〔2016〕第445号监测报告，报告记载了28项指标：1. 总大肠菌群：沉淀池水未检出，上游溶洞水32，上游参照点46，水厂取水点13；2. 细菌总数：沉淀池水19，上游溶洞水630，上游参照点120，水厂取水点410；3. pH酸碱度：沉淀池水12.7，上游溶洞水6.93，上游参照点7.47，水厂取水点7.04；4. 六价铬：沉淀池水0.069，上游溶洞水0.004，上游参照点0.004，水厂取水点0.015；5. 硝酸盐：沉淀池水0.18，上游溶洞水0.58，上游参照点0.33，水厂取水点0.98；6. 硫酸盐：沉淀池水217，上游溶洞水163，上游参照点127，水厂取水点182；7. 溶解性总固体：沉淀池水713，上游溶洞水388，上游参照点310，水厂取水点411；8. 高锰酸盐：沉淀池水4.96，上游溶洞水0.57，上游参照点0.50，水厂取水点0.85；9. 亚硝酸盐：沉淀池水0.198，上游溶洞水0.036，上游参照点0.010，水厂取水点0.048；10. 色度：沉淀池水15，上游溶洞水5，上游参照点5，水厂取水点10；11. 氟化物：沉淀池水11.97，上游溶洞水0.62，上游参照点0.59，水厂取水点0.44；其余指标基本无变化。上述指标主要为生化指标和理化指标，1、2号细菌总数和大肠菌群两项生化指标中，沉淀池未检出大肠菌群，细菌总数检出值极低；而原告取水点的指标值明显好于上游溶洞水；3号至11号理化指标显示上游溶洞水指标均比原告取水点好。

播州区法院审理中组织现场勘验，发现沉淀池周围无外排痕迹；公共厕所有单独化粪池，未装满，无外溢情况。

〔裁判结果〕

贵州省遵义市播州区人民法院于2016年12月30日作出（2016）黔0321民初5596号民事判决：依照《中华人民共和国侵权责任法》第六十五条，《最高人民法院关于审理环境侵权责任纠纷案件适用法律若干问题的解释》第六条、第七条、第十条之规定，判决：驳回黎某伦等88人的诉讼请求。

宣判后，88名原告不服上诉于贵州省遵义市中级人民法院，二审经审理，认为原告的上诉理由缺乏事实依据，原判决认定事实清楚，裁判正确，维持原判。

〔裁判理由〕

遵义市播州区法院认为，88名原告主张被告沉淀池污水外溢污染地下水，经地下水暗流走向流至原告取水点，导致其饮用水源不合格，侵犯其合法权益并请求被告承担饮用水工程被破坏的损失赔偿请求能否成立，应当提供证据证明其权利受到损害且该损害与被告排放的污染物或者次生污染物之间具有关联性。本案中，原告提供的一系列监测报告证明了其饮用水源菌落总数、大肠菌群等生化指标以及水质浑浊度超标，饮用水源水质不合格。但其提供的2016年3月水质监测报告与被告提供的同一检测机构监测报告均是对被告不相关联的对比点的水质监测，相比较均为相同指标超标。原、被告双方均提交的四个取水点对比监测报告显示，被告废水沉淀池水质理化指标超标，而生化指标合格；“上游溶洞水、上游参照点、原告取水点”三处水质理化指标合格，生化指标超标，而且“上游溶洞水”理化指标好于原告取水点。从现场勘验发现的被告排放的污水进入沉淀池沉淀后外运，沉淀池外有生产污水沉积痕迹，没有外排痕迹等情况分析，即便被告的废水沉淀池充满外溢，其排放物渗入地下，可能进入最近的天坑地下水，对原告取水点指标也未体现出直接影响。据原告所述，天坑地下水流经即上游溶洞再流向原告取水点，上游溶洞再流向天坑下游，距天坑较近。按照环境自我修复功能常识，距离污染源越近，污染越严重，相应指标值越差；反之，距离污染源越远，污染越轻，相应指标值越好。本案中，被告排放的废水生化指标合格，理化指标值高，而地下水生化指标超标，理化指标合格，且距离污染源越远，理化指标值越差，违反会造成污染的常理，结合上游溶洞水和原告取水点取水均未检出水泥搅拌污染物的典型特征，不能得出被告排污导致原告取水点水质污染的结论。本案中，被告提交的原告取水点2007年的水质监测报告证明，原告取水点水质在2007年即已存在菌落总数、大肠菌群等生化指标超标的事实，被告却于2015年年底才建设拌和站，足以证明原告取水点水质生化指标超标在被告建设排污以前已经存在。

综上所述，原告不能提交证据证明被告的行为与其饮用水源取水点水质不合格原因存在最基本、最基础的因果关联性，而被告能证明原告取水点水质在被告排污前就已经存在生化指标超标，且建成后生产的行为并未污染原告水源的事实。依照《最高人民法院关于审理环境侵权责任纠纷案件适用法律若干问题的解释》第六条、第七条之规定，原告取水点水质不合格与被告的行为之间不能建立关联性，原告的诉讼请求缺乏事实依据，播州区法院对此不予支持。因损害事实未成立，原告提出的损害赔偿等依据亦不再进行考量。

【法官评析】

一、“一案一考量、一案一智慧”是环境民事侵权案件努力前行的方向

司法办案之技能、整体思维方式、解决问题的谋略与技巧，蕴藏无穷智慧精华，犹如一颗璀璨夺目的明珠，促使我们心如明镜般充分考量每一件案件案情。涉案污染地为被告建设的商砼站，系用于混凝土生产，其工作的主要原理是以水泥为胶结材料，将砂石、石灰、煤渣等原料进行混合搅拌，最后制作成混凝土投入建设生产，就近为兰海高速公路扩容段服务。混凝土搅拌站主要的污染方式为粉尘和噪音污染，在清洗设备以及车辆清洗过程中会产生大量的污水、废水，这种废水含有砂石、水泥等常规建筑材料，也含有各种类型的混凝土添加剂，废水中主要含有金属性质的理化指标污染物，存放于废水沉淀池中，再集中外运，故该行业一直在倡导使用科学的污水改造处理系统将其废水实现 100% 回收，达到污水零排放标准。本案中，88 名原告并未主张被告有粉尘或噪音污染，而是主张沉淀池废水外溢导致的地下溶洞暗河水流污染。对此逻辑上需首先明确沉淀池废水是否有致原告水源地污染的污染物；其次考量沉淀池溢出废水的“度”，沉淀池装满后外运的比例，溢出的污水量是否渗透地表土壤再致溶洞型地下水的污染；最后考虑地下水流向是否必然流经原告水源地。该溶洞型地下水是既具有相互联系的统一自由水面，又存在径流相对集中的暗河通道，水量丰富而集中、富水程度不均、与地表水联系密切又具有较大的动态变化幅度。故本案水污染有别于一般地面水污染，不具有直观的可评估性，且在环境污染的法律关系中，受污染者多为一般的群众或者村民，本身诉讼能力较弱，欠缺能力证明自己的损害与环境污染之间有确实的因果关系，他们的合法权益很难得到正当的保护；加之经济状况较差，无力垫交溶洞型地质地貌、水纹走向等鉴定项目的高昂费用，如法院一定要机械地套用鉴定结论作为断案依据，将会大大增加原告的诉讼成本，即使胜诉也会耗费极大的人力、物力、财力。故在审理此类案件中，运用地质、监测等专业知识，充分融入审判智慧、充分考量个案情况，不生搬硬套，是体现环资专业化的审判技能的重要考量。因此，在个案中灵活运用类比方法，找寻客观真实的本因，作出最基本的因果关系判断，思索更多便民利民途径审理，以达到提高司法效率、节约办案资源、减少当事人诉讼成本的良好效果。

二、污染与损害后果间因果关系连接点是否已打通

生产生活污水是否有造成水源污染的可能性在于查明污染的空间分布和污染程度，即空间上分析地理环境与地下水有无被污染。由于地下水文情况不明且不具有直观判断性，地质勘查、水文判断等综合性鉴定机构难寻、鉴定项目众多、费用高昂，采用从不同范围、不同深度取水试样进行化验分析，是另一个重要的判断点。原、被告提交了涉案污染地水源不同时期、不同参照点的水源检测报告，是最佳的判定依据。本案中，原告至少需要从污染空间环境与污染物的具体情况举证证明取水点中相应指标超标是被告沉淀池污水溢出所致。据遵义市产品质量检验检测院分别于2016年3月11日、4月1日、6月13日出具的三份检测报告记载，原告取水点源水主要系菌落总数、大肠菌群、浑浊度三项生化指标超标；而2016年10月9日贵州遵义博源环境科技检测服务有限公司针对四个参照点检测出具的监测报告显示，被告废水沉淀池水未检出或只检出最低值的生化指标项，均符合该项合格的评定标准，理化指标显示超标。“上游溶洞水、上游参照点、原告取水点”三处指标逐项比较，生化指标中“上游溶洞水”高，“原告取水点”低，可知原告取水点的水质是好于近被告处“上游溶洞水”水质的；理化指标中“上游溶洞水”指标全部低于“原告取水点”指标，证明越靠近被告的水质理化指标较高，而越靠近原告的取水点理化指标越低。

被告生产的污水主要为水泥等物搅拌所产生的化学物质，即为检测报告中的理化指标所体现；其产生大肠菌群、菌落总数等生化指标的厕所污物、废水等并未进入沉淀池，通过检测报告中针对沉淀池的此项检测值亦可确认。被告排放的污水进入沉淀池沉淀后外运，沉淀池外有生产污水沉积痕迹，即便被告的废水沉淀池装满外溢，其排放物渗入地下，即进入了最近天坑处的地下水，也没有证据证明该处地下水流向一直可到达原告取水点，且致原告取水点水源污染。加之被告在举证责任倒置后，又充分地证明了同类污染在被告进驻之前就已经产生，故原告这条最基本的污染因果关系链无法建立，这是用基本的社会生活常识就可判断的。故被侵权人需证明的基础性因果关联性的成立要件是需要达到正常社会人可内心确认的度，构成内心确认的一种证明关系理论，认为具有某种必然的、合理的确信程度就够了，即为建立了最基本的关联性，而当这一基本因果关系连线出现偏差，具有排他因素时，则这一基本的因果关联性并未建立。

三、破解矛盾根源，终能化解矛盾始终

引发本案的主要原因为村民不愿缴纳水费的落后用水观念与迟迟未并入统

一城镇饮用水管网衍生出的矛盾。该片区域普遍存在饮用水源不合格的情形，由于事关老百姓的切身利益、群体性安全，播州区法院在审理中多次主动与当地党委政府进行沟通、提出建议，旨在根本解决好老百姓的民生大计，破解矛盾的根源。同时亦向原告释明纳入城镇统一饮用水管网的好处与缴纳水费的义务，家家户户用上水、用好水，是社会发展的大势所趋。修建村集体饮用水工程，需要有资质的建设单位，且需符合国家相应的方针政策要求，原告诉求虽然在本案中未能得到解决，但是为当地党委、政府，原、被告之间进一步矛盾纠纷的化解铺下了坚实的基石。

对于污染者，虽然本案中被告排除了因果关系，无需承担环境侵权责任，但是商砼这一混凝土搅拌站在生产中产生的尘灰是属于比较难收集的，也是对周围环境破坏最严重的。故倡导从污染者开始治理，科学化地定期对沉淀池、污水池进行清理，通过整个排水的引导改造，实现搅拌站中污水不外流，污水处理后再利用，实现污水零排放的处理。这不但利用了资源减少了再投入，还可以降低对周遭环境的破坏，更有利于加强企业身后的形象，养成优良的业界口碑，使环境、绿色生产和谐存在的双赢局面打开，开创建筑行业的环保发展的新趋势。

现今环境污染损害纠纷日益增多，环境污染的特征决定了污染与损害间的因果关系很难认定，所以只要被侵权人能证明自己遭受的环境污染损害与污染者具有一定的因果关联性，即由污染者承担严苛的举证力度，该举证责任倒置原则亦成为我国环境污染侵权因果关系的主要认定方法。面临纷繁复杂的环境污染诉讼类型，新类型案件频发，一般环境污染行为与污染环境损害后果要件容易证明，而因果关系要件却往往不容易证明，所以在把握举证责任倒置的同时，确立因果关系推定规则以减轻被侵权人举证的困难，是保护其利益的加速设置器。故对被侵权人需完成的证明污染者污染行为与污染损害具有基础关联性的“度”、应负的举证责任如何理解与把握，在审判实践中，理解差异各一，本案用个案案例详细论证了这一认定尺度，供以评判。

【相关法条】

《中华人民共和国侵权责任法》

第六十五条 因环境污染造成损害的，污染者应当承担侵权责任。

《最高人民法院关于审理环境侵权责任纠纷案件适用法律若干问题的解释》

第六条 被侵权人根据侵权责任法第六十五条规定请求赔偿的，应当提供证明以下事实的证据材料：

（一）污染者排放了污染物；

（二）被侵权人的损害；

（三）污染者排放的污染物或者其次生污染物与损害之间具有关联性。

第七条 污染者举证证明下列情形之一的，人民法院应当认定其污染行为与损害之间不存在因果关系：

（一）排放的污染物没有造成该损害可能的；

（二）排放的可造成该损害的污染物未到达该损害发生地的；

（三）该损害于排放污染物之前已发生的；

（四）其他可以认定污染行为与损害之间不存在因果关系的情形。

第十条 负有环境保护监督管理职责的部门或者其委托的机构出具的环境污染事件调查报告、检验报告、检测报告、评估报告或者监测数据等，经当事人质证，可以作为认定案件事实的根据。

编写人：贵州省遵义市播州区人民法院　王莹

005

环境污染诉讼的举证责任分配

——曾某亮诉饶平县樟溪镇乌溪村民委员会土壤污染责任纠纷案[①]

内容摘要：2014 年 10 月，被告在没有经过原告同意的情况下，将没有经过污水处理设备的有毒污水直接排放到了原告承包经营的土地和水池、水井里，造成原告承包土地，水池和水井水质和土壤严重污染。原告多次要求被告停止排污，但没有得到妥善处理、解决，因此诉至法院。庭审中，原告提交的广东省微生物分析检测中心《分析检测报告》中，送检土壤的镉、铜超标，

① 本案例一审合议庭成员：廖炎昌、张杰慧、林丽银；二审合议庭成员：江海、李照雄、陈俊强。

但送检的样品（土壤）是曾某亮提供的，不是检测中心当场取样，检测中心也未确认过样本来源，因此不能作为定案依据。原告对自己提出的诉讼请求所依据的事实未能完成举证责任，应承担不利的后果。在原告未完成自己的举证责任时，不能适用举证责任倒置的规定。因此，法院判决驳回原告曾某亮的诉讼请求。

关键词：举证责任倒置　是否完成责任

【裁判规则】

环境侵权诉讼实行举证责任倒置，但并非所有举证证明责任均由侵权人承担，而是由被侵权人承担一定的举证证明责任后才发生举证责任转移。这里所谓一定的举证证明责任，是指能够证明送检样品取自被污染的土壤。

【典型案例】

〔案件索引〕

广东省饶平县人民法院（2016）粤5122民初581号民事判决书

广东省潮州市中级人民法院（2017）粤51民终254号民事判决书

〔基本案情〕

原告（上诉人）：曾某亮

被告（被上诉人）：饶平县樟溪镇乌溪村民委员会

法定代表人：钟某忠，村委会主任

法院经审理查明：当事人围绕诉讼请求依法提交了证据，对当事人无异议的证据，法院予以确认并在卷佐证。对有争议的证据和事实，本院认定如下：1. 广东省微生物分析检测中心2016年10月19日的《分析检测报告》中，送检土壤的镉、铜超标，但送检的样品（土壤）是曾某亮提供的，不是检测中心当场取样，检测中心也未确认过样本来源，因此不能作为定案依据；2. 曾某亮向本院提交了照片7张，拟证明土壤受到污染，果树受损，但从照片无法看出是原告承包的土地，也无法证明污染和损害情况，因此照片不能作为定案依据；3. 曾某亮向本院提交了证明3张，但证明也不能作为定案证据，因为一无证明人的身份证明，二是证明人均未到庭接受质询。经本院向原告释明其举证责任后，其于2016年10月19日向本院提交了《委托评估损失和对污水鉴定的申请》，但因广东法院鉴定评估机构花名册中没有相关的鉴定评估机构，被告也不同意协商，本院于2016年12月27日书面通知原告可自行委托相关机构进行鉴定、评估，但时至今日，原告未委托相关机构评估损失和污水鉴定。原告对自己提出的诉讼请求所依据的事实未能完成举证责任，应承担不利的后果。

〔裁判结果〕

依照《中华人民共和国侵权责任法》第六十六条，《中华人民共和国民事诉讼法》第六十四条，《最高人民法院关于民事诉讼证据的若干规定》第二条、第四条，《最高人民法院关于审理环境侵权责任纠纷案件适用法律若干问题的解释》第六条，《最高人民法院关于适用〈中华人民共和国民事诉讼法〉的解释》第九十条的规定，判决：驳回原告曾某亮的诉讼请求。

潮州市中级人民法院经审理，确认一审饶平县人民法院认定的事实和证据。依照《中华人民共和国民事诉讼法》第一百七十条第一款第（一）项规定作出判决：驳回上诉，维持原判。

〔裁判理由〕

法院生效裁判认为：本案的争议焦点是举证责任的分配以及评判。环境侵权诉讼实行举证责任倒置，但并非所有的举证证明责任均由侵权人承担，而是由被侵权人承担一定的举证证明责任后才发生举证责任转移。被侵权人应当就承包的土地被污染以及污染造成的损害程度和污染物或者其次生污染物与损害之间具有关联性承担举证责任；侵权人应当就法律规定的不承担责任或者减轻责任的情形及其行为与损害之间不存在因果关系承担举证责任。在作出判决前，当事人未能提供证据或者证据不足以证明其事实主张的，由负有举证证明责任的当事人承担不利的后果。

【法官评析】

一、本案的第一个争议焦点是原告提交的广东省微生物分析检测中心2016年10月19日的《分析检测报告》是否可以作为定案依据？在该分析检测报告中，送检的样品（土壤）是曾某亮提供的，不是检测中心当场取样，检测中心也未确认过样本来源，因此不能作为定案依据。

二、本案什么时候举证责任转移？环境侵权诉讼实行举证责任倒置，但并非所有的举证证明责任均由侵权人承担，而是由被侵权人承担一定的举证证明责任后才发生举证责任转移。在作出判决前，当事人未能提供证据或者证据不足以证明其事实主张的，由负有举证证明责任的当事人承担不利的后果。

【相关法条】

《中华人民共和国侵权责任法》

第六十六条 因污染环境发生纠纷，污染者应当就法律规定的不承担责任或者减轻责任的情形及其行为与损害之间不存在因果关系承担举证责任。

《最高人民法院关于民事诉讼证据的若干规定》

第四条 下列侵权诉讼，按照以下规定承担举证责任：

……

（三）因环境污染引起的损害赔偿诉讼，由加害人就法律规定的免责事由及其行为与损害结果之间不存在因果关系承担举证责任；

……

《最高人民法院关于审理环境侵权责任纠纷案件适用法律若干问题的解释》

第六条 被侵权人根据侵权责任法第六十五条规定请求赔偿的，应当提供证明以下事实的证据材料：

（一）污染者排放了污染物；

（二）被侵权人的损害；

（三）污染者排放的污染物或者其次生污染物与损害之间具有关联性。

编写人：广东省饶平县人民法院　林洁

006

"一事不再理"原则在环境污染纠纷中的适用

——广东莲花山生态茶园诉广东潮惠高速公路有限公司环境污染责任纠纷案①

内容摘要：本案因高速公路的建设牵涉多宗诉讼，如何看待各诉讼之间的关联、如何识别重复诉讼，本案例均作出了诠释。

关键词：一事不再理　行政复议　民事诉讼

【裁判规则】

高速公路建设涉及项目建设、征地补偿等多种法律关系，民事、行政交叉，对于项目建设造成的损害，以维护管辖秩序、司法效率为目的，按照"一事不再理"的原则进行审查。

【典型案例】

〔案件索引〕

广东省汕尾市中级人民法院（2017）粤15民初5号民事判决书

广东省高级人民法院（2017）粤民终2657号民事判决书

〔基本案情〕

原告广东莲花山生态茶园（以下简称"生态茶园"）向一审法院提出诉讼请求：1. 判令被告广东潮惠高速公路（以下简称"潮惠高速公路"）赔偿原告因生态茶园种植环境被破坏而遭受的经济损失合计117598484元，其中赔偿受污染的茶树青苗损失103693492元，赔偿茶园基础设施建设损失的请求由14613956元变更为13904992元；2. 判令本案诉讼费由被告承担。事实和理由：一、涉案茶园始建于2006年，依托莲花山天然的生态环境，原告十年来一直以有机茶园进行投资建设，主要种植台湾金萱茶等优质茶种，产品于2014年

① 本案例第一审法院合议庭成员：黄仕泽、彭晓春、施伟强；第二审法院合议庭成员：孙桂宏、黄立嵘、闵睿。

通过国家有机转换认证，拓展了“有机莲花山茶”品牌，畅销海内外市场。二、被告在潮惠高速公路项目施工中，为节省建设隧道成本，改变规划，并从茶园中间穿过但未采取任何保护措施，对茶园的生态环境造成毁灭性的恶劣影响，因此受到广东省环保厅的行政处罚。被告修改路线后导致整个茶园被汽车废气所覆盖，又因海丰地区属亚热带海洋季风性气候，常年吹东南风和东北风，茶园地势南低北高，高速公路上产生的汽车废气与粉尘从东南面吹向北面茶园，加重了茶园的被污染程度。三、因生产环境发生重大变化，原告在2015年9月15日再次向有机认证机构提出再认证申请时，认证机构以茶园周围环境受污染为由决定不再颁发认证证书，即今后原告不能再在该基地生产有机茶。2016年11月2日，广东省农业科学院茶叶研究所专家组前往茶园实地考察后认为：“该茶园不能再进行有机茶园建设和相关认证，同时该基地也不能再进行任何有机产品认证；汽车尾气的排放使该基地茶产品存在重金属超标的风险，从而达不到无公害食品的标准，不能投放市场销售。鉴于以上风险，建议搬迁。”认证机构和有关专家的意见证明了高速公路对茶园造成土壤和空气污染的事实，也证明了茶园今后已无法继续种植有机茶甚至无公害茶，也不可以转型生产其他有机作物。被告侵权行为与原告的损害结果有直接的因果关系。因此，依照《中华人民共和国侵权责任法》第六十五条及相关司法解释的规定，原告的经济损失应全部由被告赔偿。四、原告曾希望海丰县人民政府（下称海丰县政府）在行政复议调解中一并解决侵权赔偿问题以减轻诉累，但海丰县国土资源局于2017年1月26日发出的《征地补偿通知书》，仅对原告实际被征用的16.25亩进行补偿，并未涉及剩余230.35亩被污染茶树的经济赔偿。据此，一方面原告提起民事诉讼，请求参照海丰县政府委托汕尾市价格认证中心出具的《价格评估结论书》中评估价，并比照《广东省交通基础设施建设征地拆迁补偿实施办法》第五条第六项中“属多年生作物，根据其种植期和生长期长短给予合理补偿，最高额不超过土地年产值的5倍”的补偿标准判令被告赔偿；另一方面原告不服征地补偿纠纷已循行政程序进行权利救济。故被告将高速公路穿过茶园的行为发生了民事侵权的法律关系和征地补偿的行政法律关系，二者属完全不同的法律关系，本案应继续审理。

被告潮惠高速公司辩称：一、潮惠高速公路立项、征地整体合法合规，原告在2014年申请有机茶认证时故意隐瞒上述情形以取得《有机转换认证证书》。2016年12月，杭州万泰认证有限公司因此撤销上述证书。二、涉案茶园

《荒山租赁协议》的承租人、《林权证》的权属人均为黄某勇。而个人独资企业和投资人是两个不同的主体，故生态茶园不具备原告资格。三、被告未对原告造成任何损失，实际上原告也没有产生损失。原告主要以其有机转换认证因潮惠项目施工和通车后的污染风险而不再被认证为由主张损害赔偿。原告所称的损失以有机转换认证为前提，但该前提根本没有存在和成立的合法基础，所以原告基于此所提出的损失赔偿均没有事实和法律依据。四、潮惠高速公路规划由茶园中间穿过变更南边穿过，并经各级环保部门同意下施工。直至目前，被告并未因为施工过程中排放任何污染环境物而遭受警告、处罚或其他责任，原告没有证据证明被告在施工过程中排放了何种污染物。同样，在高速公路试通车后，被告也没有排放任何污染物。原告提供的证据中虽提及存在几项污染风险，但并没有证据证明该等风险已经实际存在或者发生，因此原告应当承担举证不能后果。相反，被告提供的证据可证明原告没有任何损害。五、原告索赔无事实和法律依据。本案系因原告、海丰县仁荣实业发展有限公司仁荣茶业（下称仁荣茶业）对征地补偿不满所引起。仁荣茶业已接受征地补偿，但原告以不实际的理由提起诉讼浪费司法资源。目前，原告的《有机转换认证书》已被撤销，海丰县政府按照一般茶树标准给予其补偿。因此，原告以普通茶树的标准种植，其提起赔偿标准缺乏依据。另原告关于茶园基础设施建设费用赔偿的诉请也缺乏事实和法律依据。六、原告在行政案件中诉求与本案的诉求重复，本案判决可能导致与行政纠纷的认定标准不一致。最高人民法院于 1991 年 7 月 24 日给河北省高级人民法院的《关于行政机关对土地争议的处理决定生效后一方不履行另一方不应以民事侵权向法院起诉的批复》指出：“行政机关对土地争议的处理决定生效后，一方当事人不履行的，对方当事人不应以民事侵权案向法院起诉，可向行政机关提出申请执行，该行政机关依照行政诉讼法第六十六条的规定，可以申请人民法院强制执行，或依法强制执行。”汕尾市人民政府已对茶园征地补偿争议作出处理决定，不支持原告所谓“补偿范围是整个茶园”的诉求，故原告不应就《行政复议调解书》所涉及的事项另行提起民事诉讼。同时，海丰县国土资源局《征地补偿通知书》具有公定力，未以法定撤销前应推定为合法，本案环境侵权的审理会涉及红线外的土地每亩单价的问题，将导致同一性质的土地出现两种不同的认定标准。据此，请求驳回起诉或驳回诉讼请求。

法院经审理查明：原告系个人独资企业，于 2009 年 4 月 21 日注册成立，投资人黄某勇于2006年4月3日向海丰县海城镇蔡坑村承包土地种植茶树，后于2010年11月1日向海丰县政府申办了海林证字（2010）第000954号《林权证》，种植面积23.1公顷，林地使用期至2036年4月29日，共26年。之后，黄某勇将上述茶树投入个人独资企业生产经营。

2010年12月起，潮惠高速公路经立项、规划、环评鉴定、施工许可等系列审批手续后由被告负责建造。2012年8月14日，被告与海丰县政府签订《征地拆迁协议书（海丰段）》，约定前者负责缴纳征地税费、征地拆迁补偿费、征地工作经费等工作，后者负责征地拆迁安置等工作。在潮惠项目（海丰段）施工过程中先后因征用、补偿等问题发生过系列行政纠纷。其中：一是王某群与海丰县政府行政诉讼案，本院于2014年12月18日作出（2014）汕尾中法行初字第16号行政判决，驳回王某群的诉讼请求；广东省高级人民法院于2015年7月21日作出（2015）粤高法行终字第154号行政判决，驳回上诉，维持原判。二是仁荣茶业与海丰县国土资源局、海丰县政府行政诉讼案，上述当事人达成了由政府委托评估机构对高速公路穿过茶场的影响进行评估，再按规定确定征用补偿标准和补偿金额的和解。本院作出（2015）汕尾中法行初字第5号行政裁定书，准许仁荣茶业撤回起诉。三是2015年2月6日，海丰县国土资源局作出《征地补偿通知书》，补偿原告449737元。原告不服海丰县政府《征地补偿安置方案》，向汕尾市人民政府申请行政复议。其理由为茶园系种植有机茶而应与交通干线距离1000米以上以保证茶园不受污染等。经调解双方自愿达成如下协议：一、由双方认可的机构，对生态茶园受征地影响范围进行确定；二、根据确定的范围，双方进一步协商补偿事宜。汕尾市人民政府于同年9月9日作出汕尾府行复（2015）《行政复议调解书》，确认上述协议符合法律规定而具有法律效力。

仁荣茶业撤回行政诉讼、原告申请的行政复议终结后，海丰县政府召开相关拆迁协调会，成立协调组对两个茶场有机认证、影响范围、补偿标准等进行调查、认定、评估、鉴定作业。2016年9月，海丰县政府以两个茶场为特殊个案补偿为由向被告发出《关于要求拨给潮惠高速公路海丰段两个茶场补偿资金的函》（海府函〔2016〕35号），函告同意汕尾市价格认证中心关于两个茶场评估价值意见，要求被告拨给两个茶场补偿资金59122338元，其中：仁荣茶场红线内8664810元（平均年产值3倍），红线外30724129元，共计39388939元；生态茶园红线内802425元（平均年产值3倍），红线外18930974元，共计19733399元。庭审中，原告称《行政复议调解书》中“茶园”是指整个茶园，“受影响”的情形是指有机茶产地环境条件受到污染及专家认为茶园已不符合国家规定行业标准；并认为海丰县政府并未按上述行政调解的约定与其协商解决，而是单方组织评估鉴定、认定。被告不同意将两个茶场作为特殊个案予以补偿。双方均表示曾参加相关协商会，但对协商内容各执己见。

另查明，2016年12月6日，杭州万泰认证有限公司以隐瞒“基地已划入征收范围”情况为由，撤销原告2014年度《有机转换认证证书》。2017年1月26日，海丰县国土资源局向原告发出《征地补偿通知书》，对征地红线范围内有机转换茶8.23亩补偿123450元、红线外30米范围有机茶8.02亩补偿120300元、茶场内基础设施补偿47550元，共计补偿291300元。2017年1月，原告以整个茶园受污染为由向海丰县人民法院提起民事诉讼，请求被告潮惠高速公司、第三人海丰县政府连带赔偿征地补偿范围外的财物损益。同月20日，海丰县人民法院以讼争属不平等主体的行政纠纷为由，作出（2017）粤1521民初112号民事裁定对生态茶园的起诉不予受理。原告不服裁定向本院提起上诉后又申请撤回上诉，本院作出（2017）粤15民终57号民事裁定准许其撤回上诉。2017年2月22日，原告以潮惠高速公司为被告向本院提起环境污染责任纠纷一案，本院于2017年3月9日立案受理。在本案审理期间，原告又因不服海丰县国土资源局《征地补偿通知书》，于同年3月10日向海丰县政府申请复议撤销《征地补偿通知书》。海丰县政府于同年6月14日作出海府行复〔2017〕第3号《行政复议决定书》，维持上述《征地补偿通知书》。原告遂于同年7月6日提起行政诉讼。

又查明，原告因不服杭州万泰认证有限公司撤销行为向中国国家认证认可监督管理委员会提出申诉，杭州万泰认证有限公司于2017年5月22日作出《关于调整万泰函〔2016〕24号文部分内容的通知》（〔2017〕7号），确认如下：对被海丰县政府2014年5月20日颁发征地公告划入征地红线范围内的这部分茶园撤销有机转换认证，未划入征地红线范围内的那部分茶园《有机转换认证证书》合规有效。

〔裁判结果〕

一审法院裁判认为：根据诉辩双方的意见，本案应先审理的焦点是原告与案外人就征地拆迁补偿外的财产损益已在行政复议调解程序达成救济的解决方法后，能否又就上述财产损益另行提起民事诉讼的问题。

本案系潮惠高速公路建设项目所衍生的系列纠纷之一，本案中，原告以高速公路通车致环境污染为由对茶园征地补偿范围之外的财物主张民事权益，然其在2015年亦以有机茶园受污染等为由申请行政复议并主张整个茶园应获补偿。经查，二者的事由、诉争标的物、土地面积、请求均存在高度盖然性竞合，本案的诉讼请求明显被前述行政复议的请求所涵盖。因此，本案与在先行政复议的救济程序、责任主体、承担方式等虽有差异，但实质上原告是针对同一财物主张同一损益权利。另就本案诉因而言，海丰县国土资源局早在2015年2月6日就向原告发出《征地补偿通知书》，原告在申请行政复议中与海丰县政府就整个茶园财产损益救济途径达成了和解，故在茶园有机证不再获认证和茶叶专家意见后，原告明知损害结果但未再循法律途径主张权利。这表明汕尾市人民政府《行政复议调解书》所确认的和解协议得到当事人的认同。嗣后，因海丰县政府函请被告拨付整个茶园补偿资金19733399元未果，而海丰县国土资源局在2017年1月26日又向原告发出《征地补偿通知书》，之后才引发本案诉讼和再次行政复议。显然，协议未能最终履约是之后系列纠纷的原因所在。鉴于整个茶园财产损益的救济解决途径已被《行政复议调解书》所确认，在它未经法定撤销、变更等前对当事人仍具有法律约束力，即若一方违约也并不能否定其既定效力。因此，现原告又就同一标的物另行民事诉讼主张财产损益违反上述《行政复议调解书》所确认的救济程序。根据《中华人民共和国民事诉讼法》第一百一十九条“起诉必须符合下列条件……（四）属于人民法院受理民事诉讼的范围和受诉人民法院管辖”的规定，本案虽已受理，但依法应当驳回原告的起诉，其可另循法律途径进行权利救济。

〔裁判理由〕

法院生效裁判认为：由于莲花山茶园先后向海丰县人民法院与本案一审法院提起民事诉讼，前诉与后诉的原告与被告均是莲花山茶园和潮惠高速公司，诉因均是建设的高速公路通车后产生环境污染致茶园经营受损，诉讼请求均是要求潮惠高速公司赔偿茶园因受污染的经济损失，即便后诉与前诉在诉请赔偿具体数额上有差别，但并未根本改变前诉的主体、法律关系、诉因和诉讼请求，故足以认定前诉与后诉属于同一民事诉讼。根据《最高人民法院关于适用〈中华人民共和国民事诉讼法〉的解释》第二百四十七条关于“当事人就已经提起诉讼的事项在诉讼过程中或者裁判生效后再次起诉，同时符合下列条件的，构成重复起诉：（一）后诉与前诉的当事人相同；（二）后诉与前诉的诉讼标的相同；（三）后诉与前诉的诉讼请求相同，或者后诉的诉讼请求实质上否定前诉裁判结果。当事人重复起诉的，裁定不予受理；已经受理的，裁定驳回起诉，但法律、司法解释另有规定的除外”的规定，原审法院驳回其起诉，于法有据，并无不当。海丰县人民法院作出的不予受理裁定因莲花山茶园撤回上诉而发生法律效力，莲花山茶园若是不服，应循再审申请途径寻求救济，而不是重复提起本案诉讼。至于原审法院以“整个茶园财产损益已被《行政复议调解书》所确认，莲花山茶园又就同一标的物另行民事诉讼主张财产损益违反《行政复议调解书》所确认的救济程序”为由驳回莲花山茶园的起诉，因《行政复议调解书》仅是汕尾市人民政府针对2015年1月26日的海丰县国土资源局的《征地补偿通知书》作出的行政复议结果，与本案原告提出的环境侵权民事诉讼不是同一诉讼，诉讼请求亦不相同或包括，故原审法院驳回起诉的理由不当，予以纠正。

【法官评析】

本案系源于政府征地拆迁建造高速公路而引发的环境污染责任纠纷，在本案诉讼前及期间，原告已因征地补偿款多次提起行政复议、行政诉讼、民事诉讼，因得不到其期待结果才提起本案诉讼。司法实践中，高速公路的建设往往牵涉许多民行交叉的法律问题，且本案属新类型案件，程序方面和实体方面的法律适用均缺乏明确规定，法律适用难度大。本案在审理过程中因法律适用难也存在不少争议点，经合议庭探讨后出现三种不同意见，现将三种意见予以梳理，以供司法实务中对类似本案纷争的处理参考研究，共同推进司法公正与效率目标的实现。

第一种意见即本案一审裁定理由。原告在本案诉讼前以有机茶园受污染等为由申请行政复议并主张整个茶园应获补偿，在该过程中与海丰县政府就整个茶园财产损益救济途径达成了和解，而在先行政复议与本案诉讼的事由、诉争标的物、土地面积、请求均存在高度盖然性竞合，且本案的诉讼请求明显被前述行政复议的请求所涵盖，故本案中原告实质上是针对同一财物主张同一损益权利，而原告的诉讼请求实际上已在前述行政复议中调解且生效了，故本案不宜进行实体审理而对抗前述行政复议调解书的既定效力。

第二种意见即本案二审裁定理由。原告在本案受理之前，以其整个茶园278.7亩受污染为由向海丰县人民法院提起诉讼，本案的诉讼标的则扣除了被征地的16.25亩茶园，其余均被前诉的诉讼请求所覆盖。前诉与后诉的当事人相同、诉因相同、法律关系及诉讼请求基本一致，根据《最高人民法院关于适用〈中华人民共和国民事诉讼法〉的解释》第二百四十七条关于“当事人就已经提起诉讼的事项在诉讼过程中或者裁判生效后再次起诉，同时符合下列条件的，构成重复起诉：（一）后诉与前诉的当事人相同；（二）后诉与前诉的诉讼标的相同；（三）后诉与前诉的诉讼请求相同，或者后诉的诉讼请求实质上否定前诉裁判结果。当事人重复起诉的，裁定不予受理；已经受理的，裁定驳回起诉，但法律、司法解释另有规定的除外”的规定，本案应属重复起诉。

第三种意见即根据《中华人民共和国侵权责任法》第六十五条的规定，因污染环境造成损害的，污染者应当承担侵权责任。本案中，原告以高速公路修建通车后致使茶树受到严重污染为由，主张被告作为侵权人而应承担侵权赔偿责任。但被告是依照广东省重点项目规划设计而合法建造高速公路，拆迁补偿不属其职责范围。原告诉称茶场被汽车废气所覆盖亦是过往车辆所产生，故被告并非直接侵权人。根据《中华人民共和国民事诉讼法》第一百一十九条“起诉必须符合下列条件……（二）有明确的被告”的规定，本案应驳回原告的起诉。

笔者认为，第一种意见及第二种意见虽表述理由不同，但其实都是对“一事不再理”原则的适用。根据本案的具体情况，笔者倾向于第一种意见，理由如下：

“一事不再理”原则，严格说来并非民事诉讼专有的制度或者概念，而是法律适用的一项原则。“一事不再理”起源于“一个人不应当由于同一行为得到两次或以上的评价或处理”这一古老的法谚，其适用的范围也不仅仅限于民事诉讼范围之内。按当下通说，法律责任的类型包括民事责任、行政责任和刑事责任。一个具体的行为，由于其行为的严重程度以及性质的不同，可能由不同的法律部门来调整。[①] 而“一事不再理”原则的本质含义指当事人应该主动

① 江必新、何东宁主编：《最高人民法院指导性案例裁判规则理解与适用民事诉讼卷（下）》，中国法制出版社2014年版，第343页。

接受既判力的约束，不得就同一法律关系再行主张救济。该原则在我国民事诉讼、行政诉讼、刑事诉讼均有所体现，但在《行政复议法》中却没有具体规定，那么其可否适用于行政复议程序中呢？行政复议是公民、法人或者其他组织认为具体行政行为侵犯其合法权益，依法向行政复议机关提出审查该具体行政行为的申请，行政复议机关依照法定程序对被申请的具体行政行为进行合法性、适当性审查，并作出行政复议决定的一种法律制度。可以看出，行政复议是行政相对人通过行政程序寻求救济的一种法律制度，其作为一种裁判行政纠纷的法律救济制度，应具有准司法的性质，是具备适用“一事不再理”原则的条件的。本案中，原告因不满征地补偿款向汕尾市人民政府申请行政复议，在该过程中与海丰县政府就整个茶园财产损益救济途径达成了和解，而原告并未再提出异议，直至和解协议未能履约才引发本案诉讼。这证明原告已认同和解协议的内容，确认《行政复议调解书》上的救济程序。而该调解书系汕尾市人民政府出具的，具有法律效力，对各方当事人均有约束力，若拒绝“一事不再理”原则在行政复议程序的适用，意味着已经发生法律效力的复议决定或调解随时都可以被推翻，已经有了结论的纠纷可以再次被提起审查，这将造成纠纷长期不能得到解决，不利于权利的保护、司法秩序的稳定。故笔者认为，只有行政复议程序与诉讼程序一样适用“一事不再理”原则，才可维系结论的既定效力、保护人权和维护管辖秩序、诉讼效率和司法效益。

理论界认为“一事不再理”原则适用的标准主要在于两方面，即主观上的当事人同一性及客观上的诉讼对象的同一性。当事人同一性并不限于前后诉讼的主体必须处于同一地位，而诉讼对象的同一性是该原则的核心问题，它要求前后诉讼必须为同一事件、同一法律关系。具体到本案中，原告提起的行政复议程序表面上不是针对被告的，但实际上原告的要求及最后的调解书的内容与被告有密不可分的联系，调解书能否履行也与被告息息相关，故笔者认为之前的行政复议程序与本案的民事诉讼的主体一致；另原告在行政复议程序及本案均是针对同一财物主张同一损益，原告的最终目的并没有发生变化，故应属“一事”。

“一事不再理”原则所依存的既定效力主要包括两方面的内容：一是针对生效决定作出者的拘束力，不得随意变更和撤销；二是针对纠纷当事人的确定力，形式上的不得再行主张和实体权利义务上的确定性。因此，《行政复议调解书》未经法定撤销、变更等前对各方当事人仍具有法律约束力，本案若进行实体审理，即是违反“一事不再理”原则，故一审以此为由驳回原告起诉。另，如本案继续审理并作出实体判决，可能诱使原已定论的关联行政异议、复议和诉讼的案件当事人，抑或高速公路沿途中受拆迁影响的相关组织、单位或个人比照本案提起民事诉讼，这对省重点建设项目正常建设、行政机关的征地补偿标准和范围的适用或将产生重大社会影响，也或会增加人民法院审理民事案件的工作压力。因此，相对而言，本案裁定驳回起诉更有事实依据和法律依据，如当事人不服裁定仍可提起上诉，避免先行司法鉴定增加当事人诉累和经济负担。

诚然，本案无论采纳上述何种意见，都无法彻底平息纠纷、解决问题。因此，为有效解决类似案件纷争，减少群体性上访事件，笔者建议，应完善行政和民事立法、司法解释对此类纷争的界定，以平息矛盾、维护当事人的合法权益。

【相关法条】

《中华人民共和国民事诉讼法》

第一百一十九条 起诉必须符合下列条件：

（一）原告是与本案有直接利害关系的公民、法人和其他组织；

（二）有明确的被告；

（三）有具体的诉讼请求和事实、理由；

（四）属于人民法院受理民事诉讼的范围和受诉人民法院管辖。

《最高人民法院关于适用〈中华人民共和国民事诉讼法〉的解释》

第二百四十七条 当事人就已经提起诉讼的事项在诉讼过程中或者裁判生效后再次起诉，同时符合下列条件的，构成重复起诉：

（一）后诉与前诉的当事人相同；

（二）后诉与前诉的诉讼标的相同；

（三）后诉与前诉的诉讼请求相同，或者后诉的诉讼请求实质上否定前诉裁判结果。

当事人重复起诉的，裁定不予受理；已经受理的，裁定驳回起诉，但法律、司法解释另有规定的除外。

编写人：广东省汕尾市中级人民法院　施伟强、詹维敏

007

不可量物的排放不能超过正常的容忍限度

——冼某才诉冼某强相邻污染侵害纠纷案[①]

内容摘要：污染排放是否违反国家规定，是判断不动产权利人排放或施放行为的合法性以及是否侵害他人相邻权的重要依据。审判实践中需要注意的是，违反国家规定须以存在明确的“国家规定”为前提，在没有国家规定的领域，仍然可能构成对相邻关系的侵害。此种情形下，应当结合案件具体情况进行利益衡量。

关键词：相邻　污染　侵害

【裁判规则】

相邻关系当事人排放或弃置有害物质违反国家规定的，即构成对他人相邻权的侵害，应考量侵害时间、严重性、被侵害人的利益、回避侵害可能性等多种因素，从中确定行为人应承担的责任。

【典型案例】

〔案件索引〕

广东省罗定市人民法院（2018）粤5381民初860号民事判决书

〔基本案情〕

原告诉称，2017年3月，被告在距离原告住宅不足70厘米、距离原告厨房约1.6米处新建能养殖生猪近200头的大型养猪场（舍），日夜排放极臭的有毒气体，严重侵害公民的生命健康权，使周边村民无法正常生活。根据有关规定，原告为了维权于2017年5月起多次向当地村委及镇综治维稳中心反映被告污染危害环境的问题，但双方调解无果。原告又反映到罗定市环保部门处理，仍然无果。当地村委曾对被告排放气体的问题作出过处理决定，但被告无视法律，违背当时不建猪舍的承诺。原告因而提起诉讼，要求：1. 判令被告不

① 本案例合议庭成员：李云福、黄焯森、苏爱英。

得在原告家门前位置养猪，终止排放恶臭气体危害周边居民身体健康；2. 判令被告口头向原告赔礼道歉；3. 本案诉讼费由被告承担。

被告辩称，被告在1993年将自己约5亩的责任田推平作为鱼塘，当时周围没有住宅，都是果树；1996年，被告在鱼塘边建造猪舍养40~50头猪，即现在原告房屋对出靠右手边的猪舍；2008年，被告在鱼塘的另一边即现在原告房屋对出靠左手边挖了一个沼气池，同时在沼气池上方加建猪舍，多养约20头猪；2016年，被告在沼气池旁边即现在原告房屋前面扩建猪舍，养猪总数达到150头左右。2017年4、5月与原告发生纠纷的时候，被告养了100头猪左右，2018年清明节后养猪数量为150头左右，养的都是肉猪，其中在2016年扩建的猪舍里养了70~80头猪。被告的猪舍与原告的围墙相距1米左右，中间隔有一条水沟，与原告的房屋相距7米左右，与原告的厨房相距差不多2米。被告养猪产生臭味肯定是有的，但是被告已经做好了措施，猪粪先流入沼气池再排放出鱼塘，被告每天也对猪舍冲洗两三次，并且铺设了排污管将粪便排入鱼塘，在与原告房屋相邻的猪舍加盖了铁皮遮盖。被告一直从事养猪业，要求被告搬走是很难的，被告也不需要向原告赔礼道歉，故请求法院驳回原告的诉讼请求。

法院经审理查明：原告冼某才与被告冼某强均为罗定市围底镇陀埇村委沓布村的村民，且均在村中建造了房屋，是左右邻居关系。约于1993年，被告在村中将约5亩责任田推挖成为鱼塘养鱼，当时的鱼塘周围还没有村民建造房屋。1996年，被告在靠近自己房屋对出一侧的鱼塘边建造猪舍养猪，该猪舍即为现在原告新建房屋正面对出右手边的猪舍，同时也是现在被告房屋正前方的猪舍，距原告的新建房屋约12~20米，距被告的房屋围墙约1米。2008年~2009年，被告在鱼塘的另一边即上述猪舍对向的一边挖建沼气池并准备加建猪舍养猪，原告以沼气池离自己的（旧）房屋太近以及养猪会对其生活造成影响为由反映到村委，要求村干部调解处理。当时由于被告的沼气池已动工，为避免资金损失，村委决定由被告继续在原地建造沼气池，但要求被告以后不得在原告住宅门前建造猪舍养猪。被告建好沼气池后，在沼气池上方加建了猪舍以扩大养猪规模，该猪舍即为现在原告（旧）房屋旁边、新建房屋正面对出左手边的猪舍。2012年，原告新建好房屋并入住，与被告成为左右邻居。2016年，被告再在前述两处猪舍之间靠近原、被告房屋一侧的鱼塘边加建猪舍，继续扩大养猪规模；该猪舍正好位于原告新建房屋的正前方，距离原告的围墙只有70

厘米左右，距离原告的厨房约1.6米，距离原告新建房屋的大门口约10米；该猪舍建好后，被告在此处饲养了约70～80头肉猪。被告在原告新建房屋正前方加建猪舍扩大养猪规模后，原告向村委及围底镇综治信访维稳中心反映并要求调处，经村委及镇综治中心多次调解，被告对猪舍实施了铁皮遮盖及用排污管引污排污的措施，但猪舍排放的臭气仍然很大，原告仍无法接受，双方始终未能达成调解协议。原告遂于2018年4月9日诉至本院请求处理。

庭审中，被告承认其经营养猪场没有开展环境评估，也不懂得是否需要环保部门批准；被告确认养猪场难免会排出臭气，其在家里有时也会闻到猪舍排出的气味；被告已在鱼塘的三面建造了猪舍，其不在鱼塘的另一边即原、被告房屋一侧对向的另一边建造猪舍是因为靠近原告房屋的一边距离较近，比较方便养猪。法庭辩论终结后，原告坚持不准被告在原告围墙边的猪舍养猪的诉讼请求，对另外两边的猪舍则不主张不准被告养猪，此外放弃要求被告赔礼道歉的诉讼请求。

〔裁判结果〕

广东省罗定市人民法院于2018年9月30日作出（2018）粤5381民初860号民事判决：由被告冼某强在本判决发生法律效力之日起十日内将其在原告冼某才位于罗定市围底镇陀埇村委沓布村新建房屋正前方围墙边的猪舍内养殖的生猪驱离，清理猪粪、杂物等停止排放臭气，不得继续在此处猪舍养猪。

宣判后，双方当事人均没有提起上诉。

〔裁判理由〕

法院生效裁判认为：本案是相邻污染侵害纠纷。原告在庭审进程中明确部分诉讼请求、放弃部分诉讼请求，属当事人在法律允许的范围内处分自己的民事权利和诉讼权利而作出的真实意思表示，并不违反法律规定，本院予以确认、准许；原告在本案中的诉讼请求其实就是不准被告在2016年加建的猪舍内养猪以停止排放臭气。

根据《中华人民共和国物权法》第八十四条、第八十五条及第九十条的规定，原、被告作为各自在村中建造的房屋以及猪舍的不动产相邻权利人，应当按照有利生产、方便生活、团结互助、公平合理的原则，根据法律法规的规定或当地习惯正确处理相邻关系，不得违反国家规定弃置固体废物及排放大气污染物、水污染物、噪声、光、电磁波辐射等有害物质。参照《畜禽规模养殖污染防治条例》第十二条“新建、改建、扩建畜禽养殖场、养殖小区，应当符合畜牧业发展规划、畜禽养殖污染防治规划，满足动物防疫条件，并进行环境影响评价。对环境可能造成重大影响的大型畜禽养殖场、养殖小区，应当编制环境影响报告书；其他畜禽养殖场、养殖小区应当填报环境影响登记表。大型畜禽养殖场、养殖小区的管理目录，由国务院环境保护主管部门商国务院农牧主管部门确定。环境影响评价的重点应当包括：畜禽养殖产生的废弃物种类和数量，废弃物综合利用和无害化处理方案和措施，废弃物的消纳和处理情况以及向环境直接排放的情况，最终可能对水体、土壤等环境和人体健康产生的影响以及控制和减少影响的方案和措施等”的规定，被告在建设养猪场时应当开展环境影响评价，根据当地的地理、环境及气象等因素确定与居民生活场所之间的距离。本案中，被告在经营养猪场之前并未开展环境影响评价，其于2016年加建的猪舍与原告主要生活场所的间隔距离明显不足。在被告规模养殖肉猪的情况下，根据日常生活经验，猪舍内动物粪便、其他杂物等产生的臭气势必会对原告的日常生活造成影响。即使被告已实施铁皮遮盖及引污排污的措施，但其在相比原告距离更远的自己家中也能闻到猪舍排出的气味，可见被告开展的措施尚不足以阻止猪舍排出的臭气在空气中传播。加之被告在诉讼中未能提供经第三方监测机构检测其猪舍排出的臭味并未超出相应标准的证据，因此原告要求被告停止排放臭气的主张理据充分，本院予以支持；在当前情况下，不准被告继续在原告房屋围墙边的猪舍养猪是合理的可行途径。

【法官评析】

相邻关系纠纷是重要的物权纠纷类型。相邻污染侵害纠纷包括：弃置固体废物污染纠纷，排放大气污染物纠纷，排放水污染物纠纷，噪声污染纠纷，光污染纠纷，电磁波辐射污染纠纷等。主要表现形式均属不可量物。被告在原告围墙边建猪舍养猪，排出的恶臭气体即属于不可量物。

相邻关系应按照有利生产、方便生活等原则妥善处理，不动产权利人排放或弃置有害物质，不得违反国家规定。由于不可量物侵害与环境保护法调整的内容具有内在的关联性，这里的“国家规定”主要指国家有关环境保护方面的法律法规规章和相关文件的规定。是否违反国家规定，是判断不动产权利人排放或施放行为的合法性以及是否侵害他人相邻权的重要依据。审判实践中需要注意的是，违反国家规定须以存在明确的“国家规定”为前提，但在没有国家规定的领域，仍然可能构成对相邻关系的侵害。此种情形下，判断标准无法依据国家规定，而应当结合案件情况进行利益衡量。① 每个人必须在某种程度上忍受来自邻地的噪声和气味的干扰，否则现代生活将无以为继。② 妨碍或影响他人的生活安宁、身心健康，不可量物的妨碍超过必要限度，即超过了正常人的忍受限度，则不能要求他人予以容忍。所以在考虑不可量物的侵害后果时，需要考虑侵害的时间长短、严重性、被侵害的利益性质、回避侵害的可能性等多种因素，从而确定行为人应承担的责任。③ 鉴于本案被告养猪的臭气排放只有通过禁止在邻人围墙旁养猪的方式才能避免，故本案法官综合考量后，作出了将猪舍内养殖的牲猪驱离，清理猪粪、杂物等停止排放臭气，不得继续在此处猪舍养猪的判决。

习近平总书记在党的十九大报告开篇即提出：永远把人民对美好生活的向往作为奋斗目标。让人民群众过上美好生活已成为全面建成小康社会的主题和中心，今日的农村，也已不再是只为填饱肚子的昔日，生态环境、居住环境的改善，法治的推进，农民素质的提高，还有当前的乡村振兴战略无不加快了农民的幸福感、获得感。对于乡村农民在遇到相邻污染、环境污染问题时，本案不失为一个很好的指引。

【相关法条】

《中华人民共和国物权法》

第八十四条 不动产的相邻权利人应当按照有利生产、方便生活、团结互助、公平合理的原则，正确处理相邻关系。

第八十五条 法律、法规对处理相邻关系有规定的，依照其规定；法律、法规没有规定的，可以按照当地习惯。

第九十条 不动产权利人不得违反国家规定弃置固体废物，排放大气污染物、水污染物、噪声、光、电磁波辐射等有害物质。

---

① 最高人民法院物权法研究小组：《中华人民共和国物权法条文理解与适用》，第 286 页。

② ［德］曼弗雷沃尔夫：《物权法》，吴越、李大雪译，法律出版社 2002 年版，第 172 页。

③ 王旭光等：《物权法适用疑难问题研究》，山东人民出版社 2007 年版，第 187 页。

《中华人民共和国环境保护法》

第六条第一款 一切单位和个人都有保护环境的义务。

第四十九条第三款 畜禽养殖场、养殖小区、定点屠宰企业等的选址、建设和管理应当符合有关法律法规规定。从事畜禽养殖和屠宰的单位和个人应当采取措施，对畜禽粪便、尸体和污水等废弃物进行科学处置，防止污染环境。

《中华人民共和国大气污染防治法》

第七十五条 畜禽养殖场、养殖小区应当及时对污水、畜禽粪便和尸体等进行收集、贮存、清运和无害化处理，防止排放恶臭气体。

第一百二十五条 排放大气污染物造成损害的，应当依法承担侵权责任。

编写人：广东省罗定市人民法院 陈肖容

008

相邻当事人对环境噪声污染的容忍限度认定

——李某诉泾阳县蒙秦商务宾馆有限公司相邻污染侵害案①

内容摘要：我国环保法律体系比较庞杂，各环境保护单行法对是否将违法性或者排污是否达标作为污染者承担民事责任的要件还不统一。《环境噪声污染防治法》第二条第二款规定：“本法所称环境噪声污染，是指所产生的环境噪声超过国家规定的标准，并干扰他人正常生活、工作和学习的现象。”《环境噪声污染防治法》将排污超过国家标准规定的排放标准作为污染的必要要件。但遵守排放标准，只限于不受行政法的制裁，不能作为私法上免除责任的理由。污染程度如超过受害人社会生活上应当忍受的限度时，受害人即可请求损害赔偿或请求排除污染。污染是否超过忍受限度，应当以社会上一般人可忍受之范围来衡量。

关键词：环境噪声污染　忍受限度　损害赔偿

---

① 本案例一审独任审判员：来掌权；二审合议庭：吕娟芳、席晓颖、魏永锋。

【裁判规则】

遵守排放标准不能作为私法上免除责任的理由。污染程度如超过受害人社会生活上应当忍受的限度时，受害人有权请求损害赔偿或请求排除污染。污染是否超过忍受限度，应当以社会上一般人可忍受之范围来衡量。

【典型案例】

〔案件索引〕

陕西省咸阳市泾阳县人民法院（2017）陕0423民初940号民事判决书

陕西省咸阳市中级人民法院（2017）陕04民终1295号民事判决书

〔基本案情〕

原被告同在泾阳县东环路龙泉时代名居购有房屋。原告房屋在5楼，被告房屋在4楼，双方上下为邻。2016年9月原告从外地打工回来发现被告违法搭建了简易彩钢房，落水部分直通在原告西边阳台窗户下沿。被告趁原告不在家，在未通知原告的情况下非法损害原告家的窗户，进入原告家中将原告家的阳台落水管裁断又在原告房屋墙上打洞将落水管从原告家中改出。原告多次找被告，被告对原告的妨害不予解决，原告向城建部门反映了情况，城建部门查看后于2016年9月12日给被告下发了责令停止违法行为的通知书，被告接到通知书后仍然置之不理。原告认为，相邻各方应在采光、排水、通风等方面给予方便，构建和谐的关系。被告违法搭建建筑物的房屋与原告的窗户相连，遇到大雨噼啪的声音使原告家人无法入睡，其排气扇的排气声及排出的气体直对原告家的窗户，使原告无法开窗通风。被告损害的窗户至今没有修复，加装的弯头还不断渗水，渗出的水滴滴滴答答、臭气熏天，给原告家人的身体健康造成了伤害。

〔案件焦点〕

被告在其经营的房顶搭建彩钢瓦房屋及距原告窗前约5米处安装3台中央空调主机所产生的噪音是否能被社会上一般人所忍受。

〔裁判结果〕

陕西省咸阳市泾阳县人民法院依照《中华人民共和国物权法》第八十四条、第九十条，《中华人民共和国侵权责任法》第二条、第三条、第六条的规定，判决如下：

由被告泾阳县蒙秦商务宾馆有限公司于本判决生效后十日内拆除其搭建在原告李某窗前彩钢瓦房屋及将3台中央空调主机移至不影响原告正常生活处，并将原告家中被告已改造的落水管恢复原状。判决后，泾阳县蒙秦商务宾馆有限公司不服一审判决提出上诉，经咸阳市中级人民法院审理，判决：驳回上诉，维持原判。

〔**裁判理由**〕

咸阳市中级人民法院经审理认为，本案中李某以上诉人在其经营的房顶搭建彩钢瓦房屋，屋面与自己的窗户相连，遇到大雨声音使自己家人无法入睡；排气扇的排气声及排出的气体直对自家窗户，无法开窗通风；上诉人进入自己家中，将家阳台落水管裁断又在房屋墙上打洞将落水管从自己家中改出等为由提起本案诉讼。关于李某诉称的上诉人在其经营的房顶搭建彩钢瓦房屋一节及被上诉人诉称上诉人排气扇的排气声及排出的气体直对自家窗户，无法开窗通风一节，我国环保法律体系比较庞杂，各环境保护单行法对是否将违法性或者排污是否达标作为污染者承担民事责任的要件还不统一。《环境噪声污染防治法》第二条第二款规定："本法所称环境噪声污染，是指所产生的环境噪声超过国家规定的标准，并干扰他人正常生活、工作和学习的现象。"《环境噪声污染防治法》将排污超过国家标准规定的排放标准作为污染的必要要件。但遵守排放标准，只限于不受行政法的制裁，不能作为私法上免除责任的理由。污染程度如超过受害人社会生活上应当忍受限度时，受害人即得请求损害赔偿或请求排除污染。污染是否超过忍受限度，应当以社会上一般人可忍受之范围来衡量。本案审理中，本院组织双方当事人进入被上诉人李某家实地现场勘验，上诉人空调主机工作时所发出的噪声已经超出了社会上一般人所忍受的范围。本院审理中被上诉人李某播放了手机视频，本院亦组织双方当事人现场勘验了上诉人所搭建彩钢瓦与被上诉人家阳台的距离。该彩钢瓦在下雨时发出的声音，已经超过了一般人日常生活的忍受限度。2016年9月12日，泾阳县住房和城乡建设局责令上诉人停止临时搭建行为。涉案所搭建彩钢瓦房屋应属于违法搭建。故原判判决上诉人拆除其搭建在被上诉人李某窗前彩钢瓦房屋及将涉案3台中央空调主机移至不影响被上诉人正常生活处，适用法律并无不当，应予维持。上诉人该上诉理由不能成立，应予驳回。

关于上诉人进入被上诉人家中将其阳台落水管裁断又在房屋墙上打洞将落水管从中改出一节，事实清楚，原判判决上诉人恢复原状，并无不当，应予维持。上诉人该有关上诉理由不能成立，应予驳回。

咸阳市中级人民法院依照《中华人民共和国民事诉讼法》第一百七十条第一款第一项之规定，作出如下判决：驳回上诉，维持原判。

【法官评析】

本案涉及相邻污染侵害，被告泾阳县蒙秦商务宾馆有限公司是噪音污染者，对其的侵害行为是否成立，对此谈点个人认识。

一、《中华人民共和国侵权责任法》缺乏定义条款

《中华人民共和国侵权责任法》对于“环境”“环境损害”可以参照《环境保护法》《海洋环境保护法》等相关规定来理解。特别是，“污染者”是法条中的关键名词，那么应当如何理解？综合《侵权责任法》第八章和各环境保护法律中的相关规定，“污染者”即污染源的控制与排放者，相当于《水污染防治法》的排放方或者《固体废物污染环境防治法》中产生固体废物的生产者、销售者、进口者、使用者或者“收集、贮存、运输、利用、处置固体废弃物的单位和个人”。而因过错造成污染损害的第三人可以理解为环境“破坏者”而不是“污染者”，追究“破坏者”的责任，须查清过错。因此，本法关于环境污染责任之规定实际上规定了两种归责原则。对于污染者适用无过错责任原则（第六十五条）；而对破坏环境者适用过错责任原则（第六十八条），必须根据一般民事责任的四个要件追究民事责任。针对本案而言，泾阳县蒙秦商务宾馆有限公司所搭建的彩钢瓦、安装的 3 台中央空调是污染噪音的制造者，应属环境污染者，对其应适用无过错责任原则追究其民事责任。

二、审判实践中合理适用忍受限度理论

对此类案件的处理上，在审判实践中，往往借鉴忍受限度理论。所谓忍受限度理论，是用来衡量环境侵权行为违法性的理论，换言之，是证明环境侵权责任正当性的理论。就受害者方面的损害的性质（健康损害、精神损害、财产损害）及其轻重等情况，加害者方面的加害行为的社会评价（公共性、有用性）损害防除设施的设置状况、管制法律的遵守等各方面进行比较衡量，并对客观方面的工厂所在地的状况、先住后住关系等周边情况进行综合考虑，从而个别、具体地确定损害的忍受限度，认定损害超过限度时加害行为就是违法的。这种判断违法性的方法就是忍受限度理论。污染程度如超过受害人社会生活上应忍受的限度时，受害人即得请求损害赔偿或请求排除、禁止或者防止污染。本案中，泾阳县蒙秦商务宾馆有限公司所搭建的彩钢瓦在下雨时所发出的噪音及安装的3台中央空调工作时主机所发出的噪音若能被社会上一般人所能忍受，则不构成侵权，否则将构成侵权。二审法院在审理中，播放了被上诉人李某手机视频，并组织双方当事人现场勘验了上诉人所搭建的彩钢瓦与被上诉人家阳台的距离。该彩钢瓦在下雨时发出的声音以及3台空调主机在工作时发出的噪声已超出了社会上一般人所能忍受的限度，上诉人的加害行为构成违法，应承担相应的侵权责任，二审法院维持一审判决正确。

【相关法条】

《中华人民共和国物权法》

第八十四条 不动产的相邻权利人应当按照有利生产、方便生活、团结互助、公平合理的原则，正确处理相邻关系。

第九十条 不动产权利人不得违反国家规定弃置固体废物，排放大气污染物、水污染物、噪声、光、电磁波辐射等有害物质。

编写人：陕西省咸阳市中级人民法院 吕娟芳

009

容忍义务在噪声污染责任纠纷中的限度认定

——张某、印某红诉无锡肯德基有限公司噪声污染责任案①

内容摘要： 1. 在相邻关系中，为充分发挥不动产的效用，相邻人负有相互容忍的义务，以防止利益的轻微减损引发剧烈的权利冲突，肆意破坏稳定的生

① 本案例一审法院合议庭成员：李剑峰、刘葆久、栾美凤。

产生活秩序。房屋出租人能够认识并预见到承租人利用承租房屋经营所可能排放噪声的情况以及对其生活的影响，其对房屋承租人所排放的噪声就应当负有与所受利益相当的较高容忍义务。

2. 因企业生产经营产生噪音引发的侵权案件中，鉴于噪音的不稳定性、人为可控性，人民法院组织鉴定机构采集检测数据可以在不通知噪音排放主体的情况下单方或组织被侵权人参与，在条件允许的情况下还可以分多次进行，以确保检测数据的真实性与客观性。

3. 噪音排放人为减少噪音而作出相应的减少噪音措施的承诺，可以作为人民法院课以噪音排放人义务的依据，并判令其在违反该承诺时承担相应的法律责任。

4. 噪音侵权的构成与排除，依赖于专业机构的鉴定意见。为此，在噪音侵权案件审理阶段，人民法院即应当确定侵权人纠治义务的内容与界度，以整改至消除噪音影响为最佳策略，这是环境修复司法理念在民事侵权案件中的体现。如果忽略纠治义务的内容与界度，完全交由执行程序判断处理，会因消除噪音的最终要求及其方式的不确定导致无法执行

关键词：民事　侵权责任　容忍义务　限度

【裁判规则】

1. 出租人（被侵权人）对房屋次承租人（侵权人）所排放的噪声负有与所受利益相当的容忍义务。侵权人经法院释明后及时作出整改，且整改后所排放的噪声符合国家规定标准的，被侵权人不得再要求侵权人停止侵害并予以整改。

2. 对于环境侵权类案件，法院可通过第二次鉴定固定整改结果，避免案件执行过程的不确定性；经侵权人同意，第二次鉴定可不通知侵权人到场，以确保鉴定结论的公平、可信。

【典型案例】

〔案件索引〕

江苏省泰州医药高新技术产业开发区人民法院（2016）苏1291民初1933号民事判决书

〔基本案情〕

原告张某、印某红共同诉称：2012 年 4 月 11 日，二原告与案外人王某芳签订房屋租赁合同，将位于泰兴市黄桥镇东进东路 128 号的三间门面房（一、二层）（以下简称 128 号房屋）出租给王某芳作营业用房。2012 年 6 月 18 日，王某芳与肯德基公司签订租赁合同，将其与原告相邻的三间半门面房与原告三间门面房一并出租给肯德基公司。随后，被告未取得环评文件，未组织利害关系人听证，未取得工商行政许可，即对房屋进行改造装修。从租赁合同签订、房屋改造装修完工至2012 年 8 月底肯德基公司黄桥店正式开业，王某芳与肯德基公司均未告知原告餐厅营业会产生超标噪声，现噪声已经影响原告及家人生活。2016 年 7 月 7 日，原告委托北京市劳动保护科学研究所对室内噪声进行检测，检测报告显示噪声超标。被告超标排放噪声的行为已严重侵害原告及家人的健康权，故请求判令：1. 被告肯德基公司立即停止侵害，采取有效措施排除噪声污染，达到社会生活环境噪声排放标准；2. 被告肯德基公司赔偿二原告精神损失 5 万元；3. 被告肯德基公司承担噪声检测费 9674 元。审理中，二原告增加诉讼请求：1. 判令被告肯德基公司按照 GB 50118－2010《中华人民共和国民用建筑隔声设计规范》将原告卧室下方的厨房操作间、货梯、制冷机房搬离，并将原告卧室东墙上的一拖多部联体式空调外机、油烟管道出口的引风机以及其他通风排气设备高架管道移开，布置在合理位置；2. 判令被告按照《中华人民共和国环境噪声污染防治法》的规定向原告提供环境噪声影响报告书，并依据该报告书中相关数据提出方案后方能整改，由职权部门验收达到国家标准后方可营业。

被告肯德基公司辩称：1. 被告依法承租原告的房屋，原告对被告的承租目的、装修房屋的行为等都是明知且认可的，故原告主张被告存在噪声污染并要求相应赔偿无法律依据；2. 原告提供的检测报告系单方委托相关单位出具，且无法证明被告存在噪声污染。被告对降噪措施的选择享有自主权，原告所提整改方案不具有可行性与操作性。综上，请求驳回二原告的诉讼请求。

法院经审理查明：张某与印某红系夫妻关系，张某系 128 号房屋的所有人。2012 年 4 月 11 日，原告张某与案外人王某芳签订房屋租赁合同 1 份，约定：原告将 128 号房屋出租给王某芳，作为营业用房。租赁期限：2012 年 9 月 1 日至 2024 年 8 月 31 日。租金：2012 年 9 月 1 日至 2018 年 8 月 31 日期间每年房租为 19.5 万元；2018 年 9 月 1 日至 2024 年 8 月 31 日期间每年房租为 22

万元，累计249万元；付款方式为一年一付，税费由出租方承担。

2012年5月2日，张某出具同意转租证明1份，载明："我拥有位于江苏省泰兴市黄桥镇东进东路128号一、二层共计359平方米的房屋所有权，租赁给王某芳，现我同意由王某芳租赁给肯德基公司用于开设KFC餐厅，租期为12年，并由王某芳与肯德基公司签订租赁合同。我证明：王某芳已经将上述租赁合同的复印件在签署之前交我确认，且该公司在上述租赁合同中所有给予肯德基公司的权利作出的承诺，的确已经完全征得我的同意……"

2012年下半年，肯德基公司实际占有案涉房屋，予以改造后用于经营。原告张某自述：因肯德基公司在签订合同时向其提供的改造方案与实际的改造方案不一致，且未经其同意即将房屋楼板砸毁，故其向二房东索赔得15万元。

根据原告举证的检测报告、法院委托鉴定机构出具鉴定意见等证据，查明噪声污染评估情况：1. 二原告起诉前单方委托北京市劳动保护科学研究所于2016年7月14日至2016年7月15日至江苏省泰兴市黄桥镇东进东路128号对三、四层主次卧房间的环境噪声进行测量，该研究所出具NVTC2016－04－067号检测报告，提供了检测数值。二原告一并提交《社会生活环境噪声排放标准》（GB 22337－2008）以证明以上检测数值超出国家标准。2. 原、被告申请对以下事项进行司法鉴定：（1）夜间10时至次日凌晨6时之间肯德基公司油烟风道、空调外挂机组对原告三、四层主次卧内产生的噪声是否符合国家标准、超出法定标准；（2）肯德基公司白天工作时段使用货梯、过油烟机、装载货物及室内冷藏空气压缩机产生的噪声是否超标。法院依法委托江苏康达检测技术股份有限公司司法鉴定所（以下简称康达鉴定所）进行鉴定。原、被告一致确认待检工况后，康达鉴定所现场采集了相关噪声测量值，并对夜间、昼间相应鉴定事项于2017年4月7日分别出具苏康达司鉴〔2017〕物鉴字第4号、苏康达司鉴〔2017〕物鉴字第5号司法鉴定意见，认为：（1）三层东北侧次卧与四层东北侧次卧的夜间噪声倍频带声压级超过GB 22337－2008规定的要求；（2）三层东南侧主卧与四层东北侧主卧的夜间噪声倍频带声压级符合GB 22337－2008规定的要求；（3）三层东北侧次卧、东南侧主卧、四层东北侧次卧、东南侧主卧的夜间噪声等效声级符合GB 22337－2008规定的要求；（4）三、四层主次卧昼间噪声倍频带声压级超过GB 22337－2008规定的要求；（5）三、四层主次卧昼间噪声等效声级符合GB 22337－2008规定的要求。二原告为该次鉴定支付鉴定费11236元，被告为该次鉴定支付鉴定费11236元。

鉴于以上司法鉴定意见，经法院释明，被告肯德基公司采取了整改措施。整改结束后，被告再次申请对以下事项进行司法鉴定：(1) 肯德基公司白天工作时段使用货梯、过油烟机、装载货物及室内冷藏空气压缩机产生的噪声在修复以后是否超标；(2) 肯德基公司在夜间10时至次日凌晨6时之间油烟风道、空调外挂机组对原告三、四层主次卧内产生的噪声在修复以后是否超标。法院再次委托康达鉴定所进行鉴定。为确保检测数值能够客观反映整改后噪声排放的一般状况，经原、被告一致同意，本次鉴定所依据的现场噪声数值采集过程未通知肯德基公司参加。康达鉴定所于2017年9月6日出具苏康达司鉴〔2017〕物鉴字第32号司法鉴定意见，认为：受检测的三、四层四个房间昼间、夜间噪声倍频带声压级、等效声级均符合GB 22337－2008规定的要求。被告为该次鉴定支付鉴定费22472元。

审理中，为减轻噪声排放对原告方所致客观影响，作为整改配套措施，被告肯德基公司于2017年5月4日决定将泰兴黄桥餐厅的对外营业时间调整为上午6时至晚上9时30分。被告肯德基公司在庭审中再度确认了以上调整内容，并表明自2017年5月12日起已经实施；同时确认：今后的对外经营中如有违反，自愿承担违约责任。

〔裁判结果〕

江苏省泰州医药高新技术产业开发区人民法院于2017年9月25日作出(2016)苏1291民初1933号民事判决：一、被告肯德基公司于本判决生效后应在其承诺的营业时间（上午6时至晚上9时30分）内开展对外经营活动；否则应每日赔偿原告张某、印某红200元；二、被告肯德基公司于本判决生效后十日内给付原告张某、印某红预付的鉴定费用11236元；三、驳回原告张某、印某红的其他诉讼请求。

一审宣判后，双方当事人均未提出上诉，一审判决已经发生法律效力。

〔裁判理由〕

法院生效判决认为：本案的争议焦点为：1. 被告肯德基公司是否存在排放噪音超标，污染原告生活环境的行为；2. 原告张某、印某红的诉讼主张是否应予支持。

关于争议焦点1，《中华人民共和国侵权责任法》（以下简称《侵权责任法》）第六十五条规定："因污染环境造成损害的，污染者应当承担侵权责任。”《中华人民共和国环境噪声污染防治法》第四十四条第二款规定：“在商业经营活动中使用空调器、冷却塔等可能产生环境噪声污染的设备、设施的，其经营管理者应当采取措施，使其边界噪声不超过国家规定的环境噪声排放标准。”本案中，康达鉴定所出具的苏康达司鉴〔2017〕物鉴字第4号、苏康达司鉴〔2017〕物鉴字第5号司法鉴定意见反映：在原告三、四层次卧所测肯德基公司夜间排放的噪声倍频带声压级超出《社会生活环境噪声排放标准》，在三、四层主次卧所测肯德基公司白天排放的噪声倍频带声压级均超出《社会生活环境噪声排放标准》。由此，可以确认被告在经营活动中产生的噪声不符合或部分不符合环境噪声排放标准，存在一定的噪声污染侵权行为。

关于争议焦点2，首先，原告在审理中撤回要求被告赔偿精神损失、检测费用之请求，视为在本案诉讼中放弃主张被告造成侵害所应负的赔偿责任，但本案原、被告支付的鉴定费合计44944元、鉴定人员出庭费用（酌定）1000元，均应由被告肯德基公司负担。其次，《侵权责任法》第十五条之规定既包括对被侵权人予以赔偿以填补既有损失，亦有对尚存侵权行为之纠正以往后消除侵害可能。被告肯德基公司在审理中依法院释明已积极采取改正措施，并自行限定日常对外经营时间以压降噪声排放量，相应的修复成果经由康达鉴定所二次鉴定证实昼、夜间的噪声排放数值符合国家相关标准。且该次鉴定所用检测数值采集程序系由法院与原告、鉴定机构共同参与、在事先未告知被告的情形下进行，更能反映被告在当前日常经营活动中排放噪音的一般状况。故应当认定被告当前经营活动中向原告居所排放的噪声符合国家规定的环境噪声排放标准，原告再坚持要求被告立即停止侵害并按照其所提出的方式、步骤予以整改（见新增的两项主张），欠缺事实依据，亦不符合比例原则，法院不予支持。第三，《中华人民共和国民法通则》第八十三条规定：“不动产的相邻各方，应当按照有利生产、方便生活、团结互助、公平合理的精神，正确处理截水、排水、通行、通风、采光等方面的相邻关系……”在相邻关系中，为充分发挥不动产的效用，相邻人负有相互容忍的义务。案涉房屋由原告出租给案外人王某芳，王某芳经原告同意再转租给被告肯德基公司用作经营场所。肯德基公司作为社会广泛知晓的经营性餐饮企业，原告在同意转租房屋时即应知晓房屋的出租用途，根据其自认亦应知晓肯德基公司为经营之需要而改装房屋的情况，故原告应认识并预见到肯德基公司相邻于其居住房屋经营所可能排放噪声的情况以及对其生活的影响。原告系基于自己的真实意思转租房屋并受领较大数额的租金，故其对房屋承租人所排放的噪声就应当负有与所受利益相当的容忍义务。鉴于整改后被告经营设备的噪声排放量已经符合国家标准，故在此不再探讨原告对该处噪声的容忍问题。但关于原告主张的被告在经营开始前的预备工作以及结束后的收尾工作中超标排放噪声，在其未举证证明该处噪声的排放量、排放频率以及对其生活所产生具体影响的情况下，基于前述容忍义务，原告对被告正常经营所产生的必要的、有限的噪声应给予容忍，并应对相邻权的行使作出一定的克制。由此，原告对被告经营活动预备、收尾阶段产生噪音所持主张，法院亦不予支持。第四，被告承诺的对外营业时间作为二次鉴定意见的事实依据，亦构成对本院及原告当事人的认诺，对其具有当然的拘束力，可以作为法院禁止其在上述时间之外从事对外经营行为（不包括经营所必需的、合理的预备与收尾等工作）的依据。为方便原告实现救济，及时惩罚不当行为，被告若有一日违约，法院酌定由其向原告赔偿200元。原告主张被告履行上述赔偿责任，应及时保留充分的证据；被告承担赔偿责任后，不排除其履行相应的纠正义务。

【法官评析】

本案为一起典型的噪声污染责任纠纷案件，本案的处理涉及相邻关系中容忍义务的限度认定及通过第二次鉴定确认侵权人整改效果等，对法官处理同类案件具有指导意义。

一、相邻关系中被侵权人的容忍义务及限度

《环境噪声污染防治法》第二条第二款规定，环境噪声污染是指所产生的环境噪声超过国家规定的环境噪声排放标准，并干扰他人正常生活、工作和学习的现象。与一般环境侵权适用无过错责任原则不同，环境噪声侵权行为人的主观上要有过错，其外观须具有超过国家规定的噪声排放标准的违法性，才承担噪声污染侵权责任。因此，是否超过国家规定的环境噪声排放标准，是判断排放行为是否构成噪声污染侵权的依据。

《中华人民共和国物权法》（以下简称物权法）第八十四条规定："不动产的相邻权利人应当按照有利生产、方便生活、团结互助、公平合理的原则，正确处理相邻关系。"基于物权法对相邻关系的调和，对于相邻不动产权利人的噪声排放行为是否构成侵权，要根据社会普遍观念，在相邻不动产权利人之间进行利益衡量。通常实务中，噪声污染“超出一般公众普遍可忍受的程度”，噪声制造者就应当承担相应的民事责任。① 然而对于噪声致人损害中的容忍义务不应一律采取普遍适用的标准，而应结合加害行为的性质、受害人初始对能够对加害行为清楚认知、受害人居住时间的先后等因素，综合衡量噪声污染是否超过容忍的限度，从而判定噪声制造者是否构成侵权，即被侵权人应承担与其受益程度相符的容忍义务。

本案中，经整改后，肯德基公司经营设备的噪声排放量已经符合国家标准，故无须探讨张某、印某红对经营设备噪声的容忍问题。但关于张某、印某红所主张的被告在经营开始前的预备工作及经营结束后的收尾工作中排放的噪声问题。鉴于张某、印某红基于自己的真实意思转租房屋并受领较大数额的租金，故基于容忍义务，张某、印某红对肯德基公司正常经营预备工作及收尾工作所产生的必要的、有限的噪声应给予容忍，并应对相邻权的行使作出一定的克制。

二、本案第二次鉴定的意义

1. 通过第二次鉴定固定整改结果，避免案件执行过程的不确定性

《中华人民共和国侵权责任法》第十五条之规定既包括对被侵权人予以赔偿以填补既有损失，亦有对尚存侵权行为之纠正以往后消除侵害可能。在本案审理过程中，承办人没有在第一次鉴定后即作出判决，将消除侵害的难题留给执行，而是主动向肯德基公司作出释明，督促其作出整改。整改后，经当事人同意再次启动第二次鉴定固定相关数值，达到了在审理中消除噪声污染、修复环境的目的。

这一举措从减少被侵权人诉累角度出发，有效地保护了被侵权人的权利。因为此类案件如果在审判中不整改到位，那么即使判决侵权人作出整改行为后，在执行过程中也难以认定侵权人是否整改到位，亦无法判断侵权人排放的噪声是否符合国家标准（在执行中启动鉴定程序也似有不妥）。

2. 经侵权人同意，采集数值时不通知侵权人的鉴定方式值得推行

判断噪声是否超过国家标准具有高度的专业性，需要通过鉴定才能确定。

---

① 参见最高人民法院公布的九起环境资源审判典型案例之七：“姜建波与荆军噪声污染责任纠纷案”，载《人民法院报》2014 年 7 月 4 日。

现实生活中，侵权人可以通过控制生产活动的方式来临时降低噪声污染，如减少使用空调、减少使用抽油烟机等。所以在鉴定中，不排除侵权人在鉴定现场勘验当天控制生产活动，降低噪声污染，而在鉴定结束后，继续平时的生产活动，制造噪声污染。为了排除肯德基公司可能存在上述行为。法院在经肯德基公司同意后，在不通知肯德基公司的情况下，由法院、鉴定机构及张某、印某红到场进行了检测数据的采集。因采集数据时，肯德基公司并不知情，故该数值系肯德基公司日常的生产活动噪声的客观反映，据该数值作出的鉴定意见更具有公平性和可信性。

【相关法条】

《中华人民共和国环境噪声污染防治法》

第四十四条 禁止在商业经营活动中使用高音广播喇叭或者采用其他发出高噪声的方法招揽顾客。

在商业经营活动中使用空调器、冷却塔等可能产生环境噪声污染的设备、设施的，其经营管理者应当采取措施，使其边界噪声不超过国家规定的环境噪声排放标准。

《中华人民共和国侵权责任法》

第十五条 承担侵权责任的方式主要有：

（一）停止侵害；

（二）排除妨碍；

（三）消除危险；

（四）返还财产；

（五）恢复原状；

（六）赔偿损失；

（七）赔礼道歉；

（八）消除影响、恢复名誉。

以上承担侵权责任的方式，可以单独适用，也可以合并适用。

第六十五条 因污染环境造成损害的，污染者应当承担侵权责任。

编写人：江苏省泰州医药高新技术产业开发区人民法院　李剑峰、祝倩

010

居民生活噪声污染纠纷的处理

——胡某强等诉中国联通河南省分公司等环境污染责任案①

内容摘要：胡某强等三原告认为其所居住的地下室抽水设备运行时产生的振动和噪音影响了其正常生活，不仅超出人体健康接受程度，而且超出法定环境噪声排放标准。原告要求各被告停止伤害、排除妨碍、消除危险，拆除噪音设备，如无法拆除则更换无害性静音设备；赔偿经济损失及精神损失至噪声排除之日。本案围绕焦点问题即是否构成侵权；是否应进行整改、减轻或消除环境噪声的损害；持续性损害是否继续承担赔偿责任等进行了审理。二审重点对是否应进行整改、持续性损害是否继续承担赔偿责任等问题进行了纠正，体现了环境资源案件的特殊性之一即恢复性功能。

关键词：民事　噪声污染　减轻或消除环境噪声的损害　恢复性司法

【裁判规则】

环境噪声污染侵权责任的认定要围绕环境噪声、损害事实、噪声排放超过限值属于污染环境的违法行为、损害事实和噪声污染之间的因果关系等构成要件展开。

【典型案例】

〔案件索引〕

河南省郑州市金水区人民法院（2015）金民一初字第1813号民事判决书

河南省郑州市中级人民法院（2017）豫01民终9874号民事判决书

〔基本案情〕

原告胡某强、陈某、胡珂某曦诉称：原告于2009年7月28日合法取得了金水区纬五路××号院6号楼1层5号房屋的产权，并在此居住。居住后始发现正对原告楼下地下室一套抽水设备每天24小时不停运转，其振动带动墙体振动，

---

① 本案例一审合议庭组成：曹春丽、王宪民、李定君；二审合议庭组成：吕家祥、崔航微、张鹏。

用手抚摸颤动的墙体，手和胳膊也一起颤动；同时，嗡嗡的刺耳声音引起头痛……该套抽水设备的工作噪音和振动声正在危害原告一家身体健康。经市环保局对噪音进行检测，其检测结果为客厅昼间值 51.4（Leq），夜间值 50.9（Leq）；北卧室昼间值44.7（Leq），夜间值47.9（Leq）。该套抽水设备的噪音和振动，为结构传播固定设备室内噪音，已大大超出人体健康接受程度。根据《社会生活环境噪声排放标准》（GB 22337 -2008）表二结构传播固定设备室内噪声排放限值，该噪声已经大大超过法定标准。这种超人体健康限度的噪声和振动，触犯了环境法和侵权责任法的法律规范，侵害了原告身体健康、环保居住权。该设备的使用单位为河南省邮电管理局。因体制改革，河南省邮电管理局主体分立为：中国联合网络通信有限公司河南省分公司（以下简称联通公司）、中国电信集团公司河南省电信分公司（以下简称电信公司）、河南省邮政管理局、河南省邮政公司（以下简称邮政公司）、中国邮政储蓄银行股份有限公司河南省电信分公司（以下简称邮政储蓄）。上述被告均对该设备负有不可推卸的责任。综上，三原告请求判令：1. 各被告停止伤害、排除妨碍、消除危险，拆除噪音设备，如无法拆除则更换无害性静音设备；2. 各被告自侵权之日（2009 年 10 月 1 日）赔偿原告经济损失费以每天 155.58 元计算直至停止排除为止，赔偿公证费 1200 元；3. 赔礼道歉；4. 判令各被告自侵权之日起（2009 年 10 月 1 日）赔偿每个原告精神损失费每天 155.58 元直至停止、排除之日；5. 被告承担诉讼费。

联通公司辩称：1. 原告楼下地下室的抽水设备属于该小区全体居民的公共设施，不属于联通公司所有。对小区公共设施的治理改造应当通过物业维修基金进行，联通公司无义务出资改造；2. 无证据证明该设备造成的污染是联通公司所致，联通公司不是环境污染的致害人，不应当承担赔偿责任。

电信公司、河南省邮政管理局、邮政公司、邮政储蓄辩称：根据物权法相关规定，该设备属于小区共有并共同管理，原告无权要求其他单位承担责任。电信集团、邮政管理局、邮政储蓄均不是适格被告。

法院经审理查明：2009 年 7 月 28 日，三原告胡某强、陈某、胡珂某曦取得位于郑州市金水区纬五路××号院 6 号楼 1 层 5 号房屋的所有权，并居住于此。居住后原告发现其房屋的地下一层安装有抽水设备，该设备运行时的振动和噪音影响了原告正常生活。为此其向郑州市环境保护局信访。该单位信访处委托郑州市环境保护监测中心站对此进行检测，噪音监测结果是 5 号居民客厅昼间值是 51.4dB（A），夜间值 50.9 dB（A）；5 号居民北卧室昼间值是 44.7dB

(A)，夜间值 47.9 dB (A)。原告认为以上监测数据严重超出了国家正常标准，故诉至法院。该设备的准用证书上显示单位是河南邮电管理局，设备名称是“水池、抽水设备”，发证单位郑州市自来水总公司，发证时间 2000 年 12 月 26 日。该小区大部分居民系联通公司员工，原告的水电空调费由联通公司收取。原告于 2014 年 9 月 1 日搬出涉案房屋另行租用房屋使用。在一审法院组织调解过程中，联通公司对涉案水泵房进行整改，并委托河南思源检测有限公司进行检测并出具编号为 HNSY/WT2015 - 245 的检测报告。原告对该检测报告不认可，认为依据《社会生活噪声排放标准》(GB 22337 - 2008) 的规定 0 类声环境功能区数值认定仍然超标，无需重新鉴定。根据一审查证，《社会生活噪声排放标准》(GB 22337 - 2008) 适用于营业性文化娱乐场所和商业经营活动中使用的设备、设施的管理、评价与控制。本案居民住宅区域，属于 1 类声环境功能区（居民住宅、医疗卫生、文化教育、科研设计、行政办公为主要功能，需要保持安静的区域)，根据《声环境质量标准》(GB 3096 - 2008) 的规定，该检测报告数据均在法定标准以内。

〔**裁判结果**〕

河南省郑州市金水区人民法院于 2016 年 8 月 26 日作出 (2015) 金民一初字第 1813 号民事判决：一、中国联合网络通信有限公司河南省分公司于本判决生效后十日内赔偿胡某强、陈某、胡珂某曦因环境污染致使其租房的经济损失 5 万元。二、驳回胡某强、陈某、胡珂某曦的其他诉讼请求。

宣判后，胡某强、陈某、胡珂某曦不服，提起上诉。河南省郑州市中级人民法院于 2017 年 11 月 24 日作出 (2017) 豫 01 民终 9874 号民事判决：一、维持郑州市金水区人民法院 (2015) 金民一初字第 1813 号民事判决第一项，即中国联合网络通信有限公司河南省分公司于本判决生效后十日内赔偿胡某强、陈某、胡珂某曦因环境污染致使其租房的经济损失 50000 元。二、撤销郑州市金水区人民法院 (2015) 金民一初字第 1813 号民事判决第二项，即驳回胡某强、陈某、胡珂某曦的其他诉讼请求。三、中国联合网络通信有限公司河南省分公司于本判决生效后 90 日内完成对本案所涉抽水设备噪声治理，达到《中华人民共和国声环境质量标准》所规定声环境噪声最高限值以下。逾期未达标准，按每日 50 元对胡某强、陈某、胡珂某曦进行补偿。四、驳回胡某强、陈某、胡珂某曦的其他诉讼请求。该判决已发生法律效力。

〔裁判理由〕

法院生效裁判认为：公民的居住环境与公民健康息息相关，违反法律规定污染环境，造成他人居住环境损害的应承担民事责任。胡某强、陈某、胡珂某曦楼下的抽水设备原属于河南省邮电管理局，现在由联通公司收取小区业主的水电空调费用，能够认定联通公司对该小区进行实际管理，供水设备属小区公共设施，联通公司作为管理者应健全制度进行管理维护，其他被告不承担责任。在一审过程中，联通公司已经对涉案设备进行整改，根据《声环境质量标准》（GB 3096－2008）附录C中C.2监测要求“监测点一般设于噪声敏感建筑物户外。不得不在噪声敏感建筑物室内监测时，应在门窗全打开状况下进行室内噪声测量，并采用较该噪声敏感建筑物所在声环境功能区对应环境噪声限值低10dB（A）的值作为评价依据”的规定，联通公司整改后鉴定部门仅明确了胡某强居住房屋的环境噪声值，未得出涉案污染源所造成的噪声值整改后符合声环境噪声标准的结论，故不足以认定整改结果达到了规定标准。二审期间，联通公司在本院调解过程中积极整改，再次委托技术公司对噪音污染源进行改造，以降低泵房噪音对居民生活的影响，本院予以认可。关于损失，原判依据胡某强、陈某、胡珂某曦所要求时间范围，参照相近地段的租金价格支持经济损失5万元，对其他于法无据部分不予支持适当，本院予以认可。综上，胡某强、陈某、胡珂某曦的上诉请求部分成立。

【法官评析】

根据《中华人民共和国环境保护法》第四十一条，《环境噪声污染防治法》第二条、第六十一条，《侵权责任法》第二条、第七条、第十五条、第六十五条规定，环境噪声污染侵权责任的构成要件是：1. 环境噪声的存在；2. 损害事实的发生；3. 噪声排放超过限值属于环境污染的违法行为；4. 损害事实和噪声污染之间存在因果关系。那么本案所涉事实是否符合上述构成要件？梳理如下：

一、环境噪声是否存在

《环境噪声污染防治法》第二条规定：“本法所称环境噪声，是指在工业生产、建筑施工、交通运输和社会生活中所产生的干扰周围生活环境的声音。本法所称环境噪声污染，是指所产生的环境噪声超过国家规定的环境噪声排放标准，并干扰他人正常生活、工作和学习的现象。”第四十一条规定：“本法所称社会生活噪声，是指人为活动所产生的除工业噪声、建筑施工噪声和交通运输噪声之外的干扰周围生活环境的声音。”

二、原告的权益是否损害

本案原告居住的房屋地下一层安装的抽水设备产生的振动及噪音影响了原告一家人的正常生活休息。根据郑州市环境保护监测中心站的检测，噪音监测结果是5号居民客厅昼间值是51.4dB（A），夜间值50.9 dB（A）；5号居民北卧室昼间值是44.7dB（A），夜间值47.9 dB（A）。物理学表明声音频率范围在20～200赫兹为低频噪音，其中对人体较为明显的在3～50赫兹范围。凡是噪声都对人体产生危害，医学研究表明，低频噪音对生理的直接影响虽然没有高频噪音明显，但会对人体健康产生长远影响。其会刺激、严重影响人们的睡眠质量，并会导致头晕、头痛、失眠、多梦、记忆力减退、注意力不集中等神经衰弱症状及恶心、欲吐等消化道症状以及其他身体症状。因此，原告受到该噪音的损害事实确实客观存在，同时符合《侵权责任法》第二条规定的原告享有的健康权。

三、噪声是否是污染环境的违法行为

抽水设备噪声是否属于环境污染？虽然《侵权责任法》对污染环境的范围没有明确定义或列明，但结合本案作限缩解释为“环境噪声污染”，针对原告的请求权就应适用特殊侵权的法律依据及举证规则。依据《环境噪声污染防治法》的规定，本案抽水设备噪声是否污染环境，干扰原告正常生活，就需要进一步确定是否超过国家规定的环境噪声排放标准，从而进一步确定是否具有违法性。

那么抽水设备噪声是否超过国家规定的环境噪声排放标准，是否违法？众所周知，居民居住区的噪声主要来源于供电系统、地下车库、电梯设备、供热系统、排水供水系统、空调设备、通风设备等，而其中又以低频噪音居多。目前城市住宅小区居民对噪音的投诉大多为低频噪音。而我国现行的环境噪声标准还没有针对低频噪音的标准，所以基本依据《社会生活环境噪声排放标准》《工业企业厂界噪声排放标准》等测量方法测量和评价环境噪声。根据国家行政主管部门环保部的通知，这两个标准均不适用于居民楼内为居民日常生活提供服务而设置的设备，如电梯、水泵、变压器等设备产生的噪声，但也没有另行制定针对这类设备的噪声排放标准，所以就应当适用普通排放标准，即国家强制标准《声环境质量标准》（GB 3096－2008，环保部与国家质监总局联合发布）。就本案而言，原告的住宅适用于《声环境质量标准》（GB 3096－2008）规定的1类地区（以居住、文教机关为主的区域）排放限值，即“昼间55分贝，夜间45分贝”。然而经环境监测中心站的检测，原告住宅包括客厅、北卧室夜间值分别为50.9分贝及47.9分贝，均超过上述规定的排放限值。因此若设备噪声排放超过国家规定的噪声排放限值，即构成违法。

四、损害事实与噪声污染之间是否具有因果关系

依据《侵权责任法》的规定，因污染环境发生纠纷，污染者应当就法律规定的不承担责任或者减轻责任的情形及其行为与损害之间不存在因果关系承担举证责任。因此，环境污染责任采取无过错归责原则，即环境污染责任因果关系的认定采用举证责任倒置原则，污染者负有举证证明其行为与损害之间不存在因果关系的责任。而受害人只需证明污染者实施了污染环境的行为及自身受到了损害，并且证明损害行为与自身损失之间存在一定的联系即可。如果污染者不能举证推翻这个因果关系的存在，就可以认定污染者对损害的发生起到了作用，即认定存在因果关系。本案中联通公司对该原告所在的小区进行实际管理，抽水设备又属于小区公共设施的一部分，联通公司作为管理者应健全制度尽到管理维护义务，确保对小区居民不产生影响。虽然联通公司在诉讼中已经对抽水设备进行整改，但整改后鉴定部门仅测量了原告居住房屋的环境噪声值，未得出本案污染源的噪声值整改后是否符合声环境噪声标准的结论。同时参照《声环境质量标准》（GB 3096－2008）附录C中对监测的具体要求即“监测点一般设于噪声敏感建筑物户外。不得不在噪声敏感建筑物室内监测时，应在门窗全部打开状况下进行室内噪声测量，并采用较该噪声敏感建筑物所在声环境功能区对应环境噪声限值低10dB（A）的值作为评价依据”，因此不足以认定联通公司对抽水设备的整改结果达到了上述规定标准，也即联通公司不能推翻噪声污染的损害行为与原告的损失之间存在因果关系。综上，联通公司应当承担环境噪声污染侵权责任。对于原告要求停止侵害、排除妨害、消除危险的诉讼请求应予支持。对于原告要求赔偿经济损失的诉讼请求，即自原告搬出该房屋之日起至排除妨害符合标准之日的租房费用，参照相近地段的租金价格支持原告经济损失5万元。同时为了进一步有效监督联通公司对抽水设备的整改到位，减轻或消除环境噪声的损害，二审法院增加判决：“联通公司于判决生效后90日内完成对本案所涉抽水设备的噪声治理，达到《声环境质量标准》（GB 3096－2008）所规定的声环境噪声最高限值以下。逾期未达标准，按每日50元对胡某强、陈某、胡珂某曦进行补偿。”由于该设备在原告入住时即存在，设备产生的噪声损害一直持续，一方面需要管理人尽快整改达标，另一方面除对原告既有损失予以赔偿外，对整改达标前的损失应继续予以赔偿，防止因管理人的意愿、责任及能力因素导致噪声污染迟迟不能得到有效解决。

无论是污染环境还是破坏生态行为，此项判决正是体现了环境资源案件的特殊性之一即恢复性功能。环境资源审判的目标不仅仅是解决当事人之间的民事权益争议，更重要的是恢复环境或生态的状态与功能，也就是环境恢复责任在环境资源案件责任方式中所处的核心地位。环境资源案件要充分体现恢复性司法理念，凡有可能采取措施恢复原状的，应当在判令污染者承担赔偿责任的同时，责令其通过整改、修复、更换等方式恢复原状。就本案而言，恢复原状就是将噪声控制在规定限值以下。推而广之，从特定范围内的环境利益到社会公众利益再到整个生态环境，其被损害的状态和功能不能完全恢复的，污染者应当采用异地修复、补种复绿、替代性修复等方式恢复生态环境。法院也可以设立生态修复基金、公益诉讼赔偿金等，不断探索建立恢复环境责任的相关制度，主动发挥法院的职权色彩和职能作用，更好地保护我们赖以生存和生活的环境。

【相关法条】

《中华人民共和国环境噪声污染防治法》

第二条 本法所称环境噪声，是指在工业生产、建筑施工、交通运输和社会生活中所产生的干扰周围生活环境的声音。

本法所称环境噪声污染，是指所产生的环境噪声超过国家规定的环境噪声排放标准，并干扰他人正常生活、工作和学习的现象。

第四十一条 本法所称社会生活噪声，是指人为活动所产生的除工业噪声、建筑施工噪声和交通运输噪声之外的干扰周围生活环境的声音。

第六十一条第一款 受到环境噪声污染危害的单位和个人，有权要求加害人排除危害；造成损失的，依法赔偿损失。

《中华人民共和国侵权责任法》

第十五条 承担侵权责任的方式主要有：

（一）停止侵害；

（二）排除妨碍；

（三）消除危险；

（四）返还财产；

（五）恢复原状；

（六）赔偿损失；

（七）赔礼道歉；

（八）消除影响、恢复名誉。

以上承担侵权责任的方式，可以单独适用，也可以合并适用。

第六十五条 因污染环境造成损害的，污染者应当承担侵权责任。

编写人：河南省郑州市中级人民法院 崔航微

011

行为致害性是环境侵权行为的构成要件

——李某诉东海县联诚光伏石英有限公司等水污染责任纠纷案①

内容摘要：2015 年 5 月，原告李某承包了东海县约 173 亩土地，发现自己所种植的小麦受损后，因怀疑灌溉的水有问题，遂向环境保护部门反映。东海县环境监测站对附近几家污水排放单位的水质进行现场监测，后出具调查报告。污染者以排污符合国家或者地方污染物排放标准为由，主张不承担责任，然在环境侵权类案件中行为的违法性并不构成环境侵权行为的必要前提，无论合法行为还是违法行为，只要其造成环境污染或者破坏从而具有了危害性，即可成为环境侵权行为的要件之一，行为的致害性才是环境侵权行为的构成要件。

关键词：环境侵权 致害性 无过错责任 否定因果关系 按份责任

① 本案例一审法院合议庭成员：张海、郭加民、杨明；二审法院合议庭成员：谢善娟、戴立国、周文元。

【裁判规则】

行为的违法性不是构成环境侵权的必要前提。要将侵权行为界定为环境污染行为，被侵权人需举证侵权人存在环境污染行为和损害后果。污染者会以排污符合国家或者地方污染物排放标准为由主张不承担责任，但无论合法行为还是违法行为，只要其造成环境污染或者破坏，从而具有了危害性，即成为环境侵权行为的要件之一。

【典型案例】

〔案件索引〕

江苏省连云港市海州区人民法院（2016）苏0706民初3225号民事判决书

江苏省连云港市中级人民法院（2017）苏07民终897号民事调解书

〔基本案情〕

原告李某诉称，2015年6月10日，原告通过土地流转形式，承包了东海县平明镇平明村二组和三组173亩土地。2015年冬天，原告种植了冬小麦。2016年4月2日和4月3日，原告通过灌溉渠灌溉了冬小麦。同年4月10日，原告发现有150亩麦苗枯黄、死亡。经初步了解，原告怀疑小麦死亡原因是被告排放污水。同年4月13日，原告用手机拍照进行取证，4月14日，原告向东海县环保局投诉，并随环保局工作人员到现场勘察、拍照，环保局工作人员取水样进行化验检测，测得被告排放污水的pH酸碱度小于2.23，酸性太大。原告认为，六被告违法排放污水，小麦死亡是该污水酸性严重超标所致，依照《中华人民共和国环境保护法》第六十四条，《中华人民共和国侵权责任法》第十九条、第六十五条的规定，请求：1. 六被告连带赔偿原告小麦减产损失57699元、药品损失2980元、工商部门企业查询费300元和环保部门测试费75元，共计61054元；2. 六被告承担诉讼费用。

被告东海县联诚光伏石英有限公司（以下简称联诚公司）辩称：一、原告所诉与事实不符，联诚公司并无超标排放污水的行为，联诚公司利用污水净化设备依规进行治理，达标后方排放，东海县环保部门定期或不定期对联诚公司的排水口进行现场抽样检测，均在正常指标范围内；二、原告的小麦并无枯黄、死亡现象，只是长势稍差。原告在2015年进行秋播较晚，播种时遇阴雨天气，田块地处低洼，土地平整度较差，故麦苗出苗晚、出苗率低。麦苗生长期间，原告管理措施不到位，田间排涝、灌溉、除草均不及时。从现在的田间长势看，原告麦子成熟期比其他农户晚，麦田杂草较多，种植和管理不善，产量减损明显是其自身原因导致。综上，原告所诉无事实和法律依据，应予以驳回。

被告江苏得乐康食品有限公司（以下简称得乐康公司）辩称：一、原告没有证据证明其种植小麦的面积和损失的数额，更没有证据证明损害产生的原因，因果关系不明；二、我公司没有违规排污，没有造成原告损失；三、其他农户的小麦长势良好，原告小麦受损，是其自身原因。应当驳回原告诉求。

被告连云港市弘扬石英制品有限公司（以下简称弘扬公司）辩称：原告起诉我公司属于主体错误，小麦减产与我公司无关，应驳回原告诉求。

被告连云港荣盛石英制品有限公司（以下简称荣盛公司）辩称：一、根据我公司的生产工艺，公司生产不需要排水，都是循环用水；二、我公司从2015年1月1日起，已经向东海县供电局申请停止用电，公司的主要业务已经停止，所以我公司没有污染行为。应当驳回原告对我公司的诉求。

被告江苏圣达石英制品有限公司（以下简称圣达公司）辩称：一、我公司没有超标排放污水，自2015年下半年起，圣达公司新厂落成并进行有序搬迁，新建公司有完整的污水处理设施和污水处理能力，整个污水处理系统经过科学设计，有严格的工艺流程，确保无公害排放；二、原告主张的损害与圣达公司的行为没有因果关系。小麦死亡具有多因性，原告提供的证据并不能排除其他致小麦死亡的因素存在。原告诉称污水酸性严重超标致小麦受损，但没有提供科学的、专业的鉴定报告来证实小麦死亡的原因；三、原告主张的损失数额无事实和法律依据。综上，应驳回原告的诉求。

被告连云港华凌石英制品有限公司（以下简称华凌公司）辩称：一、我公司从2015年6月至2016年5月，因多种原因，公司没有生产；二、酸洗石英砂是一种高耗电工艺，原告小麦受损时间是2016年4月，但我公司该月的电费只有1400多元，只是办公生活用电，正常酸洗电费应该是1万元至2万元，甚至3万元；三、购买盐酸必须到环保局报批，经东海县公安局备案后才能购买，2015年4月至今我公司没有购买盐酸；四、生产石英砂用水量很大，对水的纯度要求很高，因此必须有制纯水设备，该设备即使停止生产也要定期维护、保养，维护保养期间会有很多纯水排出，故我公司会有机器运转，排水口也会有纯水排出。综上，本案与我公司无关。

法院经审理查明如下事实：

一、2015年5月，原告李某依据所签订的农村土地承包经营权流转合同，承包了东海县平明镇平明村约173亩土地。

二、原告李某在发现自己所种植的小麦受损后，因怀疑灌溉的水有问题，遂向环境保护部门反映。2016年4月21日，东海县环境监测站到现场进行监测，废水监测结果为：1. 李某承包平明镇平明村农田旁，灌溉渠的水pH酸碱度为6.86；2. 平明中心路北5米处，平明中学西侧沟渠的水pH酸碱度为2.23；3. 得乐康公司排水口pH酸碱度为7.47；4. 联诚公司排水口pH酸碱度为6.75；5. 平明中学西排水沟与平明大河交汇处，水pH酸碱度为6.50。2016年5月24日，东海县环境监测站再次到现场检测，多处地方的水质呈酸性。

三、2016年6月2日，东海县环境保护局出具调查报告，该报告中有如下内容：（一）接到群众举报后，我局于4月14日第一时间去现场调查处理，执法人员在平明中学西侧南北走向的排水沟内采集水样经监测站化验pH酸碱度为2.47，水质呈酸性，此排水沟一直向南流入灌溉渠内，该排水沟南入河口正对面，就是抽水泵站。执法人员从含酸的排水沟逆流排查，初步判断这些废水是联诚公司排放。经执法人员现场检查，发现联诚公司内有一个酸池，4月11日由于酸池上的阀门锈蚀损坏，有部分酸水没有处理直接外排。（二）我局监察人员4月14日在该公司（联诚公司）废水排放口往南150米左右的河流里发现废水pH酸碱度在2至3之间，属于严重超标。（三）2016年4月21日，我局监察人员在连云港市龙宫照明电器有限公司（前身为弘扬公司）排放口用PH试纸检测，发现该公司排放的废水pH酸碱度严重超标。（四）现场查看（得乐康公司）污水处理设施正在运行，废水排放口有废水排放，水质呈淡黄色，现场监察人员在厂外排口采取水样一瓶化验水质符合排放标准，不含酸。

四、根据原告的书面申请，法院委托盐城市农业科学院司法鉴定所，对原告的小麦减产损失数额进行司法鉴定。2016年7月13日，该所出具盐农司鉴字〔2016〕第14号司法鉴定意见书，鉴定意见为：本案经济损失估算值为57699元。

五、原告为了本案的民事诉讼，花费了工商查询费300元，环保部门的现场采样测试费75元和医治小麦而购买药品的费用2980元。

六、关于六被告的生产工艺、产品和产量。1. 被告联诚公司：年产3万只石英坩埚，工艺流程包括酸洗和水洗。2. 被告得乐康公司：年产15000吨精炼米糠油，该项目会产生工艺废水（不外排）、清洗废水（不外排）和生活废水（绿化浇灌）。3. 被告弘扬公司：年产500吨水晶粉，工艺流程包括酸浸泡、水洗。4. 被告荣盛公司：年产6000吨熔融石英，工艺流程中，电解套用水间接冷却，水循环使用，不外排。5. 被告圣达公司：年产1000吨高纯水晶粉及600吨石英管材，工艺流程包括酸洗和水洗。6. 被告华凌公司：年产10000吨水晶粉，工艺流程包括酸洗和水洗。

七、根据被告联诚公司的申请，法院依法调取东海县公安局存档的关于被告生产用酸的基本情况：1. 被告联诚公司：2015年3月5日至2016年10月14日，共计购买盐酸11次，计456吨。2. 被告得乐康公司：2015年3月16日至2016年8月30日，共计购买硫酸17次。2016年8月26日购买盐酸1次，计10升。3. 被告弘扬公司：2015年1月4日至2016年7月12日，共计购买盐酸15次，计710吨。4. 被告荣盛公司：无购酸记录。5. 被告圣达公司：2015年1月23日至2016年10月10日，共计购买盐酸13次，计590吨。6. 被告华凌公司：2015年1月18日至2015年3月25日购买盐酸2次，计50吨。

被告得乐康公司对此的质证观点为：得乐康公司购买的硫酸用于生产过程中米粮油车间精炼工艺所用，使用后内部回收，不外排，对此东海县环境保护局已经出具证明。

〔裁判结果〕

连云港市海州区人民法院于2016年12月27日作出（2016）苏0706民初3225号民事判决：

一、被告东海县联诚光伏石英有限公司于本判决生效之日起十日内赔偿原告李某18316.2元；

二、被告连云港市弘扬石英制品有限公司于本判决生效之日起十日内赔偿原告李某18316.2元；

三、被告江苏圣达石英制品有限公司于本判决生效之日起十日内赔偿原告李某18316.2元；

四、被告连云港华凌石英制品有限公司于本判决生效之日起十日内赔偿原告李某6105.4元；

五、驳回原告李某的其他诉讼请求。

宣判后，被告联诚公司、圣达公司、华凌公司、弘扬公司不服一审判决，向连云港市中级人民法院提出上诉。连云港市中级人民法院于2018年6月7日作出（2017）苏07民终897号民事调解书，本案二审以调解方式结案。

〔**裁判理由**〕

连云港市海州区人民法院认为：

一、《中华人民共和国侵权责任法》第六十五条规定："因污染环境造成损害的，污染者应当承担侵权责任。"根据此规定，环境污染责任是无过错归责原则，它不以侵权人主观上存在过错为前提，构成环境侵权只需以下三个构成要件：受害人有损害结果、污染者有环境污染行为、损害结果与污染行为之间有因果关系。

关于第一个要件：受害人的损害结果。原告申请、法院委托的由盐城市农业科学院司法鉴定所出具的盐农司鉴字〔2016〕第14号司法鉴定意见书，程序合法，经原、被告质证后，可以作为定案证据，该证据能够证实原告小麦损失为57699元。原告举证的工商查询费300元、环境测试费75元和医治小麦的药品费2980元，经审核，符合法律规定，法院予以支持。

关于第二个要件：环境污染行为。1. 被告荣盛公司的举证能够证明从2015年1月1日起至今，该公司没有生产，该公司的工艺流程中产生的废水也不外排，即没有排放污水，其生产工艺也不使用酸，故可以免责。2. 被告得乐康公司举证的证据，能够证明其生产过程中产生的污水不外排，东海县环境保护局也出具证明，证明得乐康公司所购买的硫酸，在使用完后内部回收，不外排。被告得乐康公司也没有环境污染行为，其在本案中可以免责。3. 被告华凌公司的证据能够证明2015年6月以后，该公司没有实际生产，在此之后没有排污行为，但在2015年6月之前使用过盐酸，存在排污行为，故被告华凌公司不能免责。4.《最高人民法院关于审理环境侵权责任纠纷案件适用法律若干问题的解释》第十条规定："负有环境保护监督管理职责的部门或者其委托的机构出具的环境污染事件调查报告、检验报告、检测报告、评估报告或者监测数据等，经当事人质证，可以作为认定案件事实的根据。"据此，2016年4月21日东海县环境监测站监测结果、2016年5月24日东海县环境监测站的数据和2016年6月2日东海县环境保护局向东海县软环境治理办公室出具的调查报告，能够证明被告联诚公司、弘扬公司、圣达公司、华凌公司存在环境污染行为。

关于第三个要件：损害结果与污染行为之间的因果关系。《中华人民共和国侵权责任法》第六十六条规定："因污染环境发生纠纷，污染者应当就法律规定的不承担责任或者减轻责任的情形及其行为与损害之间不存在因果关系承担举证责任。"此规定要求污染者承担否定因果关系的举证责任，但是《最高人民法院关于审理环境侵权责任纠纷案件适用法律若干问题的解释》第六条规定，被侵权人还是应当提供污染者排放的污染物与损害之间具有关联性的相关证据，即受害人还是应当提供污染行为造成其损害的初步证据。盐城市农业科学院司法鉴定所出具的鉴定意见书中的分析意见提到"对小麦植株群体生长受阻与灌溉不合格灌溉水出现的损害效应情况相吻合"，可以视为污染行为造成损害的初步证据。据此，被告联诚公司、弘扬公司、圣达公司、华凌公司应当就不承担责任（不可抗力、受害人故意等）、减轻责任（受害人过失等）、否定因果关系等向本院举证，如果不能举证，则承担对其不利的法律后果。被告联诚公司、弘扬公司、圣达公司、华凌公司在本院规定的举证期限内没有举出相应的不承担责任、减轻责任和否定因果关系的证据，据此，法院依法认定本案侵权因果关系成立。

综上，被告联诚公司、弘扬公司、圣达公司、华凌公司应当承担相应的环境侵权责任。

二、关于被告"污水排放达标，没有违规排放"的辩称，法院认为，排污是否达标不影响环境污染责任的构成。理由如下：达标排污并不能完全避免环境损害的发生，是否达标排污与环境损害并无必然的联系，在环境污染责任适用无过错归责原则的情形下，免责事由非常严格。《最高人民法院关于审理环境侵权责任纠纷案件适用法律若干问题的解释》第一条第一款规定："因污染环境造成损害，不论污染者有无过错，污染者应当承担责任。污染者以排污符合国家或者地方污染物排放标准为由主张不承担责任的，人民法院不予支持。"据此，法院对被告的上述辩称不予支持。

三、关于被告联诚公司、弘扬公司、圣达公司、华凌公司的责任形式。《中华人民共和国侵权责任法》第六十七条规定："两个以上污染者污染环境，污染者承担责任的大小，根据污染物的种类、排放量等因素确定。"《最高人民法院关于审理环境侵权责任纠纷案件适用法律若干问题的解释》第四条规定："两个以上污染者污染环境，对污染者承担责任的大小，人民法院应当根据污染物的种类、排放量、危害性以及有无排污许可证、是否超过污染物排放标准，是否超过重点污染物排放总量控制指标等因素确定。"根据上述规定，因为被告联诚公司、弘扬公司、圣达公司、华凌公司均使用盐酸，故被告联诚公司、弘扬公司、圣达公司、华凌公司均应当承担民事责任，根据四被告的盐酸用量，法院依法酌定被告联诚公司、弘扬公司、圣达公司各承担本案的30%的责任，被告华凌公司因为在2016年基本没有生产以及用酸，故承担本案的10%的责任。

四、原告总损失为61054元（57699元+300元+75元+2980元），根据法院认为的第三点意见，被告联诚公司、弘扬公司、圣达公司分别赔偿原告18316.2元，被告华凌公司赔偿原告6105.4元。

五、根据查清的事实，侵权行为地还存在其他生产企业，因为原告没有主动追究其他可能侵权的生产企业，所以法院为了提高司法效率，不再主动追加其他企业作为本案的被告。

【法官评析】

环境污染侵权行为与一般侵权行为相比较，具有以下鲜明的特征：1. 加害主体与受害主体地位的不平等性；2. 环境侵权后果的严重性、潜伏性和渐进性；3. 环境污染损害过程的间接性、复杂性等。正因如此，《中华人民共和国侵权责任法》第六十五条、第六十六条分别规定“因污染环境造成损害的，污染者应当承担侵权责任”，“因污染环境发生纠纷，污染者应当就法律规定的不承担责任或者减轻责任的情形及行为与损害之间不存在因果关系承担举证责任”。上述两条规定确定了环境侵权责任适用无过错责任原则、污染者承担否定因果关系的举证责任原则。

本案案由为水污染责任纠纷，属于环境污染侵权。为了获得赔偿，原告应当向法院证明被告存在环境污染行为和自己有损害后果。关于损害后果，法院通过司法鉴定等予以确定，符合法律规定。关于环境污染行为：一、被告荣盛公司、得乐康公司通过举证，证明无排污行为，法院依法认定他们不承担民事侵权责任；二、原告提交的证据能够证明被告联诚公司、弘扬公司、圣达公司、华凌公司存在排污行为，但是原告提交的证据只能证明部分被告的排污行为存在不达标的事实，不能证明全部被告的排污行为均不达标，被告们都辩称其排污符合相关的国家或地方标准。此时，法院依据《最高人民法院关于审理环境侵权责任纠纷案件适用法律若干问题的解释》第一条第一款，即“因污染环境造成损害，不论污染者有无过错，污染者应当承担责任。污染者以排污符合国家或者地方污染物排放标准为由主张不承担责任的，人民法院不予支持”，依法判决有排污行为的被告联诚公司、弘扬公司、圣达公司、华凌公司承担责任，符合相关法律和司法解释的规定。这是本案的重要亮点。

关于被告联诚公司、弘扬公司、圣达公司、华凌公司承担侵权责任的责任形式，根据《中华人民共和国侵权责任法》第六十七条“两个以上污染者污染环境，污染者承担责任的大小，根据污染物的种类、排放量等因素确定”的规定，在不能确定每个污染者的污染行为足以造成全部损害时，再依据《中华人民共和国侵权责任法》第十二条的规定，法院判决四被告承担相应的按份责任，也是恰当的。

【相关法条】

《中华人民共和国侵权责任法》

第六十五条　因环境污染造成损害的，污染者应当承担侵权责任。

第六十六条　因污染环境发生纠纷，污染者应当就法律规定的不承担责任或者减轻责任的情形及其行为与损害之间不存在因果关系承担举证责任。

第六十七条　两个以上污染者污染环境，污染者承担责任的大小，根据污染物的种类、排放量等因素确定。

《最高人民法院关于审理环境侵权责任纠纷案件适用法律若干问题的解释》

第四条　两个以上污染者污染环境，对污染者承担责任的大小，人民法院应当根据污染物的种类、排放量、危害性以及有无排污许可证、是否超过污染物排放标准、是否超过重点污染物排放总量控制指标等因素确定。

第十条　负有环境保护监督管理职责的部门或者其委托的机构出具的环境污染事件调查报告、检验报告、检测报告、评估报告或者监测数据等，经当事人质证，可以作为认定案件事实的根据。

编写人：江苏省连云港市海州区人民法院　张海

012

公益诉讼的调解协议应当以判决的标准进行审查

——广州市人民检察院诉陈某兴、陈某根、钟某某土壤污染民事公益诉讼案①

内容摘要：本案系全国首例以调解方式结案的涉及土壤修复的环境公益诉讼案件。与普通民事调解结案相比，该案调解有如下创新点：

1. 调解书格式新颖。考虑到公益诉讼的特殊性，本案首创以判决书格式撰写调解书，内容翔实。

2. 调解书说理透彻。对于调解协议，调解书并不是简单地以“不违反法律规定”为由予以确认，而是进行全面审查，充分论述了调解协议的合法性、合理性和可操作性等。

3. 调解书专业性强。被告在修复前必须提交环境详细调查报告；引入第三方机构对修复结果进行评估；根据污染土地利用现状，合理适用《展览会用地土壤环境质量评价标准（暂行）HJ/T 350－2007》标准中的A级标准。

4. 调解书可操作性强。修复空间范围以《测绘报告》坐标为准，修复标准以总石油烃（TPHs）含量不超过1000mg/kg为准，被告的修复义务非常明确。

5. 调解书灵活性强。调解协议既规定一年修复期限，又规定了特殊情况下的延期；调解协议既规定修复范围以《测绘报告》为准，又规定超越《测绘报告》范围的污染物也要一并修复，兜底条款可保障隐蔽污染得到彻底修复。上述条款避免了执行过程中的僵化。

关键词：土壤污染　修复　调解协议

【裁判规则】

公益诉讼达成调解协议的，应当以判决标准进行审查。对因土壤污染而达成调解协议的，应当从有利于土壤修复和保护社会公共利益的角度出发，对土壤修复程序、修复期间、修复标准、待修复污染物的种类、待修复地块的空间

① 本案例承办法官：广东省广州市中级人民法院刘欢。

范围、修复结束后第三方机构的验收及逾期未修复代履行程序的启动等进行全面审查，确保调解协议内容合法性、专业性，兼顾可行性和灵活性。

【典型案例】

〔案件索引〕

广东省广州市中级人民法院（2017）粤01民初215号民事调解书

〔基本案情〕

2012年1月18日，广州市萝岗区光烨润滑油厂的投资人钟某某将部分场地出租给陈某兴、陈某根用作加工基础油的工场。2014年8月29日，光烨润滑油厂因环保设施未验收而被环保部门处以立即停产及罚款10万元的行政处罚，但陈某兴、陈某根并未停产。2015年7月15日，公安机关会同环保部门前往现场调查，查获废液压油242桶（170公斤/桶）、基础油5罐（内容物共重约30吨）等。经鉴定，上述原料含废矿物油，属于《国家危险废物名录》中的危险废物。陈某兴、钟某某均以污染环境罪被追究刑事责任。广东省环境科学研究院受委托于2017年4月作出《环境损害鉴定评估报告》显示：部分土壤矿物油含量高于1000mg/kg，最高含量达10200mg/kg。案涉污染地块土地利用总体规划为建设用地，现状为村庄。广州市人民检察院提起环境民事公益诉讼，要求陈某兴、陈某根、钟某某恢复污染地块原状、处理现场危险废物以及赔偿生态环境服务功能损失等。

广州市中级人民法院受理案件后，组织公益诉讼人和被告进行了多次调解、协商，并就相关专业技术问题向技术专家进行了咨询，促成双方达成调解协议。

〔调解结果〕

广州市中级人民法院于2018年2月7日作出（2017）粤01民初215号民事调解书，确认如下调解协议：

一、陈某兴、陈某根、钟某某须于调解书生效之日起三个月内就案涉污染地块向人民法院提交环境详细调查报告，于提交环境详细调查报告之日起两个月内向人民法院提交修复方案、修复协议、修复机构的主体、资质等材料，并于调解书生效之日起一年内共同将案涉污染地块的污染物总石油烃（TPHs）修复到未受污染的环境水平，即《展览会用地土壤环境质量评价标准（暂行）

HJ/T 350－2007》标准中的A级标准（1000mg/kg）。

二、逾期未修复的，由人民法院选定有资质的机构代为修复，修复费用由陈某兴、陈某根、钟某某承担。如果因客观原因确实无法在上述期限内修复的，陈某兴、陈某根、钟某某应不得迟于期限届满前三十日向人民法院申请延期并提交相关材料，由人民法院决定是否延期。

三、案涉污染地块的范围以广州市开发区、黄埔区土地执法测字2017（镇龙）第172号、173号《测绘报告》所确定的实测图为准（即第172号《测绘报告》中坐标J1、J2、J3、J4、J5、J6、J7、J8、J9、J10所围区域，第173号《测绘报告》中J1、J2、J3、J4、J5、J6、J7所围区域）。如果污染物超越上述范围，也要一并修复。

四、陈某兴、陈某根、钟某某及其委托的修复机构在修复过程中不得存在任何违反法律、法规等规定的行为，也不能造成任何新的污染，并主动接受人民法院、公益诉讼人、属地环保行政部门及社会监督。

五、陈某兴、陈某根、钟某某修复完毕后，应及时向人民法院提交修复工程总结材料，由第三方机构对治理修复效果进行评估，如果产生费用，由陈某兴、陈某根、钟某某承担。

六、本调解协议第一、二、三、四、五项所产生的费用，均由陈某兴、陈某根、钟某某共同承担，并互负连带责任。陈某兴、陈某根、钟某某对上述费用各承担三分之一，如陈某兴、陈某根、钟某某支付超过自己应承担的部分，有权向其他方追偿。

七、污染现场废液压油242桶、基础油5罐（重约30吨）的处理，按照广东省广州市黄埔区人民法院（2016）粤0112刑初415号刑事判决执行，实际产生的费用由陈某兴、陈某根共同负担，并互负连带责任。

〔调解理由〕

法院生效调解书认为：

（一）关于调解协议第一条。首先，关于确定一年修复期限的问题。经咨询专家，该修复期限主要包括如下几个部分：1. 对污染现场进行环境详细调查，并出具环境详细调查报告通常需要三个月的时间；2. 聘请专业修复机构后，修复机构根据详细调查报告制订修复方案通常需要两个月的时间；3. 出具修复方案后，仍需要六个月左右的时间进行修复。因此，本院对一年的修复期限予以确认。

其次，关于修复具体污染物的问题。经公益诉讼人向国土部门查询，案涉地块被规划为建设用地，且在污染发生时建有简易厂房。经咨询专家意见，现在尚不存在建设用地环境的国家标准，最为接近建设用地环境标准的是《展览会用地土壤环境质量评价标准（暂行）HJ/T 350－2007》，因此该标准应当作为案涉污染地块土壤修复的基准。但该标准中涉及92项物质的标准限值，本案有证据证明的污染物是废液压油，经咨询专家意见，废液压油对应该标准中的物质为总石油烃（TPHs）。如果要求三被告将该92项物质均修复至标准限值，欠缺事实依据。在调解过程中，双方同意仅对案涉污染地块中的污染物总石油烃（TPHs）进行修复，故本院对此予以确认。

最后，关于将污染物修复到何种标准限值的问题。《展览会用地土壤环境质量评价标准（暂行）HJ/T 350－2007》分为A级和B级两个标准，其中A级标准中总石油烃（TPHs）的含量限值为1000mg/kg，而B级标准中总石油烃（TPHs）的含量没有限值要求，故专家建议适用A级标准。《展览会用地土壤环境质量评价标准（暂行）HJ/T 350－2007》规定，符合A级标准的土壤可适用于各类土地利用类型。我国目前实行的《土地环境质量标准》（GB 15618－1995）中尚未对土壤中总石油烃（TPHs）含量提出限值，而《农用地土壤环境质量标准（三次征求意见稿)》中规定的“石油烃总量”标准为500mg/kg，故广东省环境科学研究院出具的《环境损害鉴定评估报告》以上述征求意见稿中的500mg/kg的标准作为评估的基础。本院认为，《农用地土壤环境质量标准（三次征求意见稿)》不宜作为案涉污染地块的修复标准，具体理由如下：1.案涉地块被规划为建设用地，建有简易厂房，实际也未作农业用途，故适用农用地“石油烃总量”标准不妥；2.上述标准仅为征求意见稿，尚不具备法律效力，而且存在被修改的可能；3.《展览会用地土壤环境质量评价标准（暂行）HJ/T 350－2007》是规定土壤总石油烃（TPHs）含量限值现行有效的国家标准，而且该标准规定符合A级标准（1000mg/kg）的土壤可适用于各类土地利用类型。因此，双方协议将案涉地块总石油烃（TPHs）含量修复至1000mg/kg的标准，符合现行有效的国家标准和案涉地块的用途，本院予以确认。

（二）关于调解协议第二条。《最高人民法院关于适用〈中华人民共和国民事诉讼法〉的解释》第五百零三条规定：“被执行人不履行生效法律文书确定的行为义务，该义务可由他人完成的，人民法院可以选定代履行人；法律、行政法规对履行该行为义务有资格限制的，应当从有资格的人中选定。必要时，可以通过招标的方式确定代履行人。申请执行人可以在符合条件的人中推荐代履行人，也可以申请自己代为履行，是否准许，由人民法院决定。”该条款规定了被告逾期未修复的救济措施，即由人民法院启动代履行程序。调解过程中，本院也考虑到实际土壤修复工作可能会出现不可控的情况，如果确因不可归咎于被告过错的客观原因导致逾期未修复，且被告已经实际开展修复工作的，此时应灵活掌握，不可盲目启动代履行程序。协议第二条规定被告申请延期及法院审核的内容，有利于修复的连续性，故本院予以确认。

（三）关于调解协议第三条。在 2017 年 9 月 30 日本院组织当事人第一次现场调解过程中，广州市开发区国土资源和规划局委托深圳地质建设工程公司对案涉污染地块进行了测绘，初步确定了案涉地块污染物的范围，并据此制作了《测绘报告》。但上述范围只是初步的测绘结果，案涉地块污染物的具体分布情况并不详尽。协议第三条中“如果污染物超越上述范围，也要一并修复”的兜底条款，使得调解协议操作性更强，并确保隐蔽的污染物一并得到修复，可以最大限度地保护生态环境，故本院予以确认。

（四）关于调解协议第四条。经咨询专家意见，土壤修复一般应遵循原地修复的原则，不能将受污染的土壤与他处的土壤进行简单替换，否则会造成新的污染。协议第四条对被告修复土壤的行为进行了规范，并引入监督机制，可以保障修复工作合法、有序地开展，故本院予以确认。

（五）关于调解协议第五条。判断被告是否修复合格，涉及环境工程方面的专业知识，应当由专业机构评估后确定。协议第五条规定由第三方机构对治理修复效果进行评估，可以从专业上对修复结果最后把关，确保修复达标，故本院予以确认。

（六）关于调解协议第六条。调解协议第一、二、三、四、五项所产生的费用与土壤修复有关，协议第六条规定三被告对外承担连带责任、对内各承担三分之一，既可以最大限度地保障土壤修复工作的开展，也厘清了三被告之间的责任分担，可尽量避免三被告之间产生新的纠纷，故本院予以确认。

（七）关于调解协议第七条。对污染现场废液压油 242 桶、基础油 5 罐（重约 30 吨）的处理，已经由广东省广州市黄埔区人民法院（2016）粤 0112 刑初 415 号刑事判决明确由广东省广州市公安局黄埔区分局执行，且该刑事判决已经发生法律效力，故本案不应对上述污染物进行重复处理。鉴于刑事判决未对上述污染物的处置费用进行处理，且陈某兴、陈某根同意仅由其二人负担上述污染物的处置费用，协议第七条有利于污染物的处理，故本院予以确认。

【法官评析】

在“蓝天、碧水、净土三大保卫战”中，净土保卫战被称为一场“看不见硝烟的战争”。土壤是农业生产的基础，是人类最基本的生产资料和劳动对象，也是陆地生态系统的重要组成部分。本案系全国首例以调解方式结案的涉及土壤修复的环境公益诉讼案件。本案中，被告在建设项目需配套建设的环保设施未经验收、未取得《危险废物经营许可证》的情况下，非法处置危险废物，对周边土壤造成严重侵害，应当承担侵权责任。广州市中级人民法院在案件调解过程中充分咨询技术专家意见，从专业角度完善调解协议，为修复工作奠定了良好基础；引入第三方机构对修复结果进行评估，以保障修复达标；根据污染土地性质，合理适用《展览会用地土壤环境质量评价标准（暂行）HJ/T 350－2007》标准中的 A 级标准等，保证调解协议的专业性。同时，在调解协议中具体规定了修复范围和修复标准，保证了调解协议的可操作性。本案合理运用调解方法，促成公益诉讼人与被告达成调解协议，有利于受污染的环境得到有效和及时的修复，体现了环境资源审判修复性司法的重要特点。

【相关法条】

《最高人民法院关于审理环境民事公益诉讼案件适用法律若干问题的解释》

第二十五条 环境民事公益诉讼当事人达成调解协议或者自行达成和解协议后，人民法院应当将协议内容公告，公告期间不少于三十日。

公告期满后，人民法院审查认为调解协议或者和解协议的内容不损害社会公共利益的，应当出具调解书。当事人以达成和解协议为由申请撤诉的，不予准许。

调解书应当写明诉讼请求、案件的基本事实和协议内容，并应当公开。

《最高人民法院关于适用〈中华人民共和国民事诉讼法〉的解释》

第五百零三条 被执行人不履行生效法律文书确定的行为义务，该义务可由他人完成的，人民法院可以选定代履行人；法律、行政法规对履行该行为义务有资格限制的，应当从有资格的人中选定。必要时，可以通过招标的方式确定代履行人。

申请执行人可以在符合条件的人中推荐代履行人，也可以申请自己代为履行，是否准许，由人民法院决定。

编写人：广东省广州市中级人民法院　刘欢

013

环境侵权案件中存在损害事实但无法证明损害大小的裁判

——王某琼、杨某星诉重庆市江津区杨家湾砂石厂等环境污染责任纠纷案①

内容摘要：环境污染损害具有长期性、潜伏性、持续性的特点，被侵害人通常无法证明损害事实一定是由侵权行为造成，对被侵害人因果关系方面的举证责任要求不能过于严格，只要能够证明污染行为与身体伤害之间具有关联性即可。在确定有损害后果而具体金额不能确定的情况下，法院可综合全案的情况酌情确定赔偿金额。

关键词：环境污染　粉尘　肺病　因果关系　酌定

【裁判规则】

环境侵权案件中，对侵权行为和损害后果之间是否具有关联性的判断，凭日常生活经验即可得出肯定性结论的，无需当事人另行举证，人民法院可以直接对关联性进行确认。在损害后果不能确定时，人民法院应当依据当事人的受损程度、关联性的强弱、排污严重程度等因素来综合确定赔偿金额。

---

① 本案例一审法院合议庭成员：罗静、杨继光、刘启明；二审法院合议庭成员：赵克、陈霞、张应洪。

【典型案例】

〔案件索引〕

重庆市江津区人民法院（2017）渝0116民初4321号民事判决书

重庆市第五中级人民法院（2018）渝05民终867号民事判决书

〔基本案情〕

原告诉称：被告重庆市江津区杨家湾砂石厂（以下简称杨家湾砂石厂）与原告王某琼、杨某星住房较近，被告的碎石机（粉碎机）和铲车噪声、粉尘超标严重影响原告家人的生活和身体健康。噪声超出了一般公众普遍可忍受的范围，白天噪声使原告家人心烦意乱，晚上的噪声特别大，使人难以入眠。碎石机每天晚上通宵达旦地运作，铲车的噪声更大，并且铲车晚上的灯光溢射原告窗户，对居室内造成明显影响。

被告辩称：如果被告的噪声、粉尘没有达标就会对原告造成损害，达标了就不会造成损害，被告曾经找专家和江津区环保局进行鉴定，都是符合标准的。对于环保标准问题，被告依法经营，不需要原告请求也能够做到在符合标准的情况下生产。原告没有任何依据证明被告对原告的房屋造成损害，故原告请求的赔偿没有任何依据。

法院经审理查明：王某琼系重庆市江津区白沙镇红花店村村民。杨某星与王某琼于2010年7月27日自愿登记结婚，婚后王某琼、杨某星共同居住在红花店村原项垭二社，紧邻原白沙机砖厂。杨家湾砂石厂成立于2002年11月14日，原经营地址为白沙东山村杨家湾，经营范围：来料加工、销售卵石。杨家湾砂石厂于2006年10月开始租赁原白沙机砖厂企业部分土地，用于加工、堆放砂石。杨家湾砂石厂搬迁至红花店村后，在生产初期因设施设备陈旧、未办理环境影响评价手续等原因，存在一定的粉尘污染和噪音扰民问题。

2015年8月24日，江津区环保局向杨家湾砂石厂发放渝（津）环排证[2015]0063号《排放污染物许可证》，有效期限为2015年8月24日至2018年8月23日。杨家湾砂石厂应执行的污染物排放标准为：厂（场）界点噪声限值昼间60分贝、夜间50分贝；粉尘（其他颗粒物）无组织排放监控点浓度限值1.0 mg/m^3。

审理中，王某琼、杨某星到重庆市江津区第二人民医院检查，王某琼的

《门诊诊断证明》载明的诊断及意见为肺部感染；杨某星的《门诊诊断证明》载明的诊断及意见为慢性支气管炎，肺气肿。

审理中，王某琼、杨某星申请对杨家湾砂石厂生产过程中的噪音和粉尘进行监测。法院依法委托重庆市九升检测技术有限公司进行监测。2017年8月7日，重庆市九升检测技术有限公司作出九升（监）字〔2017〕第WT674号《监测报告》，监测点位为王某琼、杨某星家围墙外1米处，废气无组织监测结果为颗粒物1.40mg/m^3、1.78mg/m^3、1.32mg/m^3；噪声监测结果为昼间58分贝。该次监测产生监测费7000元，由杨家湾砂石厂垫付。

就案件中的专业性问题，法院于2017年11月14日对重庆法院参与环境资源审判专家库专家、重庆医科大学公共卫生与管理学院副教授程淑群作了咨询，并制作了《专家访谈咨询笔录》。程淑群教授表示：慢性支气管炎就是由肺部感染长期反复引起的，吸烟等都可能引起慢性支气管炎。肺气肿就是由于终末细支气管的气道弹性减退，过度膨胀、肺容积增大或气道壁破坏的病理状态，主要有老年性肺气肿、阻塞性肺气肿等不同类型。临床上肺气肿病人常伴有慢性支气管炎。肺部感染原因很多，不分年龄阶段，有病毒性感染、细菌性感染、支原体感染、结核感染和其他细菌等。感冒、空气污染都可能诱发肺部感染。从学术上来讲，颗粒物对呼吸系统的影响是肯定的。有研究表明，PM10、PM2.5和儿童的呼吸道炎症、哮喘的患病率有正相关性。

〔裁判结果〕

重庆市江津区人民法院于2017年12月28日作出（2017）渝0116民初4321号民事判决：一、杨家湾砂石厂于本判决生效后三十日内将其排放的粉尘值降低至国家规定标准以下，即颗粒物无组织排放不得超过1.0mg/m^3。二、杨家湾砂石厂于本判决生效后三十日内赔偿王某琼2008年至2017年的医疗费12000元、精神损害抚慰金8000元。三、杨家湾砂石厂于本判决生效后三十日内赔偿杨某星2008年至2017年的医疗费22000元、精神损害抚慰金8000元。四、驳回王某琼、杨某星的其他诉讼请求。一审宣判后，杨家湾砂石厂不服，提起上诉。重庆市第五中级人民法院于2018年4月25日作出（2018）渝05民终字第867号民事判决：驳回上诉，维持原判。

〔裁判理由〕

法院生效裁判认为：环境污染损害具有长期性、潜伏性、持续性的特点，被侵害人通常无法证明损害事实一定是由侵权行为造成。因此，对被侵害人因果关系方面的举证责任要求不能过于严格，只要能够证明污染行为与身体伤害之间具有关联性即可。杨家湾砂石厂的生产线与王某琼、杨某星房屋的最近距离仅为20米左右，即使按照日常经验法则，也可以得知空气污染有可能会引发肺部疾病。此外，根据一审法院咨询的专家意见，专家表示“感冒、空气污染都可能诱发肺部感染”“慢性支气管炎的病因不明，影响因素很多，可能有病毒、细菌、吸烟、大气污染等原因”，通过专家意见可以证实，粉尘超标与肺病的发病率之间成正比，二者之间存在量与效果的对等关系，即使粉尘超标也并不会必然导致肺病的发生，但至少粉尘超标是导致肺部疾病发生的风险因子。据此，可以确认王某琼、杨某星所患疾病与杨家湾砂石厂排放的粉尘超标之间存在关联性，王某琼、杨某星的举证责任已经完成。

王某琼、杨某星患有肺病已经得到确认，而且也证实了所患肺病与杨家湾砂石厂排放的粉尘超标之间具有关联性，损害结果已经发生。在损害结果确定存在的情况下，虽然王某琼、杨某星并没有举示相应的门诊发票或就医发票，但侵权人仍应承担相应的赔偿责任。综合杨家湾砂石厂生产线的变化情况、生产线与王某琼、杨某星住所的实际距离、王某琼、杨某星在杨家湾砂石厂附近实际居住的时间、杨家湾砂石厂的实际生产时间、粉尘超标的数值大小、王某琼、杨某星自身体质及各自所患疾病的具体情况、杨家湾砂石厂生产行为在王某琼、杨某星所患疾病中的原因力大小等因素，法院酌情确定杨家湾砂石厂赔偿额。

【法官评析】

本案例就法官在环境侵权案件中是否可以酌定赔偿金额做了有益的探索和尝试，值得借鉴。

关于环境侵权案件中对损失能否酌情确定的问题，实践中有两种不同的观点。第一种观点即“肯定说”认为，环境侵权案件具有特殊性，在证据灭失或者当事人确实不能举证等原因致损害数额无法查明的，法院综合全案的情况可以酌情确定赔偿金额。第二种观点即“否定说”认为，民事侵权案件中的赔偿采用填平原则，损害后果以及损失大小都应当由原告举证，损害大小难以证明或不能证明时，法院应判决驳回原告的诉讼请求。

环境侵权案件中，被侵权人请求赔偿，必须举示三个方面的证据：（一）污染者排放了污染物；（二）被侵权人的损害；（三）污染者排放的污染物或者其次生污染物与损害之间具有关联性。

被侵权人举证证明了侵权人排放的粉尘超标，又举示了医院出具的其患有肺病的诊断证明，损害事实已经发生并且是客观存在的。基于此，被侵权人作为原告的举证义务已经完成，即使其未进一步提交就医等票据，法官运用逻辑推理和日常生活经验，也可以根据侵权人的粉尘排放的时间、超标的倍数、被侵权人的所患疾病的严重程度等因素，酌情确定赔偿金额，这符合法律规定，也属于法官自由裁量权的范畴。

普通的民事侵权案件往往具有即发性、短暂性，侵权行为一次性完成，相关的证据比较容易固定。而环境污染损害具有长期性、潜伏性、持续性的特点，通常来说，环境污染对人体造成的损害不是一次完成的，要经过一个从量变到质变的渐变过程，而起初的量变阶段被侵权人往往很难察觉，当被侵权人发现损害时一般都是经过了较长时间的侵害。基于环境污染损害案件的这种特殊性，只要被侵权人举证证明已经造成了损害结果，侵权人就应当进行赔偿。

酌情确定赔偿金额的做法，并非只能在环境侵权案件中才能适用。事实上，在知识产权审判实践中，酌情确定赔偿数额一直是最常用的方法，在著作权法、商标法等立法层面上也有相应的法律规定。例如，著作权法中就规定了在权利人实际损失和侵权人违法所得都无法查清时，法院可以酌情确定赔偿金额。在侵害著作权案件的司法实践中，司法机关以权利人实际损失或侵权人违法所得确定赔偿数额的案件非常少见，其根源在于权利人实际损失或侵权人违法所得通常难以确定，酌情确定赔偿金额是最常用的裁判方式。

环境污染损害案件中，如果对人体造成了损害则具有不可逆转性，从保护被侵权人以及有效遏制环境侵权的角度出发，被侵权人作为原告对损失大小的证明标准要求不宜过高，只要达到了有损害后果的证明程度即可。公平正义理念也是确定损害赔偿额酌定制度的正当性基石，通过降低原告对损害额事实的证明标准，可以解决由于对其证明责任要求过于苛刻而带来的不公平的问题。

【相关法条】

《中华人民共和国侵权责任法》

第十六条 侵害他人造成人身损害的，应当赔偿医疗费、护理费、交通费等为治疗和康复支出的合理费用，以及因误工减少的收入。造成残疾的，还应当赔偿残疾生活辅助具费和残疾赔偿金。造成死亡的，还应当赔偿丧葬费和死亡赔偿金。

第二十二条 侵害他人人身权益，造成他人严重精神损害的，被侵权人可以请求精神损害赔偿。

第六十五条 因污染环境造成损害的，污染者应当承担侵权责任。

第六十六条 因污染环境发生纠纷，污染者应当就法律规定的不承担责任或者减轻责任的情形及其行为与损害之间不存在因果关系承担举证责任。

《中华人民共和国环境噪声污染防治法》

第二条 本法所称环境噪声，是指在工业生产、建筑施工、交通运输和社会生活中所产生的干扰周围生活环境的声音。

本法所称环境噪声污染，是指所产生的环境噪声超过国家规定的环境噪声排放标准，并干扰他人正常生活、工作和学习的现象。

《中华人民共和国大气污染防治法》

第二条 防治大气污染，应当以改善大气环境质量为目标，坚持源头治理，规划先行，转变经济发展方式，优化产业结构和布局，调整能源结构。

防治大气污染，应当加强对燃煤、工业、机动车船、扬尘、农业等大气污染的综合防治，推行区域大气污染联合防治，对颗粒物、二氧化硫、氮氧化物、挥发性有机物、氨等大气污染物和温室气体实施协同控制。

第一百二十五条 排放大气污染物造成损害的，应当依法承担侵权责任。

《最高人民法院关于审理环境侵权责任纠纷案件适用法律若干问题的解释》

第一条 因污染环境造成损害，不论污染者有无过错，污染者应当承担侵权责任。污染者以排污符合国家或者地方污染物排放标准为由主张不承担责任的，人民法院不予支持。

污染者不承担责任或者减轻责任的情形，适用海洋环境保护法、水污染防治法、大气污染防治法等环境保护单行法的规定；相关环境保护单行法没有规定的，适用侵权责任法的规定。

第六条 被侵权人根据侵权责任法第六十五条规定请求赔偿的，应当提供证明以下事实的证据材料：

（一）污染者排放了污染物；

（二）被侵权人的损害；

（三）污染者排放的污染物或者其次生污染物与损害之间具有关联性。

编写人：重庆市第五中级人民法院 赵克

014

数人无意思联络共同污染环境行为的责任承担

——珍心鲜农业开发有限公司诉中盐重庆长寿盐化有限公司、四川盐业地质钻井大队环境污染责任纠纷案①

内容摘要：在无意思联络数人的多个污染行为导致同一损害后果的情况下，虽然无法详细区分各自排放污染物数量及污染范围，但因污染物的渗透、迁移、扩散特性，可推知单一污染行为尚不足以造成全部损害后果，故不符合《侵权责任法》第十一条的适用条件，而应适用《侵权责任法》第十二条，由各侵权人承担按份赔偿责任。此时，分析各污染行为与损害后果的原因力大小是审理的难点。本案判决结合受污染地域区位、受损环境检测数据、自然科学知识进行分析，合理确定污染行为所占原因力的大小，酌定各侵权人应承担的按份赔偿责任大小，对于此类环境侵权案件的审理具有较好的示范作用。

关键词：民事 环境污染责任 无意思联络 损害后果 原因力

【裁判规则】

1. 在无意思联络数人的多个污染行为导致同一损害后果的情况下，因污染物的渗透、迁移、扩散特性，可推知单一污染行为尚不足以造成全部损害后

① 本案例一审合议庭成员：沈远东、陈果、张志辽；二审合议庭成员：张力、李立新、吴长渝。

果，应由各侵权人承担相应的赔偿责任。

2. 可结合受污染地域区位、受损环境检测数据、自然科学知识合理确定各污染行为所占原因力的大小，酌定各侵权人应承担的按份赔偿责任。

【典型案例】

〔案件索引〕

重庆市渝北区人民法院（2016）渝0112民初3377号民事判决书

重庆市第一中级人民法院（2016）渝01民终8972号民事判决书

〔基本案情〕

中盐重庆长寿盐化有限公司（以下简称中盐长寿公司）系生产销售工业盐及其化工产品的公司，其所有的矿井包括长平一井、长平二井、长平三井。中盐长寿公司与四川盐业地质钻井大队（以下简称四川钻井大队）签订合同，约定由四川钻井大队负责长平三井钻井施工，施工过程中产生的含盐特征污水给距离约30米的珍心鲜农业开发有限公司（以下简称珍心鲜农业公司）农业基地造成污染。经长寿区人民政府主持调解，珍心鲜农业公司与四川钻井大队签订《协议书》，约定四川钻井大队一次性支付珍心鲜农业公司50万元补偿款。2012年4月至5月，因四川钻井大队处理、填埋钻井产生的污染物措施不当以及下雨等原因，包括珍心鲜农业公司在内的数家农业基地受到污染。中盐长寿公司所有的长平二井位于珍心鲜农业公司农业基地西北侧约100米。2012年4月，长平二井配套管道发生泄漏，亦导致包括珍心鲜农业公司在内的农业基地受到污染。有关部门先后多次组织调解，并对土地污染情况、损害程度、损害费用等进行鉴定和评估。鉴定意见认定环境污染损害包括财产损失和污染修复所需费用两部分，珍心鲜农业公司财产损失为27.67万元，污染修复所需费用为9.848万元。珍心鲜农业公司提起诉讼，要求停止侵害、恢复原状、赔偿农产品损失、土壤修复期间损失等费用。

〔裁判结果〕

重庆市渝北区人民法院于2016年9月19日作出（2016）渝0112民初3377号民事判决：一、被告中盐重庆长寿盐化有限公司、四川盐业地质钻井大队于本判决生效之日起三十日采取措施恢复原告重庆市长寿区珍心鲜农业开发有限公司被污染的37.12亩土地原状，如被告中盐重庆长寿盐化有限公司、四川盐业地质钻井大队逾期未采取恢复措施，则由原告重庆市长寿区珍心鲜农业开发有限公司在期限届满之日起三十日内采取恢复原状的措施，被告中盐重庆长寿盐化有限公司、四川盐业地质钻井大队连带支付原告重庆市长寿区珍心鲜农业开发有限公司修复费用 9.848 万元；二、被告中盐重庆长寿盐化有限公司、四川盐业地质钻井大队连带赔偿原告重庆市长寿区珍心鲜农业开发有限公司土壤修复期间的产出损害 6.494 万元及农产品减产损失（以每年农产品减产损失 21.19 万元为标准，从 2012 年 6 月 1 日起计算至恢复原状时止，但以不超过 2017 年 6 月 1 日为限）；三、驳回原告重庆市长寿区珍心鲜农业开发有限公司的其他诉讼请求。

中盐重庆长寿盐化有限公司、四川盐业地质钻井大队不服，提起上诉。重庆市第一中级人民法院于 2017 年 6 月 21 日作出（2016）渝 01 民终 8972 号民事判决：一、撤销重庆市渝北区人民法院（2016）渝 0112 号民初 3377 号民事判决；二、中盐重庆长寿盐化有限公司、四川盐业地质钻井大队于本判决生效之日起三十日采取措施恢复重庆市长寿区珍心鲜农业开发有限公司被污染的 37.12 亩土地原状，如中盐重庆长寿盐化有限公司、四川盐业地质钻井大队逾期未采取恢复措施，则由重庆市长寿区珍心鲜农业开发有限公司在期限届满之日起三十日内采取恢复原状的措施，中盐重庆长寿盐化有限公司支付重庆市长寿区珍心鲜农业开发有限公司修复费用 3.94 万元，四川盐业地质钻井大队支付重庆市长寿区珍心鲜农业开发有限公司修复费用 5.908 万元；三、中盐重庆长寿盐化有限公司支付重庆市长寿区珍心鲜农业开发有限公司土壤修复期间的产出损害 2.597 万元及农产品减产损失（以每年农产品减产损失 8.476 万元为标准，从 2012 年 6 月 1 日起计算至恢复原状时止，但以不超过 2017 年 6 月 1 日为限）；四川盐业地质钻井大队支付重庆市长寿区珍心鲜农业开发有限公司土壤修复期间的产出损害 2.338 万元及农产品减产损失（以每年农产品减产损失 7.628 万元为标准，从 2012 年 6 月 1 日起计算至恢复原状时止，但以不超过 2017 年 6 月 1 日为限）；四、驳回重庆市长寿区珍心鲜农业开发有限公司的其他诉讼请求。

〔裁判理由〕

法院生效裁判认为：中盐长寿公司、四川钻井大队分别实施了环境污染行为，导致包含珍心鲜农业公司在内的农业基地受到含盐特征污染物的污染，但主观上无侵权意思联络，无法详细区分各自排放污染物数量及污染范围，单就两污染源各自的侵权行为尚不足以造成本案全部损害，故一审法院认为应当根据《侵权责任法》第十一条的规定承担连带责任属适用法律错误。本案应根据《侵权责任法》第十二条的规定，由中盐长寿公司、四川钻井大队各自承担相应的责任。根据鉴定报告，结合长平三井位于案涉农业基地西侧约30米，长平二井位于案涉农业基地西北侧约100米，且长平三井共发生过两次污染事实，可判断两个污染源中长平三井的原因力较大，长平二井的原因力较小。二审法院酌定长平三井的原因力为60%，长平二井的原因力为40%。二审改判中盐长寿公司、四川钻井大队恢复珍心鲜农业公司被污染土地原状，如逾期未采取恢复措施，则分别按照40%、60%的比例支付修复费用，并按比例赔偿珍心鲜农业公司土壤修复期间的损失及农产品减产损失。

【法官评析】

本案系无意思联络数人环境侵权案件，案件焦点问题为多个污染源头和多次污染行为导致同一不可分的损害后果时，各污染行为致损害后果的原因力大小以及环境侵权责任的承担方式。

在无意思联络数人的多个污染行为导致同一损害后果的情况下，分析各污染行为与损害后果的原因力大小是审理的难点。本案中，两处污染源、先后三次污染行为排放的污染物在受损土壤中渗透、迁移、扩散，共同结合造成同一不可分的损害后果，由此可推知单一污染行为尚不足以造成本案全部损害后果，不符合《侵权责任法》第十一条的适用条件，而应适用《侵权责任法》第十二条，由各侵权人承担按份赔偿责任。本案判决结合受污染地域区位、受损环境检测数据、自然科学知识进行分析，合理确定污染行为所占原因力的大小，酌定各侵权人应承担的按份赔偿责任大小，对于此类环境侵权案件的审理具有较好的示范作用。同时，环境污染不仅会导致被侵权人的财产损失，也会直接对环境造成不良影响，本案在判令侵权人赔偿损失的同时要求其承担生态环境修复责任，体现了环境侵权救济中以修复生态环境为中心的司法理念，具有较好的示范意义。

【相关法条】

《中华人民共和国侵权责任法》

第十一条　二人以上分别实施侵权行为造成同一损害，每个人的侵权行为都足以造成全部损害的，行为人承担连带责任。

第十二条　二人以上分别实施侵权行为造成同一损害，能够确定责任大小的，各自承担相应的责任；难以确定责任大小的，平均承担赔偿责任。

编写人：重庆市第一中级人民法院　李立新　张力　李俊冰

二、刑事附带民事公益诉讼案件

015

全国首例因污染环境犯罪造成国家损失的刑事附带民事公益诉讼案件

——董某伟、董某亚污染环境案①

内容摘要： 被告人董某伟、董某亚违反国家规定，处置有毒物质，严重污染环境，其行为已构成污染环境罪。鉴于被告人董某伟、董某亚案发后自动到案，在庭审中自愿认罪，系自首，依法可以从轻处罚。两被告人除负刑事责任外，对其犯罪行为所造成的损失，依法应负民事赔偿责任。虽两被告人称因疾病无力赔偿，但其亲属愿意为两被告人承担赔偿责任，并已将赔偿款支付至法院，法院依法予以准许，据此也可酌定对两被告人从轻处罚。

关键词： 环境污染罪　公益诉讼　环境污染赔偿范围界定

【裁判规则】

被告人倾倒废渣的行为系处置废电路板的后续行为，不能与在先行为割裂开来。新增豁免清单是对运输条件的豁免，本案以污染环境罪追究的是两被告人处置、倾倒危险废物的行为，因此豁免清单与本案的定罪无关。国家在污染环境案件中遭受的损失，可以刑事附带民事诉讼的方式提起公益诉讼要求赔偿。

① 本案例合议庭成员：王振辉、陈曦、陈艳。

【典型案例】

〔案件索引〕

安徽省五河县人民法院（2017）皖0322刑初98号刑事判决书

〔基本案情〕

2016年3月至4月，被告人董某伟从外地先后将70余吨废弃的印刷电路板（根据《国家危险废物名录》记载，废弃的印刷电路板属于国家规定的危险废弃物）运至其在五河县申集镇大董村村内非法设立的一处加工点，用粉碎机粉碎后加水用筛床筛选出铜，出售牟利。被告人董某亚负责该加工点日常管理，其间，被告人董某亚联系张某厚倾倒废渣。张某厚等人分别将印刷电路板废渣运至五河县城关镇漴潼河南堤98至99公里处、五河县小圩镇怀洪新河山西闸水泥上堤路、五河县怀洪新河杨庵段大坝等处倾倒。同年4月23日，五河县环境保护局对该加工点予以查处，查扣了尚未处置的废弃印刷电路板5.74吨、废渣5.66吨及废水。同年4月27日至29日，五河县环境保护局在上述倾倒现场共计清理印刷电路板废渣62.14吨，同时支付了清理废渣运输费65000元、检测费30000元、保管费12000元，合计107000元，后期处理查扣的上述印刷电路板、废渣及废水又支出372992元，合计支出479992元。

案发后，被告人董某伟、董某亚分别于同年5月12日、7月11日主动到五河县公安局治安管理大队投案。

五河县人民检察院认为，被告人董某伟、董某亚的行为已构成污染环境罪，并造成五河县环境保护局损失479992元，应依照《中华人民共和国刑法》第三百三十八条、第二十五条第一款，《中华人民共和国环境保护法》第四条、第六十四条，《中华人民共和国侵权责任法》第六十五条的规定处罚，并应判处二人赔偿相应损失；被告人董某伟、董某亚对起诉书指控的事实供认，无辩解意见。对附带民事赔偿部分声称身体生病，家庭经济状况不好，无力赔偿。

被告人董某亚的辩护人提出本案被告人的行为不构成犯罪的辩护意见，认为处置废弃电路板及废渣的行为已被列入豁免名录；五河县环境保护局的损失是行政机关行政执法成本支出，不应由被告人承担赔偿责任。

〔裁判结果〕

安徽省五河县人民法院于2017年6月29日作出一审判决：一、被告人董某伟犯污染环境罪，判处有期徒刑一年六个月，宣告缓刑二年六个月，并处罚金三万元；（缓刑考验期限，从判决确定之日起计算。罚金已缴纳。）二、被告人董某亚犯污染环境罪，判处有期徒刑一年六个月，宣告缓刑二年六个月，并处罚金三万元；（缓刑考验期限，从判决确定之日起计算。罚金已缴纳。）三、被告人董某伟、董某亚赔偿五河县环境保护局损失479992元（已交付）。

〔裁判理由〕

法院生效裁判认为：被告人董某伟、董某亚违反国家规定，处置有毒物质，严重污染环境，其行为已构成污染环境罪。鉴于被告人董某伟、董某亚案发后自动到案，在庭审中自愿认罪，系自首，依法可以从轻处罚。两被告人除负刑事责任外，对其犯罪行为所造成的损失，依法应负民事赔偿责任。

虽然两被告人称因疾病无力赔偿，但其亲属愿意为两被告人承担赔偿责任，并已将赔偿款支付至本院，本院依法予以准许，据此也可酌定对两被告人从轻处罚。经五河县司法局评估，两被告人具备社区矫正条件，对其适用缓刑不致对其所在社区产生重大不良影响，可以宣告缓刑。关于辩护人提出的被告人的行为不构成犯罪的意见，经查，两被告人在无危险废物经营许可证的情况下处置废弃电路板的行为及处置提取铜后的废渣的行为均不在豁免之列，也不符合豁免条件，故辩护人的辩护意见于法无据，不予采纳。辩护人提出的五河县环境保护局所支出的费用是行政执法成本，不应由被告人承担赔偿责任的意见，因五河县环境保护局处理上述废弃电路板、废渣、废水的行为不仅是一般的行政执法行为，也是为防止环境污染、消除污染而采取的必要合理措施，由此产生的费用依法应由两被告人赔偿。

【法官评析】

本案是全国首例因污染环境犯罪造成国家损失的刑事附带民事公益诉讼案件。本案发生在我国环境污染日益严峻的当下，又在全面推进依法治国的关键时刻，对如何使用法律手段维护生态环境和资源保护，推进此类公益诉讼有力开展具有一定的典型意义。

根据最高人民法院、最高人民检察院对《中华人民共和国刑法修正案（八）》罪名作出的补充规定，取消原重大环境污染事故罪罪名，改为污染环境罪。该罪具体的内容包括：违反国家规定，排放、倾倒或者处置有放射性的废物、含传染病病原体的废物、有毒物质或者其他有害物质。这充分说明了立法在保护环境和加大对污染环境的惩治力度方面给予的有力保障。

所以，除法律规定的民事公益诉讼和行政公益诉讼外，《最高人民法院、最高人民检察院关于检察公益诉讼案件适用法律若干问题的解释》还增加了一类检察公益诉讼案件类型，即刑事附带民事公益诉讼。该解释中明确规定，生态环境和资源保护、食品药品安全领域的刑事案件中，需要追究被告人侵害社会公共利益的民事责任的，检察机关可以一并提起刑事附带诉讼，由同一审判组织一并审理。

本案的焦点之一在于被告是否构成污染环境罪。

首先，持不构成犯罪的观点认为倾倒的废渣不是具有放射性的废物、含传染病病原体的废物、有毒物质或者其他有害物质。废电路板存在豁免管理，两被告人的行为不构成污染环境罪。刑法作为一种最严厉的惩罚工具，应该严格按照罪刑法定原则来认定犯罪。首先从危险废物豁免管理清单来看，目录各栏目都有详细说明，主要包括“废物类别/代码”“危险废物”“豁免环节”、“豁免条件”“豁免内容”等几个方面，本案所涉及的废渣在“废物类别/代码”“危险废物”中没有明确的规定，唯一可以参照的是废物类别代码“900 - 451 - 13”的危险废物为“采用破碎分选回收废覆铜板、印刷线路板、电路板中金属后的废树脂粉”。本案中采取粉碎机将废弃的印刷电路板粉碎加水后用筛床的方法提取铜后产生的废渣不能想当然地等同于“废树脂粉”。二是本案的所倾倒的废渣的特征不符合《国家危险废物名录》中关于危险品的规定，对于不确定是否具有危险特性的固体废物，应当按照国家规定的危险废物鉴别标准和鉴别方法予以认定。本案中的废渣没有进行鉴定和鉴别。

其次，本案涉及的废电路板是属于2016年《国家危险废物名录》废物类别为HW49其他废物，行业来源为非特定行业，废物代码900 - 045 - 49的危险废物，在《国家危险废物名录》中的新增豁免清单中在运输环节可不按危险废物进行运输，豁免条件是运输工具满足防雨、防渗漏、防遗撒要求。可以看出豁免清单对运输工具的要求比较低，一般的运输工具对此都能够满足。刑事的处罚手段需要限定在其他手段不能有效发挥效果的范围内，应体现一种“慎刑”的思想。在没有充分的证据证明被告人没有满足豁免条件时，应采用存疑时有利于被害人的原则。结合以上两点认为本案两被告人不构成污染环境罪。

但是在本案中，废电路板是列入国家危险废物名录的，属于危险废物、有毒物质毫无争议。倾倒的废渣是废电路板用物理方式提取铜之后的破碎体，只是外观形态发生了变化，不影响其作为危险废物的属性。根据《最高人民法院、最高人民检察院关于办理环境污染刑事案件适用法律若干问题的解释》（以下简称《环境污染刑事案件解释》）第十六条的规定，无危险废物经营许可证，以营利为目的，从危险废物中提取物质作为原材料或者燃料，并具有超标排放污染物、非法倾倒污染物或者其他违法造成环境污染的情形的行为，应当认定为“非法处置危险废物”。而《环境污染刑事案件解释》第六条第一款规定，无危险废物经营许可证从事收集、贮存、利用、处置危险废物经营活动，严重污染环境的，按照污染环境罪定罪处罚。两被告人倾倒废渣的行为系处置废电路板的后续行为，不能与先行为割裂开来。新增豁免清单是对运输条件的豁免，本案以污染环境罪追究的是两被告人的处置、倾倒危险废物的行为，因此豁免清单与本案的定罪无关。两被告人违反国家规定，处置有毒物质，严重污染环境，构成污染环境罪。

争议的焦点之二在于污染环境刑事附带民事公益诉讼民事赔偿范围的界定。

辩护人认为在本案中安徽省五河县人民检察院提起刑事附带民事公益诉讼，要求两被告人赔偿五河县环境保护局的损失没有法律依据。根据《侵权责任法》的规定，环境污染既包括对生活环境的污染，也包括对生态环境的污染。因污染者的行为污染环境造成损害的，污染者应当承担侵权责任。要承担民事赔偿责任，则必须要造成损害结果，要求民事赔偿的前提是造成环境污染的损害。环保部门对检测、租车运输废物产生的一系列费用应由行政机关自行承担。行政机关有查封、扣押的权利，也有保管的义务；其租赁厂房以及委托第三方看管而产生的租金、管理费，也应由其自行承担。若造成保管物的损失还应负赔偿责任。后续清理废物的费用更不是造成环境损害的费用，且费用在认定方面存在瑕疵，没有进行公开的招投标。所以，要求两被告人承担479992元的民事赔偿责任是于法无据的。

民法上的损害赔偿责任以个人实际遭受的损害为前提，环境污染损害赔偿是从传统民法的损害赔偿派生和发展而来的，但是，它又不同于传统民法。因为环保行业具有非常强的专业性，所以在缺乏必要的技术工具的前提下，很难确定某种侵害环境的行为所造成的具体的损失，包括一些不可测的损失。在本案中，两被告人在无许可证的情况下，倾倒危险物品，严重污染环境，损害生态环境，根据《最高人民法院关于审理环境民事公益诉讼案件适用法律若干问题的解释》中列明的对污染环境、破坏生态六种责任形式，赔偿损失在本案中是一种重要及其必要的责任形式。两被告人因污染环境所造成的财产损失，应当予以赔偿。安徽省五河县环境保护局为停止侵害、排除妨碍、消除危险合理预防、处置措施而发生的费用，应当由被告人承担；对本案倾倒的危险废物，两被告人无资质、无许可，五河县环境保护局委托鉴定机关进行鉴定，并委托相关有资质的单位对涉案废物进行处理，有权要求两被告人承担保管费、检验费、运输费、鉴定费用以及后续的处理费用。

所以检察机关要求两被告人赔偿损失时所依据的标准是环保部门为了防止污染进一步扩大、消除污染而采取的必要措施所产生的合理费用以及后续处理危险废物所产生的费用等。环境污染所产生的具体损失不仅针对个人，还包括国家遭受的经济损失，即环保部门在采取上述措施时所产生的合理费用。本案的特殊性在于两被告人并无危险废物经营许可证，无法实施修复生态环境的行为，因此环保部门需委托有资质的企业对危险废物进行处置，并对倾倒的危险废物进行回收。环保部门为两被告人违法处置70多吨废电路板污染环境的行为，采取合理预防、处置措施而产生的费用是合法合理的，应予以支持。所以，国家在污染环境案件中遭受的损失，以刑事附带民事诉讼方式提起公益诉讼要求赔偿是可行的。

鉴于当前我国环境污染和生态破坏情况较为严重、环境诉讼起诉率低的现状，在涉污染环境犯罪案件中受理以刑事附带民事诉讼方式提起的公益诉讼，如何进一步界定和明确民事赔偿范围，仍值得进一步的探索和研究。这样才能更好地建立并提高环境公益诉讼在环境资源保护中的作用。

【相关法条】

《中华人民共和国刑法》

第三十六条 由于犯罪行为而使被害人遭受经济损失的，对犯罪分子除依法给予刑事处罚外，并应根据情况判处赔偿经济损失。

承担民事赔偿责任的犯罪分子，同时被判处罚金，其财产不足以全部支付的，或者被判处没收财产的，应当先承担对被害人的民事赔偿责任。

第五十二条 判处罚金，应当根据犯罪情节决定罚金数额。

第五十三条 罚金在判决指定的期限内一次或者分期缴纳。期满不缴纳的，强制缴纳。对于不能全部缴纳罚金的，人民法院在任何时候发现被执行人有可以执行的财产，应当随时追缴。

由于遭遇不能抗拒的灾祸等原因缴纳确实有困难的，经人民法院裁定，可以延期缴纳、酌情减少或者免除。

第三百三十八条 违反国家规定，排放、倾倒或者处置有放射性的废物、含传染病病原体的废物、有毒物质或者其他有害物质，严重污染环境的，处三年以下有期徒刑或者拘役，并处或者单处罚金；后果特别严重的，处三年以上七年以下有期徒刑，并处罚金。

《中华人民共和国环境保护法》

第六十四条 因污染环境和破坏生态造成损害的，应当依照《中华人民共和国侵权责任法》的有关规定承担侵权责任。

《中华人民共和国侵权责任法》

第六十五条 因污染环境造成损害的，污染者应当承担侵权责任。

编写人：安徽省五河县人民法院　郑娟

016

刑事审判附带民事公益诉讼在环境资源案件中的适用

——王某君等20人盗伐林木、非法收购盗伐林木、非法运输盗伐林木案①

内容摘要：本案中，被告人王某君、汲某某、王某名、王某明、蹇某某擅自砍伐国家所有的林木76.6916立方米，被告人王某君、汲某某、董某某、陈某某、王某顺、秦某某、曲某某、李某某、常某某、谭某平、谭某龙擅自砍伐国家所有的林木111.1854立方米，破坏生态环境，造成森林植被损害，其行

① 本案例合议庭成员：刘保宏、徐杰、吕晖。

为侵犯了国家森林资源的管理制度和林木所有权，且盗伐林木数量巨大、特别巨大，依法应负刑事责任，连带承担相应的民事赔偿责任。本案系共同犯罪，被告人王某君在共同犯罪中起主要作用，系主犯；被告人汲某某等十三人在共同犯罪中起次要作用，均系从犯。人民法院应认定上列被告人有罪，并同时要求其承担补植补种森林恢复费用。

关键词：共同犯罪　盗伐林木罪　刑事附带民事公益诉讼　森林植被恢复

【裁判规则】

国家财产、集体财产遭受损失，人民检察院在提起公诉时，可以提起附带民事诉讼，在打击涉林犯罪的同时，维护林区和谐稳定，保护林区绿水青山。

【典型案例】

〔案件索引〕

黑龙江省八面通林区基层法院（2018）黑7513刑初4号刑事判决书

〔基本案情〕

公诉机关指控：

1. 盗伐林木罪

（盗伐林木第一现场）被告人王某君以非法占有为目的于2017年11月末至12月6日雇佣汲某某、董某某、陈某某、王某顺、秦某某、曲某某、李某某、常某某、谭某平、谭某龙等11人使用油锯在八面通林业局光义经营所施业区48林班31、36小班内盗伐柞木、枫桦、落叶松、榆树、杨树合计立木蓄积111.1854立方米，共计1538株，涉嫌盗伐林木罪，王某君将盗伐的林木出售。

（盗伐林木第二现场）被告人王某君于2017年10月末雇佣汲某某、王某名、王某明、蹇某某等5人使用油锯在八面通林业局光义经营所48林班15、19、20、21、23、35小班内盗伐柞木、黑桦、糠椴、榆树、落叶松合计立木蓄积76.6916立方米，共计573株，涉嫌盗伐林木罪，王某君将盗伐的林木出售。

被告人王某君2017年10月末至12月6日合计盗伐林木立木蓄积187.877立方米，共计2111株，涉嫌盗伐林木罪，经鉴定王某君盗伐林木的总价值为人民币109544元。

2. 非法运输盗伐的林木罪

被告人赵某某、周某某于2017年10月末，驾驶车牌号为黑C75188的红色福田欧曼重卡货车，为王某君运输盗伐的林木，共计立木蓄积26.5356立方米，所得运费2200元，涉嫌非法运输盗伐的林木罪。

被告人牛某、袁某某、牛某光于2017年11月25日、12月1日、12月6日分三次驾驶车牌号为晋K60851的解放牌货车，为王某君运输盗伐的林木，共计立木蓄积63.837立方米，所得运费4000元，涉嫌非法运输盗伐的林木罪。

3. 非法收购盗伐的林木罪

被告人王某成在2017年9月末至12月6日期间非法收购王某君盗伐的林木，合计立木蓄积91.7373立方米，所得木材款人民币51000元，共计1210株，涉嫌非法收购盗伐的林木罪。

公诉机关认为，被告人王某君以非法占有为目的，雇佣汲某某、董某某、陈某某、王某顺、秦某某、曲某某、李某某、常某某、谭某平、谭某龙、王某名、王某明、蹇某某盗伐林木，数量特别巨大，盗伐林木，构成犯罪，王某君系主犯，汲某某、董某某、陈某某、王某顺、秦某某、曲某某、李某某、常某某、谭某平、谭某龙、王某名、王某明、蹇某某系从犯，应根据《中华人民共和国刑法》第三百四十五条第一款的规定对其以盗伐林木罪处罚；被告人赵某某、周某某、牛某、牛某光、袁某某非法运输盗伐的林木，情节严重，非法运输盗伐的林木，构成犯罪，赵某某、牛某系主犯，周某某、袁某某、牛某光系从犯，应根据《中华人民共和国刑法》第三百四十五条第三款的规定对其以非法运输盗伐的林木罪处罚；被告人王志成非法收购盗伐的林木，情节严重，应根据《中华人民共和国刑法》第三百四十五条第三款的规定对其以非法收购盗伐的林木罪处罚。

黑龙江省八面通林区人民检察院在提起公诉后，向八面通林区基层法院提起附带民事诉讼，要求14名被告赔偿因盗伐林木行为对国家、集体财产造成的物质损失109544元，林木砍伐植被恢复费96300元。

案发后，八面通林业地区公安局依法没收王某君等14人盗伐林木187.877立方米，经鉴定，没收盗伐林木价值109544元，经委托绥阳林业调查规划设计队对盗伐林木地区进行植被恢复费用测算，经测算，植被恢复费用为96300元。

被告人王某君、汲某某、董某某、陈某某、王某顺、秦某某、曲某某、李某某、常某某、谭某平、谭某龙、王某名、王某明、蹇某某盗伐林木的行为，造成了国有林区森林资源的损坏，侵害了国家利益和社会公共利益，根据《中华人民共和国森林法》第三条第三款，《中华人民共和国侵权责任法》第三条、第四条第一款、第六条第一款、第十五条第六项的规定，应承担赔偿责任。八面通林区人民检察院提起附带民事公益诉讼。

20名被告人对起诉书指控均无异议。

法院经审理查明：

一、盗伐林木罪的犯罪事实

被告人王某君2017年10月末雇佣汲某某、王某名、王某明、蹇某某等5人，使用油锯在八面通林业局光义经营所48林班15、19、20、21、23、35小班内盗伐柞木、黑桦、糠椴、榆树、落叶松合计573株，立木蓄积76.6916立方米。其中王某君负责放树，王某明、蹇某某、王某名、汲某某负责积材、装车。

被告人王某君2017年11月末至12月6日雇佣汲某某、董某某、陈某某、王某顺、秦某某、曲某某、李某某、常某某、谭某平、谭某龙等11人使用油锯在八面通林业局光义经营所施业区48林班31、36小班内盗伐柞木、枫桦、落叶松、榆树、杨树合计1538株，立木蓄积111.1854立方米。其中王霜君、汲某某、曲某鞋柜 、董某某、谭某平负责放树，陈某某、王某顺、李某某、谭某龙负责积材、装车，秦某某、常某某负责量尺杆。其中被告人董某某盗伐林木数量57.0613立方米（包含被告人汲某某盗伐林木51.4369立方米、被告人曲某某盗伐林木21.025立方米、被告人谭某平盗伐林木16.0236立方米）。被告人王某君盗伐林木54.1241立方米。

综上，被告人王某君2017年10月末至12月6日合计盗伐林木2111株，立木蓄积187.877立方米，经鉴定王某君盗伐林木的总价值为109544元。被告人王某君将盗伐的91.7373立方米林木出售，非法所得51000元，购买翻斗车7500元，修翻斗车花6000元，装卸工工资4500元，运费6200元，雇佣盗伐人工资11900元，买油锯2000元。合计38100元。其余的钱用于买防冻液、加油、工人中午吃饭和自用。由八面通林业地区公安局扣押49.836立方米原木材积返还光义经营所，剩余林木被告人王某君自用。

陈某某、王某顺、秦某某、李某某、谭某龙、常某某未直接参与伐树。陈某某、王某顺、李某某、谭某龙从事的工种为：积材、装车，无盗伐林木的具体数量。

秦某某、常某某从事的工种为：量尺杆，无盗伐林木的具体数量。

二、非法运输盗伐林木的犯罪事实

被告人赵某某、周某某于2017年10月末，驾驶车牌号为黑C75188的红色福田欧曼重卡货车，为王某君运输盗伐的林木，共计立木蓄积26.5356立方米，所得运费2200元。

被告人牛某、袁某某、牛某光于2017年11月25日、12月1日、12月6日分三次驾驶车牌号为晋K60851的解放牌货车，为王某君运输盗伐的林木，共计立木蓄积63.837立方米，所得运费4000元。

三、非法收购盗伐林木罪的事实

被告人王某成在2017年9月末至12月6日期间非法收购王某君盗伐的林木，合计1210株，立木蓄积90.3726立方米，根据王某成供述还有一些边角料立木蓄积1.3647立方米，共计立木蓄积91.7373立方米，所得木材款人民币51000元。

另查明，被告人王某君、汲某某、董某某、陈某某、王某顺、秦某某、曲某某、李某某、常某某、谭某平、谭某龙、王某名、王某明、蹇某某的行为破坏了生态资源，损害公共利益，至今没有恢复，根据黑龙江省绥阳林业局森林调查规划设计队鉴定森林植被恢复费用为96300元。根据王某君等14人在公安机关和检察院公诉部门讯问笔录，主犯王某君应承担森林植被恢复费用的50%，计为48150元。

汲某某、董某某、陈某某、王某顺、秦某某、曲某某、李某某、常某某、谭某平、谭某龙、王某名、王某明、蹇某某等13人，承担剩余50%的森林植被恢复费用。根据汲某某等13人涉嫌盗伐林木的天数和在涉嫌盗伐林木中所起的作用，计为48150元。

在审理过程中，被告人汲某某等13人积极赔偿森林植被恢复费。

〔裁判结果〕

黑龙江省八面通林区基层法院于2018年6月15日作出（2018）黑7513刑初4号刑事判决书：一、被告人王某君犯盗伐林木罪，判处有期徒刑九年，并处罚金人民币50000元。赔偿森林植被恢复费用48150元；二、被告人汲某某犯盗伐林木罪，判处有期徒刑三年，缓刑五年，并处罚金人民币10000元。赔偿森林植被恢复费用7788.99元；三、被告人董某某犯盗伐林木罪，判处有期徒刑三年，缓刑四年，并处罚金人民币4000元。赔偿森林植被恢复费用

7788.99元；四、被告人曲某某犯盗伐林木罪，判处有期徒刑三年，缓刑四年，并处罚金人民币3000元。赔偿森林植被恢复费2832.36元；五、被告人陈某某犯盗伐林木罪，判处有期徒刑二年，缓刑三年，并处罚金人民币4000元。赔偿森林植被恢复费用6372.81元；六、被告人王某顺犯盗伐林木罪，判处有期徒刑二年，缓刑三年，并处罚金人民币40000元。赔偿森林植被恢复费用6372.81元；七、被告人秦某某犯盗伐林木罪，判处有期徒刑二年，缓刑三年，并处罚金人民币2000元。赔偿森林植被恢复费用3540.45元；八、被告人王某明犯盗伐林木罪，判处有期徒刑二年，缓刑三年，并处罚金人民币2000元。赔偿森林植被恢复费用2832.36元；九、被告人谭某平犯盗伐林木罪，判处有期徒刑二年，缓刑三年，并处罚金人民币2000元。赔偿森林植被恢复费用2124.27元；十、被告人常某某犯盗伐林木罪，判处有期徒刑一年，缓刑二年，并处罚金人民币1000元。赔偿森林植被恢复费用2124.27元；十一、被告人李某某犯盗伐林木罪，判处有期徒刑一年，缓刑二年，并处罚金人民币2000元。赔偿森林植被恢复费用2124.27元；十二、被告人王某名犯盗伐林木罪，判处有期徒刑一年，缓刑二年，并处罚金人民币2000元。赔偿森林植被恢复费用1416.18元；十三、被告人谭某龙犯盗伐林木罪，判处有期徒刑一年，缓刑二年，并处罚金人民币2000元。赔偿森林植被恢复费用2124.27元；十四、被告人蹇某某犯盗伐林木罪，判处有期徒刑六个月，缓刑一年六个月，并处罚金人民币1000元。赔偿森林植被恢复费用708.09元；十五、被告人赵某某犯非法运输盗伐的林木罪，判处有期徒刑三年，缓刑四年，并处罚金人民币6000元；十六、被告人牛某犯非法运输盗伐的林木罪，判处有期徒刑三年，缓刑四年，并处罚金人民币8000元；十七、被告人袁某某犯非法运输盗伐的林木罪，判处有期徒刑二年，缓刑三年，并处罚金人民币5000元；十八、被告人牛某光犯非法运输盗伐的林木罪，判处有期徒刑二年，缓刑三年，并处罚金人民币5000元；十九、被告人周某某犯非法运输盗伐的林木罪，判处有期徒刑一年，缓刑二年，并处罚金人民币4000元；二十、被告人王某成犯非法收购盗伐的林木罪，判处有期徒刑三年，缓刑四年，并处罚金人民币30000元。

〔裁判理由〕

法院生效判决认为，被告人王某君、汲某某、董某某、陈某某、王某顺、秦某某、曲某某、李某某、常某某、谭某平、谭某龙擅自砍伐国家所有的林木

111.1854立方米，其行为侵犯了国家森林资源的管理制度和林木所有权，且盗伐林木数量特别巨大，已构成盗伐林木罪，对公诉机关的定罪意见及量刑建议均已采纳。

被告人王某君、汲某某、王某名、王某明、蹇某某擅自砍伐国家所有的林木76.6916立方米，其行为侵犯了国家森林资源的管理制度和林木所有权，且盗伐林木数量巨大，已构成盗伐林木罪，对公诉机关的定罪意见及量刑建议均已采纳。

本案系共同犯罪，被告人王某君在共同犯罪中起主要作用，系主犯；应按照盗伐林木的全部犯罪数量进行处罚；

被告人董某某、王某顺、秦某某、李某某、谭某平、谭某龙、王某名、王某明、蹇某某在共同犯罪中起次要作用，均系从犯。案发后主动投案，向公安机关如实供述自己的罪行，系自首。积极赔偿森林植被恢复费，并向法院积极缴纳罚金，具有法定减轻量刑情节；

被告人汲某某、陈某某、曲某某、常某某在共同犯罪中起次要作用，均系从犯。案发后积极赔偿森林植被恢复费，并向法院积极缴纳罚金，具有法定减轻量刑情节；

被告人王某君、汲某某、董某某、陈某某、王某顺、秦某某、曲某某、李某某、常某某、谭某平、谭某龙、王某名、王某明、蹇某某破坏生态环境，侵害公共利益，由此造成的森林植被恢复损害费用，依法应连带承担相应的民事赔偿责任，公益诉讼起诉人要求被告人王某君、汲某某、董某某、陈某某、王某顺、秦某某、曲某某、李某某、常某某、谭某平、谭某龙、王某名、王某明、蹇某某支付盗伐林木森林植被恢复费96300元，本院予以支持。其中主犯王某君自愿承担50%补植补种费用48150元，被告人汲某某、董某某、陈某某、王某顺、秦某某、曲某某、李某某、常某某、谭某平、谭某龙、王某名、王某明、蹇某某自愿共同承担50%补植补种费48150元；

被告人汲某某、董某某、陈某某、王某顺、秦某某、曲某某、李某某、常某某、谭某平、谭某龙、王某名、王某明、蹇某某积极赔偿森林植被恢复费，具有悔罪表现。

被告人赵某某、周某某以牟利为目的，为王某君运输盗伐的林木，共计立木蓄积26.5356立方米，所得运费2200元，情节严重，其行为构成非法运输盗伐的林木罪，对公诉机关的定罪意见及量刑建议均已采纳。

本案系共同犯罪，被告人赵某某在共同犯罪中起主要作用，系主犯。案发后主动投案，向公安机关如实供述自己的罪行，系自首。具有法定减轻量刑情节；

被告人周某某在共同犯罪中起次要作用，系从犯。案发后主动投案，向公安机关如实供述自己的罪行，系自首。具有法定减轻量刑情节；

被告人牛某、袁某某、牛某光以牟利为目的，为王某君运输盗伐的林木，共计立木蓄积63.837立方米，所得运费4000元，情节严重，其行为构成非法运输盗伐的林木罪，对公诉机关的定罪意见及量刑建议均已采纳。

本案系共同犯罪，被告人牛某在共同犯罪中起主要作用，系主犯。案发后主动投案，向公安机关如实供述自己的罪行，系自首。具有法定减轻量刑情节；

被告人袁某某、牛某光在共同犯罪中起次要作用，均系从犯，具有法定减轻量刑情节。

被告人王某成以牟利为目的收购王某君盗伐的林木，合计立木蓄积91.7373立方米，所得木材款人民币51000元，共计1210株，情节严重，其行为构成非法收购盗伐的林木罪，对公诉机关的定罪意见及量刑建议均已采纳。积极缴纳罚金，返还非法所得，具有法定减轻量刑情节。

除被告人王某君外，被告人汲某某等十九人非法所得均依法追缴。

【法官评析】

国家财产、集体财产遭受损失，人民检察院可以代表国家依法提起附带民事公益诉讼。本案是八面通林区基层法院在环境资源刑事审判中的首例公益诉讼案件。庭审中，公益诉讼起诉人依法出示了王某君等14人盗伐林木、损毁国家公益林的相关证据及修复费用的鉴定书，14名被告对检察机关的诉讼请求均无异议，并愿意承担林地修复费，经庭审举证、质证、认证，当庭作出判决，主犯王某君被判处有期徒刑9年，其他被告人均作出有罪判决，14名附带民事公益诉讼被告均表示愿意承担森林植被恢复费用96300元。随着公益诉讼制度理论研究和法律规定的不断完善和发展，检察机关对犯罪造成国家、集体的财产损失提起附带民事公益诉讼可以节约司法资源，提高法律效率，满足林区人民群众对美好生活和美好生态环境的需求，保证公益诉讼达到“多赢”的效果。

对于环境资源审判，需要不断探索司法新模式，建立司法生态长效机制。以14名被告人森林植被恢复费为主要来源，公检法三家共同打造的“司法公益修复林”在八面通重点国有林管理局光义经营所施业区举行了揭牌仪式，使“谁破坏谁修复”的审判原则真真正正落到实处。审判机关就是要维护公正司法、打击犯罪、维护林区和谐稳定，保护林区绿水青山，为金山银山保驾护航。

建设美丽林区，加强环境资源审判工作是保护生态环境最有力的手段。随着社会经济的发展，极少数人为谋取非法利益，盗伐、滥伐林木，甚至破坏林地，导致涉林犯罪案件多发。而法院在审理涉林犯罪案件、林业主管部门在查处林业违法案件时，虽对涉案人进行刑事或行政处罚，但并未依法按照有关规定要求涉案人补植、补种树木，或都要求涉案人补植、补种树木，但并未落到实处。该案的审理宣判，标志着我院在公益诉讼的征程上迈出了坚实的一步，充分体现了法院聚焦主责主业，主动服务林区生态环境，保护碧水蓝天，维护绿水青山的责任担当。

【相关法条】

《中华人民共和国刑法》

第三百四十五条第一、三款 盗伐森林或者其他林木，数量较大的，处三年以下有期徒刑、拘役或者管制，并处或者单处罚金；数量巨大的，处三年以上七年以下有期徒刑，并处罚金；数量特别巨大的，处七年以上有期徒刑，并处罚金。

非法收购、运输明知是盗伐、滥伐的林木，情节严重的，处三年以下有期徒刑、拘役或者管制，并处或者单处罚金；情节特别严重的，处三年以上七年以下有期徒刑，并处罚金。

《中华人民共和国森林法》

第三条第三款 森林、林木、林地的所有者和使用者的合法权益，受法律保护，任何单位和个人不得侵犯。

《最高人民法院、最高人民检察院关于检察公益诉讼案件适用法律若干问题的解释》

第二十条 人民检察院对破坏生态环境和资源保护、食品药品安全领域侵害众多消费者合法权益等损害社会公共利益的犯罪行为提起刑事公诉时，可以向人民法院一并提起附带民事公益诉讼，由人民法院同一审判组织审理。

人民检察院提起的刑事附带民事公益诉讼案件由审理刑事案件的人民法院管辖。

编写人：黑龙江省八面通林区基层法院　徐杰　黄波

017

新疆维吾尔自治区首例刑事附带民事公益诉讼案

——新源县雷发砂石水泥制品有限公司、王某发非法占用农用地案①

内容摘要：本案系新疆维吾尔自治区首例环境公益刑事诉讼案件，新源县雷发砂石水泥制品有限公司、王某发在生产经营活动中，未取得相关主管部门批准，未预交森林植被恢复费，未依法办理采砂许可证的情况下，在其以转包方式取得的土地从事非法采砂等活动，非法占用、破坏国家公益林用地，造成被占用土地丧失公益林功能，构成非法占用农用地罪，罪犯在承担刑事责任外，还应承担其犯罪行为造成林地植被遭受毁坏，由此造成的生态修复费用，及相应的民事赔偿责任。案件成功审理、判决为今后审理相关案件积累了宝贵的经验，对促进公益诉讼案件的案件侦查、取证和庭审诉讼有很强的指导意义。而且也给生产经营者敲响了警钟。为保护生态环境、维护国家和社会公共利益提供了司法保障。

关键词：刑事　附带民事公益诉讼　破坏土地　赔偿

【裁判规则】

人民检察院对破坏生态环境、在食品药品安全领域侵害众多消费者合法权益等损害社会公共利益的犯罪行为提起刑事公诉时，可以向人民法院一并提起附带民事公益诉讼。

---

① 本案例合议庭成员：洪流、余世江、杨峻峰。

【典型案例】

〔案件索引〕

新疆维吾尔自治区高级人民法院伊犁哈萨克自治州分院（2017）新40刑初68号刑事判决书

〔基本案情〕

2011年4月，王某发从新源县阿热勒托别镇哈拉海依苏村一村民手中以合同转让的形式取得168亩承包草场，该地块位于国家公益林用地范围内（该林地于2005年由新源县人民政府颁发林权证）。2012年2月，王某发与他人共同成立新源县雷发砂石水泥制品有限公司，法定代表人为王某发，工商核准登记为从事免烧砖、水泥制品的生产、销售及砂石料销售。后该公司在未取得相关主管部门同意，未预交森林植被恢复费，未依法变更登记手续的情况下，非法占用该土地，在该土地上建设厂房等设施，从事非法采砂等活动直至2017年5月。案发后，经鉴定，涉案土地为公益林地，林地保护等级为二级，公益林地保护等级为三级，权属为国家所有，被破坏公益林面积共计88.51亩。经现场勘验，涉案土地原有植被已被损坏，林业种植条件已被破坏，土地修复费用为708115.2元。

〔裁判结果〕

依照《中华人民共和国刑法》第三百四十二条、第三百四十六条、第六十七条第三款、第七十二条第二款、第四款、第三十六条第一款，《最高人民法院关于审理破坏林地资源刑事案件具体运用法律若干问题的解释》第一条第一项，《中华人民共和国侵权责任法》第四条第一款，《最高人民法院关于审理环境民事公益诉讼案件适用法律若干问题的解释》第二十条之规定，判决：一、被告单位新源县雷发砂石水泥制品有限公司犯非法占用农用地罪，判处罚金人民币20000元（罚金于本判决生效之日起十日内支付）。二、被告人王某发犯非法占用农用地罪，判处有期徒刑二年，宣告缓刑三年，并处罚金人民币20000元。（罚金于本判决生效之日起十日内支付；缓刑考验期自从判决确定之日起计算。）三、附带民事诉讼被告新源县雷发砂石水泥制品有限公司于本判决生效之日立即停止侵害公益林的行为。四、附带民事诉讼被告新源县雷发砂石水泥制品有限公司于本判决生效之日起十日内赔偿土地修复费用708115.2元。

〔裁判理由〕

法院生效裁判认为：被告单位新源县雷发砂石水泥制品有限公司违反农用地管理法规，从事非法采砂活动，改变被非法占用农用地的用途，造成农用地大量毁坏，且数量较大，其行为已构成非法占用农用地罪。被告人王某发作为被告单位新源县雷发砂石水泥制品有限公司的法定代表人，系非法占用农用地并毁坏农用地的直接责任人，其行为亦已构成非法占用农用地罪。公诉机关指控被告人的罪名成立，本院予以支持。

关于被告单位新源县雷发砂石水泥制品有限公司是否构成自首的问题。本院认为，在侦查机关已经受理本刑事案件后，被告单位的法定代表人王某发如实供述其犯罪事实，不属于主动投案，依法不构成自首。但被告人王某发在侦查机关受理单位涉嫌犯罪而非其本人涉嫌犯罪的情况下，如实供述犯罪事实，构成主动坦白，依法可从轻处罚。被告单位和被告人王某发积极赔偿土地修复费用，具有酌定从轻处罚情节。鉴于被告人王某发具有以上从轻处罚情节，可予以从轻处罚。考虑到被告人王某发犯罪情节和对社会的危害程度，宣告缓刑对其所居住社区没有重大不良影响，可依法对其宣告缓刑。

《中华人民共和国环境保护法》第五条规定："环境保护坚持保护优先、预防为主、综合治理、公众参与、损害担责的原则。"被告单位新源县雷发砂石水泥制品有限公司的犯罪行为造成林地植被遭受毁坏，由此造成的生态修复费用，依法应由其承担相应的民事赔偿责任。根据侵权责任法的相关规定，恢复原状和赔偿损失均属于损害责任方式，附带民事公益诉讼人选择一种损害担责方式，要求新源县雷发砂石水泥制品有限公司承担民事赔偿责任，于法有据。新源县雷发砂石水泥制品有限公司认为遗漏诉讼请求的辩解主张，系对法律的错误理解，本院对该主张不予支持。关于遗漏共同赔偿人问题，本案中，被告单位以公司的经营、生产活动从事非法采砂活动，并获取相关非法利益，且无证据证明赖应安实施了非法采砂行为。新源县雷发砂石水泥制品有限公司作为民事赔偿义务主体适格，本案并未遗漏共同赔偿人。附带民事公益诉讼人要求新源县雷发砂石水泥制品有限公司支付土地修复费用708115.2元。由于新源县雷发砂石水泥制品有限公司采砂行为致农用地被破坏，其应支付相应的土地修复费用用于被破坏的农用地恢复原状。对该诉讼请求，本院予以支持。

【法官评析】

我国《刑事诉讼法》及《最高人民法院、最高人民检察院关于检察公益诉讼案件适用法律若干问题的解释》中均明确赋予检察机关环境公益诉讼权。检察机关较行政机关和其他社会环保组织拥有专业人员，具备专业法律知识，能从专业角度出发，并能依法调查取证，更能全面保护环境公益利益。因此检察机关依法提起环境公益诉讼，能够推动环境公益诉讼有序开展，法院通过案件审理完善诉讼程序，有力推进环境司法专门化，对生态环境进行有效保护。

伊犁哈萨克自治州位于新疆维吾尔自治区西部，地处亚欧大陆腹地。在新疆干旱半干旱生态环境地区因降水量丰富被称为“新疆湿岛”，是新疆生物多样性最为集中的地区，生态环境极为脆弱。长期以来，由于对自然资源的不合理利用，经济发展落后，伊犁州的生态环境遭到严重破坏，土地沙漠化，水土流失、污染，森林、草场严重退化。面对伊犁州脆弱的生态环境，在注重经济效益的同时，如何保护资源与环境的持续利用，是急待解决的问题。在经济利益的驱使下，部分群众不惜以身试法。依然抱有靠山吃山，靠水吃水的态度，对生态环境肆意破坏，违规开采矿产资源、破坏土地、森林资源。违法成本与所获的经济利益之间严重不对等，使得犯罪分子铤而走险，不计后果，破坏生态环境。

本案系新疆维吾尔自治区第一例检察机关提起的刑事附带民事环境公益诉讼案件。通过法庭询问、举证质证等庭审环节，很好展示了民事公益诉讼与刑事诉讼的区别所在，很好地将刑事和民事两个不同证据体系统一在一个案件中，探索出符合司法解释精神的刑事附带民事公益诉讼案件办案程序及审理模式，充分体现刑事附带民事公益诉讼的优势作用。努力使刑事附带民事公益诉讼制度付诸实施，充分保障国家利益和社会公共利益不受侵害。

一、健全机制，公安、检察机关依法调查取证权、明晰举证责任。环境公益案件具有复杂性、多因性和长期性导致取证、举证困难。行政机关执法队伍的专业化水平不够，不同于其他类型的行政案件，对于破坏环境资源类犯罪案件的办理，执法人员需要具备较好的环境资源相关的专业知识。在该案前期查处过程中，行政执法部门主要是林业、土地部门处于前期调查、取证、移送的阶段，本案中被破坏的农用地原系草场，后被调整为公益林，该土地的用途及使用权人的流转是案件的关键证据。且涉及多个部门，仅有某个行政机关是无法收集齐全。公安机关并不参与其中，按照《刑事诉讼证据规则》，这些证据上往往存在取证不到位或不全面的情况。公安机关和检察机关依职权收集上述证据，就具有专业性，对以后的破坏环境资源刑事案件侦查中证据的收集、固定，有一定的指导意义。

二、惩治犯罪不是最终目的，修复受损的生态环境才是关键。提起刑事附带民事公益诉讼有利于公共利益受侵害的状态及时得到修复。若追究完被告人的刑事责任后再来提起民事公益诉讼，必然延长诉讼周期，受侵害公共利益长时间得到不到救济，不利于环境保护。在判决中收取赔偿款上交，法院可以将收取的赔偿款成立公益诉讼专项资金账户，由相关部门统一管理、使用专项资金，并通过市场化运作的方式使用赔偿款，以维护国家和社会公共利益。

本案的成功审理为今后审理相关案件积累了宝贵的经验，同时该案也为破坏国家资源的行为树立了标杆：凡是损害社会公共利益、国家利益不但会受到刑罚制裁也要承担民事责任。对促进公益诉讼案件的案件调查和庭审诉讼有很强的指导意义。而且也给生产经营者敲响了警钟。为保护生态环境、维护国家和社会公共利益提供了司法保障，同时也提醒广大群众，破坏环境资源的行为不仅要受到刑事处罚，还要承担民事责任。

【相关法条】

《中华人民共和国刑法》

第六十七条第三款 犯罪嫌疑人虽不具有前两款规定的自首情节，但是如实供述自己罪行的，可以从轻处罚；因其如实供述自己罪行，避免特别严重后果发生的，可以减轻处罚。

第七十二条第四款 被宣告缓刑的犯罪分子，如果被判处附加刑，附加刑仍须执行。

第三百四十二条 违反土地管理法规，非法占用耕地、林地等农用地，改变被占用土地用途，数量较大，造成耕地、林地等农用地大量毁坏的，处五年以下有期徒刑或者拘役，并处或者单处罚金。

第三百四十六条 单位犯本节第三百三十八条至第三百四十五条规定之罪的，对单位判处罚金，并对其直接负责的主管人员和其他直接责任人员，依照本节各该条的规定处罚。

《最高人民法院关于审理破坏林地资源刑事案件具体运用法律若干问题的解释》

第一条第一项 违反土地管理法规，非法占用林地，改变被占用林地用途，在非法占用的林地上实施建窑、建坟、建房、挖沙、采石、采矿、取土、种植农作物、堆放或排泄废弃物等行为或者进行其他非林业生产、建设，造成林地的原有植被或林业种植条件严重毁坏或者严重污染，并具有下列情形之一的，属于刑法第三百四十二条规定的犯罪行为，应当以非法占用农用地罪判处五年以下有期徒刑或者拘役，并处或者单处罚金：

（一）非法占用并毁坏防护林地、特种用途林地数量分别或者合计达到五亩以上；

《中华人民共和国侵权责任法》

第四条第一款 侵权人因同一行为应当承担行政责任或者刑事责任的，不影响依法承担侵权责任。

《最高人民法院关于审理环境民事公益诉讼案件适用法律若干问题的解释》

第二十条 原告请求恢复原状的，人民法院可以依法判决被告将生态环境修复到损害发生之前的状态和功能。无法完全修复的，可以准许采用替代性修复方式。

人民法院可以在判决被告修复生态环境的同时，确定被告不履行修复义务时应承担的生态环境修复费用；也可以直接判决被告承担生态环境修复费用。

生态环境修复费用包括制定、实施修复方案的费用和监测、监管等费用。

编写人：新疆维吾尔自治区高级人民法院伊犁哈萨克自治州分院　杨峻峰

三、涉自然资源开发利用案件

018

国家重点保护植物的认定标准

——钟某福等非法采伐国家重点保护植物再审案①

内容摘要：在没有办理采挖、移植香樟树许可证的情况下，与他人一起雇请民工采挖伐区内的樟树，涉案香樟是否为野生香樟是本案的争议点。列入国家重点保护的树木限于“珍贵树木”，包括由省级以上林业主管部门或者其他部门确定的具有重大历史纪念意义、科学研究价值或者年代久远的古树名木，国家禁止、限制出口的珍贵树木以及列入国家重点保护野生植物名录的树木。根据证据裁判、疑罪从无的刑事司法原则，采挖移植涉案两棵香樟的行为不构成犯罪，不应认定其行为符合我国刑法规定的非法采伐国家重点保护植物罪的构成要件。被告人通过合法途径购买涉案香樟，享有对涉案香樟的所有权，并通过法定程序办理采伐手续，取得对涉案香樟的采伐权，在办理申请和实施采伐的过程中，受到林业主管部门的全程监督，在行使其民事权利的同时也尽到了法律义务，在采伐树木的同时也尽到了相应的保护责任（移植）。在此情况下，将被告人的行为作为犯罪追究不具有正当性。

关键词：非法采伐　香樟　国家重点保护植物

【裁判规则】

没有证据证明涉案树木系原生地天然生长的《国家重点保护野生植物名

① 本案例再审合议庭人员：陈国进、丁金亮、魏海。

录》规定的树种，且不属于《国家珍贵树种名录》规定的树种或经主管部门鉴别认定的古树名木，不能认定为非法采伐国家重点保护植物的犯罪对象。

【典型案例】

〔案件索引〕

广东省韶关市浈江区人民法院（2012）韶浈法刑初字第123号刑事判决书

广东省韶关市中级人民法院（2012）韶刑一终字第92号刑事裁定书

广东省高级人民法院（2016）粤刑再9号刑事判决书

〔基本案情〕

原审被告人（二审上诉人、再审申诉人）：钟某福

原审被告人（二审上诉人）：吕某兴

原公诉机关：广东省韶关市浈江区人民检察院

广东省韶关市浈江区人民检察院以被告人钟某福、吕某兴犯非法采伐国家重点保护植物罪向浈江区人民法院提起公诉。

钟某福、吕某兴辩称已办理《采伐许可证》，否认犯罪。

浈江区人民法院一审认定：2011年3月，被告人钟某福、吕某兴在位于韶关市曲江区马坝镇水文村委会大文山村的伐区内采伐木材。同年4、5月间，钟某福在没有办理采挖、移植香樟树许可证的情况下，与吕某兴一起雇请民工采挖了伐区内的樟树两棵，并将其出售。经鉴定，被采挖的两棵樟树为国家Ⅱ级重点保护植物香樟。

浈江区人民法院认为，被告人钟某福、吕某兴违反国家森林法规，结伙非法采伐国家重点保护的树木香樟两株，其行为已构成非法采伐国家重点保护植物罪，且情节严重。公诉机关对两被告人的指控，事实清楚，证据确实、充分，罪名成立。对被告人的辩解及辩护人意见，经查，有资质的鉴定部门出具鉴定结论涉案树种为“香樟”，相关部门开出的《采伐许可证》《木材运输证》上均注明树种为“杂木”，而非涉案的“香樟”，两被告人辩解理由不成立，不予采纳。依照《中华人民共和国刑法》第三百四十四条、第二十五条第一款、第五十二条、第五十三条和《最高人民法院关于审理破坏森林资源刑事案件具体应用法律若干问题的解释》第二条第（一）项的规定，判决被告人钟某福、吕某兴均犯非法采伐国家重点保护植物罪，判处有期徒刑三年，并处罚金

人民币15000元。

宣判后，被告人钟某福、吕某兴认为原判认定事实不清、适用法律错误，提出上诉。

韶关市中级人民法院二审查明和认定的事实、证据与一审相同。

韶关市中级人民法院认为，原判认定钟某福、吕某兴非法采挖二棵香樟的事实，有被告人的供述，证人张某明、何某仁、何某增等人证言，韶关市公安局森林分局查获的从香樟上锯下来的树枝及鉴定意见等证据证实，足以认定。钟某福所办的《采伐许可证》，注明采伐期限是2011年3月9日至3月30日，采伐树种是“杂木”。钟某福明知香樟属国家重点保护的树木，必须另办手续方可移植和采伐，但其仍超出采伐许可证规定的期限和采伐树种非法移植和采伐，其行为应受到刑罚处罚。原审判决认定事实清楚，证据确实、充分，定性准确，量刑恰当，审判程序合法，裁定维持原判，驳回上诉。

上述判决、裁定生效后，钟某福以涉案樟树是限期必须砍伐移植的树木，不属于非法采伐国家重点保护植物罪所能侵害的对象，以及其所持的《采伐许可证》所记载的采伐树种“杂木”包括涉案的樟树为由，先后向韶关市中级人民法院和广东省高级人民法院提出申诉。

韶关市中级人民法院经审查认为：根据1999年9月9日国家林业局、农业部令（第4号）公告的国务院于1999年8月4日批准的《国家重点保护野生植物名录（第一批)》，香樟为国家Ⅱ级重点保护植物，而钟某福所办理的《采伐许可证》记载采伐树种为“杂木”，不是“香樟”。虽然涉案香樟位于高速公路施工范围，但从韶关市曲江区林业局出具的证明看，其采伐涉案香樟没有办理任何手续，属超出采伐许可证规定树种的非法移植和采伐的行为，应受到刑罚处罚。原审判决、裁定并无不当，通知予以驳回。

广东省高级人民法院经审查认为，钟某福的申诉符合《中华人民共和国刑事诉讼法》第二百四十二条规定应予重新审判的情形，决定提审本案。

再审庭审中，钟某福当庭提交出售涉案樟树的村民小组出具的《证明》，证实涉案樟树是本村民小组村民自己种植的。

广东省人民检察院出庭检察员认为原判认定事实不清，适用法律错误，应当改判钟某福、吕某兴无罪。

广东省高级人民法院再审查明：2011年3月6日，原审被告人钟某福与吕某兴合伙以钟某福的名义与韶关市曲江区马坝镇水文村委会文山村民小组签订

《标树合同》，约定由钟某福按广乐高速公路施工单位确定的时间砍伐、移植工程建设征用该村小组背后山岭指定范围内的树木，自行办理运输放行等相关手续。2011 年 3 月 9 日，钟某福向广东省林业局申领了（2011）采字第 0016 号《广东省商品林采伐许可证》，标注采伐林种为“一般用材林”，树种为“杂树”，采伐类型为“主伐”，方式为“皆伐”，采伐期限为 2011 年 3 月 9 日至 3 月 30 日。此外还标注了伐区设计人员、采伐蓄积和木材产量等事项，并备注“广乐高速公路建设征用”。2011 年 3 月，钟某福、吕某兴雇请工人对伐区内树木进行采伐，马坝镇林业工作站派出工作人员到场检尺，并开具办理《木材运输证》等放行手续所需要的证明材料。伐区内有三棵樟树，一棵被广乐高速公路施工队为推倒，两棵被钟某福卖给湖南省醴陵市做花木苗圃的郭某明进行移植。2011 年 5 月 26 日，钟某福从伐区往外运输木材和樟树枝桠时被韶关市公安局森林分局查获。

另查明，韶关市林业局林业工程师张某旺、助理工程师杨某受办案机关委托，分别于 2011 年 5 月 31 日和 2012 年 5 月 21 日出具《鉴定报告书》和《鉴定书》,《鉴定报告书》对涉案樟树的树种和材积、蓄积量作了鉴定，《鉴定书》对涉案樟树的总活立木蓄积量作了鉴定，均直接称涉案樟树为国家Ⅱ级重点保护植物，没有明确认定依据和方法。出售涉案香樟的文山村小组证实，伐区内的香樟是人工种植的。

〔裁判结果〕

广东省高级人民法院于 2017 年 4 月 21 日作出（2016）粤刑再 9 号刑事判决：一、撤销韶关市中级人民法院（2012）韶刑一终字第 92 号刑事裁定和韶关市浈江区人民法院（2012）韶浈法刑初字第 123 号刑事判决；二、原审被告人钟某福无罪；三、原审被告人吕某兴无罪。

〔裁判理由〕

广东省高级人民法院再审判决认为，本案没有确实充分证据证实涉案香樟是国家Ⅱ级重点保护植物。依据《中华人民共和国刑法》第三百四十四条和《最高人民法院关于审理破坏森林资源刑事案件具体应用法律若干问题的解释》第一条的规定，列入国家重点保护的树木限于“珍贵树木”，包括由省级以上林业主管部门或者其他部门确定的具有重大历史纪念意义、科学研究价值或者年代久远的古树名木，国家禁止、限制出口的珍贵树木以及列入国家重点保护野生植物名录的树木。经查，韶关市林业局林业工程师张某旺、助理工程师杨某受办案机关委托，分别于2011年5月31日和2012年5月21日出具《鉴定报告书》和《鉴定书》，《鉴定报告书》对涉案樟树的树种和材积、蓄积量作了鉴定，《鉴定书》对涉案樟树的总活立木蓄积量作了鉴定，均直接称涉案樟树为国家Ⅱ级重点保护植物，没有明确认定依据和方法。经咨询专业人员和查阅有关文件查明，列入国家重点保护的年代久远的古树名木应由有关行政主管部门作出鉴定后予以挂牌公示，而涉案香樟并没有被确定为古树名木；国家林业部于1992年10月8日公布的《国家珍贵树种名录》也没有将香樟列入其中；国务院于1999年8月4日批准的《国家重点保护野生植物名录》（第一批）中虽列有香樟，但依据《中华人民共和国野生植物保护条例》第二条的规定，列入国家重点保护植物的香樟应限于野生香樟，即原生地天然生长的香樟，而出售涉案香樟的文山村小组证实，伐区内的香樟是人工种植的。根据本院制作并经检、辩双方庭外质证无异议的调查笔录证实，虽然出具《证明》的文山村民小组组长林某威、水文村委会支部书记何某强不能提供证实涉案香樟为人工种植的确切依据，但出具《鉴定报告书》的林业工程师张某旺、助理工程师杨某亦不能提供认定涉案香樟为野生香樟的确切证据，故涉案香樟是否为野生香樟这一事实存疑。原判所依的《鉴定报告书》对涉案香樟在既不属于挂牌保护的古树名木和《国家珍贵树种名录》所列树种，也没有对其是否属于野生香樟进行调查核实并排除人工种植可能的情况下，认定其为国家Ⅱ级重点保护植物依据不足，不予采信。

再审判决认为，犯罪是指危害社会的、依照法律应当受刑罚处罚的行为，评判依据是行为人的行为要符合我国刑法规定的犯罪构成要件，具有社会危害性和主观恶性（违法性和可责性）。不仅要进行形式审查，还要进行实质判断和正当性考量。在具体构成要件方面，依据《中华人民共和国刑法》第三百四十四条和《最高人民法院关于审理破坏森林资源刑事案件具体应用法律若干问题的解释》第一条的规定，非法采伐国家重点保护植物罪，是指违反国家规定，非法采伐国家重点保护植物的行为。本罪侵害的客体是国家森林和其他植物资源管理和保护制度，侵害的对象是国家重点保护植物，主客观方面表现为行为人明知是国家重点保护植物而未经依法批准或者超出依法批准的范围（树种、数量、四至等）、期限和方法对其进行非法采集、砍伐的行为。本案中，没有确实充分证据证明原审被告人钟某福、吕某兴采伐的涉案香樟属于国家重点保护植物，也没有确实充分的证据证明其故意逃避国家监管、没有办理采伐许可证或超出批准许可的范围、期限和方法非法采伐涉案香樟，根据证据裁判、疑罪从无的刑事司法原则，不应认定其行为符合我国刑法规定的非法采伐国家重点保护植物罪的构成要件，以及犯罪应具有社会危害性和主观恶性（违法性和可责性）的实质要件，原审被告人钟某福、吕某兴采挖移植涉案两株香樟的行为不构成犯罪。此外，原审被告人钟某福、吕某兴通过合法途径购买涉案香樟，享有对涉案香樟的所有权，并通过法定程序办理采伐手续，取得对涉案香樟的采伐权，在办理申请和实施采伐的过程中，受到林业主管部门的全程监督，在行使其民事权利的同时也尽到了法律义务，在采伐树木的同时也尽到了相应的保护责任（移植）。在此情况下，将原审被告人的行为作为犯罪追究也不具有正当性。综上，原审判决、裁定事实不清、证据不足，适用法律错误，应予撤销，原审被告人钟某福、吕某兴采伐涉案香樟的行为不构成犯罪。依据《中华人民共和国刑事诉讼法》第二百四十五条及《最高人民法院关于适用〈中华人民共和国刑事诉讼法〉的解释》第三百八十九条第二款的规定，作出如上判决。

【法官评析】

本案的焦点问题是非野生列入《国家重点保护野生植物名录》的树种是否属于国家重点保护植物。存在两种意见：

第一种意见认为，香樟是国务院批准的《国家重点保护野生植物名录（第一批）》列举的国家Ⅱ级重点保护树种，根据我国刑法第三百四十四条的文义、立法本义以及《中华人民共和国野生植物保护条例》的立法目的，无论是否为野生的，均应属于国家重点保护植物。

第二种意见认为，香樟除属于具有重大历史纪念意义、科学研究价值或者年代久远的古树名木外，只有是野生的，才属于国家重点保护植物。

我们同意第二种意见。理由如下：

（一）从立法和司法解释的文义来看，涉案香樟不属于“珍贵树木”

根据我国刑法第三百四十四条的立法过程、修正理由及法律解释的区分原则，纳入国家重点保护的树木限于“珍贵树木”。根据《最高人民法院关于审理破坏森林资源刑事案件具体应用法律若干问题的解释》第一条、《最高人民检察院、公安部关于公安机关管辖的刑事案件立案追诉标准的规定（一）》第七十条的解释，国家重点保护的“珍贵树木”包括由省级以上林业主管部门或者其他部门确定的具有重大历史纪念意义、科学研究价值或者年代久远的古树名木，国家禁止、限制出口的珍贵树木以及列入国家重点保护野生植物名录的树木。具体可划分为三类：第一类是古树名木，由省级以上林业主管部门或者其他部门根据树木的历史纪念意义、科学研究价值或者年代鉴定确认、建档挂牌保护。第二类是国家禁止、限制出口的珍贵树木。我国目前尚未出台具体名录，根据《中华人民共和国野生植物保护条例》第二十条的规定，其范围应当包括《国家重点保护野生植物名录》《国家珍贵树种名录》、我国参加的限制进出口的《濒危野生动植物种国际贸易公约》附录一、二所列树种以及国家主管部门确定的未定名或者新发现并有重要价值的野生树木。以上名录、附录存在重叠、交叉现象，应取之最大范围。第三类单指列入《国家重点保护野生植物名录》的树木。对于第一类，在文义上没有限制为野生树木，故可解释古树名木无论是野生的，还是人工种植的，均属于国家重点保护的树木。对于第二类，范围比较繁杂，从文义上，并没有全部限定为野生的珍贵树木，故部分人工种植的珍贵树木，如列入《国家珍贵树种名录》的树木，也属于国家重点保护植物。对于第三类列入《国家重点保护野生植物名录》的树木，属于《中华人民共和国野生植物保护条例》规制的对象，从文义上理解，原则上应限于野生的即原生地天然生长的珍贵树木和具有重要经济、科学研究、文化价值的濒危、稀有植物。人工种植列入《国家重点保护野生植物名录》的树种，除非属于第一、二类的珍贵树木，不属于国家重点保护植物。涉案香樟与以上三类树木均不符。

（二）从立法目的来看，涉案香樟不应属于刑法予以重点保护的植物对象

我国刑法第三百四十四条将非法采伐、毁坏、收购、运输、加工、出售国家重点保护植物、国家重点保护植物制品的行为规定为犯罪，目的是保护我国的环境资源不受破坏。该犯罪作为法定犯、行政犯，其内涵和外延取决于法律法规的规定，具体来说，主要是指《中华人民共和国野生植物保护条例》。该条例第一条规定立法目的是“保护、发展和合理利用野生植物资源，保护生物多样性，维护生态平衡”。第二条第一款规定“本条例所保护的野生植物，是指原生地天然生长的珍贵植物和原生地天然生长并具有重要经济、科学研究、

文化价值的濒危、稀有植物”。第九条规定“国家保护野生植物及其生长环境。禁止任何单位和个人非法采集野生植物或者破坏其生长环境”。以上规定说明：1. 立法不仅要保护国家重点保护植物，还要发展和合理利用国家重点保护植物，以实现维护生物多样性和生态平衡这一更高级别的保护目标。若将人工种植的列入《国家重点保护野生植物名录》的树种，都纳入国家重点保护植物的范围并予以犯罪化处理，将不利于调动开发利用和经营管理野生植物资源的单位和个人积极性，更不利于对国家重点保护植物更高层级保护目标的实现。2. 立法确定国家重点保护植物的依据不仅是原生地天然生长植物的珍贵性，还包括原生地天然生长并具有重要经济、科学、文化价值植物的濒危性、稀有性。3. 立法不仅要保护国家重点植物，还要保护其生长环境。相同的树种，在不同的环境下往往具有不同的价值。人工种植《国家重点保护野生植物名录》的树种，并不能等同于原生地天然生长的国家重点保护植物。因此，除有特别规定的树种外，不应属于《中华人民共和国野生植物保护条例》的保护对象。涉案香樟不在特别规定的树种之列，故不属于刑法予以重点保护植物对象。

（三）从行政执法政策来看，涉案香樟应属一般树木管理范围

《国家林业局关于人工培育的珍贵树木采伐管理有关问题的复函》（林策发〔2013〕207号）第二条明确：“除古树名木外，列入国家重点保护野生植物名录、但属于人工培育的树木，可按照一般树木进行采伐利用管理。”笔者在审理此案过程中，曾向广东省林业厅咨询人工种植香樟应否办理《国家重点保护植物采集证》这一问题，他们的答复是：广东省鼓励人工大量种植香樟，各地已按普通用材林管理要求申办《采伐许可证》，不需要按国家重点保护植物的管理要求向省林业厅申办《国家重点保护植物采集证》和《采伐许可证》。刑法是行政法的保障法，在行政执法都没有将人工种植《国家重点保护野生植物名录》的树种纳入国家重点保护植物管理的情况下，刑事司法将其纳入犯罪对象有违刑法的谦抑性。

【相关法条】

《中华人民共和国刑法》

第三百四十四条 违反国家规定，非法采伐、毁坏珍贵树木或者国家重点

保护的其他植物的，或者非法收购、运输、加工、出售珍贵树木或者国家重点保护的其他植物及其制品的，处三年以下有期徒刑、拘役或者管制，并处罚金；情节严重的，处三年以上七年以下有期徒刑，并处罚金。

《最高人民法院关于审理破坏森林资源刑事案件具体应用法律若干问题的解释》

第一条 刑法第三百四十四条规定的“珍贵树木”，包括由省级以上林业主管部门或者其他部门确定的具有重大历史纪念意义、科学研究价值或者年代久远的古树名木，国家禁止、限制出口的珍贵树木以及列入国家重点保护野生植物名录的树木。

《中华人民共和国野生植物保护条例》

第二条第一款 在中华人民共和国境内从事野生植物的保护、发展和利用活动，必须遵守本条例。

编写人：广东省高级人民法院 魏海

019

矿山企业股权转让不等于矿业权转让

——李某春、陈某良等诉浙江钱塘控股集团有限公司、安徽钱塘矿业有限公司股权转让纠纷案①

内容摘要：本案是涉矿山企业的股权转让纠纷，诉讼标的额达1.7亿，是影响力较大的环境资源民商事案件。本案的典型性和代表性在于充分反映了矿业企业股权转让合同与矿业权转让合同的区别以及人民法院在审理此类案件时的态度。股权与矿业权是不同的民事权利，矿山企业的股权属社员权，由股东享有，受公司法调整。矿业权转让合同与矿山企业股权转让合同的本质区别在于是否涉及矿业权主体的变更；基于合同约定和履行情况，矿业权主体不发生变更的，合同应定性为矿山企业股权转让，当事人以矿业权转让纠纷为由主张

① 本案例承办法官：一审：浙江省绍兴市中级人民法院 李志、陈伟明、梅云；二审：浙江省高级人民法院 孙光洁、王富新、方小欧。

合同无效不应予以支持。该案对于倡导诚实信用的市场交易环境，防范当事人利用诉讼转移市场风险都具有十分重要的意义。

关键词：股权转让　矿业权转让　主体变更　无效

【裁判规则】

矿业权与股权是两种不同的民事权利，矿业权转让合同与矿山企业股权转让合同的本质区别在于是否涉及矿业权主体的变更。若矿山企业股权转让不导致矿业权主体的变更，则不属于矿业权转让，转让合同无须经批准即可生效。当事人以矿业权转让纠纷为由主张合同无效的，人民法院不予支持。

【典型案例】

〔案件索引〕

浙江省绍兴市中级人民法院（2016）浙06民初478号民事判决书

浙江省高级人民法院（2017）浙民终70号民事判决书

〔基本案情〕

李某春、陈某良、王某建诉称：浙江诸暨钱塘矿业投资有限公司（以下简称诸暨钱塘矿业公司）系被告浙江钱塘控股集团有限公司、安徽钱塘矿业有限公司为开发诸暨青顶山铁矿项目而共同设立，注册资本为3000万元，且该公司持有诸暨青顶山铁矿的采矿权和外围探矿权。原告与两被告于2011年5月20日签订了《浙江诸暨钱塘矿业投资有限公司股份转让协议书》，该协议第一条关于股权转让的约定内容为：1. 注册资本金即诸暨钱塘矿业公司的全部股份；2. 诸暨钱塘矿业公司的铁、钒矿采（探）矿权。以上两项作价12500万元。同时该协议还约定两被告在完成以上两项主要内容的转交之后，需帮助原告进行环评审批工作。在原告依约支付相应的合同价款后，双方于2011年6月7日对诸暨钱塘矿业公司股权进行了工商变更登记，并于同年8月5日对采矿权进行了变更登记。后该公司因矿产开发项目的环评未经过相关审批程序而无法正常经营。原告经多方了解得知，该项目不仅环评无法审批，而且原、被告签订的转让协议属无效协议，理由如下：第一，诸暨钱塘矿业公司自成立以来的实际投入仅1333.5万元，且采矿权、探矿权取得后未开展过生产经营活动。

被告为牟取巨大利益，以股权转让的合法形式掩盖了倒卖采矿权的非法目的，被告的行为违反了《矿产资源法》第六条第三款“禁止将探矿权、采矿权倒卖牟利”之禁止性规定，涉案协议属无效合同。第二，双方签订的协议名为股权转让协议，实为采矿权转让协议。转让协议中转让的内容包括诸暨钱塘矿业公司的采（探）矿权，且浙江省矿业权交易中心于2011年8月5日就采矿权转让进行公示，同年8月22日双方签订成交确认书和《浙江省采矿权转让合同》，转让的采矿权及成交的价格与股权转让协议一致。上述行为违反了《矿产资源法》第六条第一款第二项的强制性规定，属无效合同。第三，根据《探矿权采矿权转让管理办法》第五条、第六条的规定，在进行探矿权转让之前，应当完成对于指定矿区的一定投入；转让采矿权应当满足矿山企业投入采矿生产满一年等条件。而诸暨钱塘矿业公司在取得矿业权之后从未进行真正的生产经营和勘查，不符合以上法律法规的强制性规定。第四，该采（探）矿权属诸暨钱塘矿业公司财产，根据《公司法》第三条、第三十六条的规定，诸暨钱塘矿业公司对其矿业权享有独立财产权，而被告方作为公司股东将矿业权作为转让对象进行转让，至今没有得到诸暨钱塘矿业公司的追认，属无权处分行为。且原告作为受让方至今上述矿业权也没有转至原告名下。综上，原告认为原、被告双方签订的股权转让协议违反《矿产资源法》《探矿权采矿权转让管理办法》的强制性规定及《公司法》第三条、第三十六条的规定，属无效合同。根据《合同法》第五十八条之规定，被告应当返还通过该合同取得的财产，并且赔偿原告方因此所受到的损失。故起诉请求：1. 确认原、被告双方签订的《浙江诸暨钱塘矿业投资有限公司股份转让协议书》无效；2. 确认浙江诸暨钱塘矿业投资有限公司（寿某平）与浙江诸暨钱塘矿业投资有限公司（陈某良）于2011年8月22日签订的《浙江省采矿权转让合同》无效；3. 判令二被告连带返还原告根据上述协议所支付的转让价款12350万元；4. 判令二被告连带赔偿原告由于上述协议无效所受到的损失5101.165万元。

浙江钱塘控股集团有限公司、安徽钱塘矿业有限公司辩称：第一，原、被告签订的股权转让协议系双方自愿，合同有效，对双方具有法律约束力。1. 诸暨钱塘矿业公司设立后，进行了大量的地质勘探和前期准备开发工作，取得了部分探矿区域的采矿权证。按照《公司法》的有关规定，有限公司的股权可依法自由转让，股份有限公司除限制转让的情形外，公司股权同样可依法自由转让。综观涉案股权转让协议书，其签订、履行过程均符合《公司法》的规定，未违反《公司法》的强制性规定。2. 法律并未禁止享有矿业权的公司的股东转让其股权。《矿产资源法》《探矿权采矿权转让管理办法》均不禁止股权受让人通过股权转让方式成为享有矿业权的公司的股东，涉案股权的转让未改变采矿权的归属，采矿权并未流转。第二，原告主张本案名为股权转让实为矿业权转让，无事实和法律依据。1. 原、被告之间系股权转让法律关系，股权转让的相关行为适用的法律主要是《公司法》，而非有关矿产转让的法律。即便适用后者，也不影响股权转让合同的效力。2. 诸暨钱塘矿业公司于2011年8月5日提交的《采矿权转让申请报告》以及之后的公示、确认书、采矿权转让合同，均系应国土资源部门的要求和规定进行矿山企业法定代表人变更的行为，申请报告中特别注明“采矿权人名称不变”。被告并未处分采矿权，采矿权在股权转让前后均属诸暨钱塘矿业公司。3. 涉案《采矿权转让合同》仅系诸暨钱塘矿业公司为变更法定代表人而提供的资料，不是《合同法》意义上的合同，也不是《探矿权采矿权转让管理办法》所规范的采矿权转让合同。行政机关审查同意因股权转让而导致的法定代表人变更，也说明本次股权转让系合法有效。原告要求确认采矿权转让合同无效的诉讼请求应被驳回。第三，股权转让价格确定的依据主要是当时铁精粉的市场价格及诸暨青顶山铁矿储量，不存在非法牟利的主观动机。2008年评估公司对诸暨青顶山铁矿的评估值为44904.40万元。2011年5月双方签订协议时，国内铁精粉销售价格约为1300元/吨，诸暨青顶山铁矿评估值为67853万元。本案股权转让价格完全是按照当时的市场估价由双方协商确定的，不存在追求暴利的动机。双方签订协议后至2016年8月，国内铁精粉销售价格持续下行至400~500元/吨，扣除成本后，该铁矿的估值为负值，所以原告才提起本案诉讼，要求确认合同无效。综上，请求驳回原告的诉讼请求。

法院经审理查明：诸暨钱塘矿业公司持有诸暨青顶山铁矿的采矿权和外围探矿权。诸暨钱塘矿业公司的股东为被告浙江钱塘控股集团有限公司和被告安徽钱塘矿业有限公司。2011年5月20日，两被告作为转让方（甲方）与三原告作为受让方（乙方）签订《浙江诸暨钱塘矿业投资有限公司股份转让协议书》一份，该协议书载明：“甲乙双方就诸暨钱塘矿业公司股份转让事项进行了充分协商，特签订本协议。一、股权转让内容。1. 注册资本金。诸暨钱塘矿业公司注册资本金3000万元，由乙方出资12500万元收购甲方所持有的诸暨钱塘矿业公司全部股权。截至2011年4月底，诸暨钱塘矿业公司实际投入为

1333.5万元，完成股权收购后，由乙方负责出资补足除甲方实际投入的注册资本，甲方与诸暨钱塘矿业公司的上述债权债务关系不再存在。2. 铁、钒的采（探）矿权。诸暨青顶山铁矿的采矿权和外围探矿权已转入诸暨钱塘矿业公司名下，甲方转让诸暨钱塘矿业公司股权后，不得对铁矿再提出任何权属要求……”该股份转让协议书还对付款及时间等事项作了约定。后原告分三次共支付被告股权转让款12100万元，另外又支付协议指定支付的璜山镇齐村经济合作社（许某平）250万元。2011年7月6日，双方办理了诸暨钱塘矿业公司相关文件资料以及电子设备、运输设备等公司资产的移交。2011年8月5日，诸暨钱塘矿业公司（寿某平）与诸暨钱塘矿业公司（陈某良）共同署名向浙江省国土资源厅提交了一份《采矿权转让申请报告》，该报告载明“由于采矿权股权转让今要求变更采矿权证法人代表，由原法人代表寿某平变更为陈某良，采矿权人名称不变”。2011年8月22日，诸暨钱塘矿业公司（寿某平）与诸暨钱塘矿业公司（陈某良）签订《浙江省采矿权转让合同》。2011年9月6日，浙江省国土资源厅对诸暨钱塘矿业公司提交的上述申请批复准许转让。

〔裁判结果〕

绍兴市中级人民法院于2016年12月22日作出（2016）浙06民初478号民事判决，驳回李某春、陈某良、王某建的全部诉讼请求。宣判后，李某春、陈某良、王某建提起上诉，浙江省高级人民法院于2017年3月21日作出（2017）浙民终70号民事判决，驳回上诉，维持原判。

〔裁判理由〕

法院生效判决认为：本案的争议在于股份转让协议及采矿权转让合同的法律效力。李某春、陈某良、王某建主张案涉协议及合同无效，其理由主要是认为案涉协议及合同系名为股权转让实为矿业权转让，因案涉的矿业权不具备我国法律、法规规定的转让条件，故转让行为无效。在此，还涉及案涉转让协议及合同所转让的标的是股权还是矿业权的争议。根据《浙江诸暨钱塘矿业投资有限公司股份转让协议书》约定，转让方浙江钱塘控股集团有限公司、安徽钱塘矿业有限公司将持有的诸暨钱塘矿业公司的股权全部转让给受让方李某春、陈某良、王某建。同时，该协议还对股权转让内容、付款方式及时间、转让方承诺与保证、违约责任等作出了约定。而就协议中约定的股权转让内容而言，虽然协议约定该股权转让内容包括注册资本金与铁、钒的采（探）矿权，但协议关于矿业权约定的目的系进一步明确该矿业权系登记于诸暨钱塘矿业公司名下，并明确在股权转让后转让人对矿业权不再享有相关权利。因上述约定并不违反法律、行政法规的强制性规定，且结合协议签订后案涉矿业权仍登记于诸暨钱塘矿业公司名下，而诸暨钱塘矿业公司已办理股东变更登记手续，其股东已变更为李某春、陈某良、王某建等人，故应确认案涉股权转让协议所转让的标的为股权而非矿业权。就诸暨钱塘矿业公司（寿某平）与诸暨钱塘矿业公司（陈某良）签订的《浙江省采矿权转让合同》而言，虽然该合同名称为采矿权转让合同，但鉴于案涉采矿权的主体并未发生变化，仍由诸暨钱塘矿业公司所享有，结合诸暨钱塘矿业公司（寿某平）、诸暨钱塘矿业公司（陈某良）向浙江省国土资源厅提交的《采矿权转让申请报告》、浙江省国土资源厅作出的《浙江省采矿权转让审批通知书》等事实，应确认该采矿权转让合同的实质内容是对公司法定代表人进行变更，而非采矿权主体的变更。综上，案涉协议及合同当事人意思表示真实，内容不违反法律法规强制性规定，应合法有效。李某春、陈某良、王某建主张协议及合同无效，缺乏事实和法律依据，不予采信。至于李某春、陈某良、王某建提出案涉矿业权具有倒卖牟利的故意、不具备转让条件的理由，基于李某春、陈某良、王某建提出案涉协议及合同系矿业权转让的主张不能成立，故上述理由的前提不能成立，其理由亦不能成立。

【法官评析】

本案系矿山企业的股权转让纠纷，有如下内容值得注意：

一、关于矿业权转让合同与矿山企业股权转让合同的区别

所谓矿业权转让合同，是指矿业权人通过签订转让合同将自己所享有的矿业权转让给他人，其外在表现是经有关部门审批后，其探矿权证、采矿权证变更至合同相对方名下。笔者认为，两者的区别主要在于如下方面：一是交易标的和法律后果的不同。前者的转让标的是转让方持有的探矿权和采矿权，合同生效后矿业权主体发生变更；而后者的转让标的是股权，合同生效后矿业权主体未发生变更。二是交易主体不同。前者属于受让人与矿业公司之间的交易；后者则是股权受让人与矿业公司原股东之间的交易。三是适用法律不同。前者适用的是《矿产资源法》《探矿权采矿权转让管理办法》等相关法律法规及规章，并要经过国土资源部门审批；后者则适用《公司法》《公司登记管理条例》等公司相关法律法规。四是债权债务承担不同。前者转让前矿山企业的债务，仍由转让后的矿山企业承担；后者除法律另有规定或双方另有约定外，受让人对矿山企业的债务不承担任何责任。

总之，法人企业股东的有限责任、企业的人格独立及企业法人财产权与经营权控制权相分离等现代公司企业制度的基本原则不能随意突破。矿山企业股权转让与矿业权转让相区分更符合现代公司法律制度的基本精神。本案的情况完全符合矿山企业股权转让的条件，探矿权证和采矿权证始终在诸暨钱塘矿业公司名下，不存在矿业权人变更问题，国土资源部门所作的审批也只是法定代表人变更的审批，而非矿业权人变更的审批。因此，双方的纠纷应当确认为股权转让纠纷。

二、关于双方合同的效力问题

原告还主张双方的合同违反了《矿产资源法》第六条第三款“禁止将探矿权、采矿权倒卖牟利”之规定以及《探矿权采矿权转让管理办法》第六条第一款关于“矿山企业投入采矿生产满 1 年”的规定，应属无效合同。笔者认为，本案系股权转让合同纠纷，故对于合同效力的判定应以《合同法》《公司法》等相关规定为依据，并不适用矿业权的相关法律法规。矿山企业股东的股权转让行为只要符合公司法等法律规定的条件，不存在《合同法》第五十二条关于合同无效的情形，法院应当充分尊重当事人的意思自治，认定股权转让合同的效力。至于公司与股东出现人格混同的情形，属于另一法律关系，在经依法裁判认定之前，股权转让仍有效。

那么，如果本案系矿业权转让合同纠纷，双方的合同是否应认定无效呢？笔者认为仍然不能认定无效。首先，《矿产资源法》第六条第三款规定“禁止将探矿权、采矿权倒卖牟利”，主要是为了禁止未经批准而倒卖矿业权的行为。本案的转让行为经过了国土资源部门的审批，其价格也是根据当时的市场价格由双方协商确定的，故不存在非法倒卖矿业权的行为。其次，虽然《探矿权采矿权转让管理办法》第六条第一款规定“矿山企业投入采矿生产满 1 年”，但该规定是相关行政主管部门对于转让采矿权进行行政管理的依据，并非强制性规范。对于矿业权转让是否符合转让条件的审查属于法律和行政法规赋予行政机关的权利，是行政机关在作出行政许可时的审查事项，属于行政权的范围，司法权应当尊重行政机关的首次判断权。因此，原告主张转让合同无效的理由不能成立。

三、裁判理念要体现诚实信用原则，维护市场交易安全

“合同法的中心是承诺的交换。”① 有学者进一步提出：“契约神圣应当是契约自由的一个侧面，即如果契约是根据双方当事人的自由意志而订立的，由此产生的权利义务应当是神圣的，应当由法院保证其履行，当事人不得违反。这种神圣性来源于契约自由的反面推导。”②

司法实践中，确实有当事人在合同签订后由于市场环境发生变化（包括矿产资源价格的下降、市场消化量不足、政策紧缩、利润下降等），通过主张合同无效来转移市场风险，该行为明显有违诚信原则。如果法院认定合同无效的话，实际上纵容了这种恶意违约行为，对合同另一方也极为不公。本案中，双方股权转让款金额巨大，原告作为支付股权转让款的买受方，对于铁矿石的市场行情应该已有充分了解并对于可能产生的市场风险有相应的心理预期。双方签订合同时铁矿石的价格较高，公司经营获得的可能性较大，但合同签订后铁矿石的市场价格持续下跌（从 1300 元/吨下降到原告起诉时的 400 多元/吨），此时公司开采铁矿石已无利可图甚至可能亏损。因此，原告在合同签订五年之后再提起合同无效之诉，存在将市场风险的不利后果转嫁给合同相对方的明显企图。若合同相对方在没有过错的情况下即承担不利后果，既有违诚实信用原则和公平原则，也不利于市场交易安全。因此，对原告的诉讼请求不应予以支持。

【相关法条】

《中华人民共和国合同法》

第八条 依法成立的合同，对当事人具有法律约束力，当事人应当按照约定履行自己的义务，不得擅自变更或者解除。

依法成立的合同，受法律保护。

第四十四条 依法成立的合同，自成立时生效。

法律、行政法规规定应当办理批准、登记手续生效的，依照其规定。

编写人：浙江省绍兴市中级人民法院　李志

---

① ［美］罗伯特·考特等：《法和经济学》，上海三联书店 1994 年版，第 314 页。

② 李永军：《合同法原理》，中国人民公安大学出版社 2000 版，第 42 页。

四、生态环境损害赔偿诉讼案件

020

全国首批省级政府提起的生态环境损害赔偿案

——重庆市人民政府、重庆两江志愿服务发展中心诉重庆藏金阁物业管理有限公司、重庆首旭环保科技有限公司水污染责任纠纷案[①]

内容摘要：本案是2015年生态环境损害赔偿改革试点以来，试点地区法院审理的省级政府提起的首批生态环境损害赔偿诉讼之一。法院将社会组织提起的环境民事公益诉讼并入政府提起的生态环境损害赔偿诉讼中，为两种诉讼的衔接进行了有益的尝试。本案进一步明确了污染企业不承担刑事责任或者行政责任并不意味着民事责任的免除。排污单位委托环境服务机构利用排污单位的防治污染设施从事污染治理的，按照排污许可的规定排放污染物是排污单位的法定义务，该义务不能通过民事合同转移。环境服务机构故意不运行或者不正常运行防治污染设施，造成环境污染的，环境服务机构应当与排污单位承担连带责任。在生态环境损害赔偿诉讼中，原告可以请求被告承担赔礼道歉的民事责任。

关键词：民事　生态环境　损害赔偿诉讼　公益诉讼　连带责任

【裁判规则】

一、因民事诉讼与刑事诉讼、行政诉讼适用不同的证明标准和责任形式，不承担刑事责任或者行政责任并不意味着不承担民事责任。

---

① 本案例一审合议庭成员：裘晓音、贾科、张力。

二、排污单位委托环境服务机构利用排污单位的防治污染设施从事污染治理的，按照排污许可的规定排放污染物是排污单位的法定义务，该义务不能通过民事合同转移。排污单位知道或者应当知道环境服务机构故意不运行或者不正常运行防治污染设施，造成环境污染的，排污单位应当与环境服务机构承担连带责任。

三、生态环境损害赔偿诉讼具有公益性，原告代表社会公众要求污染环境的侵权行为人赔礼道歉，请求具有合法性和合理性，应予支持。

【典型案例】

〔案件索引〕

重庆市第一中级人民法院（2017）渝01民初508号民事裁定书

重庆市第一中级人民法院（2017）渝01民初773号民事判决书

〔基本案情〕

2017年3月13日重庆市第一中级人民法院受理原告重庆两江志愿服务发展中心与被告藏金阁公司、被告重庆首旭环保科技有限公司（以下简称首旭公司）水污染责任纠纷一案。该案立案后，依法适用普通程序，在法定期限内公告了案件受理情况。2017年6月2日，重庆市第一中级人民法院受理重庆市人民政府诉重庆藏金阁物业管理有限公司（以下简称藏金阁公司）水污染责任纠纷一案。2017年7月，重庆市第一中级人民法院根据重庆市人民政府的申请追加首旭公司为被告。因重庆市人民政府和重庆两江志愿服务发展中心基于同一事实向法院提起诉讼，经各方当事人同意，重庆市第一中级人民法院于2017年7月26日作出（2017）渝01民初508号民事裁定，决定依法将两案进行合并审理。

重庆市人民政府和重庆两江志愿服务发展中心诉称：2013年12月，藏金阁公司与首旭公司签订《电镀废水处理委托运行承包管理运行协议》（以下简称《委托运行协议》），首旭公司承接藏金阁电镀工业中心废水处理项目。执法人员查明，藏金阁公司和首旭公司自2014年9月起，利用暗管将未经处理的含重金属废水直接排入长江，从2014年9月1日至2016年5月5日违法排放废水量共计145624吨。经鉴定评估，二被告违法排放超标废水污染生态环境造成的生态环境损害费用共计1441.6776万元。二被告应当依法承担连带赔偿责任。重庆两江志愿服务发展中心在庭审中增加要求二被告赔礼道歉的诉讼请求。

藏金阁公司和首旭公司辩称：原告诉称的污染物种类、污染源排他性认定、偷排废水量、损害结果认定错误。藏金阁公司还辩称，其与首旭公司签订了《委托运行协议》，违法排污是首旭公司的行为，与藏金阁公司无关，应由首旭公司承担民事责任，藏金阁公司不应承担赔偿责任。

法院经审理查明：重庆藏金阁电镀工业园建于2005年，该电镀工业园是经过政府批准的电镀工业集中加工区，园区内有若干电镀企业入驻。藏金阁公司负责处理园区入驻企业产生的废水。藏金阁公司领取了排放污染物许可证，并拥有废水处理的设施设备。2013年12月5日，藏金阁公司与首旭公司签订《委托运行协议》，由首旭公司使用藏金阁公司的设备对电镀工业园的废水进行处理。2016年4月21日，执法人员发现废水处理站中两个总铬反应器和一个综合反应器设施均未运行，生产废水未经处理便排入外环境。经采样监测分析发现违法排放的废水总铬浓度、总锌浓度、总铜浓度、总镍浓度分别超过国家标准54.5倍、189倍、53.4倍、81倍。2016年5月4日，执法人员发现藏金阁废水处理站1号综合废水调节池的含重金属废水通过池壁上的120mm口径管网未经正常处理直接排放至外环境并流入市政管网再进入长江。经监测，1号池内渗漏的废水中六价铬浓度、总铬浓度分别超过国家标准29.5倍、9.9倍。从2014年9月1日至2016年5月5日违法排放废水量共计145624吨。还查明，2014年8月，藏金阁公司将原废酸收集池改造为1号综合废水调节池，未将暗管全部封闭。首旭公司自2014年9月起一直利用该管网将未经处理的含重金属废水直接排放至外环境。

受重庆市政府委托，重庆市环境科学研究院对生态环境损害进行鉴定评估，最终评估出二被告违法排放废水造成的生态环境污染损害量化数额为1441.6776万元。

2016年6月30日，重庆市环境监察总队以藏金阁公司利用管网将含重金属废水未经处理直接排入市政管网进入长江为由，作出行政处罚决定。藏金阁公司不服，申请行政复议，重庆市环境保护局维持行政处罚决定。藏金阁公司不服，提起行政诉讼。重庆市渝北区人民法院于2017年2月28日作出（2016）渝0112行初324号行政判决，驳回藏金阁公司的诉讼请求。该判决已发生法律效力。

2016年11月28日，重庆市渝北区人民检察院提起公诉，指控首旭公司及其法定代表人程龙等构成污染环境罪。重庆市渝北区人民法院于2016年12月29日作出（2016）渝0112刑初1615号刑事判决，判决首旭公司构成污染环境罪，判处罚金8万元；程龙等人构成污染环境罪，分别被判处有期徒刑六个月到九个月，并处罚金1万元到4万元。该判决已发生法律效力。

另查明，重庆两江志愿服务发展中心成立于2011年，系重庆市精神文明建设委员会主管的主要从事环境保护、文化教育、灾害救助等各类公益活动的社会组织。

〔裁判结果〕

重庆市第一中级人民法院于2017年12月22日作出（2017）渝01民初773号民事判决：一、被告重庆藏金阁物业管理有限公司和被告重庆首旭环保科技有限公司连带赔偿生态环境修复费用1441.6776万元，于本判决生效后十日内交付至重庆市财政局专用账户，由原告重庆市人民政府及其指定的部门和原告重庆两江志愿服务发展中心结合本区域生态环境损害情况用于开展替代修复；二、被告重庆藏金阁物业管理有限公司和被告重庆首旭环保科技有限公司于本判决生效后十日内，在省级或以上媒体向社会公开赔礼道歉；三、被告重庆藏金阁物业管理有限公司和被告重庆首旭环保科技有限公司在本判决生效后十日内给付原告重庆市人民政府鉴定费5万元，律师费19.8万元；四、被告重庆藏金阁物业管理有限公司和被告重庆首旭环保科技有限公司在本判决生效后十日内给付原告重庆两江志愿服务发展中心律师费8万元；五、驳回原告重庆市人民政府和原告重庆两江志愿服务发展中心其他诉讼请求。

〔裁判理由〕

法院生效裁判认为：

1. 关于生效刑事判决、行政判决所确认的事实与本案关联性的问题。首先，从证据效力来看，重庆市渝北区人民法院作出的行政判决和刑事判决均为生效判决，其所确认的事实具有既判力，无需再在本案中举证证明，除非被告提出相反证据足以推翻原判决，而本案中被告并未举示证据，故对于相关事实直接予以采信。其次，本案在性质上属于环境侵权民事案件，其与刑事犯罪、行政违法案件所要求的证明标准和责任标准存在差异，故最终认定的案件事实在不存在矛盾的前提条件下，可以不同于刑事案件和行政案件认定的事实。未被认定为犯罪的污染行为，不等于不构成民事侵权。环保部门对环境污染行为进行行政处罚时，依据的主要是国家和地方规定的污染物排放标准，违反了国家和地方的强制性标准，便应当受到相应的行政处罚。符合强制性标准的排污行为却不一定不构成民事侵权。

2. 关于藏金阁公司与首旭公司是否构成共同侵权的问题。藏金阁公司持有行政主管部门颁发的排污许可证，其属于可以进行排污的企业。无论是自行排放还是委托他人排放，藏金阁公司都必须确保其废水处理站正常运行，并确保排放物达到国家和地方规定的排放标准，这是取得排污许可证企业的法定责任，该责任不能通过民事约定来解除。藏金阁公司为首旭公司提供的废水处理设备留有可以实施违法排放的管网，具有违法故意，且客观上为违法排放行为的完成提供了条件。藏金阁公司知道首旭公司在实施违法排污行为，但其放任首旭公司违法排放废水，同时还继续将废水交由首旭公司处理，可以视为其与首旭公司形成了默契，具有共同侵权的故意，并共同造成了污染后果，二被告构成共同侵权。

3. 对于赔礼道歉的诉讼请求，长江水域生态系统的维护需要公众参与，对其实施的破坏行为会侵害千家万户乃至子孙后代的利益，二被告对长江生态环境的严重破坏行为，是对社会公众权益的损害，要求其公开赔礼道歉既是公众合法权利的体现，也是对其他类似行为的警示，还能够让二被告公开表达对于自身过错的深刻认识和真诚悔意。环境公益诉讼与生态环境损害赔偿诉讼均具有公益性，在本案中原告代表社会公众要求污染环境的侵权行为人赔礼道歉，该请求具有合法性和合理性，应予支持。

【法官评析】

2015 年 12 月，中共中央办公厅、国务院办公厅印发《生态环境损害赔偿制度改革试点方案》（以下简称《试点方案》，现已失效），决定选择部分省份开展生态环境损害赔偿制度改革试点。2016 年，重庆等七省市被确定为试点地区。根据《试点方案》，试点地方省级政府经国务院授权后，作为本行政区域内生态环境损害赔偿权利人，可指定相关部门或机构负责生态环境损害赔偿具体工作。生态环境事件发生后，赔偿权利人应及时与赔偿义务人进行磋商，磋商未达成一致的，赔偿权利人应当及时提起生态环境损害赔偿民事诉讼，赔偿权利人也可以直接提起诉讼。作为全国首批生态环境损害赔偿诉讼案件，本案为生态环境损害赔偿制度改革提供了生动的实践样本。①

一、生态环境损害赔偿诉讼与环境民事公益诉讼的衔接

根据《试点方案》，省级政府可以就生态环境损害提起生态环境损害赔偿诉讼。根据民事诉讼法和环境保护法的规定，社会组织针对污染环境等损害社会公共利益的行为，可以提起环境民事公益诉讼。在不同的主体基于不同的诉权分别提起诉讼的情况下，这两种诉讼应当如何衔接，是摆在试点地区法院面前的第一道难题。在实践中也存在不同的做法：在江苏受理的生态环境损害赔偿案件中，因江苏省政府在规定的期限内申请参加社会组织提起的公益诉讼，法院将江苏省政府作为公益诉讼的共同原告，实际上是认为生态环境损害赔偿诉讼具有环境公益诉讼属性。②而在山东受理的两起生态环境损害赔偿案件中，③法院认为两类案件在诉讼性质、诉讼依据、诉讼请求等方面并不相同或一致，不宜合并审理。

鉴于实践中的不同做法，2017 年 12 月出台的《生态环境损害赔偿制度改革方案》（以下简称《改革方案》）规定："生态环境损害赔偿制度与环境公益诉讼之间衔接等问题，由最高人民法院商有关部门根据实际情况制定指导意见予以明确。"

若严格基于《试点方案》或者《改革方案》的规定进行解释，现阶段生态环境损害赔偿诉讼和公益诉讼存在如下的差异：就诉权基础来源而言，生态环境损害赔偿诉讼原告的诉权来源于政府对全体国民所负有的环境保护义务所派生出来的环境监管职权，④ 而公益诉讼原告的诉权来源于法律法规对其诉讼

---

① 在试点期间，全国法院共受理生态环境损害赔偿诉讼案件 4 件，除本案外另外 3 件为：江苏省环保联合会、江苏省人民政府诉德司达（南京）染料有限公司环境污染案，山东省环保厅诉山东金诚重油化工有限公司、山东弘聚新能源有限公司土壤污染责任纠纷案和山东省环保厅诉山东天一环保科技投资有限公司环境污染损害赔偿案，前一案已经审结，后两案尚在审理过程中。

② 江苏省高级人民法院：《生态环境损害赔偿诉讼的性质辨析与制度设计》，载《2017 年最高人民法院"创新环境资源司法理论加强生态文明建设司法保障研讨会"论文汇编》。

③ 山东省高级人民法院：《生态环境损害赔偿诉讼相关问题研究》，载上引论文汇编。

④ 对生态环境损害赔偿诉讼的诉权基础学界有不同的看法，吕忠梅教授等一批学者主张生态环境损害赔偿诉讼系基于国家所有权而提起的国家利益诉讼。见吕忠梅：《为生态损害赔偿制度提供法治化方案》，载《光明日报》2017 年 12 月 22 日。但根据《试点方案》或《改革方案》，可以对大气污染提起生态环境损害赔偿诉讼，而大气明显不属国家所有。而且，在集体所有的自然资源遭受生态环境损害时，也应允许提起诉讼。因此，我们主张生态环境损害赔偿诉讼的诉权基础是国家的环境监管职权，该职权系国家对全体国民环境保护的宪法义务的应有之义。

实施权的赋权；就程序设置而言，生态环境损害赔偿诉讼需要磋商前置，而公益诉讼原告提起诉讼前不用和被告磋商就可以直接提起；就针对对象而言，赔偿权利人不能针对尚未发生的生态环境损害提起诉讼，而公益诉讼则可以针对风险行为提起诉讼；就适用范围而言，《试点方案》将生态环境损害赔偿诉讼局限于发生较大突发环境事件等三种情形，《改革方案》由各个地方综合考虑各种明确具体情形，而公益诉讼适用于污染环境等损害社会公共利益的行为；就赔偿内容而言，公益诉讼是否可以要求赔偿生态环境功能永久性损害造成的损失尚待明确；就责任承担方式而言，生态环境损害赔偿诉讼原告是否可以要求被告承担赔礼道歉的责任尚不明确。

造成这些区别的原因主要还是法律依据的欠缺。生态环境损害赔偿诉讼和环境民事公益诉讼在一定程度上又具有同质性。第一，赔偿权利人提起生态环境损害赔偿诉讼，目的是促使赔偿义务人对受损的生态环境进行修复，保护生态环境，维护社会公共利益；而环境公益诉讼的目的也是维护社会公共利益。二者在诉讼目的上高度一致。第二，《试点方案》和《改革方案》都鼓励符合条件的社会组织开展生态环境损害赔偿诉讼。但根据现行法律规定，社会组织提起的只能是环境民事公益诉讼，如此一来，是否可以认为方案的起草者将生态环境诉讼与环境民事公益诉讼等同，并未加以区分？

在试点阶段，重庆市第一中级人民法院的这种做法既积极支持了生态环境损害赔偿制度改革，又保护了社会组织的积极性，值得肯定。但从法理上看，这一做法是否系最佳方案尚值得进一步深入研究。从环境行政与环境司法的关系看，环境公共利益的保护须充分发挥行政权的专业性和司法权的监督作用，遵循“相互尊重专长”和“行政权优先”等原则，其中应以环境行政为主要应对手段，司法权则应关注对行政权的有效控制。① 如前所述，就诉权基础来源而言，生态环境损害赔偿诉讼原告的诉权来源于政府对全体国民所负有的环境保护义务所派生出来的环境监管职权，而公益诉讼原告的诉权来源于法律法规对其诉讼实施权的赋权。易言之，行政机关提起生态环境损害赔偿诉讼是履行其法定职责，是行政执法的重要方式，社会组织提起公益诉讼是行使权利，只应作为行政执法的补充而非替代。因此，生态环境损害赔偿诉讼与公益诉讼

---

① 王明远：《论我国环境公益诉讼的发展方向：基于行政权与司法权关系理论的分析》，载《中国法学》2016 年第 1 期。

在程序衔接上，宜确认生态环境损害赔偿诉讼的优先性。在确认生态环境损害赔偿诉讼优先的情况下，鉴于民事诉讼法已经赋予检察机关提起公益诉讼的权利，社会组织在公益诉讼领域的作为空间可能进一步萎缩，如何充分发挥社会组织在环境治理中的作用、构建完善的环境治理体系尚需要制度整合。

二、生效刑事、行政判决与侵权事实的认定

严重的环境污染行为往往会违反国家法律法规的规定。因此，侵权人在承担民事侵权责任的同时，往往还可能承担行政责任或者刑事责任。本案就是这样的情况。在本案诉讼提起前，藏金阁公司作为排污单位被相关行政监管部门行政处罚，但首旭公司未承担行政责任，作为第三方治理主体的环境服务机构首旭公司及其法定代表人被追究刑事责任。藏金阁公司和首旭公司辩称应以生效的刑事判决书和行政判决书来认定其侵权行为：首旭公司抗辩应以刑事判决书中认定的排放的污染物种类作为侵权事实，同时认为藏金阁公司的行政责任已被行政判决书所确认，应由藏金阁公司承担民事责任；而藏金阁公司又以首旭公司已被追究刑事责任为由抗辩本案应由首旭公司承担民事责任。在刑事判决、行政判决认定的事实存在差异的情况下，如何认定侵权的事实成为一大难题。

《最高人民法院关于适用〈中华人民共和国民事诉讼法〉的解释》第九十三条规定："下列事实，当事人无须举证证明……（五）已为人民法院发生法律效力的裁判所确认的事实……前款第二项至第四项规定的事实，当事人有相反证据足以反驳的除外；第五项至第七项规定的事实，当事人有相反证据足以推翻的除外。"从证据效力来看，生效刑事判决、行政判决所确认的事实可以直接作为案件事实加以确认，无须再举证证明，除非被告提出相反证据足以推翻原判决。本案在性质上属于环境侵权民事案件，其与刑事犯罪、行政违法案件所要求的证明标准和责任标准存在差异，故最终认定的案件事实在不存在矛盾的前提条件下，可以不同于刑事案件和行政案件认定的事实。刑事案件的证明标准明显高于民事案件，环境污染犯罪行为造成损害后果的，固然应当承担相应赔偿责任，但未被认定为犯罪的污染行为，不等于不构成民事侵权。本案中，之所以此前的刑事判决中没有将首旭公司排放的污染物中含有总锌、总铜等重金属作为犯罪事实认定，是因为2013年出台的环境污染刑事相关司法解释对除铅、汞、镉、铬之外重金属是否纳入刑罚处罚的范畴没有明确规定，实践中也存在较大的争议。[①]但排放的废水中含有锌、铜等重金属也会造成生态环境的严重破坏，属于民事侵权应无争议。故被告提出应当仅以生效刑事判决所认定的污染物种类即总铬和六价铬为准的异议不成立，不予支持。就生效行政判决认定的事实而言，环保部门对环境污染行为进行行政处罚时，依据的主要是国家和地方规定的污染物排放标准，违反了国家和地方的强制性标准，便应当受到相应的行政处罚。然而，虽然因违反强制性标准而受到行政处罚的污染行为必然属于环境侵权行为，但符合强制性标准的排污行为却不一定不构成民事侵权。《最高人民法院关于审理环境侵权责任纠纷案件适用法律若干问题的解释》第一条第一款规定，因污染环境造成损害，不论污染者有无过错，污染者应当承担侵权责任。污染者以排污符合国家或者地方污染物排放标准为由主张不承担责任的，人民法院不予支持。该条规定表明，污染者不得以合乎强制性标准进行抗辩来免除民事责任，亦即对环境污染行为承担民事责任的范围可以大于进行行政处罚的范围。

或许有人会对生效的刑事判决和行政判决提出质疑：为何藏金阁公司没有被行政处罚却被判有罪，而首旭公司未被行政处罚却被判决有罪，这是否有些矛盾？从行政法律关系的角度讲，藏金阁公司申领了排污许可证，就应按照排污许可证的规定排污。虽然环境保护法第六十五条规定，环境影响评价机构、环境监测机构以及从事环境监测设备和防治污染设施维护、运营的机构，在有关环境服务活动中弄虚作假，对造成的环境污染和生态破坏负有责任的，除依照有关法律法规规定予以处罚外，还应当与造成环境污染和生态破坏的其他责任者承担连带责任，依据上述规定，似乎可以对环境服务机构进行行政处罚，但目前没有相关法律、法规规定可以直接追究环境服务机构的行政责任。[②]因此，基于现有的法律规定，并不能追究首旭公司的行政责任。首旭公司直接实施了将含有重金属的废水不经处理直接外排的行为，已经构成犯罪，就应当承担刑事责任。检察机关在未找到充分证据证明藏金阁公司犯罪的情况下未起诉藏金阁公司，人民法院自然也就无法判决其承担刑事责任。出现目前这种刑事判决和行政判决看似矛盾的局面，根本原因在于现行法律关于将实践中广泛推

---

① 喻海松：《环境资源犯罪实务精释》，法律出版社 2017 年版，第 63 页。

② 周珂、史一舒：《环境污染第三方治理法律责任的制度建构》，载《河南财经政法大学学报》2015 年 6 期。

行的第三方治理制度暂付阙如。

三、第三方治理制度中环境服务机构与排污单位的责任承担

传统的污染治理实践中奉行“谁污染，谁治理”的原则，由排污单位按照“三同时制度”安装污染治理设施进行污染治理。但随着经济的快速发展，企业排放的污染物多样性及治污的复杂性使得企业为了建造防治污染设施而大幅提高了运营成本，但治理效果却不尽如人意。面对政府对环境治理的严格要求，“让专业的人干专业的事”，专业从事污染治理的第三方环境服务机构应运而生。排污单位通过缴纳或支付合同约定的费用，委托第三方环境服务机构进行污染治理，有的甚至在建设项目启动时就按照“三同时制度”的要求，委托环境服务机构建设相应的污染治理设施。但目前在法律层面还没有第三方治理的相关规定。

就企业与环境服务机构的合作模式看，主要有两种：建设运营模式和委托运营模式。[①] 建设运营模式是指防治污染设施产权属于第三方环境服务机构，其第三方环境服务机构要负责建设和运营防治污染设施。委托运营模式是指防治污染设施产权属于排污单位，第三方环境服务机构只对排污单位的防治污染设施进行管理和运行维护或者第三方环境服务机构只提供治污设备。第三方环境服务机构充分发挥其在环境污染治理方面的专业优势，降低治污成本，提高治污效率，使排污单位专注于主业。在本案中，藏金阁公司本身是主要从事物业服务的企业，自身不会生产和排放污工业污染物，但藏金阁公司为电镀工业园中电镀企业提供污染治理的服务，电镀企业将电镀废水排放到藏金阁公司为其修建的污水管网中，由藏金阁公司利用其污染治理设施负责收集处理。电镀企业与藏金阁公司之间存在建设运营模式的第三方治理合同关系。而藏金阁公司又委托首旭公司对其收集来的污染物进行处理，即藏金阁公司与首旭公司之间又存在委托运营模式的第三方治理合同关系。

第三方治理在传统的“污染者负担”的环境污染治理模式之中，引入第三方治理单位——专业的环境服务机构这一特殊主体，将“产污”与“治污”

---

① 2016 年 12 月，国家发展改革委办公厅、财政部办公厅、环境保护部办公厅、住房城乡建设部办公厅印发《环境污染第三方治理合同（示范文本）》，该合同示范文本将第三方治理分为建设运营服务型和委托服务运营型。该分类与此前学术界的分类有重大区别：学术界将第三方治理模式分为委托运营型和托管运营型，官方所称的建设运营模式就是学者所称的委托运营型，而官方所称的委托运营模式则是学界所称的托管运营型，这一点需要特别注意。

主体分离，使污染治理模式从“谁污染，谁治理”转变为“谁污染，谁付费，第三方治理”。第三方治理单位的介入使得法律责任的承担问题更加复杂。

（一）第三方治理中环境污染责任的承担

关于第三方治理中环境污染责任承担问题，存在不同的观点。第一种观点认为，应由环境服务机构承担。在环境污染第三方治理模式中，生产企业并没有向环境排放污染物，而是交由第三方治理，因此其仅是污染源的生产者，污染排放企业将污染交由第三方治理意味着污染治理责任的转移，环境服务企业作为法律意义上的污染者，应当承担环境污染产生的法律责任。第二种观点认为，“谁污染，谁治理”是环境污染第三方治理的前提，在第三方治理模式下，污染排放企业只是在技术层面将污染治理工作交由环境服务企业承担，其仍是法律意义上的污染者，并不存在治污责任的转移。因此，若环境服务企业因违约没有达到污染治理的要求，则相应的法律责任仍应由污染排放企业承担。

笔者认为，第三方治理中环境污染责任的承担应基于不同的运营模式进行分析。在建设运营型环境服务模式中，污染治理设施是环境服务机构投资修建的，环境服务机构对污染治理设施享有产权。环境服务机构对其从排污单位处收集而来的污染物进行处理后再排放。比如，本案中的藏金阁公司将所有园区内电镀企业生产产生的工业废水收集之后进行处理。笔者认为，在这样的情况下，由环境服务机构承担环境侵权责任更为合适。首先，在这种法律关系中，污染企业产生的污染物没有直接排放到外环境中，而是进入到环境服务机构的污染治理设施控制范围内，环境服务机构对污染物处理后再行排放进入环境。此时，污染企业只是污染物事实上的生产者，而环境服务机构是法律意义上的污染物排放者。而且通常情况下，也是由环境服务机构申请排污许可证。“污染者付费，环境服务机构治理”的模式改变了传统的“污染者自行治理”模式。通过环境服务合同，原本由生产企业承担的污染治理义务转移给了环境服务机构，环境责任也由传统的“谁生产，谁负责”向“谁生产，谁付费”“谁治理，谁负责”转变。其次，环境服务机构不仅是污染治理设备的所有者，在某种程度上控制着污染物；而且是法律上的污染者和治理者，对其以无过错责任追责体现了公平、正义、秩序等法律价值。最后，推行环境污染第三方治理的主要原因是传统的“谁生产，谁治理”的模式没有达到防治环境污染的目的，即通过推行第三方专业治理模式，提高环境污染治理的效果，减轻生产企业的负担，将精力投入到生产经营中。如果生产企业付费购买了服务后，无论是否有过错，仍然要承担环境污染责任，无疑会打击生产企业采取这种治污模式的积极性，不仅不利于环境污染第三方治理模式的推行，而且会导致环境污染治理第三方懈怠履行义务和推卸责任。基于上述理由，在这种环境服务机构提供建设运营服务的污染治理模式下，环境服务机构是法律上的、也是最终的事实上的排污者，应承担无过错责任。①当然，如果生产企业排放的污染物指标在污染治理设施入口处超出合同约定，不论环境服务机构治理后是否达标，生产企业都应承担违约责任。比如在本案中，如果有证据证明某一家电镀企业排放的废水在污染治理设施的入口处超出电镀企业与藏金阁公司的合同约定的，电镀企业应当承担违约责任。但不论如何，由于电镀企业本身没有将污染物直接排放到外环境，电镀企业对外不承担无过错的环境污染责任。

在委托运营型环境服务模式中，污染治理设施属于生产企业所有，环境服务机构接受委托负责对污染治理设施进行管理和运行，污染物的产生者和排放者都是生产企业，环境服务机构只是治理设备的管理者，治污义务没有转移，仍由生产企业承担。生产企业对外承担无过错责任。因此，环境服务机构只需对其管理中的过错承担责任，即适用过错责任原则。

（二）连带责任的适用

对于本案中藏金阁公司和首旭公司的民事责任问题，生效判决从多个方面论证了藏金阁公司与首旭公司的行为构成共同侵权。在传统民法中，连带责任与共同侵权密不可分，若构成共同侵权，则承担连带责任；若承担连带责任，则行为往往是共同侵权行为。但随着社会发展，社会活动变得日益复杂和多样，特别是基于某些政策考量，即使某些行为按照传统的侵权法理论并不属于共同侵权，但法律也规定行为人应承担连带责任。比如，侵权责任法第三十六条第三款规定，网络服务提供者知道网络用户利用其网络服务侵害他人民事权益，未采取必要措施的，与该网络用户承担连带责任。又如，在道路交通领域连带责任的适用更为广泛：挂靠经营的汽车致人损害时，挂靠人和被挂靠人承担连带责任；套牌车辆致人损害时，同意他人套牌或者明知他人套牌而不制止的，两个车辆的管理人承担连带责任。之所以在上述情况下要让行为人承担连带责任，是因为每个责任人的行为都具有法律上的可责难性，每个责任人的行

① 黄萍：《环境服务机构侵权责任探讨》，载《甘肃政法学院学报》2017 年第 3 期。

为对损害的发生都发挥了作用。

就本案而言，从环境法的角度看，判决藏金阁公司和首旭公司承担连带责任也是恰当的。首先，从法律依据上看，环境保护法第六十五条规定，环境影响评价机构、环境监测机构以及从事环境监测设备和防治污染设施维护、运营的机构，在有关环境服务活动中弄虚作假，对造成的环境污染和生态破坏负有责任的，除依照有关法律法规规定予以处罚外，还应当与造成环境污染和生态破坏的其他责任者承担连带责任。《最高人民法院关于审理环境侵权责任纠纷案件适用法律若干问题的解释》第十六条对“弄虚作假”的解释就包括从事防治污染设施维护、运营的机构故意不运行或者不正常运行环境监测设备或者防治污染设施的情形。本案中，从事防治污染设施运营的机构首旭公司故意不运行防治污染设施，属于“弄虚作假”。藏金阁公司作为排污者，不管其是否过错，均应承担责任。根据前述司法解释的规定，首旭公司应和藏金阁公司承担连带责任。其次，从必要性上看，也有必要让二被告承担连带责任。排污单位作为危险源的制造者，有义务采取合理的措施管控和避免危险的发生，在将污染物交给环境服务机构治理时，除应遵守法律上明确规定的注意义务外，还应尽到一般注意义务。虽然法律上尚无排污单位需要对从事第三方治理的环境服务机构进行监管，基于危险控制理论，课以排污单位谨慎的注意义务是必要的，而且也符合合同约定。藏金阁公司应当明知首旭公司的违法排污行为但未予以制止，具有法律上的可责难性。首旭公司利用暗管排污，故意不运行防治污染设施，属于逃避监管的违法行为，具有主观恶性极大。因此，让藏金阁公司和首旭公司承担连带责任也是通过加大私法责任实现环境保护的公法目的。最后，《试点方案》强调生态环境损害赔偿制度试点的一个重要原则是“环境有价，损害担责”。人民法院对破坏生态环境的行为进行严惩重罚，亦符合生态环境损害赔偿改革试点要求。

四、赔礼道歉在生态环境损害赔偿诉讼中的运用

《最高人民法院关于审理环境民事公益诉讼案件适用法律若干问题的解释》第十八条规定，对污染环境、破坏生态，已经损害社会公共利益或者具有损害社会公共利益重大风险的行为，原告可以请求被告承担停止侵害、排除妨碍、消除危险、恢复原状、赔偿损失、赔礼道歉等民事责任。根据上述规定，在环境民事公益诉讼中，可以请求被告承担赔礼道歉的民事责任。

在生态环境损害赔偿诉讼中，原告是否可以请求被告承担赔礼道歉的责任?《试点方案》中生态环境损害赔偿范围包括清除污染的费用、生态环境修复费用、生态环境修复期间服务功能的损失、生态环境功能永久性损害造成的损失以及生态环境损害赔偿调查、鉴定评估等合理费用。对侵权人还应承担何种民事责任，没有明确规定。在本案中，重庆市人民政府也未提出该请求，只是重庆两江志愿服务发展中心在庭审中增加要求二被告赔礼道歉的诉讼请求。如果重庆市人民政府在诉讼中提出该请求，人民法院是否应予支持?生效判决认为，无论是环境公益诉讼还是生态环境损害赔偿诉讼，均具有公益性，在本案中原告代表社会公众要求污染环境的侵权行为人赔礼道歉，该请求具有合法性和合理性，应予支持。

笔者对此意见表示赞同。首先，根据民法通则、侵权责任法以及环境侵权相关司法解释的规定，原告可以要求被告赔礼道歉。其次，根据传统民法原理，损害赔偿的方法分为恢复原状和金钱赔偿。①恢复原状对财产上损害和非财产上损害都适用，如登报致歉是名誉受侵害的恢复原状的方法。②就生态环境损害而言，侵权人最重要的责任承担方式是生态环境修复，恢复环境原状。只有在生态环境无法修复时，才采取金钱赔偿的方式，以替代修复。而《试点方案》中确定的赔偿范围应是指金钱赔偿的范围，《试点方案》并未排除适用侵权人承担其他形式的责任。最后，赔礼道歉主要适用于生命权、健康权等人身权益被侵犯的情形，针对他人的精神造成伤害的侵权行为，与精神损害赔偿相关联，是上升到法律层面的道德责任，目的是弥补受害人的精神损失。在环境民事公益诉讼或者生态环境损害赔偿诉讼中，不解决特定受害人的人身权、财产权受到损害的问题，不存在对特定受害人赔礼道歉的问题。但污染环境、破坏生态的行为可能导致损害发生后到恢复原状前生态环境服务功能的损害，该损害的一个内容就是社会公众享有美好生态环境精神利益的损失。从这个角度而言，将赔礼道歉纳入生态环境损害赔偿的责任方式具有正当性和合理性。无论是环境公益诉讼还是生态环境损害赔偿诉讼，均具有公益性，在本案中原告要求污染环境的侵权行为人赔礼道歉，该请求具有合法性和合理性，应予支持。

---

① 曾世雄:《损害赔偿法原理》，中国政法大学出版社 2001 年版，第 146 页。

② 王泽鉴:《损害赔偿》，北京大学出版社 2017 年版，第 117 页。

【相关法条】

《中华人民共和国侵权责任法》

第八条 二人以上共同实施侵权行为，造成他人损害的，应当承担连带责任。

《中华人民共和国环境保护法》

第六十五条 环境影响评价机构、环境监测机构以及从事环境监测设备和防治污染设施维护、运营的机构，在有关环境服务活动中弄虚作假，对造成的环境污染和生态破坏负有责任的，除依照有关法律法规规定予以处罚外，还应当与造成环境污染和生态破坏的其他责任者承担连带责任。

《最高人民法院关于审理环境侵权责任纠纷案件适用法律若干问题的解释》

第十三条 人民法院应当根据被侵权人的诉讼请求以及具体案情，合理判定污染者承担停止侵害、排除妨碍、消除危险、恢复原状、赔礼道歉、赔偿损失等民事责任。

编写人：重庆市高级人民法院　黄成

021

精神损害抚慰金在环境侵权案件中的适用

——颜某棋诉颜某川环境噪声污染责任纠纷案[①]

内容摘要：因环境污染引起的损害赔偿纠纷，由加害人就法律规定的免责事由及其行为与损害结果之间不存在因果关系承担举证责任。但是由于污染行为的特殊性、隐蔽性、持续性等特点，以及专业技术能力不足及信息不对称的限制，受害人很难及时保全及全面举证证明所受到的损害，因此就要求法院审理相关案件时，在满足一定条件的前提下适当减轻受害人对损害的证明义务，可适用的途径之一即通过日常生活经验法则来推定损失的存在。不锈钢制品加

① 本案例合议庭成员：连晓东、董耿瑜、张兴裕。

工所产生的噪音超出一般公众普遍可忍受的范围，污染程度较为明显，在该情况下，颜某棋称其因噪声无法休息导致精神受到伤害即噪音对其的实际损害，该损害也符合日常生活经验法则，无需举证证明，应推定属实。法官根据日常生活经验法则来推定颜某川进行不锈钢加工可能给颜某棋带来的影响程度并酌情支持精神损害抚慰金。

关键词：环境侵权　精神损害抚慰金

【裁判规则】

环境侵权导致他人人身权益受到侵害，造成他人严重精神损害的，被侵权人可以请求精神损害赔偿。法官可根据日常生活经验法则来确定影响程度，酌情支持精神损害抚慰金。

【典型案例】

〔案件索引〕

福建省泉州市永春县人民法院（2017）闽0525民初1601号民事判决书

福建省泉州市中级人民法院（2017）闽05民终5443号民事判决书

〔基本案情〕

2015年11月13日，颜某川注册登记址在永春县石鼓镇桃星社区居委会3组339号的永春县石鼓宇美不锈钢店，经营范围为不锈钢加工。在生产期间，颜某棋认为颜某川在不锈钢加工时，不锈钢切割、打磨、敲打、钻孔、焊接等行为产生的噪声污染严重影响其与家人的生活，并向永春县环保局投诉等。永春县环保局多次对颜某川经营的永春县石鼓宇美不锈钢店进行检查，认为该店属于家庭式作坊，尚未办理相关环保手续要求其停止生产，在检查时该店都没有生产。2016年10月28日，颜某川注销永春县石鼓宇美不锈钢店，此后颜某川的不锈钢加工店仍有噪音，颜某棋以颜某川无视永春县环保局禁止生产处理决定，向永春县人民提起诉讼，请求判令颜某川停止在其家中加工不锈钢，排除噪声污染的妨害，并赔偿颜某棋精神损害20000元。经永春县人民法院依颜某棋申请调取的相关证据，证实颜某川的不锈钢店未配备相应的减震降噪的措施，未办理相关环评手续，是露天加工。

〔裁判结果〕

福建省泉州市永春县人民法院于作出（2017）闽0525民初1601号民事判决，判决：驳回颜某棋的诉讼请求。一审判决后，颜某棋不服提出上诉，福建省泉州市中级人民法院依法改判颜某川不锈钢加工行为存在环境噪声污染行为，应停止侵权、排除妨害，并赔偿颜某棋精神损害抚慰金2000元。

〔裁判理由〕

福建省永春县人民法院一审认为，颜某棋提供的证据以及申请本院调取的证据仅能证明颜某川经营永春县石鼓宇美不锈钢店尚未办理相关环保手续，环保局对其进行检查时，其没有施工，并不能证明颜某川有进行不锈钢加工并产生噪声污染的事实存在。因此，颜某棋向本院提出的诉讼请求，证据不足，不予支持，其请求应予以驳回，判决：驳回颜某棋的诉讼请求。

原审法院宣判后，颜某棋不服，向福建省泉州市中级人民法院提起上诉。福建省泉州市中级人民法院经二审审理，认为本案系环境噪声污染责任纠纷。《最高人民法院关于民事诉讼证据的若干规定》第四条第三款规定，因环境污染引起的损害赔偿诉讼，由加害人就法律规定的免责事由及其行为与损害结果之间不存在因果关系承担举证责任。颜某川辩称其虽有加工，但并未存在噪声，也并未构成对颜某棋的侵权，但不能举证证明其进行不锈钢加工的行为具有合理的免责事由。二审法院审理后遂依法改判颜某川不锈钢加工行为存在环境噪声污染行为，应停止侵权、排除妨害，并赔偿颜某棋精神损害抚慰金2000元。

【法官评析】

本案系一起环境噪声污染责任纠纷案件，本案审理的关键点在于环境噪声污染行为的认定、噪声污染造成损害的推定以及精神损害抚慰金的赔偿认定和数额确定等。

一、关于环境噪声污染行为的认定

《中华人民共和国环境噪声污染防治法》第二条第一款规定：“本法所称环境噪声，是指在工业生产、建筑施工、交通运输和社会生活中所产生的干扰周围生活环境的声音。”本案中，颜某川在其所居住的房屋办理了个体工商户营业执照进行不锈钢加工，原审法院依颜某棋申请而调取的永春县环境保护局出具的执法记录单、工业污染源现场监察记录表、关于告知永春县石鼓宇美不锈钢店环境违法行为的函等证据足以证明本案被上诉人颜某川所登记注册的永春县石鼓宇美不锈钢店系家庭式作坊，采用露天加工的方式，未配套建设相关减震降噪措施，其在加工中所产生的噪声主要来自原材料切割、磨边、装卸运输材料等过程中产生的声音，该声音势必传入其他居民的居室内，超出了一般公众普遍可忍受的范围，已成为干扰周围居民生活的噪声，长期遭受噪声污染就会影响人们正常休息，以致损害人们的身体健康。《最高人民法院关于民事诉讼证据的若干规定》第四条第一款第三项规定，因环境污染引起的损害赔偿纠纷，由加害人就法律规定的免责事由及其行为与损害结果之间不存在因果关系承担举证责任。颜某川辩称其虽有加工，但并未存在噪声，也并未构成对颜某棋的侵权，但未能提交任何反驳证据，亦不能举证证明其进行不锈钢加工的行为存在法定的免责事由，故二审法院通过适用举证责任的分配规则，认定颜某川的噪声污染行为存在，并判令其停止侵权，排除妨害。

二、环境噪声污染造成的损害的推定与认定

《中华人民共和国侵权责任法》第二十二条规定，侵害他人人身权益，造成他人严重精神损害的，被侵权人可以请求精神损害赔偿。环境污染对人体健康造成的实际损害结果，不仅包括那些症状明显并可用计量方法反映的损害结果，还包括那些症状不明确且暂时无法用计量方法反映的损害结果。不锈钢制品加工所产生的噪音超出一般公众普遍可忍受的范围，污染程度较为明显，在该情况下，颜某棋称其因噪声无法休息导致精神受到伤害即是噪音对其的实际损害，该损害也符合日常生活经验法则，无需举证证明，应推定属实。颜某川否认噪声对颜某棋造成了实际损害，应当举证反驳，而颜某川不能举证证明，应承担相应的责任。

三、精神损害抚慰金的数额问题

在环境污染损害赔偿案件中，受害人除要承担环境污染侵权行为存在的举证责任外，还要证明其因此受到损害及损害的具体数额。但是由于污染行为的特殊性，受害人噪声的损害往往具有隐蔽性、持续性等特点，其本身也受到专业技术能力不足及信息不对称的限制，很难及时保全证据或全面举证证明所受到的损害，因此就要求法院审理相关案件时，在满足一定条件的前提下适当减轻受害人对损害的证明义务，可适用的途径之一即通过日常生活经验法则来推定损失的存在。本案中，法官根据日常生活经验法则来推定颜某川进行不锈钢加工可能给颜某棋带来的影响程度来酌情支持精神损害抚慰金。颜某川的不锈钢加工店于2015年11月13日开业，该店属于家庭式作坊，系间歇性生产加工，产生噪声的时间不长，且双方所居住的房屋相距数米，并非一墙之隔，故上诉人颜某棋要求被上诉人颜某川赔偿其20000元精神损害抚慰金明显过高，二审法院不予支持。二审法院依据产生噪声的时间、两家距离的远近、噪声的大小等多个因素酌情支持2000元精神损害抚慰金。

【相关法条】

《中华人民共和国侵权责任法》

第二十一条 侵权行为危及他人人身、财产安全的，被侵权人可以请求侵权人承担停止侵害、排除妨碍、消除危险等侵权责任。

第二十二条 侵害他人人身权益，造成他人严重精神损害的，被侵权人可以请求精神损害赔偿。

第六十五条 因污染环境造成损害的，污染者应当承担侵权责任。

《中华人民共和国环境噪声污染防治法》

第六十一条 受到环境噪声污染危害的单位和个人，有权要求加害人排除危害；造成损失的，依法赔偿损失。

赔偿责任和赔偿金额的纠纷，可以根据当事人的请求，由生态环境主管部门或者其他环境噪声污染防治工作的监督管理部门、机构调解处理；调解不成的，当事人可以向人民法院起诉。当事人也可以直接向人民法院起诉。

《最高人民法院关于民事诉讼证据的若干规定》

第二条 当事人对自己提出的诉讼请求所依据的事实或者反驳对方诉讼请求所依据的事实有责任提供证据加以证明。

没有证据或者证据不足以证明当事人的事实主张的，由负有举证责任的当事人承担不利后果。

编写人：福建省泉州市中级人民法院　董耿瑜、庄丹钦

022

刑事被告人对生态环境修复责任的承担

——黄甲、黄某侨非法占用农用地案①

内容摘要：本案系厦门地区异地、延时补植复绿的首起案件，也是刑事被告人承担生态环境修复责任的典型案例。通过对案件事实和生态破坏及修复方案的客观性、可行性分析，合议庭通过允许异地修复、延时修复的方式，确保刑事被告人的生态环境修复责任落到实处，并实现最佳效果。长期以来，生态环境违法成本低、守法成本高的问题一直为社会各界所诟病，也在一定程度上导致了生态环境犯罪屡禁不止。要改变这一现象，大幅提升生态损害和环境污染者的违法成本势在必行。这个成本不仅体现在刑事责任的承担上，更要体现在生态环境的修复责任方面。本案即是对将生态环境案件“污染者担责、破坏者修复、司法公众共同监督”方式的一次有益探索。

关键词：非法占用农用地　生态环境修复责任

【裁判规则】

生态修复以原地修复为原则，但不排斥异地修复的可能性。根据案件特殊情况，可允许被告人采取异地补植复绿措施，由专业造林单位出具补植复绿作业设计书，经农林局聘请林业专家论证通过后，被告人与林地所有权人签订《补种复绿协议书》，并全额缴纳履约保证金。同时，根据植物生长的季节性，通过有效的后续监督与验收机制，延时补植复绿可保证最佳造林效果。

【典型案例】

〔案件索引〕

福建省厦门市同安区人民法院（2018）闽0212刑初374号刑事判决书

〔基本案情〕

厦门市同安区人民法院经公开审理查明：2005年前后，被告人黄甲等人未

---

① 本案例审判人员为：洪秀娟、叶采惠、刘兵华。

经林业主管部门审核批准，开始在位于厦门市翔安区新圩镇大帽山农场原由被告人黄甲的儿子黄某岩经营的养猪场基础上，逐年扩建猪舍及附属设施，从事生猪养殖工作。2015年8、9月期间，该养猪场被列入政府保留的生猪规模养殖场标准化升级改造项目后，被告人黄甲、黄某侨和黄乙等5人注册成立厦门市翔安区侨和禽畜专业合作社。同年12月，养猪场按要求修建发酵池、发酵床等环保设施后，通过项目改造验收并获得相应补助资金。侨和禽畜专业合作社成立后，养猪场仍由被告人黄甲、黄某侨二人实际经营，并在原有规模基础上继续扩建猪舍、饲料间等建筑物，占地从事生猪养殖。经依法鉴定，上述养猪场位于厦门市翔安区新圩镇大帽山山后桥20大班060、070、100、110小班，其中060、110林地属性为水土保持林，070林地属性为饮料林，100小班林地为一般用材林。2015年6月16日后，养猪场占用林地面积计18.2亩，其中猪舍、建筑面积17亩，包括一般林地10亩、水土保持林7亩；空地面积1.2亩（水土保持林），被占用林地的原有地形、地貌及土壤、水文等林业种植条件及原有植被遭受严重毁坏，被毁坏的立木蓄积量共计2.8立方米，经济价值人民币1820元。经补充鉴定，上述面积中的0.67亩建筑物实际属非林地。

2017年7月5日，被告人黄甲、黄某侨经电话通知后主动到公安机关投案，并如实供述自己的犯罪行为。

另查明，在本案审理期间，被告人黄甲、黄某侨委托厦门市东林东珠景观设计有限公司出具《厦门市翔安区侨和禽畜专业合作社“补植复绿”作业设计书》，承诺在厦门市大帽山农场27-010小班异地补种复绿36亩，保证抚育和管护三年，且与林地所有权权利人厦门市翔安区大帽山农场签订《补种复绿协议书》，缴纳履约保证金人民币12万元。林地所有权权利人厦门市翔安区大帽山农场出具谅解书，对两被告人的非法占地行为表示谅解。被告人黄甲、黄某侨各向本院预缴人民币1万元用于罚金刑的执行。

案件审理期间，经厦门市翔安区司法局对被告人黄甲、黄某侨进行审前社会调查，厦门市翔安区司法局出具评估意见为：被告人黄甲、黄某侨较适宜非监禁刑。

〔裁判结果〕

福建省厦门市同安区人民法院于2018年9月14日作出（2018）闽0212刑初374号刑事判决，判处：一、被告人黄甲犯非法占用农用地罪，判处拘役六个月，缓刑一年，并处罚金人民币1万元。二、被告人黄某侨犯非法占用农用地罪，判处拘役六个月，缓刑一年，并处罚金人民币1万元。宣判后，被告人黄甲、黄某侨未提出上诉，公诉机关未提出抗诉，判决已发生法律效力。

〔裁判理由〕

法院生效裁判认为：被告人黄甲、黄某侨违反土地管理法规，非法占用林地17.53亩，改变被占林地用途，数量较大，造成林地大量毁坏，其行为已构成非法占用农用地罪。公诉机关指控的罪名成立。本案系共同犯罪。被告人黄甲、黄某侨犯罪后自动投案并如实供述自己的罪行，系自首，依法可以从轻或者减轻处罚；被告人黄甲、黄某侨犯罪主观恶性较小，案发后自愿进行补种复绿，缴纳履约保证金，取得被害单位谅解，可酌情从轻处罚。综合以上量刑情节，结合厦门市翔安区司法局出具的审前社会调查评估意见，决定对被告人黄甲、黄某侨从轻处罚并适用缓刑。辩护人所提相关辩护意见，理由成立，予以采纳。

【法官评析】

本案系厦门地区异地、延时补植复绿的首起案件，也是刑事被告人承担生态环境修复责任的典型案例。

“谁污染谁买单，谁破坏谁修复”是生态环境案件处理的基本原则之一。然而，长期以来，受生态环境修复责任未能落到实处的影响，生态环境违法成本低、守法成本高的问题一直为社会各界所诟病，也在一定程度上导致了生态环境犯罪屡禁不止。要改变这一现象，大幅提升生态损害和环境污染者的违法成本势在必行。这个成本不仅体现在刑事责任的承担上，更要体现在生态环境的修复责任方面，将生态环境案件中“污染者受益、政府出钱、公众买单”的恶性循环转变为“污染者担责、破坏者修复、司法公众共同监督”的良性局面。在明确生态环境破坏者需承担修复责任的基础上，本案仍有两个问题需要明确：

一、原地修复还是异地修复

本案案情有一特殊之处，即被告人违法占地所建的生猪养殖场于2015年被翔安区政府出于“战略储备考量”，确定为生猪规模养殖标准化升级改造项目。根据升级改造项目要求，被告人注册成立了厦门市翔安区侨和禽畜专业合作社，并于同年 12 月建成发酵池、发酵床等环保配套设施后，通过项目改造验收并获得相应补助资金。目前，案涉养殖场为当地的规模化、标准化生猪养殖场，并经与相关部门联系确认，短期内确实难以找到适宜用地安排案涉生猪养殖场的搬迁事项。

本案中，被告人违法占地在先，政府确定为生猪规模养殖标准化升级改造项目在后，因此政府对养殖场的确认行为不能成为被告人违法占地的抗辩理由。但是，政府将案涉养殖场确定为生猪规模化养殖标准化升级改造项目后，被告人在资金和人力方面的投入客观存在，如拆除该养殖场，短期内亦可能对当地市场的生猪供应造成一定影响。因此，本案被告人向法院提出异地补植复绿申请。但当地农林局坚持原地补植复绿，双方各执己见，造成生态修复工作难以开展。

法院认为，根据福建省高级人民法院、福建省人民检察院、福建省公安厅、福建省司法厅联合发布的《关于在办理破坏环境资源刑事犯罪案件中健全和完善生态修复机制的指导意见》第九条之规定，生态修复一般在受损地进行，但受损地不具备修复条件的，也可以进行异地修复。可见，生态修复以原地修复为原则，但并不排斥异地修复的可能性。根据本案的特殊情况以及被非法占用地块多已进行过平整、水泥浇筑等硬化处理，导致土壤层破坏，不适宜植物生长的客观情况，合议庭决定同意被告人采取异地补植复绿措施，就近开展生态修复工作。由被告人出资聘请，专业造林单位出具了补植复绿作业设计书，经当地农林局聘请林业专家论证通过后，被告人与林地所有权人签订《补种复绿协议书》，并全额缴纳履约保证金，从而扭转了案件生态修复责任难以落到实处的窘境。

二、即时修复还是延时修复

本案公诉机关于 2018 年 6 月 19 日向法院提起公诉，其时正值盛夏，在之前的侦查、起诉阶段被告人均未进行补植复绿。受植物生长的季节性影响，此时已过了植树的最佳季节，如要求被告人当即开展补植复绿，存在所种树木成活率低的问题，后续大量补种不仅会造成无谓的浪费，也可能导致今后的成林效果不佳。因此，本案在认定被告人补植复绿是否到位的问题上，没有模式化地通过已补植复绿情况及验收报告来认定，而是允许被告人采取延时修复的方式，在确定补植复绿方案后，全额缴纳履约保证金，于判后第二年的春天开展补植复绿工作，保证生态修复的最佳效果。

笔者认为，生态修复能否切实到位不必拘泥于判前落实，关键在于有效的后续监督与验收机制。对于判处缓刑的案件，可通过法院、司法局、农林局、检察院及生态环境志愿者的共同监督，督促责任人按期保质保量完成生态修复工作。而对于无故拖延履行或者拒不履行的责任人，可充分运用履约保证金的保证功能，部分或全额没收以警示责任人或者进行替代履行，探索一条行之有效的生态修复之路。

当前，我国正处于社会经济的高速发展时期，必须坚决杜绝毁林占地以谋求更高经济利益的行为。同时，政府在推进相关利民便民工程时，也应进行综合考量，避免在防污治污的同时造成新的生态损害。本案中，政府在确定生猪规模养殖标准化升级改造项目前，未进行相关项目的占地性质调查，未及时掌握案涉养殖场毁林占地情况的问题，相关职能部门存在一定的失职，亦应引起警醒。

【相关法条】

《中华人民共和国刑法》

第三百四十二条 违反土地管理法规，非法占用耕地、林地等农用地，改变被占用土地用途，数量较大，造成耕地、林地等农用地大量毁坏的，处五年以下有期徒刑或者拘役，并处或者单处罚金。

编写人：福建省厦门市同安区人民法院　洪秀娟

023

替代性修复被破坏的环境资源可减轻或免予处罚

——朱某贵非法捕捞水产品案①

内容摘要： 破坏环境资源犯罪的被告人积极主动采取有效措施修复环境资源的，可减轻或免于处罚。

关键词： 刑事　破坏环境资源替代性修复可减轻或免予处罚

① 本案例一审合议庭成员：袁涛、张杰、方玲。

【裁判规则】

破坏环境资源犯罪的被告人积极主动采取有效措施修复环境资源的可减轻或免于处罚。

【典型案例】

〔案件索引〕

安康铁路运输法院（2018）陕7101刑初7号刑事判决书

〔基本案情〕

安康铁路运输法院经审理查明：2017年5月27日14时许，被告人朱某贵在紫阳县双桥镇葫芦颈水电站附近河道内（处于禁渔期），使用充电电瓶、增压器、通电网兜、通电杆（竹竿）电鱼，非法捕捞渔获物1.5kg，被紫阳县公安局双桥派出所民警当场查获。被告人朱某贵违反保护水产资源法规，在禁渔期使用禁用的工具、方法捕捞水产品，情节严重，其行为触犯了《中华人民共和国刑法》第三百四十条的规定，犯罪事实清楚，证据确实、充分，构成非法捕捞水产品罪。

在案件审理过程中，被告人朱某贵自愿修复其非法捕捞行为对生态环境的破坏，主动在安康市鱼种场购买鱼苗70斤，共计16800余尾，于2018年5月17日在渔政管理部门和有关单位的见证下全部投入汉江紫阳河段。

〔裁判结果〕

安康铁路运输法院于2018年5月21日作出（2018）陕7101刑初7号刑事判决书，判决：一、被告人朱某贵犯非法捕捞水产品罪，免于刑事处罚。二、作案工具：电瓶一个、增压器一台、通电网兜一个依法予以没收。

〔裁判理由〕

安康铁路运输法院经审理认为，被告人朱某贵违反保护水产资源法规，在禁渔期使用禁用的工具、方法捕捞水产品，其行为破坏环境资源保护制度，已构成非法捕捞水产品罪，公诉机关指控被告人朱某贵的罪名成立。被告人朱某贵归案后能如实供述自己的罪行，系坦白，可以从轻处罚。被告人朱某贵为弥补已对环境资源造成的破坏，主动向汉江投放鱼苗对环境资源进行修复，其犯罪主观恶性不大，认罪悔罪态度较好，可以免于刑事处罚。

【法官评析】

环境资源民事和行政公益诉讼解决了环境资源公共利益遭受破坏时无适格主体起诉、负有监管责任的行政机关不作为时适格原告缺失的问题，同时也为司法在保护环境资源领域发挥能动作用创设了一些新的裁判理念和方法。不同于民事和行政审判，刑事审判因其具有悠久的历史、缜密的程序、极其严厉的后果而形成了较为稳固且封闭的体系和裁判模式，这种特性既有秉持刑法谦抑性原则以避免刑罚打击面过大、保护人权的优点，也有不便于变通、不能很好地适应新情况、解决新问题的弊端。因此，如何将环境公益诉讼中积累的一些好的做法，以稳妥、适当的切入点融入现有的刑事审判中去，即有效地解决新问题而又不破坏刑事审判既有的框架模式，尚有待于进一步的探索。

传统刑事裁判模式中，除对犯罪分子课以刑罚外，对被害人遭受的损害一般以“退赔”和“附带民事”的方式予以救济。而破坏环境资源类犯罪先天具有“破坏公益”的属性，虽然刑事附带民事公益诉讼的新模式已开始在环境资源刑事审判领域中运用，但该模式下犯罪人是否积极履行附带民事判决所确定的“恢复原状”或“赔偿损失”义务，与其所承受的“刑罚”轻重并没有任何关联，一定程度上阻碍了犯罪人发挥主观能动性修复受损环境资源的积极性，并且刑事司法领域中的“受害人谅解”制度在该模式下亦完全没有运用的可能。

本案开创了一种全新的刑事司法理念，即破坏环境资源犯罪的被告人在案件审判期间，如果能够发挥主观能动性，积极主动地对已经遭受到破坏的环境资源进行有效修复，则可以在量刑时得到“减轻处罚或免于处罚”的优待。毕竟在涉环境资源类犯罪中，刑罚的作用不局限于“教育与挽救”，只有课以犯罪人对受损环境资源进行“恢复原状”的责任，才能真正实现保护环境资源的目的。这才是环境资源刑事审判的终极意义所在，得以与“修复为主”的环境资源公益民事、行政诉讼的价值追求相统一。如果这一环境资源刑事审判的新理念能够全面推广，势必会出现破坏环境资源类犯罪的被告人为了谋求减轻或免于处罚的优待，千方百计想方设法地对受损环境资源进行修复的局面。这一处理方法与现行刑法框架完全没有冲突，符合罪责刑相适应的基本刑法原则，符合宽严相济的刑事审判政策，是犯罪人认罪悔罪的主客观表现，与“受害人谅解制度”的精神一脉相承，其实现的效果符合环境资源审判所追求的终极目的，故而应当作为环境资源刑事审判的一项根本制度确立下来并全面推广。

【相关法条】

《中华人民共和国刑法》

第三百四十条 违反保护水产资源法规，在禁渔区、禁渔期或者使用禁用的工具、方法捕捞水产品，情节严重的，处三年以下有期徒刑、拘役、管制或者罚金。

编写人：安康铁路运输法院　张杰

五、环境资源刑事案件中的法律适用

024

恢复性司法理念在环境资源犯罪中的适用

——朱某秀非法占用农用地案①

内容摘要：如何在涉环境资源犯罪案件中促使被告积极履行环境修复义务，一直是环境资源案件审理中的一项重要工作。本案改变对被告人一判了之的审理思路，积极发挥能动司法作用，引入恢复性司法理念，以修复被破坏的环境资源为案件审理的重点，在判处被告人承担相应刑事责任的同时，要求其积极履行修复被破坏的土地资源义务，并委托第三方机构对修复效果进行鉴定，一体化解决惩罚违法犯罪和修复环境资源的问题，对该类案件的审理有一定的借鉴意义。

关键词：刑事　非法占用农地　环境公益诉讼　恢复性司法　保证金制度　林地恢复方案

【裁判规则】

对于检察机关要求被告人对被破坏的环境资源承担恢复原状的民事责任的刑事福建民事环境公益诉讼案件，应引入恢复性司法理念，以修复被破坏的环境资源为案件审理的重点，被告人先行缴纳资源恢复保证金，并由检察院委托林业部门对涉案林地制定《林地恢复方案》，在判处被告人承担相应刑事责任的同时，要求其按照《林地恢复方案》积极修复被破坏的环境资源，并委托第

① 本案例一审法院合议庭成员：刘文辉、陈斌、刘合升。

三方机构对修复效果进行鉴定，一体化解决惩罚违法犯罪和修复环境资源的问题。

【典型案例】

〔案件索引〕

河南省中牟县人民法院（2017）豫0122刑初1112号刑事附带民事判决书

〔基本案情〕

河南省中牟县人民检察院指控：2014年7月至2014年11月期间，被告人朱某秀未经县级以上林业主管部门批准，擅自在中牟县广惠街刘申庄村南林地内修建仓库，致使林地遭到破坏。经鉴定，郑州市中牟县刘申庄村西南涉嫌非法占用农用地案非法占用农用地面积7.0724公顷（合106.1亩）。被告人朱某秀于2016年9月20日到中牟县森林公安局投案。

公益诉讼机关诉称：2014年2月15日、4月17日，朱某秀分别与王某英、刘申庄村一组签订承包协议，承包了中牟县广惠街刘申庄村南林地100.793亩。经公安机关委托鉴定，面积为106.1亩。2014年7月至2014年11月，朱某秀未经批准，擅自毁坏承包地内的林地，用以硬化道路、修建仓库、开设陶瓷城，致使林地遭到破坏，朱某秀的行为已涉嫌构成非法占用农用地罪，应依法追究其刑事责任。同时，其行为也损害了社会公共利益，应依法承担民事责任，故请求法院：1. 依法追究朱某秀非法占用农用地罪的刑事责任；2. 判令朱某秀排除妨碍、恢复原状；3. 判令朱某秀支付评估费15600元。

被告人朱某秀对公诉机关指控的犯罪事实和罪名没有异议。针对公益诉讼机关的请求，被告人答辩称，愿意在郑州市“限土令”结束后，主动拆除涉案地块上的建筑物，并将涉案林地恢复原状。

被告人朱某秀的辩护人对公诉机关指控朱某秀犯非法占用农用地罪没有异议，但提出，被告人系自首，依法应当从轻处罚；系初犯、偶犯，认罪态度较好，请求对其从轻处罚并适用缓刑。

法院经审理查明：2014年7月至2014年11月期间，被告人朱某秀在未经县级以上林业主管部门批准的情况下，擅自在中牟县广惠街刘申庄村南林地内修建仓库，致使林地遭到破坏。经河南林业司法鉴定中心鉴定：1. 郑州市中牟县刘申庄村西南涉嫌非法占用农用地面积7.0724公顷（合106.1亩），其中占用林业用地6.2051公顷（合93.1亩），占用非林地0.8673公顷（合13.0亩），在占用的林业用地中，纯林为0.3249公顷（合4.9亩），林种为用材林，人工未成林为5.8802公顷（合88.2亩）。2.被占用的部分林地已被硬化和建成厂房，原有地形、地貌及植被遭到严重破坏，不能恢复原貌，面积为6.1453公顷（合92.2亩），其中包括人工未成林5.8204公顷（合87.3亩）和纯林用材林0.3249公顷（合4.9亩）；部分地块林地虽遭破坏，但地面未进行硬化，仍可恢复造林，面积为0.0598公顷（合0.9亩），全部是人工未成林。

被告人朱某秀于2016年9月20日到中牟县森林公安局投案。

另查明，2017年11月6日，公益诉讼机关中牟县人民检察院委托河南诚成资产评估事务所对被告人朱某秀涉案土地恢复原状所需费用进行评估，河南诚成资产评估事务所于2017年11月10日出具豫诚评报字（2017）第092号资产评估报告书，评估结论为：中牟县人民检察院委托的农地复垦费用在评估报告书给定的评估目的下，于评估基准日2017年11月8日所表现的市场价值为80.16万元，单价合7555.43元/亩。其中砖砌体拆除、运输费用为191952元，地面硬化拆除、运输费用为264572元，钢构体拆卸、运费为289000元，覆土费用为21040.11元，养护费用为35066.84元，合计801630.95元。公益诉讼机关为此支出评估费用15600元。2017年12月14日，公益诉讼机关委托中牟县林业园林局对朱某秀涉案林地制定土地修复方案。2017年12月15日，中牟县林业园林局制定《朱某秀涉案林地恢复方案》，载明：将占用地块的建筑及硬化地面全部拆除，拆除后，建筑垃圾全面清理完毕后，需就近取土进行覆盖，覆土深度不小于1米，将所占地块恢复至适宜造林地块。

再查明，被告人朱某秀承诺按照现行国家标准对涉案林地进行恢复，并自愿缴纳85万元作为林地恢复的保证金。公益诉讼机关中牟县人民检察院于2017年12月18日向本院出具牟检民公函（2017）01号，函请本院对被告人名下85万元银行存款进行保全。本院于2017年12月18日作出（2017）豫0122刑初1112号裁定：将被申请人朱某秀银行存款85万元予以冻结。

〔裁判结果〕

河南省中牟县人民法院于2017年12月20日作出（2017）豫0122刑初1112号刑事附带民事判决：一、被告人朱某秀犯非法占用农用地罪，判处有期徒刑二年零二个月，缓刑三年，并处罚金人民币40000元。二、被告人朱某秀于本判决生效之日起六个月内排除妨碍，并按照本院确认的《朱某秀涉案林地恢复方案》恢复原状。宣判后，被告人朱某秀未提出上诉，判决已发生法律效力。

〔裁判理由〕

法院生效裁判认为：被告人违反土地管理法规，非法占用农用地，改变被占用土地用途，数量较大，造成农用地大量毁坏，其行为已构成非法占用农用地罪。公诉机关指控被告人犯非法占用农用地罪的事实清楚，证据确实充分，本院予以支持。

被告人朱某秀辩护人提出，被告人系自首，初犯、偶犯，认罪态度较好，愿意将涉案林地恢复原状，并提供林地恢复保证金85万元，请求对其从轻处罚并适用缓刑的辩护意见；经查，该意见有事实和法律依据，本院予以采纳。

根据《中华人民共和国刑法》第三百四十二条的规定，对被告人朱某秀应在“五年以下有期徒刑或者拘役，并处或者单处罚金”的量刑幅度内判处刑罚。本案在量刑时考虑以下情节：1. 被告人犯罪以后自动投案，如实供述自己的罪行，系自首，依法可以从轻处罚。2. 被告人系初犯，可酌情从轻处罚。3. 被告人承诺按照现行国家标准对涉案林地进行恢复，并自愿缴纳85万元作为履行恢复义务的保证金，本院已就该款采取诉讼财产保全措施，可酌情从轻处罚。综合上述情节，被告人朱某秀犯罪情节较轻，有悔罪表现，没有再犯罪的危险，宣告缓刑对所居住社区没有重大不良影响，依法可以宣告缓刑。

环境侵权责任纠纷案件中，原告请求恢复原状的，人民法院可以依法裁判侵权人承担环境修复责任。本案中，被告人朱某秀在未经县级以上林业主管部门批准的情况下，擅自毁坏承包地内的林地，用以硬化道路、修建仓库、开设陶瓷城，且截至目前其所建地块上建筑物尚未拆除完毕，故其应当承担排除妨碍、恢复原状的民事责任。故公益诉讼机关要求被告人排除妨碍、恢复原状的诉讼请求，本院予以支持。

公益诉讼机关委托中牟县林业园林局制定的《朱某秀涉案林地恢复方案》，各方均无异议，本院予以确认。该方案显示：应将占用地块上的建筑物及地面硬化全部拆除，建筑垃圾全面清理完毕，就近取土进行覆盖，覆土深度不小于1米，将所占地块恢复至适宜造林地块。故被告人朱某秀应当在本判决确定的期限内按照本院确认的《林地恢复方案》履行恢复义务。公益诉讼机关主张评估费用15600元，属于诉讼合理支出，本院予以支持。

【法官评析】

本案是一起典型的非法占用农用地资源类刑事案件，随着我国鼓励农村土地合理开发利用政策的不断推进，非法占用农用地、改变土地用途的现象非常突出，既违反了国家基本土地政策，又对农村生态环境造成了严重破坏。传统刑事司法仅注重对环境犯罪行为人的惩罚，而忽略对损害结果的治理，不利于惩治环境犯罪目的的实现，无法在环境资源修复方面体现司法强制力的作用。最高人民法院《关于充分发挥审判职能作用为推进生态文明建设与绿色发展提供司法服务和保障的意见》规定："落实以生态环境修复为中心的损害救济制度，统筹适用刑事、民事、行政责任，最大限度修复生态环境。""遵循恢复性司法要求，积极探索限期履行、劳务代偿、第三方治理等生态环境修复责任承担方式。"因此，如何有效落实最高人民法院的要求，树立合理的环境司法理念，确保被破坏的环境资源得到及时修复，一直是环资审判工作的重点。

本案在审理过程中突破传统刑事司法的局限，引入恢复性司法理念，该理念强调对犯罪结果的恢复，注重对环境资源所遭受的损害进行修复。具体而言，由检察院提起附带民事环境公益诉讼，并委托林业部门制定《林地修复方案》，要求被告人按照方案将被破坏的林地恢复原状。案件审理过程中，被告人承诺按照现行国家标准对涉案林地进行恢复，为保证被告人依法履行恢复原状义务，检察院函请本院对被告人名下 85 万元银行存款进行保全。本院依法作出裁定：将被告人银行存款 85 万元予以冻结。如果其依法将涉案土地恢复原状，经由申请，法院将依法对该款项予以解封。

本案的创新点在于：一是由检察院提起刑事附带民事环境公益诉讼，弥补了无人提起民事诉讼的空缺。本案中，被告人非法占用的为中牟县广惠街刘申庄村集体的土地，但是该村不提起民事诉讼，为保障被破坏的土地资源及时得到恢复，检察院积极履职，主动提起刑事附带民事环境公益诉讼，要求被告人排除妨碍，恢复原状。二是引入第三方评估鉴定。由公益诉讼人委托有资质的林业部门出具《涉案林地恢复方案》，法院判决要求被告人按照该方案将涉案土地恢复原状。恢复后，法院委托第三方对土地恢复情况进行验收。三是建立生态修复保证金制度。经检察院委托，对涉案土地恢复原状所需要的费用进行评估，经评估，涉案土地复垦费用为80.16万元。被告人自愿缴纳林地恢复保证金，经检察院函请，法院对被告人名下85万元银行存款进行保全。确保涉案土地能够恢复原状，在被告人不能恢复的情况下，由公益诉讼人或者第三方替代履行。

本案是郑州市法院系统审理的第一起由检察院提起的刑事附带民事环境公益诉讼，进一步深化涉环境资源保护的联动协调机制，严厉打击了涉环境资源的刑事犯罪，最大程度地发挥环境资源保护的司法作用，更好地保护、改善、修复我们的生态、生活环境。

【相关法条】

《中华人民共和国刑法》

第三百四十二条 违反土地管理法规，非法占用耕地、林地等农用地，改变被占用土地用途，数量较大，造成耕地、林地等农用地大量毁坏的，处五年以下有期徒刑或者拘役，并处或者单处罚金。

《中华人民共和国土地管理法》

第四十二条 因挖损、塌陷、压占等造成土地破坏，用地单位和个人应当按照国家有关规定负责复垦；没有条件复垦不符合要求的，应当缴纳土地复垦费，专项用于土地复垦。复垦的土地应当优先用于农业。

《中华人民共和国民事诉讼法》

第五十五条第二款 人民检察院在履行职责中发现破坏生态环境和资源保护、食品药品安全领域侵害众多消费者合法权益等损害社会公共利益的行为，在没有前款规定的机关和组织或者前款规定的机关和组织不提起诉讼的情况下，可以向人民法院提起诉讼。前款规定的机关或者组织提起诉讼的，人民检察院可以支持起诉。

《最高人民法院关于审理环境侵权责任纠纷案件适用法律若干问题的解释》

第十四条 被侵权人请求恢复原状的，人民法院可以依法裁判污染者承担环境修复责任，并同时确定被告不履行环境修复义务时应当承担的环境修复费用。

《最高人民法院关于审理环境民事公益诉讼案件适用法律若干问题的解释》

第二十条第一款 原告请求恢复原状的，人民法院可以依法判决被告将生态环境修复到损害发生之前的状态和功能。无法完全修复的，可以准许采取替代性修复方式。

编写人：河南省郑州市中级人民法院　郭红伟

河南省郑州市中牟县人民法院　刘文辉、黄小宁

025

恢复性司法手段在涉环境资源案件中的运用

——蒋某刚、谌某宇等犯非法捕捞水产品罪案①

内容摘要：在环境刑事司法中引入恢复性司法理念旨在实现刑事处罚与生态环境恢复的双重效果，当前实务中适用的补植复绿、增殖放流、支付生态修复费用、替代性修复方式、发布禁止令等恢复性手段对于恢复被损害的生态环境有积极的作用，但是在现行法律规范下，依循罪刑法定原则，将之作为具体的判决内容尚存在合法性质疑，但在涉环境资源类刑事犯罪中，将是否采取了恢复性措施作为被告人的重要量刑情节予以考量，合法且合理。本案中，鼓励被告人购买鱼苗放生，对被破坏的水域生态环境进行修复，并依法对其从轻处罚。

关键词：涉环境资源　恢复性司法　非法捕捞水产品罪

【裁判规则】

被告人出资购买鱼苗在黄沙坪资江水域放生，有利于资江水域生态得到有效恢复，可依法从轻处罚。

【典型案例】

〔案件索引〕

湖南省安化县人民法院（2017）湘0923刑初144号刑事判决书

① 本案例一审案件承办法官：刘克强。

〔基本案情〕

湖南省安化县人民法院审理查明：为加强渔业资源保护和改善渔业水域生态环境，促进安化县渔业资源可持续发展，安化县人民政府以安政通（2016）4号文件规定每年3月1日至6月30日为禁渔期，县域资江干流均为禁渔区。2017年4月21日，被告人蒋某刚、谌某宇、谌某强三人明知系禁渔期，仍然共谋在禁渔区用电捕鱼。次日凌晨1时许，三人来到东坪镇黄沙坪社区资江河段，由被告人蒋某刚驾驶铁皮船，被告人谌某宇和谌某强负责捕鱼，使用电力在该区域非法捞鱼约一个小时，共计捕捞河鱼7.2斤。被告人蒋某刚、谌某宇、谌某强在准备上岸时被安化县农业和粮食局工作人员当场查获。谌某强中途逃逸后于2017年5月15日主动投案。被告人蒋某刚、谌某宇、谌某强到案后如实供述了上述犯罪事实。

〔裁判结果〕

湖南省安化县人民法院于2017年8月11日作出（2017）湘0923刑初144号刑事判决书，判决如下：一、被告人蒋某刚犯非法捕捞水产品罪，判处拘役二个月，缓刑三个月；二、被告人谌某宇犯非法捕捞水产品罪，判处拘役二个月，缓刑三个月；三、被告人谌某强犯非法捕捞水产品罪，判处拘役二个月，缓刑三个月。宣判后，三被告人未提出上诉，判决已发生法律效力。

〔裁判理由〕

法院生效裁判认为：被告人蒋某刚、谌某宇、谌某强违反保护水产资源法规，在禁渔期、禁渔区使用禁用的工具、禁用的方法非法捕捞水产品，其行为已触犯《中华人民共和国刑法》第三百四十条之规定，犯罪事实清楚，证据确实、充分，安化县人民检察院指控的罪名成立，应当以非法捕捞水产品罪追究蒋某刚、谌某宇、谌某强的刑事责任。本案系共同犯罪，被告人蒋某刚、谌某宇、谌某强在犯罪中均起主要作用，均系主犯。被告人蒋某刚、谌某宇到案后均如实供述其犯罪事实，依法可以从轻处罚；被告人谌某强系投案自首，依法从轻处罚；案发后，被告人蒋某刚出资一万元购买鱼苗于黄沙坪资江水域放生，有利于资江水域生态得到有效恢复，可以从轻处罚。根据被告人蒋某刚、谌某华、谌某强的犯罪事实、行为性质、情节及对于社会的危害程度与悔罪表现，并经安化县司法局社区矫正调查评估，认为适用缓刑对其所居住社区没有重大不良影响，可以宣告缓刑。

【法官评析】

一、恢复性司法的内涵和价值

恢复性司法的核心在于对犯罪行为所造成的损害状态进行修复。恢复性司法理念在国内最早是适用于青少年犯罪和刑事和解制度中，自党的十八大以来，这一概念逐渐被引入环境司法中。环境司法中的恢复性司法是指“通过司法裁判，责令损害生态环境的责任人，对损害的生态环境进行有效修复，保证生态系统恢复到损害之前水平或者让生态保持平衡”。①

生态环境关涉千万家，属于全民“公地”，几乎所有涉及环境资源的犯罪行为的受影响的对象都不是单一的。基于这一特殊性，环境犯罪不同于其他类型的犯罪，适用传统的“犯罪者——受害者”之间简单的“破坏——赔偿”的逻辑理论不能真正地保护受害者，因为在部分环境资源类犯罪中，如大气、水、土壤污染等，除了直接的受害者之外，还有大量潜在受害者不能确定，其合法权益无法获得有效救济。在环境刑事司法中引入恢复性司法理念，旨在改变以往“破坏者/污染者服刑、破坏/污染状态依旧”的尴尬局面，同时也使潜在受害者的权益得到保护。并且，从某种程度上而言，在涉环境资源类犯罪中，恢复损害要比纯粹的惩罚有价值得多，而传统刑罚单纯的否定性评价未能“在满足制裁犯罪的同时实现修复环境损害的特殊要求”。②

二、恢复性司法在涉环境资源类案件中的具体方式

恢复性司法理念的中心在于怎样修复犯罪行为所造成的伤害。任何理念只有付诸实践才具有现实意义。恢复性司法手段不具有特定性、唯一性，不同类型的环境资源犯罪有不同的恢复方式。当前我们的环境司法中包括“补植复绿”“增殖放流”“支付生态修复费用”“替代性修复方式”等方式。

补植复绿主要适用于破坏草原、森林等案件中，如2015年，湖南省安化县委政法委牵头，联合检察、林业、司法、森林公安等单位发布《安化县破坏森林资源刑事案件生态补偿工作机制（试行）》，在森林失火、盗伐、滥伐、故意毁坏林木及非法占用林地等刑事犯罪案件中探索适用“补植令”“禁伐令”，

---

① 张智全：《让修复性司法助力生态环境保护》，载《人民法院报》2018年6月8日第002版。

② 王树义、赵小姣：《环境刑事案件中适用恢复性司法的探索与反思——基于184份刑事判决文书样本的分析》，载《安徽大学学报（哲学社会科学版）》2013年第3期。

机制试行以来，共恢复植被400余亩；增殖放流主要适用于非法捕捞水产品罪案件中，如本案中，三被告人用电捕捞河鱼共计7.2斤，事后购买一万元鱼苗投入被破坏水域，除去可能的损耗，应当能够预计其放生的河鱼数量超过其捕捞的数量，三人的破坏后果能够得以恢复；[①] 支付修复费用相比而言不具有措施的针对性，主要适用于土壤、水域污染的案件中。首先由第三方对污染状态进行评估，计算可能需要的修复费用，破坏者缴纳相当的修复费用，存入专门的账户，该笔费用仅用于修复被破损的环境。如原告中华环保联合会与被告宜春中安公司等环境污染责任公益诉讼案、修复费用高达1.9亿元的江苏省靖江市"9·11"污染环境案等案件；替代性修复方式主要适用于不符合现场修复条件，但有替代性修复必要的情形，如绍兴市店口镇8家企业共同出资115万元建设生态警示公园[②]、重庆市江津区人民法院审理的余某某非法采矿一案[③]中选定位于江津区李市镇两岔国有林场的火烧林地进行"造林复绿"替代修复。此外，诸如非法占用农用地罪案件中，土地已被用于修建住房的，在不能拆除住房的情况下，可以采取在其他荒芜地带植树造林、种植草地等方式予以替代性修复。

当然，随着司法实务中新问题的不断涌现，恢复性司法手段也需要不断创新，诸如提供公益环保劳动等。

三、恢复性司法方式的法律地位

上述恢复性司法手段在刑事犯罪中均没有规定，实务中具体适用主要分为两种方式[④]：第一种是判决判项模式，如在钟某某滥伐林木一案中，法院直接在判决主文中表述"被告人钟某某在本判决生效之日起90日内在本院指定地点补种树苗160株"，[⑤] 二审维持了原判；第二种是量刑情节模式，这种模式将恢复性司法手段作为量刑情节予以评价，如本案中将三被告人投放鱼苗的行为

---

① 此外，笔者检索中国裁判文书网，四川省文兴县（2017）川1528刑初172号、（2017）川1528刑初181号等案件中均有关于增殖放流的行为。

② 《垃圾堆放场变身生态警示园》，载《中国环境报》电子版，2018年1月16日。

③ 重庆市江津区人民法院（2018）渝0116刑初438号一审刑事判决书；《江津实施生态环境损害替代性修复措施》，载于 http：//www.cqtl.cn/Article/ShowArticle.asp？ArticleID = 80399，最后访问时间2018年10月1日。

④ 余德厚、任洪涛：《环境审判非刑罚处罚措施的生成及完善路径》，载《行政与法》2017年第1期。

⑤ 贵州省清镇市法院（2014）清环保刑初字第35号一审刑事判决；贵州省贵州市中级人民法院（2015）筑环保刑终字第2号刑事判决书。

作为从轻处罚的情节着重考量。

第一种模式将恢复性司法手段作为刑罚的种类之一，能够以判决的形式明确生态恢复的方式及内容，并且在被告人不予执行的情况下可以申请强制执行，具有最强的威慑力。但现行刑法明确规定了刑罚的种类，虽然支付生态修复费用与罚金都是以金钱的方式，但是罚金必须上缴国库，而生态修复费用是专款专用于环境修复，两者有明显区别。即使刑法第三十七条规定了赔礼道歉、赔偿损失等非刑罚性处置措施，但法条同时限定了其适用范围为“情节轻微不需要判处刑罚的案件”，而绝大多数采取恢复性手段的案件均达到了被刑事追究的程度。因此，在现行刑法规范下，依循罪刑法定原则，实务中不能创设新的刑罚种类，上述恢复性司法方式不是也不可能是刑罚的代替或者代替性的刑罚，更不是新型刑罚种类，承办人在单纯的刑事案件中不能课予被告人承担刑法规定的刑罚种类之外的刑罚，以免遭受质疑。

当然，在盗伐、滥伐林木罪案件中同时宣告禁伐令、在非法捕捞水产品罪案件中宣告禁渔令等发布相关的禁止令的方法符合法律规定。但在部分刑事附带民事诉讼或者公益诉讼中，原告人或者公益诉讼起诉人提出了相关的诉讼请求的情况下，法院应当依法作出判决。补植复绿、增殖放流等方式的实质是恢复原状，支付修复费用是赔偿损失，均是符合民事诉讼规定的赔偿方式。

第二种模式为大多数案件所采用。虽然恢复性手段作为刑罚种类可能遭受合法性质疑，不能作为刑罚的替代方式，但考虑到其对生态恢复的实效，完全能够作为环境刑事司法的辅助性措施，恢复因犯罪行为导致的环境资源破坏状态。恢复性司法手段在一定程度上实现了“被告人得到应有惩罚、受害人得到合理赔偿、受损的环境得以恢复”① 的“一判三赢”，因此，在被告人采取了恢复性措施对受损的环境予以修复的，国家让渡出部分刑罚权，在本应判处的刑罚的基础上减轻处罚。再者，被告人是否采取恢复性措施、是否积极赔偿损失，反映了其犯罪之后的认罪、悔罪态度，对于认罪、悔罪态度好的，可酌情从轻、减轻处罚。如本案中，被告人购买鱼苗在被破坏水域放生，一定程度上反映了被告人主观上对损害后果的积极弥补心态，法院因此将被告人购买鱼苗放生的行为作为酌定减轻处罚的情节予以考虑，最终适用缓刑。

恢复性司法手段对恢复受损生态环境成效显著，并且避免了执行难的困

① 徐以祥、王宏：《论生态修复性司法》，载《人民司法（应用）》2016 年第 13 期。

境，极具经济效益，但法律名分的缺位难免使其陷入某种尴尬境地，当前恢复性司法手段均以地方性法规的形式存在，对于恢复性司法手段的内容、适用范围、适用程序、适用标准等均没有统一的规定。如何逐步使这些徘徊在合法与非法之间的恢复性手段合法化、明确化，实现法律效果与生态效果的统一，是立法者与司法者面临的难题，也是环境刑事司法的重要研究课题。

四、小结

为回应人民群众对环境司法的新期待，为生态环境保护贡献司法力量，司法机关在审判实务中应当秉持生态修复司法理念，创新修复方式，严厉打击涉环境资源类刑事犯罪，充分运用司法手段修复受损生态环境。环境刑事司法与普通的刑事司法对比有其特殊性，不仅在于预防与惩罚效用，更重要在于修复，能够实现环境刑事司法惩罚犯罪与保护生态的双重正义，最大限度发挥司法护航生态保护的力量。

【相关法条】

《中华人民共和国刑法》

第六十七条 犯罪以后自动投案，如实供述自己的罪行的，是自首。对于自首的犯罪分子，可以从轻或者减轻处罚。其中，犯罪较轻的，可以免除处罚。

被采取强制措施的犯罪嫌疑人、被告人和正在服刑的罪犯，如实供述司法机关还未掌握的本人其他罪行的，以自首论。

犯罪嫌疑人虽不具有前两款规定的自首情节，但是如实供述自己罪行的，可以从轻处罚；因其如实供述自己罪行，避免特别严重后果发生的，可以减轻处罚。

第三百四十条 违反保护水产资源法规，在禁渔区、禁渔期或者使用禁用的工具、方法捕捞水产品，情节严重的，处三年以下有期徒刑、拘役、管制或者罚金。

编写人：湖南省安化县人民法院　张飞律

026

非法狩猎罪、掩饰隐瞒犯罪所得罪在涉鸟类等野生动物犯罪中的认定

——张某刚、刘某明等犯非法狩猎罪、犯掩饰隐瞒犯罪所得罪案①

内容摘要：被告人违反狩猎法规，在唐山市人民政府规定的禁猎区、禁猎期非法狩猎。非法设立圈养育肥窝点，明知是他人非法猎捕的被列入国家保护的有益的或者有重要经济、科学研究价值的陆生野生动物名录的野生鸟类而大量收购，共计收受、猎捕野生鸟类 11381 只。包括黄胸鹀，栗鹀，黄眉鹀，普通朱雀等，这些鸟类均属列入《国家保护的有益的或者有重要经济、科学研究价值的陆生野生动物名录》的野生动物。其中的野生鸟活体 10332 只已经放飞，620 只野生鸟死亡，其价值 9264 元。最后，法院以张某刚犯非法狩猎罪，犯掩饰、隐瞒犯罪所得罪，数罪并罚，判处有期徒刑二年二个月，并处罚金一万元。

关键词：非法猎捕野生鸟类　圈养育肥　捂死　放飞　掩饰、隐瞒犯罪所得罪

【裁判规则】

明知是他人非法猎捕的被列入国家保护的有益的或者有重要经济、科学研究价值的陆生野生动物名录的野生鸟类而大量收购，非法设立圈养育肥窝点，其行为均已构成掩饰、隐瞒犯罪所得罪，因被告人到案后如实供述其犯罪罪行，认罪、悔罪，愿缴纳罚金、犯罪所得和赔偿损失，依法和酌情从轻处罚。

【典型案例】

〔案件索引〕

河北省唐山市丰润区人民法院（2018）冀 0208 刑初 145 号刑事附带民事判决

河北省唐山市中级人民法院（2018）冀 02 刑终 676 号刑事裁定书

---

① 本案例一审法院合议庭成员：赵剑锋、刘秋红、郭子靓；二审法院合议庭成员：李岩、朱正、贾慧贤。

〔基本案情〕

河北省唐山市丰润区人民检察院指控，2017年8月至9月期间，被告人张某刚、刘某明、李某富三人合伙出资在唐山市丰润区王官营镇何家峪村设立三个圈养育肥窝点，非法大量收购他人捕猎的野生鸟类，圈养育肥，伺机高价出售。同时，三被告人还合伙购买捕猎工具，于2017年9月2日至9月22日期间，在唐山市丰润区王官营镇皈依寨村、珠峪村非法捕猎野生鸟类300只。2017年9月21日晚，三被告人将野生鸟活体400只捂死后，在被告人陈某桐的带领下非法出售给李某博（另案处理），交易金额7064元。2017年9月23日，公安民警在三被告人非法设立的圈养育肥场所当场查获野生鸟活体10330只，在三被告人非法捕猎现场当场查获架网粘鸟的网具6排，上附野生鸟死体220只，活体2只。

2017年8月至9月期间，被告人陈某桐四次从张某刚处非法收购野生鸟活体共计1429只，交易金额11583元。

被告人刘某华于2017年9月2日至22日在唐山市丰润区王官营镇西胡各庄村南自己承包地内非法捕猎野生鸟活体1800只，全部卖给张某刚，交易金额9000元。

被告人李某文于2017年8月至9月在唐山市丰润区火石营镇北曹庄村南侧腰带山山腰非法捕猎野生鸟活体1000余只，全部卖给张某刚，交易金额6000元。

被告人闫某超于2017年9月在唐山市丰润区火石营镇大岭沟村第一养殖场南侧非法捕猎野生鸟活体700余只，全部卖给张某刚，交易金额3000元。

被告人符某华于2017年9月在唐山市丰润区火石营镇高庄村村北果园地里非法捕猎野生鸟活体400余只，全部卖给张某刚，交易金额2000余元。

被告人马某连于2017年9月在唐山市丰润区王官营镇何家峪村后山自己承包地里非法捕猎野生鸟活体1000余只，全部卖给张某刚，交易金额7000余元。

被告人张某娟于2017年9月在唐山市丰润区王官营镇何家峪村南山非法捕猎野生鸟活体600余只，全部卖给张某刚，交易金额2000余元。

被告人刘某星在唐山市丰润区火石营镇刘庄村村西崖子山顶非法捕猎野生鸟活体40余只，全部卖给张某刚，交易金额300元。

被告人王某金于2017年9月在唐山市丰润区火石营镇东吕各庄村非法捕猎野生鸟活体230只，全部卖给张某刚，交易金额700余元。

公诉机关就上述犯罪事实向法庭提交了相应的证据。

公诉机关认为，被告人张某刚、刘某明、李某富明知是非法狩猎的野生动物而收购，违反狩猎法规，在禁猎区、禁猎期进行狩猎，破坏野生动物资源，情节严重，其行为分别触犯了《中华人民共和国刑法》第三百一十二条、第三百四十一条第二款，犯罪事实清楚，证据确实、充分，应当以掩饰、隐瞒犯罪所得罪、非法狩猎罪追究其刑事责任。被告人陈某桐明知是非法狩猎的野生动物而收购，其行为触犯了《中华人民共和国刑法》第三百一十二条，犯罪事实清楚，证据确实、充分，应当以掩饰、隐瞒犯罪所得罪追究其刑事责任。被告人刘某华、马某连、闫某超、李某文、张某娟、刘某星、王某金、符某华违反狩猎法规，在禁猎区、禁猎期进行狩猎，破坏野生动物资源，情节严重，其行为触犯了《中华人民共和国刑法》第三百四十一条第二款，犯罪事实清楚，证据确实、充分，应当以非法狩猎罪追究其刑事责任。请依法判处。

附带民事诉讼原告人河北省唐山市丰润区人民检察院诉称，在追究各被告人刑事责任的基础上，依法判决被告人张某刚、刘某明、李某富赔偿因非法狩猎造成栗鹀220只死亡价值2200元，掩饰、隐瞒犯罪所得造成朱雀400只死亡价值7064元，被告人张某刚、刘某明、李某富、陈某桐赔偿因掩饰、隐瞒犯罪所得造成野生鸟1429只损失价值11583元，四被告人共计赔偿损失20847元。

被告人张某刚对公诉机关指控的犯罪事实予以供认，并当庭表示认罪。对给国家造成的经济损失愿意进行赔偿。

被告人刘某明对公诉机关指控的犯罪事实予以供认，并当庭表示认罪。对给国家造成的经济损失愿意进行赔偿。

辩护人马秋平提出如下辩护意见：一、被告人刘某明在本案中应属从犯；二、被告人刘某明主观恶性较小，情节较轻微，应减轻处罚；三、被告人刘某明系初犯、偶犯，认罪态度好等酌定从轻处罚情节。给被告人刘某明一个改过自新的机会，以适用缓刑为宜。

被告人李某富对公诉机关指控的犯罪事实予以供认，并当庭表示认罪。对给国家造成的经济损失愿意进行赔偿。

辩护人李某锋提出如下辩护意见：一、对本案定性没有异议；二、关于非法狩猎的数量应当认定为账本记载的270只加网上死体鸟220只，加网上活体鸟2只，共计492只，而非起诉书认定的522只；三、本案中尚有3769只野生鸟类来源不明，不应认定为被告人李某富的犯罪数量；四、被告人李某富具有以下法定、酌定从轻处罚情节：1. 主动认罪，认罪态度较好，2. 在共同犯罪中所起的作用相对较小，3. 积极赔偿损失，4. 大部分野生鸟类被放飞，没有对环境造成严重的损害后果，5. 积极退赃，6. 被告人系初犯；五、对被告人李某富适用缓刑，给其一次改过自新的机会。

其他辩护人对公诉机关指控的犯罪事实予以供认，并当庭表示认罪。

法院经审理查明：2017 年 8 月至 9 月期间，被告人张某刚、刘某明、李某富三人合伙出资在唐山市丰润区王官营镇何家峪村设立三个圈养育肥窝点，非法大量收购他人捕猎的野生鸟类，圈养育肥，伺机高价出售。向被告人刘某华非法收购野生鸟活体共计 1800 只，交易金额 9000 元；向被告人李某文非法收购野生鸟活体共计 1000 余只，交易金额 6000 余元；向被告人闫某超非法收购野生鸟活体共计 700 余只，交易金额 3000 余元；向被告人符某华非法收购野生鸟活体共计 400 余只，交易金额 2000 余元；向被告人马某连非法收购野生鸟活体共计 1000 余只，交易金额 7000 余元；向被告人张某娟非法收购野生鸟活体共计 600 余只，交易金额 2000 余元，向被告人刘某星非法收购野生鸟活体共计 40 余只，交易金额 300 元；向被告人王某金非法收购野生鸟活体共计 230 只，交易金额 700 余元。2017 年 9 月 21 日晚，三被告人将野生鸟活体 400 只捂死后，在被告人陈某桐的带领下非法出售给李某博（另案处理），交易金额 7064 元。2017 年 9 月 23 日，公安民警在三被告人非法设立的圈养育肥场所当场查获野生鸟活体 10330 只。同时，三被告人还合伙购买捕猎工具，于 2017 年 9 月 2 日至 9 月 22 日期间，在唐山市丰润区王官营镇皈依寨村、珠峪村非法捕猎野生鸟类 300 只。2017 年 9 月 23 日，公安民警在三被告人非法捕猎现场当场查获架网粘鸟的网具 6 排，上附野生鸟死体 220 只，价值 2200 元，野生鸟活体 2 只。

2017 年 8 月至 9 月期间，被告人陈某桐四次向张某刚、刘某明、李某富非法收购野生鸟活体共计 1429 只，交易金额 11583 元。

被告人刘某华于 2017 年 9 月 2 日至 22 日在唐山市丰润区王官营镇西胡各庄村南自己承包地内非法捕猎野生鸟活体 1800 只，全部卖给被告人张某刚、刘某明、李某富，交易金额 9000 元。

被告人李某文于 2017 年 8 月至 9 月在唐山市丰润区火石营镇北曹庄村南侧腰带山山腰非法捕猎野生鸟活体 1000 余只，全部卖给被告人张某刚、刘某明、李某富，交易金额6000余元。

被告人闫某超于2017年9月在唐山市丰润区火石营镇大岭沟村第一养殖场南侧非法捕猎野生鸟活体700余只，全部卖给被告人张某刚、刘某明、李某富，交易金额3000余元。

被告人符某华于2017年9月在唐山市丰润区火石营镇高庄村村北果园地里非法捕猎野生鸟活体400余只，全部卖给张某刚、刘某明、李某富，交易金额2000余元。

被告人马某连于2017年9月在唐山市丰润区王官营镇何家峪村后山自己承包地里非法捕猎野生鸟活体1000余只，全部卖给张某刚、刘某明、李某富，交易金额7000余元。

被告人张某娟于2017年9月在唐山市丰润区王官营镇何家峪村南山非法捕猎野生鸟活体600余只，全部卖给张某刚、刘某明、李某富，交易金额2000余元。

被告人刘某星在唐山市丰润区火石营镇刘庄村村西崖子山顶非法捕猎野生鸟活体40余只，全部卖给被告人张某刚、刘某明、李某富，交易金额300元。

被告人王某金于2017年9月在唐山市丰润区火石营镇东吕各庄村非法捕猎野生鸟活体230只，全部卖给被告人张某刚、刘某明、李某富，交易金额700余元。

2017年9月23日唐山市森林公安局将被告人张某刚、刘某明、李某富抓捕归案，并扣押张某刚收购交易账本1个、野生鸟活体、死体10552只；扣押刘某明人民币10700元、信用社自动柜员机客户通知书3份、账本2个、手机2个；扣押张某刚、刘某明、李某富鸟笼672个、喂鸟谷子27袋。2017年10月25日唐山市森林公安局将汉沽分局刑警大队抓获的被告人陈某桐押解回唐，依法刑事拘留，并扣押陈某桐手机一个。2017年11月13日被告人张某娟向唐山市森林公安局投案自首，2017年11月20日被告人刘某华、马某连向唐山市森林公安局投案自首，2017年11月21日唐山市森林公安局扣押刘某华竹竿5根、粘鸟网4片。2017年12月1日被告人李某文、闫某超、符某华、刘某星向唐山市森林公安局投案自首；2017年12月4日被告人王某金向唐山市森林公安局投案自首。唐山市森林公安局已将野生鸟活体及养鸟物品移交唐山市丰润区林业局，唐山市丰润区林业局将野生鸟活体10332只当场放飞，将养鸟物品全部销毁。

〔裁判结果〕

河北省唐山市丰润区人民法院于二〇一八年七月五日作出（2018）冀0208刑初145号刑事附带民事判决。一、被告人张某刚犯非法狩猎罪，判处有期徒刑一年二个月，犯掩饰、隐瞒犯罪所得罪，判处有期徒刑一年二个月，并处罚金一万元，数罪并罚，决定执行有期徒刑二年二个月，并处罚金一万元。违法所得3861元予以追缴（刑期从判决执行之日起计算，判决执行以前先行羁押的，羁押一日折抵刑期一日，即自2017年9月23日起至2019年11月22日止。罚金限判决生效后五日内缴纳）。

二、被告人刘某明犯非法狩猎罪，判处有期徒刑一年二个月，犯掩饰、隐瞒犯罪所得罪，判处有期徒刑一年一个月，并处罚金一万元，数罪并罚，决定执行有期徒刑二年，缓刑二年六个月，并处罚金一万元。违法所得3861元予以追缴（缓刑考验期从判决确定之日起计算，罚金限判决生效后五日内缴纳）。

三、被告人李某富犯非法狩猎罪，判处有期徒刑一年二月，犯掩饰、隐瞒犯罪所得罪，判处有期徒刑一年一个月，并处罚金一万元，数罪并罚，决定执行有期徒刑二年，缓刑二年六个月，并处罚金一万元。违法所得3861元予以追缴（缓刑考验期从判决确定之日起计算，罚金限判决生效后五日内缴纳）。

四、被告人陈某桐犯掩饰、隐瞒犯罪所得罪，判处有期徒刑十个月，缓刑一年，并处罚金12000元（缓刑考验期从判决确定之日起计算，罚金限判决生效后五日内缴纳）。

五—十二、被告人刘某华、马某连、闫某超、李某文、张某娟、刘某星、王某金、符某华犯非法狩猎罪，判处有期徒刑九个月到一年不等。

十三、被告人张某刚、刘某明、李某富赔偿附带民事诉讼原告人唐山市丰润区人民检察院野生鸟死亡造成的损失9264元。

十四、唐山市森林公安局依法扣押的人民币10700元可以抵顶被告人张某刚、刘某明、李某富应缴纳的费用。

判后，原审被告人张某刚不服，于2018年7月11日对刑事部分提出上诉。河北省唐山市中级人民法院于2018年9月15日作出（2018）冀02刑终676号刑事裁定。驳回上诉，维持原判。

〔裁判理由〕

法院生效裁判认为：被告人张某刚、刘某明、李某富、刘某华、马某连、闫某超、李某文、张某娟、刘某星、王某金、符某华违反狩猎法规，在唐山市人民政府规定的禁猎区、禁猎期非法狩猎，猎捕被列入国家保护的有益的或者有重要经济、科学研究价值的陆生野生动物名录的野生鸟类，破坏野生动物资源，情节严重，其行为均已构成非法狩猎罪；被告人张某刚、刘某明、李某富非法设立圈养育肥窝点，明知是他人非法猎捕的被列入国家保护的有益的或者有重要经济、科学研究价值的陆生野生动物名录的野生鸟类而大量收购，被告人陈某桐明知是他人非法猎捕的被列入国家保护的有益的或者有重要经济、科学研究价值的陆生野生动物名录的野生鸟类而收购，其行为均已构成掩饰、隐瞒犯罪所得罪。

河北省唐山市丰润区人民法院认定原审被告人张某刚犯故意伤害罪的事实清楚，证据确实、充分，定罪、量刑及适用法律均无不当。关于上诉人张某刚所提原判认定事实不清，在刘某明与李某富被捕期间其没有捕猎，经查，张某刚与刘某明、李某富等三被告人合伙购买了捕猎工具，2017 年 9 月 23 日，公安民警在三被告人非法捕猎现场当场查获架网粘鸟的网具 6 排，上附野生鸟死体 220 只，价值 2200 元，野生鸟活体 2 只。架网粘鸟的网具无论被告人是否在场，只要设立就足以对鸟类产生威胁，且本案已经产生了野生鸟死亡的结果，故张某刚的上诉理由，理据不足，本院不予支持。上诉人张某刚所提负责喂养人员唐某香，是刘某明雇佣的，并不是其雇佣的。经查，张某刚在 2017 年 9 月 23 日的讯问笔录中提及："我们雇了一个叫唐某香的中年妇女，平时由她喂鸟，我们按月给她开工资。"唐某香在 2017 年 9 月 23 日的询问笔录中提及："这几天帮我们村永刚喂鸟，我手机里有张某刚的电话，前几天他在路上遇见我，让我帮忙喂几天鸟，工钱没说，我喂的是张某刚配好的谷子。"张某刚向唐某香提供了喂鸟的方法，提供了喂鸟的谷子，并知晓唐某香喂鸟的事实，故张某刚的上诉理由，理据不足，本院不予支持。上诉人张某刚所提相关地区没有禁猎标记和有关部门的宣传，经查，唐山市人民政府《关于加强鸟类保护的通告》（唐政通字〔2017〕6 号）显示，唐山市行政区域范围内为禁猎区，所有时间禁止猎捕所有鸟类等野生动物。张某刚等猎捕区域属于唐山市行政区域范围内，故张某刚的上诉理由，理据不足，本院不予支持。上诉人张某刚所提尚有 3769 只野生鸟类来源不明，经查，张某刚共计收受、猎捕野生鸟类 11381 只。包括当场放飞野生鸟 10330 只，查获架网粘鸟的网具上附野生鸟死体 220 只，野生鸟活体 2 只，捂死野生鸟活体 400 只，张某刚、刘某明、李某富四次向陈某桐非法出售野生鸟活体1429只。这些鸟类的数据和2018年3月2日唐山市森林公安局对张某刚的账本统计所记载的数目相吻合。故张某刚的上诉理由，理据不足，本院不予支持。上诉人张某刚所提所收购鸟类大部分已当场放飞，没有造成损害，原判对其量刑过重的上诉意见，经查，原判依据其犯罪的事实、性质、情节及野生鸟10332只被放飞，其危害后果大大减小的情况，已经在量刑上进行了依法和酌情从轻处罚。故其上诉理由，理据不足，本院不予支持。

【法官评析】

天津和河北唐山是候鸟迁徙路线上重要的通道关口，大量候鸟在迁徙过程中在此地休息、补给、育雏繁衍。为了避免这个鸟的天堂沦为不法捕猎者的“乐园”，不仅要靠特定时期的集中专项打击整治行动，更要建立健全一套符合生物生长规律和生态运行规律的长效保护机制。本案例发生的时间就是候鸟经过的日期。这种犯罪有很强烈的特点

一是犯罪对象都是针对的野生鸟类，无论架网粘鸟，还是天网捕鸟，对鸟类的伤害都是无差别的伤害，伤害时并不对品种进行区分。所不同的是有的被害鸟类恰好是《濒危野生动植物种国际贸易公约》附录Ⅰ物种或者国家保护动物，被告人因此触犯了非法收购、猎捕珍贵、濒危野生动物罪，定罪量刑较重。有的被害鸟类只是属于《国家保护的有益的或者有重要经济、科学研究价值的陆生野生动物名录》的野生动物，被告人只能以非法狩猎罪或者掩饰、隐瞒犯罪所得罪判处刑罚，判处的刑罚较轻，且容易是缓刑。本案例恰恰属于后一种。最后只能以非法狩猎和掩饰、隐瞒犯罪所得罪处以刑罚。

二是对鸟类这种野生动物的犯罪都是故意犯罪，都是想通过鸟类倒卖去谋取利益，所以采用的方式无论是用网捕捉，毒死，还是圈养育肥，他们的目的都是伺机高价出售。

三是只要及时查处，并进行救助，损失可以避免进一步扩大。比如本案例是唐山市森林公安局于9月18日在工作中发现三个圈养育肥窝点，距离8月设立窝点仅一个多月。这10330只活体鸟还未被弄死，所以才能及时放飞。法院在判决的时候考虑“但被扣押的野生鸟10332只被放飞，其危害后果大大减小，

所以对掩饰、隐瞒犯罪所得罪的量刑不宜太重”，可见，一审法院已经在量刑上进行了依法和酌情从轻处罚。因此，12 名被告除了主犯一人以外其余 11 人全部判处缓刑。

一、是非法收购、猎捕珍贵、濒危野生动物罪，还是非法狩猎罪。

因为是无差别伤害，所以有可能被害鸟类恰好是《濒危野生动植物种国际贸易公约》附录Ⅰ物种或者国家保护动物，被告人将会触犯非法收购、猎捕珍贵、濒危野生动物罪。有的被害鸟类只是属于《国家保护的有益的或者有重要经济、科学研究价值的陆生野生动物名录》的野生动物，只能以非法狩猎罪定罪。

二、收购的鸟类数量问题。被告人在上诉状中提及，尚有 3769 只野生鸟类来源不明的问题。

通过阅卷可以知道，张某刚共计收受、猎捕野生鸟类 11381 只。包括当场放飞野生鸟 10330 只，查获架网粘鸟的网具上附野生鸟死体 220 只，野生鸟活体 2 只，捂死野生鸟活体 400 只，张某刚、刘某明、李某富四次向陈某桐非法出售野生鸟活体 1429 只。这个问题确实值得翻卷审查，通过阅卷得知，最初提出 3769 只野生鸟类来源不明的是被告人李某富的辩护人李某锋，其认为被告人张某刚账本上记载收购野生鸟共计 8120 只，猎捕野生鸟 270 只，网粘鸟的网具 6 排，上附野生鸟死体 220 只，野生鸟活体 2 只，数量共计 8612 只，两者相差 3769 只。有可能存在被告人张某刚在三人合伙前自己单独实施的犯罪行为，或他人所有而在张某刚处寄养的事实。

那么到底存不存在 3769 只野生鸟类来源不明的问题呢？二审审理时发现，侦查机关在侦办的时候也存在一定的疏忽，比如，在 2017 年 9 月 23 日唐山市森林公安局将被告人张某刚、刘某明、李某富抓捕归案，并扣押张某刚收购交易账本 1 个、野生鸟活体、死体 10552 只；扣押刘某明人民币 10700 元、信用社自动柜员机客户通知书 3 份、账本 2 个、手机 2 个；扣押张某刚、刘某明、李某富鸟笼 672 个、喂鸟谷子 27 袋。在查扣野生鸟活体、死体 10552 只时没有让被告人去现场指认，在唐山市森林公安局将野生鸟活体及养鸟物品移交唐山市丰润区林业局，唐山市丰润区林业局将野生鸟活体 10332 只当场放飞，将养鸟物品全部销毁时也没有带被告人去现场指认，造成一审开庭时，辩护人问张某刚，你账本记载的数量和实际放飞的数量不一致怎么解释，张某刚答，我没看见他放飞多少；辩护人问放飞的数量大于账本上的数量，你怎么解释，答，我不能回答。由此令法院在数量的认定方面处于被动。

好在当时扣押了张某刚收购交易账本一个，侦查机关在补侦卷中对其账本进行了统计，审判人员列了表格后发现数额基本吻合。

之所以会有这 3769 只鸟的差距有三种原因。一是检察院起诉的时候用的是概数。二是王某金和李某文的差距较大。从表中可以看出，光王某金和李某文在公诉和账本上就差 3000 多只。三是有一些人员并没有查清楚，比如张某刚在 2017 年 9 月 23 日的讯问笔录中还提到有吴良子，材料 1 卷第 35 页。立国，还有几个张某刚也记不清楚了。但是，在账本上却记在了高庄收购的情况。

本案例 12 名被告人中，非法狩猎罪是 11 人，虽然总的数额较大，有 11381 只，但是分摊 11 人中，平均下来一人大概捕捉 1000 多只野生鸟类。且大部分被告人去积极地自首，对公诉机关指控的犯罪事实予以供认，并当庭表示认罪。认罪态度较好。在共同犯罪中所起的作用相对较小。愿意对给国家造成的经济损失愿意进行赔偿。林业局也将野生鸟活体 10332 只当场放飞，大部分野生鸟类被放飞，没有对环境造成严重的损害后果，积极赔偿损失、积极退赃、被告人系初犯，所以给 11 人积极地用了缓刑。给他们一次改过自新的机会。同时也增强他们保护鸟类的意识。

但是本案的主犯张某刚却是判了有期徒刑二年二个月，并处罚金一万元，而没有判决缓刑，原因有三点：一是张某刚提议并纠集两人一起合伙出资在唐山市丰润区王官营镇何家峪村设立三个圈养育肥窝点，非法大量收购他人捕猎的野生鸟类，圈养育肥，伺机高价出售。二是其他人的捕鸟用具全是他提供的，从捕鸟工具上往下摘鸟的方法也是其教给的。三是其有过因犯盗窃罪被唐山市丰润区人民法院判处有期徒刑十个月，缓刑一年的犯罪记录。

【相关法条】

《中华人民共和国刑法》

第三百一十二条第一款 明知是犯罪所得及其产生的收益而予以窝藏、转移、收购、代为销售或者以其他方法掩饰、隐瞒的，处三年以下有期徒刑、拘役或者管制，并处或者单处罚金；情节严重的，处三年以上七年以下有期徒刑，并处罚金。

第三百四十一条第二款 违反狩猎法规，在禁猎区、禁猎期或者使用禁用的工具、方法进行狩猎，破坏野生动物资源，情节严重的，处三年以下有期徒刑、拘役、管制或者罚金。

编写人：河北省唐山市中级人民法院　贾慧贤
责任编辑　杜建
审稿人　王春艳

027

在禁猎区非法狩猎“三有野生动物”的刑事责任认定

——刘某非法狩猎案①

内容摘要：众所周知，列入国家野生动物保护名录的野生动物受法律保护，殊不知进入“三有动物”名录的野生动物，同样受法律保护。“三有动物”是指有重要生态、科学、社会价值的陆生野生动物，包括麻雀、青蛙、壁虎、蟾蜍、野鸡、野兔和各种蛇类等共计1700多种。对于“三有动物”，我国刑法及相关法律规定，私自捕捉1只（条）就违法，捕捉20只（条）以上就构成犯罪，捕捉50只（条）以上就属于重大刑事案件。我国野生动物保护法规定，猎捕非国家重点保护野生动物的，必须取得狩猎证，并且服从猎捕量限额管理。额尔古纳市位于内蒙古自治区大兴安岭溪北麓，西部及北部隔额尔古纳河与俄罗斯相望，物产资源丰富，自然条件得天独厚，野生动植物资源丰富，非法猎捕、盗伐林木等破坏动植物资源的违法犯罪行为时有发生，本案警示对于减少此类犯罪行为具有警示教育意义。

关键词：刑事　非法狩猎　“三有”保护野生动物　禁猎区

【裁判规则】

违反狩猎法规，在禁猎区、禁猎期或者使用禁用的工具、方法狩猎，非法狩猎野生动物二十只以上的，属于非法狩猎“情节严重”。

---

① 本案例合议庭成员：尹正灵、雷宝印、李芳。

【典型案例】

〔案件索引〕

内蒙古自治区额尔古纳市人民法院（2018）内0784刑初40号刑事判决书

〔基本案情〕

2017年11月下旬的一天傍晚，被告人刘某发现一只野鸡落在自己家的草垛里，于是便在天黑后用手电筒照明，拿木棍将野鸡打死；2017年12月中旬，被告人刘某在自家牛舍里和后院杖子上先后四次用弹弓打死了十九只麻雀；2017年12月19日，被告人刘某的表弟许某明驾驶车辆，与被告人刘某一起去看望在六卡沟的舅舅，车辆驶出嘎密山的时候，被告人刘某看见路边有一只沙半鸡，于是就拿弹弓将沙半鸡打死放在了车里，之后继续驾车行驶了大约五公里，在村子西北方向边防公路旁看见另一只沙半鸡死在路边，被告人刘某又下车捡回来放在了车里。

2017年12月19日，额尔古纳市公安局黑山头边防派出所与特警大队在黑山头镇开展清边行动，设卡检查时发现被告人刘某所驾驶的车辆上有两只鸟类死体和一把弹弓，并在其家中搜出其他鸟类死体二十只，后黑山头边防派出所将案件移交给额尔古纳市森林公安局。额尔古纳市森林公安局民警使用GPS设备采集被告人刘某狩猎地点的坐标，并通过“谷歌地图”软件上标尺测量，发现被告人刘某四次狩猎地点距国境线距离均不超过10公里。2017年12月22日，经内蒙古大兴安岭林业科学技术研究所司法鉴定所【2017】林司鉴字第22号司法鉴定意见书鉴定，沙半鸡、麻雀、环颈雉属“三有”保护野生动物，列入《国家保护的有益的或者有重要经济、科学研究价值的陆生野生动物名录》。

另查明，案发后，公安机关扣押被告人刘某非法狩猎的猎物鸟类死体22只、弹弓1把、钢珠1袋、麦子1食品袋、木棍1根。

〔裁判结果〕

根据审理查明的上述事实，额尔古纳市人民法院于2018年4月16日作出（2018）内0784刑初40号刑事判决被告人刘某犯非法狩猎罪，判处有期徒刑六个月，缓刑一年。宣判后，被告未提出上诉，判决已发生法律效力。

〔裁判理由〕

法院生效裁判认为：被告人刘某违反野生动物保护法规，在禁猎区狩猎，破坏野生动物资源，情节严重，其行为已构成非法狩猎罪。鉴于被告人刘某到案后能够如实供述自己的犯罪事实，可以从轻处罚。

【法官评析】

众所周知，列入国家野生动物保护名录的野生动物受法律保护，殊不知进入“三有动物”名录的野生动物，同样受法律保护。“三有动物”是指有重要生态、科学、社会价值的陆生野生动物，包括麻雀、青蛙、壁虎、蟾蜍、野鸡、野兔和各种蛇类等共计1700多种。对于“三有动物”，我国刑法及相关法律规定，私自捕捉1只（条）就违法，捕捉20只（条）以上就构成犯罪，捕捉50只（条）以上就属于重大刑事案件。我国野生动物保护法规定，猎捕非国家重点保护野生动物的，必须取得狩猎证，并且服从猎捕量限额管理。额尔古纳市位于内蒙古自治区大兴安岭溪北麓，西部及北部隔额尔古纳河与俄罗斯相望，物产资源丰富，自然条件得天独厚，野生动植物资源丰富，非法猎捕、盗伐林木等破坏动植物资源的违法犯罪行为时有发生，本案警示对于减少此类犯罪行为具有警示教育意义。

我国《刑法》和《野生动物保护法》规定，以下三类野生动物明文受保护：国家重点保护野生动物；地方重点保护野生动物；有益的和有重要经济、科学研究价值的陆生野生动物（即“三有”动物）。那些常见的、经常被人们捕捉、烹饪的青蛙、麻雀等“不起眼”的小动物，很可能就属于“三有”保护动物，但长期以来被人们所忽视。

为贯彻落实《野生动物保护法》，加强对国家和地方重点保护野生动物以外的陆生野生动物资源的保护和管理，早在2000年8月，国家林业局第7号令就发布了“三有”保护动物名录，具体罗列了受保护动物或其品种，比如本案中刘某捕捉的沙半鸡、麻雀、环颈雉，就在其中。

不过并非只要捕捉“三有”保护动物就一定会接受刑事处罚。《国家林业局、公安部关于森林和陆生野生动物刑事案件管辖及立案标准》规定，违反狩猎法规，在禁猎区、禁猎期或者使用禁用的工具、方法狩猎，具有下列情形之一的，应予立案：非法狩猎陆生野生动物20只以上的；在禁猎区或者禁猎期使用禁用的工具、方法狩猎的；具有其他严重破坏野生动物资源情节的。

可见，是否在禁猎区、禁猎期或者使用禁用的工具、方法狩猎，以及非法狩猎陆生野生动物的数量，是决定此类违法行为能否刑事立案的标准。《内蒙古自治区实施〈中华人民共和国野生动物保护法〉办法》中也明确规定，在自然保护区、风景游览区、文物保护区、城镇市区、距国境线 10 公里以内、铁路和公路两侧 1 公里以内的地区，为禁猎区。

非法狩猎罪指违反狩猎法规，在禁猎区、禁猎期或者使用禁用工具、方法进行狩猎，破坏珍禽珍兽或者其他野生动物资源，情节严重的行为。行为人违反其中任何一种形式或者数种形式非法狩猎野生动物，且情节严重的，即可构成犯罪。因此判断一个非法狩猎行为是否构成了非法狩猎罪，关键是该非法狩猎行为是否“情节严重”。“情节严重”的情形法律也有明文规定，《最高人民法院关于审理破坏野生动物资源刑事案件具体应用法律若干问题的解释》第六条第（一）项规定，违反狩猎法规，在禁猎区、禁猎期或者使用禁用的工具、方法进行狩猎，具有下列情形之一的，属于非法狩猎“情节严重”：（1）非法狩猎野生动物二十只以上的；（2）违反狩猎法规，在禁猎区或者禁猎期使用禁用的工具、方法狩猎的；（3）具有其他严重情节的。

本案中，额尔古纳市森林公安局民警使用 GPS 设备采集被告人刘某狩猎地点的坐标，并通过“谷歌地图”软件上标尺测量，发现被告人刘某四次狩猎地点距国境线距离均不超过 10 公里，应属于“禁猎区”，且数量达 20 只以上，符合“情节严重”的立案标准。

《中华人民共和国刑法》第三百四十一条第二款规定，违反狩猎法规，在禁猎区、禁猎期或者使用禁用的工具、方法进行狩猎，破坏野生动物资源，情节严重的，处三年以下有期徒刑、拘役、管制或者罚金。

《中华人民共和国刑法》第七十二条第一款“对于被判处拘役、三年以下有期徒刑的犯罪分子，同时符合下列条件的，可以宣告缓刑，对其中不满十八周岁的人、怀孕的妇女和已满七十五周岁的人，应当宣告缓刑：（一）犯罪情节较轻；（二）有悔罪表现；（三）没有再犯罪的危险；（四）宣告缓刑对所居住社区没有重大不良影响”。本案中鉴于被告人刘某到案后能够如实供述自己的犯罪事实，可以从轻处罚。

在这里，还要明确几个问题：

一、区分本罪与非法猎捕、杀害珍贵、濒危野生动物罪的界限

两罪的犯罪主体、主观方面都相同，皆属故意犯罪。两罪侵犯的客体不尽相同，其同类客体都是对环境资源保护和管理制度的侵犯，只是犯罪所侵犯的直接客体有所不同，非法狩猎罪所侵犯的客体为国家保护野生动物资源的管理制度；而非法猎捕、杀害珍贵、濒危野生动物罪所侵犯的客体为国家对珍贵、濒危野生资源的重点保护制度。两罪的主要区别是：（1）犯罪客观方面不同。非法狩猎罪主要表现为在禁猎区、禁猎期或使用禁用工具、方法实施的狩猎行为，且情节严重的才构成犯罪；而非法猎捕、杀害珍贵、濒危野生动物罪则表现为非法猎捕、杀害珍贵、濒危野生动物的行为，行为人只要客观上对国家重点保护的珍贵、濒危野生动物实施了非法捕杀行为，即可构成犯罪，不受任何“禁止性”条件和情节是否严重的限制。（2）犯罪对象不同。非法狩猎罪的犯罪对象主要是指珍贵、濒危野生动物以外的一般陆生野物；而非法猎捕，杀害珍贵、濒危野生动物罪的犯罪对象为《国家重点保护野生动物名录》的珍贵、濒危野生动物，既包括陆生的野生动物，也包括水生的野生动物。

二、狩猎法规中的“禁猎区”含义

《中华人民共和国野生动物保护法》第六条第一款规定：“任何组织和个人都有保护野生动物及其栖息地的义务。禁止违法猎捕野生动物、破坏野生动物栖息地。”这里，法律规定了一个禁止行为：破坏野生动物栖息地。

该法第十二条第一款规定：“国务院野生动物保护主管部门应当会同国务院有关部门，根据野生动物及其栖息地状况的调查、监测和评估结果，确定并发布野生动物重要栖息地名录。”

结合前述的该条第二款分析，禁猎区与野生动物重要栖息地存在两个层次的关系。第一个层次：省级以上人民政府依法划定相关自然保护区域，保护野生动物及其重要栖息地，保护、恢复和改善野生动物生存环境。第二个层次：对不具备划定相关自然保护区域条件的，县级以上人民政府可以采取划定禁猎（渔）区、规定禁猎（渔）期等其他形式予以保护。

这里明确了两个问题：第一，省级以上人民政府依法划定相关自然保护区域，法律位阶在县级以上人民政府划定禁猎区之上。依照当然解释方法，省级以上人民政府依法划定的相关自然保护区域是理所当然的禁猎区。第二，禁猎区与野生动物重要栖息地是“一体两侧”的不同表述概念，一个侧重于形式，一个侧重于目的，野生动物重要栖息地就是禁猎区版图的一部分，而不是独立的存在。也就是说，野生动物重要栖息地就是法定的禁猎区。

该法第二十条规定：“在相关自然保护区域和禁猎（渔）区、禁猎（渔）

期内，禁止猎捕以及其他妨碍野生动物生息繁衍的活动，但法律法规另有规定的除外。

“野生动物迁徙洄游期间，在前款规定区域外的迁徙洄游通道内，禁止猎捕并严格限制其他妨碍野生动物生息繁衍的活动。迁徙洄游通道的范围以及妨碍野生动物生息繁衍活动的内容，由县级以上人民政府或者其野生动物保护主管部门规定并公布。”

该条第一款规定进一步明确了相关自然保护区域是法定的“禁猎区”，无需再通过县级以上人民政府划定禁猎区的形式进行明确。该条第二款规定明确了在野生动物迁徙洄游期间，在前款规定区域外的迁徙洄游通道，也是法定的“禁猎区”，同样无需县级以上人民政府再明确。需要县级以上人民政府或者其野生动物保护主管部门规定并公布的，是迁徙洄游通道的范围，而不是明确迁徙洄游通道为“禁猎区”。一个是对性质的界定：“什么是什么”；一个是对范围的规定：“什么属于什么”。这好比刑法规定了非法狩猎罪，县级以上人民政府依法划定禁猎区，但我们不能因此认为是县级以上人民政府规定在禁猎区狩猎可以入刑。

三、野生动物重要栖息地与相关自然保护区域认定

国务院野生动物保护主管部门会同国务院有关部门确定并发布的野生动物重要栖息地，以及省级以上人民政府依法划定的相关自然保护区域，是法定的禁猎区，那么，这两种地域该如何认定呢？或者说，国家公园、地方级自然保护区、湿地公园、森林公园等，是否属于其范围之列呢？

截至目前，国务院野生动物保护主管部门以及国务院有关部门尚未确定和发布野生动物重要栖息地名单，因此不能具体地确定。

对相关自然保护区域的划定和管理，《〈中华人民共和国野生动物保护法〉释义》（国家林业局主编）是如此解释的：“野生动物栖息地有江河湖泊、草原、森林、海洋等多种形式，相关自然保护区域的划定和管理不但要遵守本法的相关规定，也要遵守有关专项的资源保护法律和法规的规定。”该解释除将自然保护区和国家公园明确为“相关自然保护区域”外，同时明确“规定相关自然保护区域依照有关法律法规的规定划定和管理，为下一步改革留出了空间。”

《中华人民共和国自然保护区条例》第十二条第二款规定：“地方级自然保护区的建立，由自然保护区所在的县、自治县、市、自治州人民政府或者省、自治区、直辖市人民政府有关自然保护区行政主管部门提出申请，经地方级自然保护区评审委员会评审后，由省、自治区、直辖市人民政府环境保护行政主管部门进行协调并提出审批建议，报省、自治区、直辖市人民政府批准，并报国务院环境保护行政主管部门和国务院有关自然保护区行政主管部门备案。”因此，地方级自然保护区可以认定为省级以上人民政府依法划定的相关自然保护区域。这里需要明确的概念是，省级以上人民政府依法划定的相关自然保护区域，不单包括国家级自然保护区和省级自然保护区，也包括市级、县级自然保护区（小区），只要是经省级人民政府批准的，都应当认定为省级以上人民政府依法划定的相关自然保护区域。

《湿地保护管理规定》（国家林业局令第 32 号）[①] 第三十一条项规定：“除法律法规有特别规定的以外，在湿地内禁止从事下列活动：（六）破坏野生动物栖息地、鱼类洄游通道，采挖野生植物或者猎捕野生动物。”

《森林公园管理办法》（1994 年 1 月 22 日林业部第 3 号令，2011 年 1 月 25 日国家林业局第 26 号令、2016 年 9 月 22 日国家林业局第 42 号令修改）第十六条规定：“森林公园经营管理机构应当按照林业法规的规定，做好植树造林、森林防火、森林病虫害防治、林木林地和野生动植物资源保护等工作。”

依照目前的解释，将湿地公园、森林公园认定为省级以上人民政府依法划定的相关自然保护区域，或是县级以上人民政府划定的禁猎区，应该于理可通，但严格理论起来，还有一些“软肋”。

其一，部门规章规定的禁猎区不能视为刑法规定的禁猎区。《中华人民共和国刑法》第九十六条规定：“本法所称违反国家规定，是指违反全国人民代表大会及其常务委员会制定的法律和决定，国务院制定的行政法规、规定的行政措施、发布的决定和命令。”所以，违反《湿地保护管理规定》和《森林公园管理办法》狩猎，不能认定为刑法第三百四十一条第二款规定的“违反狩猎法规”。但是，2013 年发布的《湿地保护管理规定》第一条规定，为了加强湿地保护管理，履行国际湿地公约，根据法律法规和国务院有关规定，制定本规定。第三十六条规定：“本规定所称国际湿地公约，是指《关于特别是作为水禽栖息地的国际重要湿地公约》。”该公约第四条规定：1. 每个缔约国应在湿地（不论是否已列入《名录》）建立自然保护区，以促进对湿地和水禽的保护，并采取充分措施予以看管。2. 当某一缔约国出于紧急的国家利益的考虑而

① 已被修改。

取消列入《名录》的湿地或缩小其边界时，应尽可能弥补湿地资源的任何损失，特别应建立新的自然保护区，以供水禽生存，并在同一地区或其他地区保护原来生境的适当部分。该公约第五条规定，各缔约国应努力协调和支持目前和将来就保护湿地及其动植物所制订的政策和条例。我国于 1992 年加入了该公约。也就是说，该公约在我国具有法律效力。国家林业主管部门作为国际湿地公约履约办公室的承担单位，其颁布的规章能不能视为有法律授权，存在争议。肯定者认为，公约第五条规定为实质上的授权；否定者认为，公约该原则规定不能视为法律授权。从明确性、规范性角度而言，《湿地保护管理规定》内容不能视为法律和行政法规授权。

其二，国家湿地公园、森林公园认定为省级以上人民政府依法划定的相关自然保护区域存在障碍。国家湿地公园、森林公园是由省级林业主管部门申报国家林业主管部门批准成立的，虽然经过了省级人民政府的同意，但由此认定是省级以上人民政府划定的，在行政主体上可能还欠缺说服力。再者，“依法划定”怎么认定？部门规章虽然是广义法律范畴，但要省级以上人民政府依照部门规章行政，是不是勉强了些。事实上，《〈中华人民共和国野生动物保护法〉释义》对此规定的解释是“相关自然保护区域依照有关法律法规的规定划定和管理”，部门规章不在此“法”之列。

其三，县级以上湿地公园、森林公园认定为县级以上人民政府划定的禁猎区存在争议。县级以上湿地公园、森林公园虽然是通过林业系统这个渠道认定的，但县级以上人民政府对该认定通过文件批复、批准成立管理机构、勘查定界、制定和发布管理规定等形式予以了确认。从实质上讲，是“划定”了禁猎区；但从形式上看，并未专门“划定”禁猎区。如果将这里的“划定”作广义或者扩张解释，将县级以上湿地公园、森林公园认定为县级以上人民政府划定的禁猎区并无太大法理和逻辑问题；但是，要达成共识并非易事，要避免执法和司法争议也很困难，因此，需要进一步释法才能解答疑惑、定分止争。

四、刑法规定的“禁猎区”认定

法律法规规章对“禁猎区”的认定至少包括以下区域：一是国务院野生动物保护主管部门会同国务院有关部门确定并发布的野生动物重要栖息地；二是省级以上人民政府依法划定的相关自然保护区域；三是县级以上人民政府划定的禁猎区；四是在野生动物迁徙洄游期间，县级以上人民政府或者其野生动物保护主管部门规定并公布的迁徙洄游通道；五是国家公园；六是部门规章规定的湿地（包括湿地公园）、森林公园等。

在以上六类地域中，前四类为法律、行政法规规定的“禁猎区”，自然应当认定为《中华人民共和国刑法》第三百四十一条第二款规定的“禁猎区”。至于有人认为刑法规定的“禁猎区”仅指县级以上人民政府划定的禁猎区，实为望文生义。第一类和第二类的法律位阶要高于第三类，如果说第三类可以认定为刑法规定的“禁猎区”，根据“举轻以明重”法理和当然解释方法，那第一类和第二类理所当然为刑法规定的“禁猎区”。第四类与第三类认定相似，而且法律规定是对前三类地域的补充，其保护目的与立法目的具有同一性，根据目的解释、体系解释和比较解释方法，将其认定为刑法规定的“禁猎区”没有问题。

以上第五类地域，按照《〈中华人民共和国野生动物保护法〉释义》说明，是“为下一步改革留出了空间”。而且，依照国家发改委、环保部等13个部委联合发布的《建立国家公园体制试点方案》和中共中央、国务院《关于加快推进生态文明建设的意见》规定，国家公园的成立由国务院批复，其层次与前两类地域批准机关相同或在其之上，根据刑法第九十六条规定和“举轻以明重”法理，将国家公园认定为刑法规定的“禁猎区”于法有据、于理亦通。

以上第六类地域，从目的解释和扩张解释出发，可以认定为刑法规定的“禁猎区”，但由于欠缺法律、行政法规的明确规定和授权，此认定争议甚大，因此有必要在修订《陆生野生动物保护实施条例》时予以明确规定，或者是在修订有关司法解释时予以明确。

值得说明的是，如果以上有关地域不是县级以上人民政府划定或者确定的，而是县级以上人民代表大会及其常委会通过地方性法规规定或是通过决议、决定明确的，能否认定为刑法规定的“禁猎区”呢？单从文义来看，似乎不行，但结合法理来讲，是可以的。同级权力机关及其常设机构作出决定的法律位阶要高于行政决定，如果行政机关作出的决定和确定具有某种法律效力，那么“举轻以明重”，同级权力机关及其常设机构作出的类似决定和确定也应当具有某种法律效力。

【相关法条】

《中华人民共和国刑法》

第七十二条第一款 对于被判处拘役、三年以下有期徒刑的犯罪分子，同时符合下列条件的，可以宣告缓刑，对其中不满十八周岁的人、怀孕的妇女和已满七十五周岁的人，应当宣告缓刑：

（一）犯罪情节较轻；

（二）有悔罪表现；

（三）没有再犯罪的危险；

（四）宣告缓刑对所居住社区没有重大不良影响。

第三百四十一条第二款 违反狩猎法规，在禁猎区、禁猎期或者使用禁用的工具、方法进行狩猎，破坏野生动物资源，情节严重的，处三年以下有期徒刑、拘役、管制或者罚金。

《最高人民法院关于审理破坏野生动物资源刑事案件具体应用法律若干问题的解释》

第六条第（一）项 违反狩猎法规，在禁猎区、禁猎期或者使用禁用的工具、方法进行狩猎，具有下列情形之一的，属于非法狩猎“情节严重”：

（一）非法狩猎野生动物二十只以上的。

编写人：内蒙古自治区额尔古纳市人民法院　雷宝印、陈静

028

事前形成共谋，案中分别实施各自行为且均未超出共谋范围时的共犯认定

——林某、文某和赵某被控非法采矿罪案①

内容摘要：本案中三被告人构成非法采矿罪并无任何争议，但本案的争议焦点就在于，三被告在共谋采砂石犯罪行为后，在第一次盗采砂石之后，三被告人就共同盗采砂石的方式由合伙盗采共同销赃分配变更为各自盗采各自销赃，故三被告在各自盗采各自销赃后是否构成共同犯罪成为庭审中的最大焦点。在案件的处理中，三被告的供述均可以证实三被告人在盗采砂石之前有过

① 本案例一审审判长：王晓岚；合议庭成员：沈玉英、何霞。

共谋，虽三被告人变更了采砂石的方式，但后来的盗采行为并未超出之前三被告人关于共同盗采砂石的犯罪故意，加之在整个盗采砂石的过程中，三被告人关于盗采方式、与当地村民关系的处理等方面均有联络、商量，故三被告系共同实现盗采砂石的犯罪目的。

关键词：非法采矿、共谋、各自行为、共犯

【裁判规则】

在共谋采砂石犯罪行为后，在第一次盗采砂石之后，被告人就共同盗采砂石的方式由合伙盗采共同销赃分配变更为各自盗采各自销赃。虽然变更了采砂石的方式，但后来的盗采行为未超出共同盗采砂石犯罪故意的，应构成共犯。

【典型案例】

〔案件索引〕

四川省新津县人民法院（2017）川0132刑初209号刑事判决书

〔基本案情〕

公诉机关：四川省新津县人民检察院

被告：林某、文某、赵某

2016年11月的一天，被告人林某、文某、赵某三人共谋到新津县花桥镇黄桷社区10组的一处鱼塘内盗采砂石。次日晚，三被告人由林某、文某组织装载机和大货车到上述鱼塘内盗采砂石，当晚盗采约250方砂石销赃，所得赃款由三被告人共同分赃后决定将共同盗采砂石的方式由合伙盗采共同销赃分配变更为各自盗采各自销赃，此后，在2016年11月至12月期间，被告人林某、文某、赵某又多次到该处鱼塘盗采砂石并销赃。其中，由林某卖至三石沙场1000余方砂石，销赃金额为人民币77834元；由文某、赵某卖至龙旺沙场771方砂石，销赃金额39105元，卖至三大队沙场2000余方砂石，销赃金额11万余元。

〔裁判结果〕

四川省新津县人民法院于2017年10月19日作出（2017）川0132刑初209号刑事判决书：（一）被告人林某犯非法采矿罪，判处有期徒刑一年，并

处罚金人民币3万元。（二）被告人文某犯非法采矿罪，判处有期徒刑一年，并处罚金人民币3万元。（三）被告人赵某犯非法采矿罪，判处有期徒刑十一个月，缓刑一年四个月，并处罚金人民币2万元。

〔裁判理由〕

四川省新津县人民法院经审理认为，被告人林某、文某的供述相互吻合，证实三被告人在盗采砂石之前有过共谋，说明三被告人有非法采矿的共同犯罪故意。其次，三被告人的供述、证人证言及相关书证相互印证，证实三被告人有共同盗采砂石的犯罪行为。虽然在第一次盗采砂石之后，三被告人就共同盗采砂石的方式由合伙盗采共同销赃分配变更为各自盗采各自销赃，但首先，三被告人后来的盗采行为并未超出之前三被告人关于共同盗采砂石的犯罪故意；其次，在整个盗采砂石的过程中，三被告人关于盗采方式、与当地村民关系的处理等方面均有联络、商量，并通过共同出钱处理与当地村民的关系等方式相互协作和配合而实施犯罪，共同实现盗采砂石的犯罪目的。故被告人林某、文某、赵某属于共同犯罪，应对共同盗采砂石的行为承担刑事责任。

【法官评析】

本案中，林某等三被告人的行为构成非法采矿罪并无任何争议，案件在审理过程中的焦点和重点就在林某等三被告人在第一次盗采砂石后，三被告人就共同盗采砂石的方式进行了变化，即将合伙盗采共同销赃分配变更为各自盗采各自销赃后，其各自盗采的行为是否构成共同犯罪。本案审理过程中，关于第一天晚上三被告人合作共同车辆盗采砂石，共同销赃共同分赃，这一时间段成立共同违法行为（尚未达到构罪标准）并无疑义，但对于该晚以后，三被告人在同一地点范围内各自组织车辆分开盗采，各自销赃各自得的行为，是否成立共同犯罪，则形成两种不同的意见：

第一种意见认为，三被告人事前有关于在案发地点盗采砂石的共谋，虽然在第一晚盗采砂石之后，三被告人将之前共同组织车辆、共同盗采、赃款均分的合作模式变成了各自组织车辆、各自盗采、各自销赃各自得的方式，但三被告人关于盗采砂石的主观故意并未改变，其在同一地点盗采砂石的行为亦未超出事前共谋的范围，三被告人盗采砂石是一个连续行为，并未发生中断，成立共同犯罪，共同对发生的危害后果即盗采砂石4000余方、销赃金额22万余元承担刑事责任，达到非法采矿的构罪标准，应以非法采矿罪追究三被告人的刑事责任，且系共同犯罪。

另一种意见认为，三被告人共谋的内容是合作共同盗采砂石，在第一晚共同盗采之后，三被告人终止合作关系，其共同犯罪行为已经中止。其后三被告人以林某一伙、文某和赵某一伙，各自盗采砂石，相互之间并无协作、配合，不再成立共同犯罪，应对各自盗采的数量及销赃金额承担责任，鉴于其各自盗采砂石数量、销赃金额未达到非法采矿罪的构罪标准，三被告人不构成犯罪。

两种意见争议的焦点在于对三被告人第一次盗采之后的盗采行为，是否成立共同犯罪的问题，这需要从共同犯罪的构成要件上分析，符合共同犯罪的构成要件则成立共同犯罪，应对三被告人以非法采矿罪追究刑事责任；不符合构成要件，则三被告人因各自盗采数量未达到构罪标准，不构成非法采矿罪。

《刑法》第二十五条规定，共同犯罪是指二人以共同故意犯罪。根据此定义及刑法理论通说，共同犯罪的成立，要求同时具备主体、客观和主观三个方面的要件。共同犯罪的主体，必须是二个以上达到刑事责任年龄、具有刑事责任能力的人。本案三被告人符合该主体要件，在此不再赘述。下面着重阐释本案是否符合共同犯罪的客观要件和主观要件。

共同犯罪的客观要件，是指两人以上必须具有共同犯罪行为。所谓共同犯罪行为，是指各犯罪人的行为都指向同一犯罪，彼此联系、互相配合，成为一个有机统一的整体，它们与犯罪结果之间都存在着因果关系。需要说明一点的是，所谓的“彼此联系、互相配合”本来就是一个动态过程，其具体方式和内容上完全可能不断发生变化，只要各犯罪人的行为之间存在彼此联系、互相配合即可。具体来讲，一是各共同犯罪人所实施的行为都必须是犯罪行为，必须具有共同的犯罪行为，即各共同犯罪人的行为都是指向同一的目标彼此联系、互相配合，结成一个有机的犯罪行为整体。二是各个共同犯罪人的行为由一个共同的犯罪目标将他们的单个行为联系在一起，形成一个有机联系的犯罪活动整体。三是各共同犯罪人的行为都与发生的犯罪结果有因果关系。从以上三个方面分析本案，一是本案三被告人所实施的盗采砂石行为是一种犯罪行为，他们的犯罪行为均指向同一目标，即涉案鱼塘内的砂石。三被告人先是共同组织车辆合伙盗采，赃款平分，在第一次合伙盗采之后，经相互商量后变更为各自组织车辆分开盗采，各自销赃、赃款自得，在有村民阻拦时，三被告人商量共同出资付给村民得以继续盗采。整个盗采过程中，三被告人以在同一地点盗采砂石的方式以及出面应付前来阻拦的村民等彼此联系、互相配合，结成了一个有机的犯罪行为整体。二是在同一地点盗采砂石以期获取非法利益这一共同的犯罪目标将三被告人为达这一目标而分别实施的组织车辆、盗采砂石、销赃等行为联系在了一起，形成了一个有机联系的犯罪活动整体。三是三被告人在本案中所实施的行为造成了涉案鱼塘砂石被盗采的犯罪后果，行为与后果之间存在因果关系。需要指出的是，与单个人犯罪的因果关系有所不同，共同犯罪的因果关系只要求共同犯罪行为的有机整体与犯罪结果之间存在因果关系，并不要求每一个共同犯罪人所具体实施的行为直接地导致犯罪结果的发生，而且每一个共同犯罪人都应对犯罪结果的整体承担刑事责任，即“部分行为、全体责任”的刑事责任原则。本案中，虽然林某、文某、赵某分开盗采砂石的数量未达到非法采矿罪的构罪标准，但基于上述刑事责任原则，三被告人应当对犯罪结果的整体，即鱼塘被盗采砂石的总量承担刑事责任，从而达到了非法采矿的构罪标准。综上，本案三被告人在整个盗采过程中，虽然联系、配合的具体方式有所改变，但客观行为上的彼此联系、互相配合始终存在，并成为一个有机统一的整体，共同造成涉案鱼塘大量砂石被盗采，其共同行为与犯罪结果之间存在因果关系。所以三被告人的行为符合共同犯罪的客观要件。

下面分析主观要件。共同犯罪的主观要件是必须有共同的犯罪故意。所谓共同犯罪故意是指各共同犯罪人通过彼此的意思沟通联络，认识到其共同的犯罪行为会发生某种危害社会的结果，并决意参加共同犯罪，希望或放任危害社会结果发生的心理态度。具体来讲，共同犯罪的故意有认识因素和意志因素两个方面的内容，认识因素又包括以下三层含义：一是共同犯罪人认识到自己不是单独犯罪，而是与他人互相配合共同实施犯罪；二是共同犯罪人认识到所共同实施的行为是犯罪行为；三是各共同犯罪人认识到自己的行为会引起的结果以及共同犯罪行为会产生的危害结果，概括地预见到共同犯罪行为与共同犯罪结果之间的因果关系。意志因素包括两层含义：一是共同犯罪人决意参加共同犯罪；二是共同犯罪人希望或放任危害结果发生。值得说明的是，共同犯罪的犯意联络是指共同犯罪人关于相互协同实施特定犯罪行为的意思沟通，这种意思沟通可以采用明示或者默示的方式进行，其实质上是指共同犯罪人共同实施特定犯罪行为的“合意”。这种犯意联络并不要求各共同犯罪人完全按照预期的计划或者方案实施共同犯罪行为，也不要求各行为人之间具有明确的实施方案或计划，只要各行为人在实施犯罪活动中，意识到彼此的存在，自身并不处于孤立状态，即为“合意”。首先，从共同犯罪的认识因素来分析本案，一是三被告人均知晓自己不是单独到涉案鱼塘盗采砂石，而是与另外二人互相配合共同盗采砂石，即是在后期三人分作两伙（林某单独一伙，文某、赵某二人一伙）分开盗采，未按预谋的合作方案实施盗采犯罪，但新的方案亦是由三人共同商量决定，双方对对方会在同一地点盗采砂石明知且约定在村民阻拦盗采时，三人共同出钱由一人出面与村民交涉付给“好处费”，即三人共同犯罪的“合意”始终存在。二是三被告人正是认识到所共同实施的盗采砂石行为是犯罪后行为，所以经商量后盗采行为均是在深夜实施。三是本案是非法采矿，需要达到一定的数量标准方才构罪，在后期的盗采过程中，三被告人对对方在同一地点盗采砂石持放任态度，所以虽不明确知道对方盗采砂石的具体数量，但完全能够概括地预见到其与对方共同盗的砂石可能导致的犯罪结果。其次，从共同犯罪的意志因素分析，一是三被告人参与盗采砂石的犯罪活动，均是其主动的选择。二是本案的危害后果是涉案鱼塘内的砂石被盗采，并已达到以非法采矿罪追究刑事责任的数量标准，三被告人在后期分开盗采时，对自己盗采砂石持积极希望的心态，对对方盗采砂石则持放任的心态。综上，本案三被告人通过事前（第一次共同盗采砂石之前）和事中（第一次共同盗采后，三被告人商量决定改变共同盗采方式及盗采过程中商量在村民出面阻挡时的处置方式）彼此的意思联络，认识到其共同的犯罪行为会发生砂石被盗采这一危害社会的结果，并决意参加共同犯罪，希望或放任危害社会结果发生，符合共同犯罪的主观要件。

通过前述分析，本案不论是第一次经过共谋后的合作盗采砂石，还是其后经过商量共同决定的在相同地点分开盗采砂石，主观上三被告人有共同在涉案鱼塘盗采砂石的认识因素、意志因素，形成了共同犯罪的“合意”，且未中断。其中，第一次的盗采，三被告人对自己和另外二人的盗采行为均持积极追求的心态，其后的盗采过程中，三被告人对自己的盗采行为持积极追求的心态，而对对方的盗采行为持放任心态；客观上，三被告人对不论是盗采之前还是盗采过程中，一直彼此联系、互相配合，虽然后期盗采过程中，三人经共同商量决定，采取了分开盗采、分开销赃分别获利的方式，但该种方式中三被告人各自的行为亦未超出三被告人最初关于共同到涉案鱼塘盗采砂石的共谋故意，三被告人的整个盗采行为属于同一个有机的共同犯罪行为，成立共同犯罪。故法院判决采用了第一种意见。从另一个角度来说，三被告人如果一直采用第一天晚上的合作模式，构成共同犯罪追责毫无疑义，如仅仅因三被告人变更了盗采的合作模式，造成相同的侵害后果，却不能对被告人追究刑事责任，这显然是荒谬的。

另外，值得说明一点的是，本案审理过程中还存在一种观点，认为三被告人后期行为构成同时犯而非共同犯，鉴于同时犯各被告人只对自己的行为负责，而各被告人盗采砂石数量未达到非法采矿的构罪标准，故三被告人不构成犯罪。我们认为这种观点是错误的。同时犯是数个犯罪人同时侵犯同一客体，而彼此主观上并无共同联络的犯罪。其特点是各犯罪人虽然都具有犯罪故意，但各自的犯意是独立的，彼此缺乏主观上的联系，因此，它只是数个单独犯罪的偶遇，而不构成共同犯罪。通过前面的分析知道，本案三被告人事前和事中均有共同盗采砂石的犯意联络且达成合意，在整个犯罪过程中，亦彼此联络、互相配合，其犯意并非独立彼此缺乏主观上的联系，因此不属于同时犯，而是构成共同犯。

【相关法条】

《中华人民共和国刑法》

第二十五条第一款 共同犯罪是指二人以上共同故意犯罪。

第五十二条 判处罚金，应当根据犯罪情节决定罚金数额。

第五十三条 罚金在判决指定的期限内一次或者分期缴纳。期满不缴纳的，强制缴纳。对于不能全部缴纳罚金的，人民法院在任何时候发现被执行人有可以执行的财产，应当随时追缴。

由于遭遇不能抗拒的灾祸等原因缴纳确实有困难的，经人民法院裁定，可以延期缴纳、酌情减少或者免除。

第六十四条 犯罪分子违法所得的一切财物，应当予以追缴或者责令退赔；对被害人的合法财产，应当及时返还；违禁品和供犯罪所用的本人财物，应当予以没收。没收的财物和罚金，一律上缴国库，不得挪用和自行处理。

第六十七条第三款 犯罪嫌疑人虽不具有前两款规定的自首情节，但是如实供述自己罪行的，可以从轻处罚；因其如实供述自己罪行，避免特别严重后果发生的，可以减轻处罚。

第七十二条第一、三款 对于被判处拘役、三年以下有期徒刑的犯罪分子，同时符合下列条件的，可以宣告缓刑，对其中不满十八周岁的人、怀孕的妇女和已满七十五周岁的人，应当宣告缓刑：

（一）犯罪情节较轻；

（二）有悔罪表现；

（三）没有再犯罪的危险；

（四）宣告缓刑对所居住社区没有重大不良影响。

被宣告缓刑的犯罪分子，如果被判处附加刑，附加刑仍须执行。

第七十三条第二、三款 有期徒刑的缓刑考验期限为原判刑期以上五年以下，但是不能少于一年。

缓刑考验期限，从判决确定之日起计算。

第三百四十三条 违反矿产资源法的规定，未取得采矿许可证擅自采矿，擅自进入国家规划矿区、对国民经济具有重要价值的矿区和他人矿区范围采矿，或者擅自开采国家规定实行保护性开采的特定矿种，情节严重的，处三年以下有期徒刑、拘役或者管制，并处或者单处罚金；情节特别严重的，处三年以上七年以下有期徒刑，并处罚金。

编写人：四川省新津县人民法院　王晓岚

六、环境资源行政案件

029

违法行为人被追究刑事责任不能免除行政机关环境修复监管职责

——铜仁市万山区人民检察院诉万山区林业局不履行林业行政管理职责行政公益诉讼案①

内容摘要：行为人非法占用、毁损林地 276.17 亩（其中水源涵养、水土保持功能公益林地 122.29 亩），致使林地功能丧失。林业局作出责令修复治理并处罚款 184 万元的行政处罚。后林业局以涉嫌构成非法占用农用地罪移送公安机关，公安机关立案后，林业局撤销行政处罚决定。2016 年 12 月，人民法院以非法占用农用地罪判处沈某祥有期徒刑并处罚金 5 万元。林地修复落空。公益诉讼人提起行政公益诉讼，请求判决确认林业局未履行监管职责的行为违法并判令履行监管职责。被告林业局以要求被羁押的人恢复林地原状不具有可操作性，再作行政处罚违反一事不二罚原则，林业局拟异地修复为由答辩。法院认为：行政罚与刑罚竞合时，相同功能的行政罚折抵刑罚但不撤销行政处罚，责令违法行为人修复环境是行政行为罚，不属于刑罚处罚的再罚；特殊功能区环境被破坏，应当原地修复；判令行政机关限期履职的，对行政机关不履职的违法确认不作为裁判主文。判决被告林业局对行为人毁坏林地补植复绿恢复原状依法履行监督管理法定职责。

关键词：林地破坏　生态修复　行政监管责任

---

① 本案例合议庭成员：何林、李兴蓉、何德华。

【裁判规则】

1. 行政罚与刑罚竞合时，相同功能的行政罚折抵刑罚但不撤销行政处罚；责令违法行为人修复环境是行政行为罚，不属于刑罚处罚的再罚。2. 特殊功能区环境被破坏，应当原地修复。3. 判令行政机关限期履职的，对行政机关不履职的违法确认不作为裁判主文。

【典型案例】

〔案件索引〕

贵州省遵义市播州区人民法院（2017）黔0321行初97号行政判决书

〔基本案情〕

公益诉讼人铜仁市万山区人民检察院。

被告铜仁市万山区林业局（简称“万山林业局”）。

公益诉讼人诉称：检察机关在履行职务中发现，2014年5月至7月，铜仁市万山区武陵农木业生产开发有限公司（以下简称“武陵农木业公司”，法定代表人为沈某祥）以修建养殖、种植场为由，在没有办理林地使用许可的情况下，雇佣施工队使用施工机械在万山区茶店街道梅花村隘口山组火盲那、大坡老、桃树坳三处林地和万山区大平乡大坪村马鞍山林地剥离地表植被并挖掘，非法占用公益林地122.29亩，商品林地153.88亩。2016年12月6日，铜仁市万山区人民法院以（2016）黔0603刑初67号判决书认定了上述事实。刑事判决生效后，万山林业局既未对沈某祥作出行政处罚，也未采取有效措施予以应对，导致林地被破坏的状态持续存在，当地生态环境遭受严重破坏。2016年12月30日，公益诉讼人向万山林业局发出检察建议，建议其依法履行森林资源保护监管职责，责令沈某祥限期恢复原状。2017年2月8日，万山林业局回函称，已对沈某祥作出行政处罚，争取项目计划于今年3月12日前在沈某祥非法占用林地处复绿造林，对难以就地复绿的地块异地补植复绿。截至目前，万山林业局对沈某祥非法占用林地行为未作出任何行政处罚，也未采取措施进行补植复绿，国家和社会公共利益仍处于受侵害状态。请求：一、判决确认被告万山林业局对沈某祥非法占用林地行为造成的后果未依法履行监管职责的行为违法；二、判令被告万山林业局对沈某祥非法占用林地行为造成的后果依法履行监管职责。

被告万山林业局辩称：2015年1月，万山林业局发现武陵农木业公司违法占用并毁坏林地的事实，被占地面积已达刑事立案标准，遂移送万山区公安分局林业派出所，该所立案后，区公安局于同年6月17日撤销案件。万山林业局于7月作出行政处罚，该公司接到处罚决定书后因资金困难未缴纳罚款。2016年1月20日公安局再次作刑事立案，刑事拘留沈某祥。2016年12月6日万山区法院判决沈某祥犯非法占用农用地罪，判处有期徒刑二年，并处罚金5万元，该判决已经生效，沈某祥现在服刑中。公益诉讼人向万山林业局发出检察建议，要求责令沈某祥限期恢复原状，并处非法改变用途林地每平方米10－30元罚款，万山林业局已经回复。鉴于沈某祥被羁押，要求其恢复林地原状不具有可操作性，再对其处以行政罚款违反一事不二罚原则。万山林业局已经主动对被毁坏林地补植复绿，部分林地因土层破坏严重、岩石裸露无法进行植被恢复，部分因沈某祥与群众的纠纷没有得到解决而无法补植，拟异地修复。公益诉讼人的诉讼请求无事实和法律依据，应当不予支持。

播州区法院经审理查明：2014年4月9日，沈某祥个人投资设立一人公司武陵农木业公司并任法定代表人。2014年5—7月，该公司以修建种植、养殖场为由，在没有办理林地使用许可手续的情况下，雇佣施工队使用挖掘机械在万山区茶店街道梅花村隘口山组火言那、桃树坳、大坡老及万山区大坪乡大坪村马鞍山等处林地剥离地表植被进行挖掘，致使地表植被毁坏，山石裸露。经鉴定，毁坏林地276.17亩，其中重点公益林49.38亩，一般公益林72.91亩，重点商品林108.93亩，一般商品林44.95亩。公益林功能设定为水土保持和水源涵养。

2015年1月，万山林业局发现上述行为后，以涉嫌构成非法占用农用地罪，作为两案分别于2月4日、4月20日移送万山区公安分局，万山区公安分局立案后，于同年6月17日撤销案件。万山林业局以沈某祥和武陵农木业公司为被处罚人，于2015年7月17日作出万区林罚决字（2015）第010号、第14号行政处罚决定：责令限期恢复原状（未载明期限），并处罚款1841134元，被处罚人均未履行。2016年1月20日，万山区公安分局重新对沈某祥和武陵农木业公司非法占用农用地立案并案侦查，次日，万山林业局作出万区林撤字（2016）01号《关于撤销万山区沈某祥3起非法占用林地案件行政处罚的决定》，撤销万区林罚决字（2015）第010号、第014号行政处罚决定。2016年

9月21日，万山检察院向万山区人民法院提起公诉，指控武陵农木业公司、沈某祥犯非法占用农用地罪。2016年11月28日，万山检察院以武陵农木业公司没有其他负责人或者职工作为诉讼代表人参加诉讼为由撤回对该公司的指控。2016年12月6日，铜仁市万山区人民法院作出（2016）黔0603行初67号刑事判决书，判决沈某祥犯非法占用农用地罪，判处有期徒刑二年，并处罚金5万元。判决生效后，万山检察院于2016年12月30日向万山林业局发出铜万检民（行）行政违监（2016）52223000038号检察建议书，建议万山林业局依法履行森林资源保护监管职责，责令沈某祥限期恢复原状，并处非法改变用途林地每平方米10元至30元的罚款。2017年2月8日，万山林业局书面回复万山检察院，称：因沈某祥在服刑，公司自沈某祥被羁押后已倒闭，公司人员已全部解散，无法实施复绿。林业局争取项目计划于3月12日前在非法占用林地处复绿造林，对难以复绿造林地块进行异地补植复绿。2017年3月20日至4月20日期间，万山林业局会同大坪乡政府、茶店林业环保站在案涉被毁林地种植马尾松苗，在大坪村马鞍山种植129.2亩，在梅花村隘口山组种植约30亩，另约40亩因地表毁坏严重、岩石裸露未种植，余约78亩未补植。本案审理过程中，法院于2017年4月12日现场查看，发现被毁坏林地满目黄土，一片荒凉。部分新植马尾松苗，苗木低矮枯黄，地表干涸破碎，难掩苍凉景象；部分山岩裸露、碎石堆积，形如戈壁；部分需恢复地块尚未种植植物。

〔**裁判结果**〕

播州区人民法院于2017年9月29日作出（2017）黔0321行初97号行政判决：依照《中华人民共和国行政诉讼法》第七十二条之规定，判决：由被告铜仁市万山区林业局对沈某祥以铜仁市万山区武陵农木业生产开发有限公司名义毁坏铜仁市万山区茶店街道梅花村隘口山组、大坪乡大坪村马鞍山林地补植复绿恢复原状依法履行监督管理法定职责，并于2019年9月完成复绿工程验收。

〔**裁判理由**〕

播州区法院认为，万山林业局作为万山区人民政府林业行政主管部门，依照《中华人民共和国森林法》第五条规定，负责对万山区行政区域内森林资源保护、利用、更新的监督管理。万山林业局应当依法履行职责，对违反林业管理法律、法规占用、毁坏森林资源，改变林地用途的行为依法查处，依照《中华人民共和国森林法》第四十四条的规定，责令违法行为人停止违法行为并按法律规定补种树木，违法行为人拒不补种或者补种不符合国家有关规定的，由林业主管部门代为补种，所需费用向违法行为人追偿。本案中，万山林业局发现沈某祥及其武陵农木业公司非法占用并毁坏大量林地的行为后，根据非法占用、毁坏的林地数量可能涉嫌犯罪的情况，移送司法机关刑事侦查，在侦查机关撤销案件后，作出了行政处罚，责令违法行为人限期恢复原状并处罚款。其行为符合法律规定，正确履行了行政管理职责。但万山林业局在公安机关再次立案侦查后，存在以下违法履职情形：

一、在公安机关立案侦查后撤销行政处罚违法

依照《中华人民共和国行政处罚法》第二十八条“违法行为构成犯罪，人民法院判处拘役或者有期徒刑时，行政机关已经给予当事人行政拘留的，应当依法折抵相应刑期。违法行为构成犯罪，人民法院判处罚金时，行政机关已经给予当事人罚款的，应当折抵相应罚金”，《行政执法机关移送涉嫌犯罪案件的规定》第十一条第三款“行政执法机关向公安机关移送涉嫌犯罪案件前，已经依法给予当事人罚款的，人民法院判处罚金时，依法折抵相应罚金”的规定，违法行为人的同一行为既违反行政法应受处罚，又触犯刑律应受刑罚处罚的情形下，行政执法机关在将案件移送司法机关之前已经作出的行政处罚，折抵相同功能的刑罚。这种折抵是执行上的折抵，而不是惩罚决定本身的折抵，且仅折抵惩罚功能相同的处罚，功能不同的处罚内容不能折抵。因此，在刑事侦查立案前已经作出的行政处罚不应撤销。被告万山林业局在将涉嫌犯罪的行政违法行为移送司法机关，司法机关立案后撤销在先已经作出的行政处罚决定，不但撤销了与刑事裁判可能作出的罚金刑功能相同的罚款处罚，还一并撤销了不属于刑事处罚的责令违法行为人补植复绿以恢复原状的行为罚。这一撤销行为违反法律规定，行为不当。

二、在刑事判决生效后未责令违法行为人补植复绿以恢复被毁坏的林地的行为违法

针对毁坏森林植被、破坏生态环境的行为，法律赋予林业行政主管机关责令违法行为人补种树木、恢复原状的行政处罚权，属于行为罚性质。我国刑法规定的刑罚种类有自由刑、财产刑和权利刑三种，刑事处罚不涉及责令犯罪人为某种行为的判决方式。对刑事判决未涉及的处罚事项，行政机关在刑事判决生效后作出行政处罚决定，符合并罚原则，且不违反刑罚优先原则。责令犯罪

人补植复绿以修复环境，不属于刑罚处罚范畴，而属于法律赋予行政主管机关的行政权，属于行政处罚范围。在对违法行为人追究刑事责任后，刑罚处罚未涉及环境修复责任的，行政机关应当依法作出决定，责令违法行为人按森林法要求种植树木、修复环境。因此，万山林业局在刑事判决生效后应当依法作出责令违法行为人履行补植复绿义务的行政处罚决定并监督违法行为人履行，违法行为人拒不履行或者履行不合格的，应当代为补植复绿，并责令违法行为人承担费用。被告万山林业局未作出责令沈某祥及其武陵农木业公司补植复绿以恢复原状并监督履行的行为违法。万山林业局所持在刑事判决生效不能再作出行政处罚的辩解理由，针对行为罚部分系对法律规定的错误理解，法院不予支持。

三、代为补植复绿职责未正确履行

万山林业局在未作出责令违法行为人修复环境决定的情形下，会同乡镇人民政府等在被毁坏的林地上种植了部分树苗，但效果较差，难以保证成活率，难以达到环境修复的目的。且对于毁坏严重，形同戈壁的土地未进行治理复绿。鉴于被毁坏林地及林木的公益林性质、水源涵养、水土保持功能，补植复绿应当就地进行，不得异地替代。因此，万山林业局代为补植树木的行为，虽已部分履行职责，但尚未正确、全面履行，仍应继续履行。万山林业局未责令违法行为人补植复绿，其代为补植的行为即使全面完成，也将因此缺乏责令违法行为人承担费用的依据。

综上，被告万山林业局未全面正确履行法定职责，公益诉讼人请求确认万山林业局未依法履行监管职责的行为违法，本院予以支持。万山林业局应依法作出责令违法行为人补植复绿的行政决定，在违法行为人补植复绿不能的情况下，代为治理土地，种植树木，恢复生态。

【法官评析】

一、行政责任与刑事责任竞合时行政权如何运行

生态修复是环境资源审判价值体现的重要标志，是环境违法责任的最终落实。依照《中华人民共和国森林法》第四十四条的规定，责成并监督违法行为人补植复绿，修复被破坏的生态环境是林业行政机关的法定职责，这是法律规

定也是社会共识，本案双方当事人也不持异议。

本案争议在于行政责任与刑事责任竞合时行政权如何运行，包括：1. 违法行为人的行为被追究刑事责任的，在前已经作出的行政处罚如何处理；2. 违法行为人已经被追究刑事责任，但相同功能的刑罚额度低于法定行政处罚额度的，如何处理；3. 刑罚未涵盖的法定行政责任，行政机关是否应当作出处理。这些问题，实践中各地、各行政机关存在不同的认识，做法也不相统一，有时甚至成为行政机关推卸行政责任的理由。本案判决对这些问题作出了正面回应，解决存在的争议，对被追究刑事责任的严重环境违法行为人环境行政责任的承担、环境治理和修复、行政权力的运行等从法律上给出了明确的答复，对推进生态修复和环境治理具有积极导向作用。

（一）行政处罚折抵刑罚是功能相同的处罚内容在执行意义上的折抵，不是刑事判决对行政处罚决定的否定。当行为人实施行政违法行为时，应当由行政机关依法追究行政责任；当违法行为人的行为严重到触犯刑律程度，查处行政违法行为的行政机关应当移交司法机关追究其刑事责任，这是行政执法应当遵循的基本原则。但行政机关可能因各种原因，在移交司法机关之前已经作出行政处罚，而司法机关认定被追究行政责任的违法行为构成犯罪并追究其刑事责任时，则构成了行政罚与刑罚的竞合。《中华人民共和国行政处罚法》第二十八条规定了处理原则，即功能相同的行政罚折抵刑罚，具体为：行政拘留折抵自由刑（有期徒刑或拘役），行政罚款折抵罚金。也就是说，在追究罪犯刑事责任时，不否定行政机关针对同一行为在先作出的行政处罚决定的法律效力，只是基于刑罚是最严厉的责任追究，罪犯不应当因同一行为受到追究功能相同的重复处罚，而将在先行政处罚吸收入刑罚，进行折抵。这种折抵实质上是执行意义上的折抵，而不是以刑罚否定行政处罚。

（二）刑罚低于法定行政罚额度时如何处理。我国法律规定行政处罚的自由罚即行政拘留，最高为 15 天，刑罚的拘役刑最低为 2 个月，自由罚不会出现判决的自由刑低于行政处罚的情形，但财产罚极易出现。我国行政法律规定的财产性处罚即罚款，一般均有按违法所得数额、收益数额、造成损失额的比例处罚的规定，但刑罚仅在侵犯经济秩序犯罪等少数罪名中作了上述规定。司法实践中，法院判处财产刑，除刑法明确规定额度的以外，一般与自由刑刑期相对应，基本不考虑行政法规定的处罚额度，因此出现了大量财产刑数额远低于行政法规定行政罚款额度或者在先已经作出的行政处罚决定的罚款额度的情形。基于前述同类型处罚折抵、刑事判决不否定在先行政处罚的原则，刑事判决生效后，在先作出的行政处罚仍然具有效力，仍然具有执行力。刑罚是最严厉的处罚，不可能且法律也没有规定以刑罚折抵行政处罚，刑事判决生效后，行政机关再作出与刑事判决的刑罚相同功能的行政处罚，就违反一事不再罚原则。因此，在先没有作出行政处罚的，刑事判决生效后，行政机关不得基于同一行为作出与刑罚功能相同的行政处罚。环境资源刑事案件由环资庭集中管辖后，我们相信能从刑事判决的角度较好解决这一问题。

（三）刑罚未涵盖的行政责任如何处理。我国刑法规定的刑罚包括生命刑、自由刑、财产刑、权利刑等种类，但不包含行政处罚常见的停止违法行为、修复被破坏的生态环境或者承担修复费用等行为罚类型。法律将行为罚仅仅规定为行政处罚，而不是违法行为人承担刑事责任的法定形式。刑事判决不能超越法律判令罪犯承受行为罚。当罪犯的犯罪行为应当承担修复生态环境等行为罚时，应当由行政机关作出并监督执行，在被处罚人不履行或者履行不合格时，行政机关应当依照法律规定自行或者委托第三方代执行，相关费用由被处罚人承担。行政机关在此情形下作出责令违法行为人修复生态环境等行为罚性质的行政处罚，与违法行为人受到的刑罚处罚性质不同、类型不同、功能不同，不属于重复处罚，与一事不再罚原则无关。行为罚不因犯罪人受到自由刑、财产刑等刑罚处罚而免除，行政机关也不得因违法行为人受到刑事处罚而放弃作出处罚决定并监督执行的法定职责。

本案被告万山林业局在将案件移交司法机关时撤销其已经作出的行政处罚决定的做法有一定的代表性，在部分行政机关成为普遍做法，其原因就在于没有正确理解刑罚与行政罚的关系，没有正确理解折抵的正确含义。而且，该撤销行为将其已经作出的责令限期修复生态环境的行为罚一并撤销，刑事判决生效后又错误理解一事不再罚原则而拒绝作出责令修复生态环境的决定，法院判定其行为违法，并在判决书中指明其行为方向，指导行政机关依法行政。

二、特殊功能区环境破坏的，必须原地修复

一般情况下，涉林违法案件生态修复以原地修复为原则，原地不可修复或者修复难度较大的、原地具有自然修复能力考虑增加绿化地等情况下，可以异地修复。森林法及相关法律法规没有是否原地修复的规定。《中华人民共和国环境保护法》第六十一条责令恢复原状的规定应当视为原地修复，但该规定仅限于未获得环境影响评价批准文件擅自开工的建设项目，不是关于生态环境修复的普适性规定。不能因为没有成文法规定就可以放任特殊功能区被破坏而任意采取异地修复措施。之所以设立生态环境特殊功能区，在于设定的特殊功能区承载着不可替代的生态功能，特殊功能区生态破坏，将对一定区域甚至广大区域生态环境产生负面影响甚至严重损害的恶果，可能改变水、土壤、空气甚至气候，影响特定功能区服务区域的生产生活和人居环境。如我国西北防护林，若遭到破坏，将给华北地区造成风沙灾害，直接影响气候。特殊功能区的划定，都是结合气候、水文、土壤等生态环境保护的特殊需要，经过科学考察论证，在特定区域划定、建设并予特殊保护，具有不可替代性。这些特殊功能区的建成，往往经历了较长时间甚至几代人不计成本、不辞艰辛的努力。这些特殊功能区被破坏，理应属于必须原地修复的范围，修复也应当不计成本。若许可异地修复，放弃特殊功能区的功能，危害巨大。本案被毁坏的林地近半为公益林，现场勘查发现，山岩裸露、碎石堆积、形如戈壁荒漠的数十亩林地，恰好是划定为水源涵养和水土保持功能区的重点公益林。若许可异地修复，任由该区域荒漠化，必然造成接受该区域服务的地区水文变化，暴雨时成灾，干旱时枯竭，进而导致农业生产条件和人居环境恶化。

三、限期履责与确认违法的判项选择

《中华人民共和国行政诉讼法》第七十二条规定，“查明被告不履行法定职责的，判决被告在一定期限内履行”，第七十四条第二款规定，“行政行为有下列情形之一，不需要撤销或者判决履行的，人民法院判决确认违法：（三）被告不履行或者拖延履行法定职责，判决履行没有意义的”。照此规定，被告行政机关不履行或者拖延履行法定职责的，法院判决其限期履行，只有在判决履行没有意义的情形下，才判决确认其不履行或者拖延履行的行为违法，需要判决其限期履行的，不作确认违法判决。“判决履行没有意义”，包含三层意思，一是已经没有再履行的必要，二是履行已经不可能，三是判决作出前已经履行。不作确认违法判决，仅是不将确认违法作为判决主文即判项，在判决书论理过程中应当进行充分说理，并确认被告行政机关不履行或者拖延履行违法，确认违法的论理是判决限期履行的前提和逻辑条件。行政公益诉讼首先是行政诉讼，应当遵守行政诉讼规则和行政诉讼法的规定。

【相关法条】

《中华人民共和国森林法》

第五条 林业建设实行以营林为基础，普遍护林，大力造林，采育结合，永续利用的方针。

第四十四条 违反本法规定，进行开垦、采石、采砂、采土、采种、采脂和其他活动，致使森林、林木受到毁坏的，依法赔偿损失；由林业主管部门责令停止违法行为，补种毁坏株数1倍以上3倍以下的树木，可以处毁坏林木价值1倍以上5倍以下的罚款。

违反本法规定，在幼林地和特种用途林内砍柴、放牧致使森林、林木受到毁坏的，依法赔偿损失；由林业主管部门责令停止违法行为，补种毁坏株数1倍以上3倍以下的树木。

拒不补种树木或者补种不符合国家有关规定的，由林业主管部门代为补种，所需费用由违法者支付。

《中华人民共和国行政处罚法》

第二十八条 违法行为构成犯罪，人民法院判处拘役或者有期徒刑时，行政机关已经给予当事人行政拘留的，应当依法折抵相应刑期。

违法行为构成犯罪，人民法院判处罚金时，行政机关已经给予当事人罚款的，应当折抵相应罚金。

《行政执法机关移送涉嫌犯罪案件的规定》

第十一条第三款 依照行政处罚法的规定，行政执法机关向公安机关移送涉嫌犯罪案件前，已经依法给予当事人罚款的，人民法院判处罚金时，依法折抵相应罚金。

《中华人民共和国行政诉讼法》

第七十二条 人民法院经过审理，查明被告不履行法定职责的，判决被告在一定期限内履行。

编写人：贵州省遵义市播州区人民法院　何林

030

涉环境保护规范性文件的司法审查

——李某军诉绍兴市上虞区环境保护局环保行政处罚案[①]

内容摘要：新修订的行政诉讼法第五十三条第一款规定规范性文件的附带审查制度，回应了公众对规范性文件接受司法监督的期待，这将有利于推进行政执法的法治化进程。在审判实务中，如何衡平个案当事人利益与潜在当事人利益或可能的社会公共利益，如何保持司法权与行政权的适度制约与平衡，将是法院面临的最大挑战，也是司法实践实践中亟待解决的重要问题。然而，在司法实务中，法官如何认定规范性文件、司法审查对象限于行政行为所依据的条款还是及于文件全部内容、合法性审查包含哪些标准、是否需要进行合理性审查以及审查的强度如何把握等均缺乏明确的法律规定，导致法官在面对此类案件时只能凭借个人智慧解决。本文从一则案例出发，针对上述疑问进行分析探讨并提出自己的见解以期为此类案件的处理提供有益借鉴。

关键词：规范性文件　司法审查　合法性

【裁判规则】

一、行政诉讼法第五十三条规定的“规范性文件”是指除政府规章以外，行政机关依照法定权限和规定程序制定的，涉及不特定公民、法人或者其他组织的权利义务，在一定时期内能反复适用，在本行政区域内具有普遍约束力的各类行政文件。

二、人民法院在对规范性文件进行审查时，一般就被诉行政行为所依据的相关条款的合法性进行审查判断，合法性审查主要涉及制定权限、制定内容和制定程序，并注重审查强度的把握。

① 本案例一审合议庭成员：张爱萍、虞斌、孟宝华；二审合议庭成员：陈伟明、梅云、王贤祥。

【典型案例】

〔案件索引〕

浙江省绍兴市越城区人民法院（2016）浙0602行初202号行政判决书

浙江省绍兴市中级人民法院（2017）浙06行终79号行政判决书

〔基本案情〕

原告李某军诉称：国务院制定的《畜禽规模养殖污染防治条例》第十一条明确了设立畜禽养殖场、养殖小区禁养区限于四种区域，原告养殖场所处区域不在该条例所规定的可设禁养区区域。同时，《浙江省畜禽养殖污染防治办法》第八条明确规定“设区的市、县（市、区）人民政府应当依照法律、法规和有关技术规范的要求，组织划定禁止、限制养殖区域，并向社会公布”，明确说明了禁养、限养区要依照法律、法规划定，不能随意设立。被告作出行政处罚所依据的虞政办发〔2014〕147号《绍兴市上虞区畜禽养殖禁养区、限养区划分方案的通知》中，与原告相关的“绍兴市市段（上虞段）及区级河道200米禁养区”划定，违反了国务院《畜禽规模养殖污染防治条例》中有关设定禁养区的规定，请求人民法院依照行政诉讼法第五十三条之规定，对该规范性文件的合法性进行审查。被告依据不合法的行政规范作出的行政处罚行为亦不合法，请求人民法院依法予以撤销。同时，被告存在选择性执法的行为，原告的养兔场不存在污染，而临近的养猪场恶臭弥漫，对空气污染严重，被告未进行处罚，属于严重执法不公。综上，请求判决：1. 确认被告作出的虞环罚字（2015）176号行政处罚决定违法并撤销；2. 一并审查绍兴市上虞区人民政府办公室关于印发《上虞区畜禽养殖禁养区、限养区划分方案的通知》。

被告上虞区环保局辩称：一、被告作出行政处罚的法律依据合法充分。被告对原告作出行政处罚的法律依据是《浙江省畜禽养殖污染防治办法》第九条第一款及第二十条第一款。根据《浙江省水污染防治条例》第二十五条第一款规定，绍兴市上虞区人民政府制定了关于印发《上虞区畜禽养殖禁养区、限养区划分方案的通知》（虞政办发〔2014〕147号），其中第四条第（一）部分就是关于禁养区范围的规定。原告李某军养殖区域位于绍兴市级河道浙东引水工程两侧二百米范围内，该区域属畜禽养殖禁养区，被告据此对原告作出行政处罚。二、被告作出行政处罚的证据充分，有相应事实依据。李某军养殖区域为畜禽养殖禁养区。其开设养殖场进行畜禽养殖未办理工商、环保、国土等相关审批手续，产生的污水未尽收集处理直接渗漏至周围农田。被告于2015年8月12日向原告下发限期改正决定书，要求其在2015年8月21日前停止养殖活动。然至同年8月25日被告再次前往踏勘时，原告仍然从事养殖活动并拒绝停止。三、被告送达环罚告（2015）67号行政处罚事先告知书的程序合法。综上，请求法院依法驳回原告的诉讼请求。

经审理查明：2014年6月9日，绍兴市上虞区人民政府办公室印发虞政办发〔2014〕147号《上虞区畜禽养殖禁养区、限养区划分方案的通知》，并于2014年7月1日在上虞区人民政府门户网站公布。该通知第四部分划分区域（一）禁养区区域五为“省、绍兴市级（上虞段）及区级河道两侧200米”。

2015年8月12日，上虞区环保局经现场踏勘认定李某军在禁止养殖区域内从事畜禽养殖活动，依法做出环境违法行为限期改正决定书，责令李某军于2015年8月21日前停止养殖行为。2015年8月25日，被告再次检查时发现原告仍在原区域从事养殖活动。2015年9月11日，被告执法人员在当地村委会工作人员陪同下向原告留置送达行政处罚事先告知书，责令李某军立即停止违法行为，并依照违法情形拟作出罚款人民币3000元的行政处罚。2015年9月29日，被告作出虞环罚字（2015）176号行政处罚决定书并于2015年10月10日向李某军留置送达。原告不服，遂诉至法院要求对案涉规范性文件进行审查并撤销行政处罚行为。

〔裁判结果〕

绍兴市越城区人民法院于2017年2月8日作出（2016）浙0602行初202号行政判决：驳回原告李某军的诉讼请求。宣判后，原告李某军不服提起上诉，绍兴市中级人民法院于2017年4月21日作出（2017）浙06行终79号行政判决：驳回上诉，维持原判。

〔裁判理由〕

法院生效判决认为，行政规范性文件的司法审查和行政行为的合法性审查是该案审理重点：

一、关于规范性文件的司法审查

（一）原告提出的司法审查符合法律规定

本案所涉的虞政办发〔2014〕147号通知由上虞区人民政府办公室制定，

内容涉及不特定公民、法人或者其他组织的权利义务，在一定时期内可反复适用，且在相应行政区域内具有普遍约束力，法律效力在行政规章以下政府文件，属于行政规范性文件。同时本案原告是对被告作出的行政行为不服提起诉讼时一并提出审查行政规范性文件，符合《中华人民共和国行政诉讼法》第五十三条第一款规定。综上，原告在本次诉讼中提出对虞政办发〔2014〕147号通知中的关于“禁养区范围区域五：省、绍兴市级（上虞段）及区级河道两侧200米”内容进行司法审查符合法律规定。

（二）关于规范性文件的合法性审查

绍兴市越城区人民法院参照浙高法行一〔2016〕1号《浙江省高级人民法院行政一庭关于行政诉讼规范性文件附带审查的有关问题的解答》问题5的解答，人民法院审查规范性文件的合法性，一般仅就作为被诉行政行为依据的相关条款的合法性进行审查判断，并据此决定是否将该规范性文件作为认定被诉行政行为合法的依据。故仅对被诉行政行为所依据的虞政办发〔2014〕147号通知中的关于“禁养区范围区域五”是否合法进行审查。

关于规范性文件的合法性，法院认为：1. 从制定权限来看，依据《浙江省水污染防治条例》第二十五条规定，上虞区人民政府办公室具有划定本区域内畜禽养殖禁养区和限养区的合法权限。2. 从制定内容来看，上虞区人民政府办公室从防治水污染，保护和改善环境，促进经济可持续发展角度考虑并依照法律、法规规定划定的禁止养殖区域符合上位法规定。3. 从制定程序来看，上虞区人民政府办公室在虞政办发〔2014〕147号通知起草过程中已公开征求有关基层单位的意见、经上虞区政府法制机构合法性审查并经制定机关负责人集体讨论决定，符合《浙江省行政规范性文件管理办法》中关于行政规范性文件制定的程序性要求。综合以上分析，原告提请审查的规范性文件条款不存在违反法律规定情形，原告要求确认违法并予以撤销的依据不足。

二、关于行政处罚决定是否合法

首先，原告养殖场位于绍兴市上虞区谢塘镇新戴家村，北靠浙东引水工程，从北到南纵深长约60米，东西宽约10米。其次，根据虞政办发〔2014〕147号通知规定，该养殖区属于“省、绍兴市级（上虞段）及区级河道两侧200米”的禁养区范围。第三，原告在禁止养殖区域内从事畜禽养殖活动，在被告责令其停止违法行为后拒不停止违法行为且至今仍从事养殖活动的事实清楚。故，被告认定原告的养殖行为违反《浙江省畜禽养殖污染防治条例》第九条第一款，并依据该条例第二十条第一款作出行政处罚决定，证据确凿，适用法律、法规证据。结合原告对行政处罚行为程序合法的陈述，原告诉请被告行政行为违法并要求撤销的理由不成立，法院不予支持。

【法官评析】

《中华人民共和国行政诉讼法》第五十三条第一款规定，公民、法人或者其他组织认为行政行为所依据的国务院部门和地方人民政府及其部门制定的规范性文件不合法，在对行政行为提起诉讼时，可以一并请求对该规范性文件进行审查。至此，人民法院对部分规范性文件可一并审查的制度在法律上予以确立。本案即系行政相对方认为行政机关据以作出行政行为的依据违反法律规定故而对行政行为的合法性提出质疑时一并提出对规范性文件审查而引发的诉讼。司法实践中，由于法律对规范性文件的含义、制发主体、程序、权限以及审查内容、程度、标准等缺乏明确规定，导致司法实践中争议较大。本案审理的难度和主要争议焦点在于：一、规范性文件的认定。二、规范性文件的审查。

一、关于规范性文件的认定

浙高法行一〔2016〕1号问题解答中明确，判断是否构成可以请求审查的规范性文件，可以从制定主体、规范性文件的效力等方面把握。党的文件，以及人大、政协、司法机关等不具有行政管理职能的主体制定的文件，以及根据《立法法》规定具有规章及其以上效力的行政规范性文件，均不属于可请求审查的规范性文件。解答通过正面定义和反面排除的方法对可以审查的规范性文件进行了规定。从该定义中，可否理解为除被排除文件外的其他文件均系可审查的文件不得而知。关于规范性文件的认定，笔者认为可以根据该解答内容结合《浙江省行政规范性文件管理办法》（以下简称管理办法）第三条规定予以确定。管理办法规定，本办法所称行政规范性文件，是指除政府规章以外，行政机关依照法定权限和规定程序制定的，涉及不特定公民、法人或者其他组织的权利义务，在一定时期内反复适用，在本行政区域内具有普遍约束力的各类行政文件。从以上定义可以归纳出规范性文件的基本要素：1. 行政规范性文件的制定主体为行政机关。这就将解答中提到的党、人大、政协和司法机关等制定的文件排除在外，同时也与行政诉讼法第五十三条规定的国务院部门、地方人民政府及其部门保持一致；2. 行政规范性文件应针对不特定利益主体，而非针对特定的个体；3. 行政规范性文件应具有普遍约束力，但法律效力等级在规章以下；4. 行政规范性文件在本行政区域内和文件规定的有效期内可反复使用。根据以上分析，本案中原告提出审查的虞政办发〔2014〕147 号通知的制定主体为上虞区人民政府办公室，文件内容不针对原告个人而是涉及不特定公民、法人或者其他组织的权利义务，在一定时期内可反复适用，且在相应行政区域内具有普遍约束力，其法律效力在行政规章以下，符合行政规范性文件的基本要素，属于行政诉讼法意义上的可请求审查的规范性文件。

二、关于规范性文件的审查

新修订的行政诉讼法虽然确立了人民法院对部分规范性文件一并审查的制度，但在“审查什么、审查到什么程度”等问题上缺乏具体标准。也即规范性文件审查的对象、范围、标准和强度如何把握，未有规定。

（一）审查对象的确定

行政诉讼法第五十三条规定，人民法院对被诉行政行为所依据的规范性文件进行审查。浙高法行一〔2016〕1 号问题的解答中问题 5 明确，人民法院审查规范性文件的合法性，一般仅就被诉行政行为依据的相关条款的合法性进行审查判断，并据此决定是否将该规范文件作为认定被诉行政行为合法的依据。关于“被诉行政行为依据的条款”，省高院在问题解答中进一步明确为“被诉行政行为中载明适用的规范性文件的相关条款”，包括被告根据行政诉讼法第六十七条规定提交的作为被诉行政行为依据的规范性文件，以及在法庭调查阶段援引的作为被诉行政行为依据的规范性文件。由此可见，这里的“依据”不等于“引用”。行政行为是动态的过程和有机的整体，包含职权取得、程序选择、事实认定、法律解释、处理结果等诸多方面和环节，任何方面或环节如果依据了不合法的规范性文件，对行政行为本身的合法性都会产生直接影响。相应地，在符合行政诉讼法规定的其他启动要件的情况下，法院应当将行政过程中依据的所有规范性纳入一并审查的范围，而不仅仅是记载于静态载体中的规范性文件①。关于规范性文件的审查对象，原最高人民法院行政审判庭审判长蔡小雪认为，因合法的规范性文件才能作为衡量被诉行政行为的依据。因此，

① 陈良刚：《规范性文件司法审查的范围、标准与强度》，载《中国审判》2017 年 07/08 期，第 99 页。

只有对规范性文件进行全面审查，才能判断规范性文件的合法性，法院审查时，不应限于原告的诉讼请求范围，而应当对规范性文件的合法性进行全面审查。[①] 笔者比较赞同浙江省高级人民法院行政庭的观点，司法权的被动性要求审判活动的展开只能根据当事人的申请包括申请行为和申请内容进行，司法机关不能主动启动司法程序或擅自变更当事人的诉请内容。故而，司法机关对规范性文件的司法审查对象应以行政机关作出行政行为所依据的所有规范性文件条款为限，不得擅自变更或者扩大。本案中，虞政办发〔2014〕147 号通知并非司法审查的全部对象，该通知中关于“绍兴市市段（上虞段）及区级河道 200 米禁养区”的划定是行政机关作出行政行为的依据，应当确定为司法审查对象。

（二）审查标准的厘定

法院审查规范性文件主要以合法性审查为主，兼顾部分合理性审查，合法性审查主要包括有无制定权限、是否与上位法相抵触、程序是否合法、没有法律法规依据违法增加义务减损权益等。对实体内容的审查，法院应只对被诉行政行为涉及的那部分规范性文件的内容进行审查，当事人要求全部审查的，法官应充分释明，并告知当事人超出范围的内容不予一并审查。对程序部分的审查，因规范性文件的制定程序贯穿整个文件，所以程序性审查的范围及于整个文件。对合理性的审查，法官要审查是否存在明显不合理的情形，对“明显不合理”的理解，可以参考规范性文件的内容是否与其职能、定位相称，条文规定是否符合社会常理、裁量幅度是否明显不公平等因素，还要统筹考虑法律一致性、融惯性等内部价值以及经济性、政治性等外部因素，具体到个案，需要依靠法官自身的个人智慧。本案审查中，笔者围绕被诉行政行为所依据的虞政办发〔2014〕147 号通知中的关于“禁养区范围区域五”，从制定权限、制定内容、制定程序等方面进行了全面审查，通过分析，原告提请审查的规范性文件条款不存在违反法律规定情形，原告要求确认违法并予以撤销的依据不足。

（三）审查强度的把握

规范性文件对我国社会生活的影响日益增大，法院对规范性文件的审查，关键要看该规范性文件所确立的规则是否实际影响到了行政相对人的权益，是否是作出行政行为的依据。审查时，既不能过于保守不作为，也不能“攻城掠地”，而要秉持一种“自律”和“谦和”的态度，采取强弱不同的审查强度。笔

① 蔡小雪：《一并审查规范性文件的思路》，载《中国审判》2017 年 07/08 期，第 100 页。

者认为，可借鉴德国明显性审查、可支持性审查和强烈内容审查三个标准，确立“严格审查、可支持性审查、容忍性审查”三个由强到弱的审查强度，审查时充分考虑规范功能、政府管理、对行政相对人权利义务产生的影响程度等因素。

1. 严格审查。对规范性文件是否超越权限、是否与上位法规定相抵触、制定程序是否严重违法、增设或创设行政许可、行政处罚、行政强制等种类、方式及实施条件，以及行政机关未填补法律漏洞而制定的补充性规范性文件，若补充性规范性文件直接限制、剥夺了相对人权利或是增加相对人义务的，法院应采取尊重的态度，严格审查规范性文件的合法性。

2. 可支持性审查。行政机关根据上位法制定具体应用解释、制定程序轻微瑕疵、规范性文件内容涉及自由裁量权等内容的，在合理的限度内，法院可以采取可支持性的审查态度，一方面充分尊重行政机关的自主决定权，另一方面又监督行政权行使的合理性、适当性。尤其对行政机关制定细化的、便于统一操作的规定，法院审查时要充分考虑制定社会背景，是否达到显失公正的程度等因素。

3. 容忍性审查。对行政机关内部机构的设置、职责的划分、操作流程等一般性规定，若行政机关在法律范围内分配、管理、完成相关任务，对行政相对人的权利不减损，义务不增加的，应充分尊重行政机关的自主决定权，法院在司法审查中，应保持强容忍态度，除制定机关未取得授权外。

本案中，上虞区人民政府办公室根据《浙江省水污染防治条例》并结合上虞区防治水污染工作的实际，从保护和改善环境，促进经济可持续发展角度考虑，依照法律、法规规定划定的禁止养殖区域属于可支持性审查范围。因此，笔者在审查时，充分考虑制定社会背景等因素，采取可支持性的审查态度，尊重行政机关的自主决定权，驳回了原告诉讼请求。

【相关法条】

《中华人民共和国行政诉讼法》

第五十三条 公民、法人或者其他组织认为行政行为所依据的国务院部门和地方人民政府及其部门制定的规范性文件不合法，在对行政行为提起诉讼时，可以一并请求对该规范性文件进行审查。

第六十九条 行政行为证据确凿、适用法律、法规正确，符合法定程序的，或者原告申请被告履行法定职责或者给付义务理由不成立的，人民法院判决驳回原告的诉讼请求。

编写人：浙江省绍兴市越城区人民法院　张爱萍、王丽萍

031

违反“案卷主义规则”的证据不能作为认定违法事实的依据

——浙江嵊泗美丽海岛三观文化旅游度假开发有限公司诉嵊泗县国土资源局、嵊泗县人民政府地矿行政处罚及行政复议案①

内容摘要：本案原告诉请撤销矿产资源执法部门作出的行政处罚决定及相应的复议决定，一审判决驳回原告的诉讼请求，二审改判撤销被诉行政处罚决定及行政复议决定。本案的裁判要旨在于明确行政诉讼“案卷主义规则”，即行政机关在行政程序中未依法保障公民、法人或者其他组织依法享有的陈述、申辩或者听证权利所采用的证据，不能作为认定行政主体的行为合法的根据。同时，行政处罚程序中应当明确违法线索核查与调查取证程序的界分，即在违法线索核查阶段，审查标准应围绕违法线索经初步调查是否属实，审查结果是该违法线索是否符合行政处罚立案标准；而在调查取证阶段，审查标准应系违法事实是否清楚、证据是否确凿，审查结果是如何依法合理作出处罚决定。

关键词：非法采矿　行政处罚　案卷主义规则

【裁判规则】

在认定关键违法事实的现场勘察程序中，未通知拟被处罚人到场指认，事后亦未向其送达该勘察报告、听取意见，违法了行政法“案卷主义规则”，导致在诉讼程序中无法采纳作为认定违法事实的主要证据，其应承担举证不利的法律后果。

---

① 本案例一审法院合议庭成员：林建波、牛艳红、杨宽宏；二审法院合议庭成员：王卫东、周杰、张佩；二审案件承办法官：浙江省舟山市中级人民法院王卫东。

【典型案例】

〔案件索引〕

浙江省嵊泗县人民法院（2016）浙0922行初4号行政判决书

浙江省舟山市中级人民法院（2017）浙09行终24号行政判决书

〔基本案情〕

原告浙江嵊泗美丽海岛三观文化旅游度假开发有限公司（以下简称美丽海岛公司）诉称：2016年3月29日，嵊泗县国土资源局以原告无证开采为由，作出嵊土资罚字（2016）9号行政处罚决定，处罚内容为：责令停止开采；没收采出矿产品8.016万吨；没收已售出矿产品的违法所得并处罚款共计939872.6元。原告认为上述处罚事实认定错误，处罚标准不公，应予撤销，遂向嵊泗县人民政府申请复议，被告县人民政府于2016年8月5日作出嵊政复决字（2016）3号行政复议决定，维持了被告嵊泗县国土资源局作出的处罚决定。原告对此不服，依法提起行政诉讼理由如下：一、行政处罚决定和复议决定依据的事实严重不清。根据2013年45号县政府专题会议纪要，明确由原告向县发改局申报三通一平工程，石料开采量控制在20万吨之内，所采石料可用于县内重点工程，也可自用。该会议纪要并未要求原告领取采矿许可证，然而嵊泗县国土资源局在处罚决定中否认该会议纪要的效力并将处罚原因归责为原告未领取采矿许可证，显属事实认定不清，对原告无疑是不公平的。二、剩余采出的矿产品原告可以合法使用，不应没收。根据2013年45号专题会议纪要精神，原告项目所在外山嘴场地，可以采矿20万吨，所采石料可以用于县内重点工程，也可自用，但不可外销，而目前在原告场地堆放的石料，原告并未外销，完全可以自用或用于县内重点工程，不应予以没收。三、行政处罚决定主体错误。违规开采和外销矿产品的主体是杭州人防工程有限公司（以下简称人防公司），原告发包给人防公司进行三通一平工程的行为并不具有违法性，双方合同中也从未委托人防公司进行矿产开采和外销，事实上人防公司外销石料也是在原告不知情的情况下擅自操作，而且所有的外销违法所得都归人防公司及项目经理陆斌跃所有，这是原告根本无法预料和可实际控制的，原告也根本没有从中获利。被告嵊泗县国土资源局在没有进行确切调查的情况下就武断认定人防公司是受原告委托开采外销矿产，与事实不符，因此嵊泗县国土资源局处罚的主体应为人防公司。四、嵊泗现国土资源局执法缺乏统一尺度，主观随意性和选择性执法太强，完全有失公平公正和处罚法定原则。综上，原告提起诉讼，要求撤销被告嵊泗县国有土资源局作出的行政处罚决定及被告嵊泗县人民政府作出的复议决定。

被告嵊泗县国土资源局辩称：一、专题会议纪要也没有明确原告无需取得采矿许可证，原告委托人防公司在外山嘴进行平整、开采的行为违反了《中华人民共和国矿产资源法》（以下简称《矿产资源法》）的相关规定，理应受到处罚。二、原告的行为属未取得采矿许可证进行采矿，根据《矿产资源法》的规定，对行为可处没收采出的矿产品和违法所得、并处罚款的处罚。因此，被告对原告采出的矿产品予以没收的决定是合法准确的。三、原告与人防公司的关系是委托与被委托的关系，根据《国土资源违法行为查处工作规程》规定，受托人或者雇佣的自然人、法人或其他组织在受委托或雇佣的工作范围内，实施国土资源违法行为的，应认定委托人或者雇佣人为违法责任主体。由此在法律上产生的权利、义务均由委托人享受和承担。因此，被告以原告作为行政处罚主体是正确的。四、本案中，原告实施的矿产品外销行为及委托人防公司开采均违反了政府专题会议纪要的石料不可外销，石料开采主体原则为县中心渔港指挥部所属施工单位的规定，通过对相关证人的取证，依据《违反矿产资源法规行政处罚办法》的规定，被告聘请浙江省第七地质大队和浙江省工程勘察院舟山分院进行勘测，勘测后形成储量报告和堆方报告，经过舟山市价格认证中心的认定对原告作出处罚，罚款的标准完全符合法律规定。综上，请求法院依法驳回原告的诉讼请求。

被告嵊泗县人民政府辩称：被告作出的嵊政复决字（2016）第3号行政复议决定事实认定清楚，证据确实、充分，程序合法，原告诉请应不予支持。

法院经审理查明：2010年8月30日，原告美丽海岛公司取得嵊泗县菜园镇青沙外山嘴区域国有土地使用权用于开发建设。2013年10月22日，嵊泗县人民政府召开协调会，并形成专题会议纪要，明确：1. 由“美丽岛”公司（即原告）向县发改局申报“三通一平”临时工程；2. 公安部门应按工程进度及时供给炸药；各相关部门要切实加强监管，确保不发生安全事故；3. 该项目所在外山嘴场地石料开采总量必须控制在20万吨之内，所采石料可用于县内重点工程，也可自用，但不可外销；4. 石料开采（开山爆破）主体原则为县中心渔港指挥部所属施工单位，“美丽岛”公司应与该施工单位签订安全责任书。同年10月24日，嵊泗县环境保护局作出预审意见；同年11月7日，嵊泗县发展和改革局作出批复，同意原告先行实施涉案旅游度假开发项目场地平整工程。2013 年 12 月 11 日，原告在未办理任何行政许可的情形下，将该场地平整工程承包给施工方，工程范围包括承包范围内的临时道路开通、工程围墙建设、地上附着物清理、土方开挖、石方爆破开挖等，并约定爆破产生的石料、塘渣等归施工方所有以抵扣工程款。2014 年 2 月，施工单位进入场地进行施工。2014 年 11 月，嵊泗县国土资源局进行立案调查，经浙江省第七地质大队出具的嵊泗县中心渔港扩建工程李柱山北侧建筑石料（宕渣）矿 2014 年度矿山储量报告及越界开采宕渣分布位置的情况说明确定，外山嘴区域已开采量为 10.49 万吨，场地石料堆方量为 3.34 万平方米（8.016 万吨），认定原告用于折抵工程款的石料、塘渣为 2.474 万吨。根据舟山市价格认证中心 2014 年 2 月 12 日出具的鉴定结论书确定，舟山地区普通建筑石料矿山矿产品（石子、块石、宕渣）市场销售平均价格为 29 元/吨，于 2016 年 3 月 29 日作出嵊土资罚字〔2016〕9 号行政处罚决定：1. 责令停止开采；2. 没收采出的矿产品 8.016 万吨；3. 没收已售出的矿产品 2.474 万吨的违法所得，按 29 元/吨计算，共计 717460 元；4. 处以违法所得 31% 的罚款，共计 222412.60 元的行政处罚。原告不服，向嵊泗县人民政府申请复议，嵊泗县人民政府于 2016 年 8 月 5 日作出嵊政复决字〔2016〕3 号行政复议决定书，维持了被诉行政处罚决定，原告仍不服，向法院提起本案行政诉讼。

〔裁判结果〕

浙江省嵊泗县人民法院于 2017 年 2 月 15 日作出（2016）浙 0922 行初 4 号行政判决：驳回原告浙江嵊泗美丽海岛三观文化旅游度假开发有限公司要求撤销被告嵊泗县国土资源局作出的嵊土资罚字（2016）第 9 号行政处罚决定及被告嵊泗县人民政府作出嵊政复决字（2016）第 3 号行政复议决定的诉讼请求。案件受理费 50 元，由原告浙江嵊泗美丽海岛三观文化旅游度假开发有限公司负担。宣判后，美丽海岛公司向浙江省舟山市中级人民法院提起上诉。浙江省舟山市中级人民法院于 2017 年 9 月 29 日作出（2017）浙 09 行终 24 号行政判决：一、撤销嵊泗县人民法院（2016）浙 0922 行初 4 号行政判决；二、撤销被上诉人嵊泗县人民政府于 2016 年 8 月 5 日作出的嵊政复决字（2016）3 号行政复议决定书；三、撤销被上诉人嵊泗县国土资源局于 2016 年 3 月 29 日作出的嵊土资罚字（2016）9 号行政处罚决定书；四、责令被上诉人嵊泗县国土资源局在法定期限内重新作出行政行为。

〔裁判理由〕

法院生效判决认为，美丽海岛公司及施工方均未取得涉案区域的采矿许可证，但在涉案区域实施了石方爆破开挖等场地平整工程，构成《矿产资源法》第三十九条规定的未取得采矿许可证擅自采矿的行为。嵊泗县国土资源局以矿产储量年度间变化减去石料现场堆方量认定非法开采量，但在进行现场堆方量勘察时未通知拟被处罚人到场参与，亦未向其送达评估报告并听取意见，且现场勘察至违法行为发生已时隔一年，导致认定违法事实及作出处罚的主要证据不足，属认定违法事实不清，依法应予撤销；虽行政复议程序合法，但复议机关作出复议决定维持该被诉行政处罚决定结论错误，应予一并撤销。

综上，二审改判撤销原审判决；撤销嵊政复决字（2016）3号行政复议决定；撤销嵊土资罚字（2016）9号行政处罚决定；责令嵊泗县国土资源局在法定期限内重作。

【法官评析】

本案系矿产资源行政处罚案件，涉及对非法采矿行政处罚行为所依据证据的审查认定；同时也是《行政诉讼法》规定的复议机关为共同被告案件。

一、关于非法采矿行为的认定

浙江省嵊泗县系海岛，石料是主要矿产资源，近年来，该县对建筑用石的开采、外销等采取了严格的控制措施，实施工程项目涉及石料开采的，均须按照《矿产资源法》等相关法律规定办理采矿许可证；矿产资源执法部门也加大了对非法采矿违法行为的行政执法力度，有效遏制了违法开采石料等破坏环境资源的违法态势。

根据《矿产资源法》第三十九条规定，违反本法规定，未取得采矿许可证擅自采矿的，擅自进入国家规划矿区、对国民经济具有重要价值的矿区范围采矿的，擅自开采国家规定实行保护性开采的特定矿种的，责令停止开采、赔偿损失，没收采出的矿产品和违法所得，可以并处罚款；拒不停止开采，造成矿产资源破坏的，依照刑法有关规定对直接责任人员追究刑事责任。本案中，矿产资源执法部门认为美丽海岛公司未取得采矿许可证，而与他人签订施工承包合同，委托他人进行石方爆破等工程，因施工过程中施工方存在将销售石料的行为，故已经构成非法采矿行为。

而根据《最高人民法院行政审判庭关于在已取得土地使用权的范围内开采砂石是否需办理矿产开采许可证问题的答复》（〔2006〕行他字第15号）的意见：根据《矿产资源法实施细则》第十五条关于“本细则由地质矿产部负责解释”的规定，参照国土资源部国土资函（1998）190号《关于开山凿石、采挖砂、石、土等矿产资源适用法律问题的复函》中关于“建设单位因工程施工而动用砂、石、土，但不将其投入流通领域以获取矿产品营利为目的，或就地采挖砂、石、土用于公益性建设的，不办理采矿许可证，不缴纳资源补偿费”的解释，水电站建设单位因工程施工而在批准用地的范围内采挖砂、石、土，用于水电站大坝混凝土浇筑工程的，无须办理矿产开采许可证及缴纳资源补偿费。即建设单位因工程施工而动用砂、石、土，但不将其投入流通领域以获取矿产品营利为目的，或就地采挖砂、石、土用于公益性建设的，无需办理采矿许可证，也就不构成非法采矿行为。本案中，美丽海岛公司即主张其无需办理采矿许可证，且政府及相关职能部门在前期协调推进该项目时从未要求办理采矿许可证。

法律具有普遍的公开性和公示性，任何人不得以不知情或者未经告知而不履行法律规定的义务或者实施违反法律的行为。根据《矿产资源法》第三十九条规定，非法采矿行为定性为“未取得采矿许可证擅自采矿的”违法行为。本案中，美丽海岛公司与施工单位约定实施场地平整项目并约定爆破产生的石料、塘渣等归施工方所有以抵扣工程款，即变相地减少了美丽海岛公司为履行场地平整工程的成本并使其公司收益，且在涉案场地实际确实发生了石料被外售获利的事实，则可以认定为美丽海岛公司外销矿产品行为的转化。这就与国土资源部《关于开山凿石、采挖砂、石、土等矿产资源适用法律问题的复函》以及《最高人民法院行政审判庭关于在已取得土地使用权的范围内开采砂石是否需办理矿产开采许可证问题的答复》的适用情形有所区别了，此处不仅应当考虑行为人的主观目的即获取矿产品是否以获利为目的，同时也应当考察行为人是否实际实施了获取矿产品获利的行为，否则难以实现有效保护矿产资源的立法目的。故本案中美丽海岛公司应认定为构成非法采矿行为。

二、违反案卷主义规则的证据不能作为认定违法事实的依据

案卷主义规则又称为案卷排他主义原则，是行政诉讼中的特有规则，是指行政机关在行政程序之外形成的证据不能作为证明行政主体的行为合法或者定案的根据。其中，行政机关在行政程序中非法剥夺公民、法人或者其他组织依法享有的陈述、申辩或者听证权利所采用的证据，不能作为认定行政主体的行为合法的根据。①

本案中，嵊泗县国土资源局作出被诉行政处罚决定，认定美丽海岛公司在没有办理采矿许可证情况下，委托施工单位在涉案矿区外山嘴开采点共开采10.49万吨，且现有堆方量为3.34万立方米（8.016万吨），其中，认定美丽海岛公司违法开采量的依据为浙江省第七地质大队于2014年12月出具的《嵊泗县中心渔港扩建工程李柱山沿线北侧建筑石料（宕渣）矿2014年度矿山储量年报》；认定涉案区域堆方量的依据为浙江省工程勘察院于2015年4月测量、2015年5月提交的《嵊泗美丽岛三观文化旅游度假开发项目场地平整工程堆方量估算报告》。但是，嵊泗县国土资源局在本案诉讼程序中未提供证据证明其在委托浙江省工程勘察院进行该项堆方量估算工作时曾通知美丽海岛公司参加，亦未提供证据证明其在行政处罚程序中将该份估算报告送达美丽海岛公司并听取其意见，且美丽海岛公司在诉讼中亦否认其在行政处罚程序中收到过该份估算报告，则行政机关采用该份证据作为行政处罚的主要依据违反了“案卷主义规则”。另，经本案二审庭审查明，涉案场地平整工程于2014年4月因故停工，嵊泗县国土资源局时隔一年至2015年4月才委托浙江省工程勘察院进行涉案工程堆方量估算，在此期间涉案区域内石料堆方量可能发生变化，难以准确估算，而本案行政诉讼中各方当事人的主要争议之一即在于涉案区域石料堆方量问题，故嵊泗县国土资源局将该份《嵊泗美丽岛三观文化旅游度假开发项目场地平整工程堆方量估算报告》作为认定美丽海岛公司非法采矿违法事实的主要依据，并据此对该公司作出行政处罚，处罚依据不足，认定违法事实不清，被诉行政处罚决定依法应予撤销。

三、关于违法线索核查与行政处罚调查程序的界分

本案中，因发现涉案区域存在无证采矿违法线索，嵊泗县国土资源局执法监察大队执法人员经调查后，于2015年12月15日编制了《调查报告》，经执法监察工作机构负责人及国土资源主管部门负责人审批，嵊泗县国土资源局于2015年12月18日决定对美丽海岛公司无证采矿案予以立案。嵊泗县国土资源局于2015年12月29日经集体会审作出处理决定，并于2016年2月25日作出《行政处罚听证告知书》，并由项目经理陈某定于同日签收，美丽海岛公司未提

① 江必新、梁凤云：《行政诉讼法理论与实务》，北京大学出版社2011年第2版，第639、642页。

出陈述、申辩。后，嵊泗县国土资源局于2016年3月29日作出被诉行政处罚决定，并向上诉人送达，由陈某定于同日签收。美丽海岛公司对该行政处罚程序问题未提出明确异议。根据在案证据，嵊泗县国土资源局作出被诉行政处罚决定所依据的主要证据均系其于2014年11月20日至2015年12月15日期间取得，即在本案行政处罚立案之前，这是违反法定程序的，即“先调查、后立案”。根据《国土资源违法行为查处工作规程》规定，违法线索核查主要是涉嫌违法当事人的基本情况、涉嫌违法的基本事实、违反国土资源管理法律法规的情况、是否属于本级本部门管辖；核查过程中，可以采取拍照、询问、复印资料等方式收集相关证据，核查的结果就是提出立案或者不予立案的建议。但是行政处罚案件一旦立案并开展调查取证程序，调查方式与手段、调查的深度和强度则是明显不一样的，类似本案中的询问当事人、现场勘察等程序应该是在调查取证程序中开展。故在违法线索核查阶段，执法机关的审查标准应围绕违法线索经初步调查是否属实，审查结果是该违法线索符合行政处罚立案标准；而在行政处罚调查阶段，执法机关可以依法运用多种方式调查取证，审查标准应是违法事实是否清楚、证据是否确实充分，审查结果是对于违法行为是否应予作出行政处罚以及相应的处罚裁量。本案存在“先调查、后立案”情形，不符合《国土资源违法行为查处工作规程》的相关规定。

该案裁判后，舟山市中级人民法院向嵊泗县国土资源局发送浙舟法建〔2017〕1号《关于进一步规范矿产资源行政执法工作的司法建议》，同时抄送嵊泗县人民政府及舟山市国土资源局，建议矿产资源执法部门加强日常巡查，坚持“早发现，早制止，早处置”，同时严格按照法定程序并准确适用执法依据履行监管职责，依法监督保护和合理利用矿产资源。

本案生效裁判体现了人民法院对制裁矿产资源违法行为的支持以及对矿产资源行政执法行为的依法监督，对于进一步规范矿产资源行政执法工作，提高矿产资源行政执法公信力和执行力，监督依法保护和合理利用矿产资源具有积极作用。

【相关法条】

《中华人民共和国矿产资源法》

第三条　矿产资源属于国家所有，由国务院行使国家对矿产资源的所有权。地表或者地下的矿产资源的国家所有权，不因其所依附的土地的所有权或者使用权的不同而改变。

国家保障矿产资源的合理开发利用。禁止任何组织或者个人用任何手段侵占或者破坏矿产资源。各级人民政府必须加强矿产资源的保护工作。

勘查、开采矿产资源，必须依法分别申请、经批准取得探矿权、采矿权，并办理登记；但是，已经依法申请取得采矿权的矿山企业在划定的矿区范围内为本企业的生产而进行的勘查除外。国家保护探矿权和采矿权不受侵犯，保障矿区和勘查作业区的生产秩序、工作秩序不受影响和破坏。

从事矿产资源勘查和开采的，必须符合规定的资质条件。

第三十九条 违反本法规定，未取得采矿许可证擅自采矿的，擅自进入国家规划矿区、对国民经济具有重要价值的矿区范围采矿的，擅自开采国家规定实行保护性开采的特定矿种的，责令停止开采、赔偿损失，没收采出的矿产品和违法所得，可以并处罚款；拒不停止开采，造成矿产资源破坏的，依照刑法有关规定对直接责任人员追究刑事责任。单位和个人进入他人依法设立的国有矿山企业和其他矿山企业矿区范围内采矿的，依照前款规定处罚。

编写人：浙江省舟山市中级人民法院　王卫东、方园

032

司法对诉讼请求全部实现及公益诉讼人撤诉权行使的审查

——江苏省无锡市人民检察院诉上海市杨浦区绿化和市容管理局等环境民事公益诉讼案①

内容摘要：本案特殊性在于公益诉讼人检察机关起诉行政机关等被告的环境民事公益诉讼中，法院裁定准许公益诉讼人撤回起诉。在环境民事公益诉讼中，基于“有限处分权”及“法院职权干预”理论，法院应对“诉讼请求全部实现”进行司法审查，以限制公益诉讼人撤诉权，能最大程度避免减损社会

① 本案例一审合议庭成员：周科、郭继光、蒋依澄。

公益，最广深度修复生态环境。“诉讼请求全部实现”的司法审查以诉讼请求的应然性与实然性相统一为审查前提，对诉讼请求不足以保护环境公共利益的行使释明权，以环境修复目标已实现、杜绝环境侵权再次发生的可能性为审查标准。从合乎环境公益、公众认可污染区域得到有效修复、引入专家论证制度、监督修复方案执行、约束不当处分撤诉权行为等方面对“诉讼请求全部实现”的司法审查进行程序设置。

关键词：环境民事公益诉讼　诉讼请求全部实现　撤诉　司法审查

【裁判规则】

公益诉讼人在环境民事公益诉讼中申请撤诉，法院应依职权对“诉讼请求是否全部实现”进行审查，以限制其撤诉权。“诉讼请求全部实现”以环境修复目标的实现及杜绝环境侵权再次发生的可能性为具体审查标准，区分不同诉讼请求类型，审查是否合乎环境公益，以公众认可污染区域得到有效修复为重点，创新审查形式，运用专家论证会制度保障司法审查的专业性，监督修复方案的执行等方面进行程序设置。

【典型案例】

〔案件索引〕

江苏省无锡市中级人民法院（2017）苏02民初68号民事裁定书

〔基本案情〕

2013年起，上海市杨浦区绿化和市容管理局（以下简称杨浦市容局）将部分生活垃圾交由徐某强处置，徐某强以上海呈迪实业有限公司（以下简称呈迪公司）名义签订处置合同。2015年3月，徐某强在明知徐某无运输处置生活垃圾资质的情况下，将生活垃圾交徐某及其船队处置，徐某再通过崔某荣、须某法将垃圾倾倒至江苏省无锡市惠山区洛社镇附近河岸，经检测涉案垃圾属于有毒物质，造成周边生态环境严重污染。污染事故发生后，江苏省无锡市惠山区人民政府及时组织相关部门对倾倒的生活垃圾进行了应急处置。2016年12月2日，江苏省无锡市锡山区人民法院以污染环境罪判处徐某强、徐某、须某法、崔某荣承担相应刑事责任。后公益诉讼人江苏省无锡市人民检察院（以下简称无锡检察院）在履行职责过程中，发现杨浦市容局等七名被告的行为损害环境公共利益，遂向本院提起本案诉讼，要求七名被告连带承担下列费用：1. 非法运输、处置生活垃圾产生的应急处置费用1460179.16元；2. 制定环境修复方案费用15万元；3. 生态环境修复费用476070元；4. 后续监测和监管费用3000元、专家论证费用5400元。

本案审理期间，徐某强自愿向本院缴纳根据无锡检察院的前期诉讼请求所主张的环境应急处置和修复费用2055499.16元，要求将之前支付的环境修复费18万元纳入本案一并用于支付后续环境修复实际发生费用、监测费用和专家论证费用，并表示因环境修复的整体性，不再区分其参与倾倒垃圾所占比例，一并支付所有修复费用，同时请求本院将上述费用直接支付给涉案环境修复费用支出的单位或个人。后公益诉讼人无锡检察院以本案全部诉讼请求均已实现，无继续诉讼的必要为由，向本院申请撤诉。

〔裁判结果〕

江苏省无锡市中级人民法院于2017年5月27日作出（2017）苏02民初68号民事裁定：准许公益诉讼人江苏省无锡市人民检察院撤回起诉。

〔裁判理由〕

法院生效判决认为：本案被告未遵守城市生活垃圾运输、处置的法律法规，造成涉案环境污染，应当承担侵权责任。为实现对涉案生态环境修复的有效监管，本院依法公告案件受理情况，并告知上海市辖区相关行政部门，委托专业机构对受污染环境现状进行监测，从环境资源司法保护专家库中组成专家组实地查勘、论证、修订《环境修复技术方案》并公告。经双方当事人商定，环境修复机构实施修复工程后，本院重新委托专业机构进行后期监测，再次组织专家论证，监测结果和专家论证意见均表明环境修复工作已经完成。本院还邀请受污染地区代表参加听证会，与会代表亦一致认可环境得到有效修复。本案审理中，杨浦市容局积极落实整改，并明确表示进一步强化监管责任，严防此类事件再次发生。至此，本院认为，受污染区域的生态环境已经恢复至污染前状态，环境修复目标已经达成。

根据最高人民法院《人民法院审理人民检察院提起公益诉讼案件试点工作实施办法》第九条规定，人民检察院在法庭辩论终结前申请撤诉，或者在法庭辩论终结后，人民检察院的诉讼请求全部实现，申请撤诉的，应予准许。无锡检察院主张应由被告方承担各项费用合计2094649.16元，符合相关法律规定。该费用已由被告全部支付。本院认为，被告已经承担了受污染区域的全部赔偿责任。综上，涉案受污染区域的生态环境已得到修复，被告已承担赔偿责任。公益诉讼人无锡检察院的诉讼请求均已实现，且其申请撤回起诉的行为经过最高人民检察院批准，履行了相关审批手续，故本院对其撤诉申请，予以准许。

【法官评析】

一、“诉讼请求全部实现”司法审查的理论基础

2015年最高人民法院颁布实施的《关于审理环境民事公益诉讼案件适用法律若干问题的解释》（以下简称《公益诉讼解释》）第26条及《人民法院审理人民检察院提起公益诉讼案件试点工作实施办法》第9条均对撤诉作出规定并基于对公益诉讼人处分权的限制赋予法院司法审查权，即法院应进行职权干预，对“诉讼请求全部实现”进行司法审查。但此种司法审查的具体标准、程序设置及制度规范尚付阙如。环境民事公益诉讼撤诉程序设计本意为彰显自由、效益、秩序等价值，但环境公益极易成为权力寻租的工具、可资交易的筹码，如不施以约束控制，撤诉中原告极可能滥用诉讼地位为己谋求非法利益，或在被告的引诱或胁迫下暗箱操作损害公共利益，以致结果异化、背离初衷。

（一）有限处分权：以公益维护制约撤诉权

从司法实践情况来看，2007年至2014年，全国各级法院受理环境民事公益诉讼共57件，① 但自2015年以来，受理数逐年大幅递增，2015年受理56件，2016年受理案件数达到81件，2017年上半年即已达42件，环境民事公益诉讼“立案难”的障碍基本予以消除。但不容忽视的是，因环境民事公益诉讼程序特殊、举证技术难度大、鉴定过程复杂导致诉讼耗时长及诉讼成本增加，大多数环保组织无法承受如此巨大的经济和时间成本，而检察机关提起公益诉讼尚在试点中，程序设置和环境公益维护效果尚在接受司法实践的检验。环境民事公益诉讼案件数量增长过快与作出判决耗费越来越多的时间、精力之间的矛盾日渐突出，目前来看，为解决此矛盾，“原告诉讼请求全部实现”而申请

---

① 刘婷：《环境权保护的体系化构建》，载《人民司法·应用》2017年第10期。

撤诉成为一个较佳的折中之选。

跨区倾倒生活垃圾案中，表面上看，当事人以撤诉方式结案是与判决一样仅是一种结案方式，但实因涉及环境公共利益、检察机关作为代表公益的原告、异地倾倒生活垃圾、行政机关作为公益诉讼的被告、环境民事公益诉讼耗时长及诉讼成本较大等等因素，足以引起对撤诉价值的重新审视。尤其是原告代表公共利益，其自身利益不会增加或减少，反而不仅需花费时间、精力，而且可能承担金钱损失，甚至负担得罪人或被报复等社会成本。公益诉讼原告能否进行撤诉，学界争论不一，《公益诉讼解释》已给出答案，司法实践中亦应充分认识到撤诉的价值，从审之慎用到审之优用，进而在消除环境污染源、修复生态环境、保护环境利益的基础上，实现撤诉的自由、效益、秩序等价值。

但接踵而至的问题在于，是保障原告完整的撤诉权，还是对其处分权进行必要的限制？普通民事诉讼中，当事人双方地位、实力基本平衡，原告代表其“一己私利”，申请撤诉的条件较为简单，自愿且不违反法律规定即可。但环境民事公益诉讼更侧重于生态环境的快速、有效修复。环境公共利益具有不可分性和公共性，作为一种特殊诉讼，原告是公共利益的代表，其作为“法定诉讼担当人”行使处分权会间接处分环境公共利益，若不当处分，可能成为损害环境公共利益的“罪魁祸首”或“帮凶”。因此，原告基于对环境公共利益的维护而对诉讼权利及诉讼请求的“处分”是有限的，明显区别于普通诉讼。

原告申请撤诉的有限处分权受制于公益维护。跨区倾倒生活垃圾案中，接近2000吨的生活垃圾随意倾倒、堆放，既会影响环境的可观赏性，破坏自然景观，产生侵扰公众的臭气，其产生的渗滤液还会严重污染土壤、植被、地下水或者附近河流，损害社会公共利益。赋予检察机关、公益组织等原告撤诉权，既是对其完整诉权的保障，也更能够实现法的灵活、高效、低成本、秩序等价值。在环境公共利益已经维护或原告的诉讼请求已经实现时，如果原告申请撤诉，更有利于及时定分止争，具有经济上的合理性，体现效益价值。但是基于维护公益的目的，必须对原告撤诉的处分权进行必要限制，即原告只享有有限处分权，以促使原告正当合法地申请撤诉，既体现程序自由价值，又可提升诉讼效益，更能在保障环境公共利益的基础上兼顾经济增长，使案件的处理实现系争利益与系争外利益①保护的双赢。

---

① 刘敏：《原理与制度：民事诉讼法修订研究》，法律出版社2009年版，第45页。

（二）法院职权干预：以司法审查防治公益减损

虽要保障环境民事公益诉讼原告享有完整的诉权，但也要强调原告“不完整的有限处分权”。环境民事公益诉讼中利益巨大、诱惑不少而外控很少，存在原告利用其控制之机谋取私利的风险，尤其是当这种利益与原告没有切身直接联系时。如果缺乏对撤诉中“诉讼请求全部实现”进行司法审查和控制的程序机制，则原告极可能在被告的引诱、胁迫之下作出损害公共利益的决定。著名诉讼法学家蔡彦敏教授认为，关于撤诉的问题，应该坚持依法处分，处分权的依法行使和审判权依法审查相结合，当事人依法行使诉权，法院依法行使审查权。①

“法院干预型”诉讼模式源自苏联民事审判的超职权主义诉讼模式，尽管在普通的民事诉讼中因对当事人处分权的过度干预而倍受指责，但如果放在诉讼利益与原告不直接相关的公益诉讼中，这种干预又是极为恰当和必要的②，目的在于维护环境公共利益。法院无论在收集证据，或者在审查双方当事人关于放弃诉讼请求，承认请求以及和解等的声明方面，都有权进行广泛的干预，目的是要帮助当事人实现他们的权利和合法利益。③ 在环境民事公益诉讼中强调对当事人处分权的约束，实际上也是对法院履行公益诉讼中应有职责的强调，法院应进行职权干预，化被动性一味尊重当事人的处分权为主动性审查其行使处分权是否会对社会公共利益造成不利影响，原告的诉讼请求是否全部实现。“法院的判决可以不受原告诉求的限制等，只有这样才能最大限度地保证环境公共利益，同时避免公益诉讼的起诉人谋求个人私利而损害公共利益。”④

在巴西，公益诉讼案件可以撤诉，但是需要有审委会审查。检察机关如果撤诉，就要经得起公众的评价，特别是网络社会的评价。⑤ 美国环境诉讼中对撤诉的审查更为严格，对于被告已经停止实施排污行为或者已经开启治理污染的设备，诉讼继续下去已无意义时，法院不仅要求被告提交相关证据，更需要

① 最高人民检察院民事行政检察厅编：《检察机关提起公益诉讼实践与探索》，中国检察出版社 2017 年版，第 91 页。

② 刘学锋、马黎：《环境民事公益诉讼程序的法院职权干预》，载《人民司法·应用》2014 年第 15 期。

③ 【苏】阿·克列曼著、刘家辉译：《苏维埃民事诉讼》，法律出版社 1957 年版，第 89 页。

④ 李艳芳、李斌：《论我国环境民事公益诉讼制度的构建与创新》，载《法学家》2006 年第 5 期。

⑤ 最高人民检察院民事行政检察厅编：《检察机关提起公益诉讼实践与探索》，中国检察出版社 2017 年版，第 91 页。

被告证明自己将来也不会继续排污，否则，一旦原告撤诉，被告继续实施排污行为，又会引致新诉讼。① 考虑到我国经济发展和化解矛盾的需要，在查清事实、分清责任，保障社会公共利益，保证环境恢复责任得到履行的前提下，对于原告诉讼请求全部实现而申请撤诉的，法院可在司法审查后准许，法院限制原告处分权之根本目的在于促使撤诉正当、合法。对“诉讼请求全部实现”进行司法审查，有利于防止检察机关或公益组织等原告误用或者滥用权利，防止可能存在的利益勾兑现象，防止因原告与诉讼保护的实体环境利益不存在直接的利害关系，在被告以利益为诱饵作为交易条件情况下，公共利益成为当事人谋取私利所牺牲的对象。因此，以《公益诉讼解释》第 26 条撤诉之规定为依托，以原告有限处分撤诉权、法院司法审查的基本内容和程序设置为抓手，才能更好地实现环境民事公益诉讼中撤诉的价值。

二、“诉讼请求全部实现”司法审查的基本内容

（一）审查前提：诉讼请求应然性与实然性的统一

原告诉讼请求的应然性应当表现为诉讼请求明确具体、充分全面，足以弥补环境实际损害及预期损失，维护环境公共利益。《公益诉讼司法解释》第 18 条②对原告诉讼请求作出区分，主要包括“行为禁止型或危害消除型”（停止侵害、排除妨碍、消除危险）、“修复型”（恢复原状）和“损失赔偿型”（赔偿损失、赔礼道歉）诉讼请求三类六种，原告可以提出全部六种诉讼请求，也可以提出其中的某种诉讼请求。如果原告诉讼请求的实然状态与应然状态较为统一，更利于审查原告的诉讼请求是否全部实现。

跨区倾倒生活垃圾案中，原告向法院提出诉讼请求，请求判令七被告连带承担下列费用：1. 非法运输、处置生活垃圾产生的应急处置费用 1460179.16 元；2. 制定环境修复方案费用 15 万元；3. 生态环境修复费用 425320 元（根据修复方案预估数额计算，以实际发生为准）；4. 无锡地区环境保护主管部门后续实施生态环境修复的监测、监管等费用（以实际发生为准）。其诉讼请求类型即为“修复型”和“损失赔偿型”的结合，比较充分全面，1、2 项费用

① 《最高人民法院关于审理环境民事公益诉讼案件适用法律若干问题的解释理解与适用》，人民法院出版社 2015 年版，第 370 页。

② 《公益诉讼司法解释》第 18 条：“对污染环境、破坏生态，已经损害社会公共利益或者具有损害社会公共利益重大风险的行为，原告可以请求被告承担停止侵害、排除妨碍、消除危险、恢复原状、赔偿损失、赔礼道歉等民事责任。”

具体明确，有利于赔偿环境实际损害及维护环境公共利益，与原告诉讼请求的应然状态较为接近。

但不可否认的是，就实然性来讲，一般情况下，原告提出诉讼请求之初，其诉讼请求的应然状态很难达到，原告诉讼请求的应然性与实然性严重不统一。从主观方面来说，提起公益诉讼的机关和社会组织虽具备一定的专业知识，但其并非法律专业人士，不排除仅仅关注赔偿事项，而忘记主张停止侵害、恢复原状，难免遗漏诉讼请求，且公益诉讼属于新生事物，有可能出现诉讼请求偏离保护环境公共利益的初衷。从客观方面来说，即使主张了恢复原状，生态环境修复费用是修复环境实际发生的费用，在提出诉讼请求之初无法确定，导致诉讼请求不明确。跨区倾倒生活垃圾案中的3、4项费用原告在诉讼之初不能明确，必须在实际修复环境并确保没有预期损失之后方可确定。

（二）进行释明：使诉讼请求足以保护环境公共利益

为使原告诉讼请求的实然性与应然性相统一，以使原告诉讼请求足以保护环境公共利益，法院在进行“诉讼请求全部实现”的司法审查中应当依法行使释明权。《公益诉讼解释》第9条①规定了法院对原告提出之诉讼请求可行使释明权的条件。所谓法院释明，可以理解为在诉讼过程中，当事人主张和陈述的意思不明确、不充分、不适当的情况下，法院应对当事人进行询问、提醒，启发当事人把不明确的予以澄清，把不充分的予以补充，把不适当的予以排除、更正。②当原告提出之诉讼请求不明确或不足以维护环境公共利益时，法官须行使释明权，不得放弃。一般来说，只有在原告遗漏请求停止侵害、恢复原状等与保护环境、恢复生态的终极目标密切相关的诉讼请求时，法官才行使释明权。若仅仅遗漏赔偿损失或赔礼道歉的诉讼请求，向其释明则无必要。

因跨区倾倒生活垃圾案在审理过程中实施了生态环境修复工程，并进行了监测和专家论证，无锡中院依法行使释明权，向原告释明，其明确诉讼请求3、4项的费用数额为：生态环境修复费用476070元、后续监测和监管费用3000元、专家论证费用5400元。法院通过行使释明权使原告诉讼请求明确，对原告诉讼请求与环境实际损害及预期损失之间做出平衡，以使原告诉讼请求足以

---

① 《公益诉讼解释》第9条：“人民法院认为原告提出的诉讼请求不足以保护社会公共利益的，可以向其释明变更或者增加停止侵害、恢复原状等诉讼请求。”

② 最高人民法院民事审判第一庭：《民事诉讼证据司法解释的理解与适用》，中国法制出版社2002年版，第7页。

弥补环境实际损害及预期损失，保护环境公共利益。法官行使适当的释明权可为环境民事公益诉讼原告合理提出诉讼请求提供帮助，正当地处分自己的权利。①

（三）审查标准：实然状态下的诉讼请求全部实现

法院在依法查明相关事实使污染事实清楚、责任承担明确的基础上，对环境修复目标已实现、杜绝环境侵权再次发生的可能性进行实质审查。跨区倾倒生活垃圾案中，无锡市检察院申请撤诉，法院坚持以原告的诉讼请求是否全部实现为衡量标准而减少行政因素的影响和法院之外势力的干扰。该案中，受损的生态环境已经得到有效修复，社会公共利益已得到充分保护，被告上海杨浦区市容管理局等行政机关积极落实整改，并明确表示进一步强化监管责任，严防此类事件再次发生。

其中，“环境修复目标已实现”以是否保护了环境公共利益，是否消除了环境污染源，是否修复了生态环境为审查标准。具体表现为：被告配合负有环境保护监督管理职责的部门履行监管职责而使原告的诉讼请求全部实现，或负有环境保护监督管理职责的部门、被告提供证据证实已消除环境污染源，有效修复了受损生态环境。

“杜绝环境侵权再次发生的可能性”则需被告提供证据证明已经停止实施排污行为，或者已经开启治理污染的设备，或者已经采取切实有效的整改措施，证明自己将来也不会继续排污。若环境行政管理机关不积极履职或者滥用职权，并未解决案件环境问题，环境民事公益诉讼原告所主张的各种请求并未得到实现，法院应当及时作出判决，维护被损害的环境公共利益。

三、“诉讼请求全部实现”司法审查的程序设置

跨区倾倒生活垃圾案更加强化了撤诉程序中“诉讼请求全部实现”司法审查的程序设置和规范完善的司法实践需求。环境民事公益诉讼中撤诉的特殊品性和司法审查标准塑造出独特的程序设置，现将“诉讼请求全部实现”司法审查的程序设置如下：

（一）区分不同诉讼请求类型审查是否合乎环境公益

法院在审查“诉讼请求全部实现”的合公益性过程中，要区分不同的诉讼

---

① 《最高人民法院关于审理环境民事公益诉讼案件适用法律若干问题的解释理解与适用》，人民法院出版社2015年版，第142页。

请求类型。针对“行为禁止型或危害消除型”诉讼请求，主要审查是否在合理的时间以合适的方式实现了“停止侵害、排除妨害、消除危险”；针对跨区倾倒生活垃圾案等“修复型”诉讼请求，主要审查是否在合理的期间以效益大而成本小的直接修复或替代修复方式恢复原状；针对“损失赔偿型”诉讼请求，法院更应发挥其自由裁量权，不能由当事人自行任意确定赔偿数额。必要时，根据实际情况决定是否准许被告分期支付赔偿金并对最长期限、次数和每次给付的金额进行司法审查，以使“诉讼请求全部实现”的同时，保障环境污染的有序治理，避免促发被告破产等更多的连锁反应。[①]

当原告诉讼请求不明确时，法院应行使释明权，向其释明进行确定，比如原告要求侵权人对其污染行为进行整改但没有整改具体内容，法院向其释明确定整改区域、整改时间、整改方案、整改后验收等内容；当原告诉讼请求低于环境实际损害及预期损失时，向其释明进行增加或变更，比如原告仅仅请求侵权人修复某一污染水体，但诉讼中发现周边土壤亦受到污染，向其释明增加修复土壤的诉讼请求。

（二）以公众认可污染区域得到有效修复为重点创新审查形式

跨区倾倒生活垃圾案中，法院组织召开听证会，出席代表有无锡市惠山区人大代表、受污染区域所在村村民代表、当地环保、城管部门相关负责人、无锡环境公益律师等，会议通报了环境修复过程。公益诉讼原告无锡市检察院到会对提请撤诉进行说明。与会代表一致认可受污染区域已经得到有效修复，对无锡市检察院提出撤诉亦无异议。

保障公众参与，构建公众意见收集、反馈机制，使得公众认可污染区域得到有效修复成为司法审查的创新形式。法院可通过走访、问卷调查、网络互动、座谈会、论证会、听证会等多种方式，听取公众对拟采取的环境修复方案的意见、建议，邀请公众代表参与环境修复验收等。为保证公众的代表性、全面性和利益相关性，应综合地域、职业、专业知识背景、表达能力、受影响程度等因素确定相关行政部门人员、人大代表、政协代表、律师等公众代表参与。[②]通过座谈会、论证会、听证会形式公开征集意见时，应提前将会议召开的

---

① 参见曲昇霞：《论环境民事公益诉讼调解之适用》，载《政法论丛》2016 年第 3 期。

② 肖强、王海龙：《环境影响评价公众参与的现行法制度设计评析》，载《法学杂志》2015 年第 12 期。

有关时间、地点、议题和报名办法等进行通知或公告，并保证参与人的意见得到充分发表和记录。撤诉程序中的公众参与形式和程序可参照环境保护部2015年9月1日起施行的《环境保护公众参与办法》中的第6条、第7条、第8条规定。①

（三）运用专家论证会制度保障司法审查的专业性

当环境修复方案的实行能否达到修复环境的实效无法判断时，应咨询和听取相关专家意见，根据专家意见决定是否予以准许，并将专家意见记录在案。②即接受咨询的专家应对咨询事项以书面形式提出明确意见并署名，单位加盖公章。必要时，像跨区倾倒生活垃圾这样影响力大、关注度高的案件，可通过召开专家论证会的形式，对环境修复方案、赔偿数额等进行充分讨论，而非仅以评估鉴定机构的意见为依据。跨区倾倒生活垃圾案中，法院在“无锡法院环境资源司法保护专家库”中选取江南大学环境与土木工程学院、无锡市政设计研究院有限公司、无锡市环境监测中心站的三名专家组成专家组，在实地调查的基础上，以惠山区环境监测站出具的《监测报告》为依据，组织召开专家论证会，对前期编制的《环境修复技术方案》进行专家论证。专家组要求增加相应的修复后监测等内容，无锡轻大研究院根据专家论证意见修订《环境修复技术方案》，法院公示修订后的《环境修复技术方案》，其间未有相关公民、法人和其他组织提出异议。环境修复工作完成后，法院再次组织召开专家论证会，对《环境修复工程工作报告》进行专家论证，专家组结合无锡绿洲环境监测有限公司出具的《监测报告》，认定涉案环境修复工作达到修复方案预定目标。

此外，除通过召开专家论证会形式咨询专家意见外，为保障专家意见的科

① 《环境保护公众参与办法》第6条：“环境保护主管部门拟组织问卷调查征求意见的，应当对相关事项的基本情况进行说明。调查问卷所设问题应当简单明确、通俗易懂。调查的人数及其范围应当综合考虑相关事项或者活动的环境影响范围和程度、社会关注程度、组织公众参与所需要的人力和物力资源等因素。”第7条：“环境保护主管部门拟组织召开座谈会、专家论证会征求意见的，应当提前将会议的时间、地点、议题、议程等事项通知参会人员，必要时可以通过政府网站、主要媒体等途径予以公告。参加专家论证会的参会人员应当以相关专业领域专家、环保社会组织中的专业人士为主，同时应当邀请可能受相关事项或者活动直接影响的公民、法人和其他组织的代表参加。”第8条：“法律、法规规定应当听证的事项，环境保护主管部门应当向社会公告，并举行听证。环境保护主管部门组织听证应当遵循公开、公平、公正和便民的原则，充分听取公民、法人和其他组织的意见，并保证其陈述意见、质证和申辩的权利。除涉及国家秘密、商业秘密或者个人隐私外，听证应当公开举行。”

② 刘学锋、马黎：《环境民事公益诉讼程序的法院职权干预》，载《人民司法·应用》2014年第15期。

学性，法院可准许当事人各自申请的具有专门知识的人员与其依职权聘请的专家辅助人就修复方案的修复效果等专业技术问题进行对质。通过三方专家的参与，增加专家意见的对抗性，确保修复方案、赔偿数额能够使环境民事公益诉讼原告的诉讼请求全部实现。

（四）监督修复方案的执行以达到“诉讼请求全部实现”的标准

一般情况下，诉讼请求全部实现主要依赖于环境修复方案的执行，环境修复方案经过专家论证、公众监督以及法院司法审查后，修复方案的实施方即组织实施以使原告诉讼请求全部实现的，法院需在实施过程中进行监督，在修复完毕后组织专家或相关机构进行验收并对修复结果组织召开公开听证会，以满足撤诉的具体标准。跨区倾倒生活垃圾案中，双方当事人选定具有资质的江苏艺高环境工程有限公司实施环境修复工程，完工后该公司出具《环境修复工程工作报告》，明确环境修复工作已按照《环境修复技术方案》的要求全部完成，法院进而委托无锡绿洲环境监测有限公司对修复后的涉案区域进行监测，确保已修复水体达到Ⅲ类水质标准。

除法院自行监督外，可向相关行政主管部门发出司法建议函，建议对被告的履行情况进行严格监督检查，并及时予以反馈。也可请负有环境保护监督管理职责的部门、环保公益组织、环保志愿者或具有专业知识和能力的企业法人等作为独立第三方对被告履行生态环境修复义务的情况进行监督，监督费用由被告负担，原被告与第三方签订监督协议，法院审查并监督第三方履行职责。

（五）“诉讼请求全部实现”要约束不当处分撤诉权行为

社会组织存在通过诉讼牟取经济利益情形的，人民法院应向其登记管理机关发送司法建议，由登记管理机关依法对其进行查处，查处结果应向社会公布并通报人民法院。[①] 如果存在行贿、索贿损害环境公共利益等犯罪行为的，比如，被告贿赂原告单位的具体经办人，让其放弃对损害的经济索赔，或者索赔数额非常巨大时，双方可能达成原告经办人表示放弃大部分经济索赔，事后被告给予经济回报的方式等，法院应将涉嫌犯罪的线索、材料移送公安或者检察机关，以通过刑事法律对其进行处罚。

① 《最高人民法院、民政部、环境保护部关于贯彻实施环境民事公益诉讼制度的通知》第2条。

【相关法条】

《最高人民法院关于审理环境民事公益诉讼案件适用法律若干问题的解释》

第二十六条 负有环境保护监督管理职责的部门依法履行监管职责而使原告诉讼请求全部实现，原告申请撤诉的，人民法院应予准许。

《人民法院审理人民检察院提起公益诉讼案件试点工作实施办法》

第九条 人民检察院在法庭辩论终结前申请撤诉，或者在法庭辩论终结后，人民检察院的诉讼请求全部实现，申请撤诉的，应予准许。

编写人：江苏省无锡市中级人民法院 刘英、周科、郭继光

附　录

附录一　最高人民法院发布的指导案例

指导案例75号：中国生物多样性保护与绿色发展基金会诉宁夏瑞泰科技股份有限公司环境污染公益诉讼案[①]

关键词　民事　环境污染公益诉讼　专门从事环境保护公益活动的社会组织

【裁判要点】

1. 社会组织的章程虽未载明维护环境公共利益，但工作内容属于保护环境要素及生态系统的，应认定符合《最高人民法院关于审理环境民事公益诉讼案件适用法律若干问题的解释》（以下简称《解释》）第四条关于“社会组织章程确定的宗旨和主要业务范围是维护社会公共利益”的规定。

2. 《解释》第四条规定的“环境保护公益活动”，既包括直接改善生态环境的行为，也包括与环境保护相关的有利于完善环境治理体系、提高环境治理能力、促进全社会形成环境保护广泛共识的活动。

3. 社会组织起诉的事项与其宗旨和业务范围具有对应关系，或者与其所保护

① 最高人民法院审判委员会讨论通过2016年12月28日发布。生效裁判审判人员：刘小飞、吴凯敏、叶阳。

的环境要素及生态系统具有一定联系的，应认定符合《解释》第四条关于“与其宗旨和业务范围具有关联性”的规定。

〔相关法条〕

《中华人民共和国环境保护法》第 58 条

〔基本案情〕

2015 年 8 月 13 日，中国环境保护与绿色发展基金会（以下简称绿发会）向宁夏回族自治区中卫市中级人民法院提起诉讼称：宁夏瑞泰科技股份有限公司（以下简称瑞泰公司）在生产过程中违规将超标废水直接排入蒸发池，造成腾格里沙漠严重污染，截至起诉时仍然没有整改完毕。请求判令瑞泰公司：（一）停止非法污染环境行为；（二）对造成环境污染的危险予以消除；（三）恢复生态环境或者成立沙漠环境修复专项基金并委托具有资质的第三方进行修复；（四）针对第二项和第三项诉讼请求，由法院组织原告、技术专家、法律专家、人大代表、政协委员共同验收；（五）赔偿环境修复前生态功能损失；（六）在全国性媒体上公开赔礼道歉等。

绿发会向法院提交了基金会法人登记证书，显示绿发会是在中华人民共和国民政部登记的基金会法人。绿发会提交的 2010 至 2014 年度检查证明材料，显示其在提起本案公益诉讼前五年年检合格。绿发会亦提交了五年内未因从事业务活动违反法律、法规的规定而受到行政、刑事处罚的无违法记录声明。此外，绿发会章程规定，其宗旨为“广泛动员全社会关心和支持生物多样性保护和绿色发展事业，保护国家战略资源，促进生态文明建设和人与自然和谐，构建人类美好家园”。在案件的一审、二审及再审期间，绿发会向法院提交了其自 1985 年成立至今，一直实际从事包括举办环境保护研讨会、组织生态考察、开展环境保护宣传教育、提起环境民事公益诉讼等活动的相关证据材料。

〔裁判结果〕

宁夏回族自治区中卫市中级人民法院于 2015 年 8 月 19 日作出（2015）卫民公立字第 6 号民事裁定，以绿发会不能认定为《中华人民共和国环境保护法》（以下简称《环境保护法》）第五十八条规定的“专门从事环境保护公益活动”的社会组织为由，裁定对绿发会的起诉不予受理。绿发会不服，向宁夏回族自治区高级人民法院提起上诉。该院于 2015 年 11 月 6 日作出（2015）宁民公立终字第 6 号民事裁定，驳回上诉，维持原裁定。绿发会又向最高人民法院申请再审。最高人民法院于 2016 年 1 月 22 日作出（2015）民申字第 3377 号民事裁定，裁定提审本案；并于

2016年1月28日作出（2016）最高法民再47号民事裁定，裁定本案由宁夏回族自治区中卫市中级人民法院立案受理。

〔**裁判理由**〕

法院生效裁判认为：本案系社会组织提起的环境污染公益诉讼。本案的争议焦点是绿发会应否认定为专门从事环境保护公益活动的社会组织。

《中华人民共和国民事诉讼法》第五十五条规定了环境民事公益诉讼制度，明确法律规定的机关和有关组织可以提起环境公益诉讼。《环境保护法》第五十八条规定："对污染环境、破坏生态，损害社会公共利益的行为，符合下列条件的社会组织可以向人民法院提起诉讼：（一）依法在设区的市级以上人民政府民政部门登记；（二）专门从事环境保护公益活动连续五年以上且无违法记录。符合前款规定的社会组织向人民法院提起诉讼，人民法院应当依法受理。"《解释》第四条进一步明确了对于社会组织"专门从事环境保护公益活动"的判断标准，即"社会组织章程确定的宗旨和主要业务范围是维护社会公共利益，且从事环境保护公益活动的，可以认定为《环境保护法》第五十八条规定的'专门从事环境保护公益活动'。社会组织提起的诉讼所涉及的社会公共利益，应与其宗旨和业务范围具有关联性"。有关本案绿发会是否可以作为"专门从事环境保护公益活动"的社会组织提起本案诉讼，应重点从其宗旨和业务范围是否包含维护环境公共利益，是否实际从事环境保护公益活动，以及所维护的环境公共利益是否与其宗旨和业务范围具有关联性等三个方面进行审查。

一、关于绿发会章程规定的宗旨和业务范围是否包含维护环境公共利益的问题。社会公众所享有的在健康、舒适、优美环境中生存和发展的共同利益，表现形式多样。对于社会组织宗旨和业务范围是否包含维护环境公共利益，应根据其内涵而非简单依据文字表述作出判断。社会组织章程即使未写明维护环境公共利益，但若其工作内容属于保护各种影响人类生存和发展的天然的和经过人工改造的自然因素的范畴，包括对大气、水、海洋、土地、矿藏、森林、草原、湿地、野生生物、自然遗迹、人文遗迹、自然保护区、风景名胜区、城市和乡村等环境要素及其生态系统的保护，均可以认定为宗旨和业务范围包含维护环境公共利益。

我国1992年签署的联合国《生物多样性公约》指出，生物多样性是指陆地、海洋和其他水生生态系统及其所构成的生态综合体，包括物种内部、物种之间和生态系统的多样性。《环境保护法》第三十条规定，"开发利用自然资源，应当合理开发，保护生物多样性，保障生态安全，依法制定有关生态保护和恢复治理方案并予以实施。引进外来物种以及研究、开发和利用生物技术，应当采取措施，防止对生物多样性的破坏。”可见，生物多样性保护是环境保护的重要内容，亦属维护环境公共利益的重要组成部分。

绿发会章程中明确规定，其宗旨为“广泛动员全社会关心和支持生物多样性保护和绿色发展事业，保护国家战略资源，促进生态文明建设和人与自然和谐，构建人类美好家园”，符合联合国《生物多样性公约》和《环境保护法》保护生物多样性的要求。同时，“促进生态文明建设”“人与自然和谐”“构建人类美好家园”等内容契合绿色发展理念，亦与环境保护密切相关，属于维护环境公共利益的范畴。故应认定绿发会的宗旨和业务范围包含维护环境公共利益内容。

二、关于绿发会是否实际从事环境保护公益活动的问题。环境保护公益活动，不仅包括植树造林、濒危物种保护、节能减排、环境修复等直接改善生态环境的行为，还包括与环境保护有关的宣传教育、研究培训、学术交流、法律援助、公益诉讼等有利于完善环境治理体系，提高环境治理能力，促进全社会形成环境保护广泛共识的活动。绿发会在本案一审、二审及再审期间提交的历史沿革、公益活动照片、环境公益诉讼立案受理通知书等相关证据材料，虽未经质证，但在立案审查阶段，足以显示绿发会自 1985 年成立以来长期实际从事包括举办环境保护研讨会、组织生态考察、开展环境保护宣传教育、提起环境民事公益诉讼等环境保护活动，符合《环境保护法》和《解释》的规定。同时，上述证据亦证明绿发会从事环境保护公益活动的时间已满五年，符合《环境保护法》第五十八条关于社会组织从事环境保护公益活动应五年以上的规定。

三、关于本案所涉及的社会公共利益与绿发会宗旨和业务范围是否具有关联性的问题。依据《解释》第四条的规定，社会组织提起的公益诉讼涉及的环境公共利益，应与社会组织的宗旨和业务范围具有一定关联。此项规定旨在促使社会组织所起诉的环境公共利益保护事项与其宗旨和业务范围具有对应或者关联关系，以保证社会组织具有相应的诉讼能力。因此，即使社会组织起诉事项与其宗旨和业务范围不具有对应关系，但若与其所保护的环境要素或者生态系统具有一定的联系，亦应基于关联性标准确认其主体资格。本案环境公益诉讼系针对腾格里沙漠污染提起。沙漠生物群落及其环境相互作用所形成的复杂而脆弱的沙漠生态系统，更加需要人类的珍惜利用和悉心呵护。绿发会起诉认为瑞泰公司将超标废水排入蒸发池，严重破坏了腾格里沙漠本已脆弱的生态系统，所涉及的环境公共利益之维护属于绿发会宗旨和业务范围。

此外，绿发会提交的基金会法人登记证书显示，绿发会是在中华人民共和国民政部登记的基金会法人。绿发会提交的 2010 至 2014 年度检查证明材料，显示其在提起本案公益诉讼前五年年检合格。绿发会还按照《解释》第五条的规定提交了其五年内未因从事业务活动违反法律、法规的规定而受到行政、刑事处罚的无违法记录声明。据此，绿发会亦符合《环境保护法》第五十八条，《解释》第二条、第三条、第五条对提起环境公益诉讼社会组织的其他要求，具备提起环境民事公益诉讼的主体资格。

指导案例76号：萍乡市亚鹏房地产开发有限公司诉萍乡市国土资源局不履行行政协议案[①]

关键词 行政 行政协议 合同解释 司法审查 法律效力

【裁判要点】

行政机关在职权范围内对行政协议约定的条款进行的解释，对协议双方具有法律约束力，人民法院经过审查，根据实际情况，可以作为审查行政协议的依据。

〔相关法条〕

《中华人民共和国行政诉讼法》第12条

〔基本案情〕

2004年1月13日，萍乡市土地收购储备中心受萍乡市肉类联合加工厂委托，经被告萍乡市国土资源局（以下简称市国土局）批准，在萍乡日报上刊登了国有土地使用权公开挂牌出让公告，定于2004年1月30日至2004年2月12日在土地交易大厅公开挂牌出让TG－0403号国有土地使用权，地块位于萍乡市安源区后埠街万公塘，土地出让面积为23173.3平方米，开发用地为商住综合用地，冷藏车间维持现状，容积率2.6，土地使用年限为50年。萍乡市亚鹏房地产开发有限公司（以下简称亚鹏公司）于2006年2月12日以投标竞拍方式并以人民币768万元取

① 最高人民法院审判委员会讨论通过2016年12月28日发布。生效裁判审判人员：朱江红、李修贵、邹绍良。

得了 TG－0403 号国有土地使用权，并于 2006 年 2 月 21 日与被告市国土局签订了《国有土地使用权出让合同》。合同约定出让宗地的用途为商住综合用地，冷藏车间维持现状。土地使用权出让金为每平方米 331.42 元，总额计人民币 768 万元。2006 年 3 月 2 日，市国土局向亚鹏公司颁发了萍国用（2006）第 43750 号和萍国用（2006）第 43751 号两本国有土地使用证，其中萍国用（2006）第 43750 号土地证地类（用途）为工业，使用权类为出让，使用权面积为 8359 平方米，萍国字（2006）第 43751 号土地证地类为商住综合用地。对此，亚鹏公司认为约定的“冷藏车间维持现状”是维持冷藏库的使用功能，并非维持地类性质，要求将其中一证地类由“工业”更正为“商住综合”；但市国土局认为维持现状是指冷藏车间保留工业用地性质出让，且该公司也是按照冷藏车间为工业出让地缴纳的土地使用权出让金，故不同意更正土地用途。2012 年 7 月 30 日，萍乡市规划局向萍乡市土地收购储备中心作出《关于要求解释〈关于萍乡市肉类联合加工厂地块的函〉》中有关问题的复函，主要内容是：我局在 2003 年 10 月 8 日出具规划条件中已明确了该地块用地性质为商住综合用地（冷藏车间约 7300 平方米，下同）但冷藏车间维持现状。根据该地块控规，其用地性质为居住（兼容商业），但由于地块内的食品冷藏车间是目前我市唯一的农产品储备保鲜库，也是我市重要的民生工程项目，因此，暂时保留地块内约 7300 平方米冷藏库的使用功能，未经政府或相关主管部门批准不得拆除。2013 年 2 月 21 日，市国土局向亚鹏书面答复：一、根据市规划局出具的规划条件和宗地实际情况，同意贵公司申请 TG－0403 号地块中冷藏车间用地的土地用途由工业用地变更为商住用地。二、由于贵公司取得该宗地中冷藏车间用地使用权是按工业用地价格出让的，根据《中华人民共和国城市房地产管理法》之规定，贵公司申请 TG－0403 号地块中冷藏车间用地的土地用途由工业用地变更为商住用地，应补交土地出让金。补交的土地出让金可按该宗地出让时的综合用地（住宅、办公）评估价值减去的同等比例计算，即 297.656 万元 * 70% ＝208.36 万元。三、冷藏车间用地的土地用途调整后，其使用功能未经市政府批准不得改变。亚鹏公司于 2013 年 3 月 10 日向法院提起行政诉讼，要求判令被告将萍国用（2006）第 43750 号国有土地使用证上的地类用途由“工业”更正为商住综合用地（冷藏车间维持现状）。撤销被告“关于对市亚鹏房地产有限公司 TG－0403 号地块有关土地用途问题的答复”中第二项关于补交土地出让金 208.36 万元的决定。

〔裁判结果〕

江西省萍乡市安源区人民法院于 2014 年 4 月 23 日作出（2014）安行初字第 6 号行政判决：一、被告萍乡市国土资源局在本判决生效之日起九十天内对萍国用

（2006）第43750号国有土地使用证上的8359.1m^{2}的土地用途应依法予以更正。二、撤销被告萍乡市国土资源局于2013年2月21日作出的《关于对市亚鹏房地产开发有限公司TG－0403号地块有关土地用途的答复》中第二项补交土地出让金208.36万元的决定。宣判后，萍乡市国土资源局提出上诉。江西省萍乡市中级人民法院于2014年8月15日作出（2014）萍行终字第10号行政判决：驳回上诉，维持原判。

〔裁判理由〕

法院生效裁判认为：行政协议是行政机关为实现公共利益或者行政管理目标，在法定职责范围内与公民、法人或者其他组织协商订立的具有行政法上权利义务内容的协议，本案行政协议即是市国土局代表国家与亚鹏公司签订的国有土地使用权出让合同。行政协议强调诚实信用、平等自愿，一经签订，各方当事人必须严格遵守，行政机关无正当理由不得在约定之外附加另一方当事人义务或单方变更解除。本案中，TG－0403号地块出让时对外公布的土地用途是“开发用地为商住综合用地，冷藏车间维持现状”，出让合同中约定为“出让宗地的用途为商住综合用地，冷藏车间维持现状”。但市国土局与亚鹏公司就该约定的理解产生分歧，而萍乡市规划局对原萍乡市肉类联合加工厂复函确认TG－0403号国有土地使用权面积23173.3平方米（含冷藏车间）的用地性质是商住综合用地。萍乡市规划局的解释与挂牌出让公告明确的用地性质一致，且该解释是萍乡市规划局在职权范围内作出的，符合法律规定和实际情况，有助于树立诚信政府形象，并无重大明显的违法情形，具有法律效力，并对市国土局关于土地使用性质的判断产生约束力。因此，对市国土局提出的冷藏车间占地为工业用地的主张不予支持。亚鹏公司要求市国土局对“萍国用（2006）第43750号”土地证（土地使用权面积8359.1平方米）地类更正为商住综合用地，具有正当理由，市国土局应予以更正。亚鹏公司作为土地受让方按约支付了全部价款，市国土局要求亚鹏公司如若变更土地用途则应补交土地出让金，缺乏事实依据和法律依据，且有违诚实信用原则。

附录二　最高人民法院发布的典型案例

两高三部发布的五个环境污染刑事案件典型案例

案例一：宝勋精密螺丝（浙江）有限公司及被告人黄冠群等 12 人污染环境案

（一）基本案情

2002 年 7 月，被告单位宝勋精密螺丝（浙江）有限公司（以下简称“宝勋公司”）成立，经营范围包括生产销售建筑五金件、汽车高强度精密紧固件、精冲模具等，该公司生产中产生的废酸液及污泥为危险废物，必须分类收集后委托具有危险废物处置资质的单位处置。被告人黄冠群自 2008 年起担任宝勋公司副总经理，负责公司日常经营管理，被告人姜家清自 2016 年 4 月起直接负责宝勋公司酸洗污泥的处置工作。

2016 年 7 月至 2017 年 5 月，被告单位宝勋公司及被告人黄冠群、姜家清违反国家关于危险废物管理的规定，在未开具危险废物转移联单的情况下，将酸洗污泥交给无危险废物处置资质的被告人李长红、涂伟东、刘宏桂进行非法处置。被告人李长红、涂伟东、刘宏桂通过伪造有关国家机关、公司印章，制作虚假公文、证件等方式，非法处置酸洗污泥。上述被告人通过汽车、船舶跨省运输危险废物，最终在江苏省淮安市、扬州市、苏州市，安徽省铜陵市非法倾倒、处置酸洗污泥共计 1071 吨。其中，2017 年 5 月 22 日，被告人姜家清、李长红、涂伟东伙同被告人汪和平、汪文革、吴祖祥、朱凤华、查龙你等人在安徽省铜陵市经开区将 62.88 吨酸洗污泥倾倒在长江堤坝内，造成环境严重污染。案发后，经鉴定评估，上述被告人非法倾倒、处置酸洗污泥造成环境损害数额为 511 万余元，产生应急处置、生态环境修复、鉴定评估等费用共计 139 万余元。

此外，2017 年 6 月至 11 月，被告人李长红、涂伟东、刘宏桂、吴祖祥、朱凤华、查龙你等人在无危险废物处置资质的情况下，非法收集 10 余家江苏、浙江企业的工业污泥、废胶木等有毒、有害物质，通过船舶跨省运输至安徽省铜陵市江滨村江滩边倾倒。其中，倾倒废胶木 313 吨、工业污泥 2525 余吨，另有 2400 余吨工业污泥倾倒未遂。

（二）诉讼过程

本案由安徽省芜湖市镜湖区人民检察院于2018年7月16日以被告单位宝勋公司以及被告人黄冠群、姜家清、李长红、涂伟东等12人犯污染环境罪向安徽省芜湖市镜湖区人民法院提起公诉。2018年9月28日，安徽省芜湖市镜湖区人民法院依法作出一审判决，认定被告单位宝勋公司犯污染环境罪，判处罚金一千万元；被告人黄冠群犯污染环境罪，判处有期徒刑六年，并处罚金二十万元；被告人姜家清犯污染环境罪，判处有期徒刑五年九个月，并处罚金二十万元；判处被告人李长红等10人犯污染环境罪，判处有期徒刑六年至拘役四个月不等，并处罚金。一审宣判后，被告单位宝勋公司和被告人黄冠群等人提出上诉。2018年12月5日，安徽省芜湖市中级人民法院二审裁定驳回上诉，维持原判。判决已生效。

（三）典型意义

长江是中华民族的母亲河，也是中华民族发展的重要支撑。推动长江经济带发展是党中央作出的重大决策，是关系国家发展全局的重大战略。服务长江生态高水平保护和经济社会高质量发展，为长江经济带共抓大保护、不搞大开发提供有力保障，是公安司法机关肩负的重大政治责任、社会责任和法律责任。司法实践中，对发生在长江经济带十一省（直辖市）的跨省（直辖市）排放、倾倒、处置有放射性的废物、含传染病病原体的废物、有毒物质或者其他有害物质的环境污染犯罪行为，应当依法从重处罚。

本案中，被告单位宝勋公司及被告人黄冠群等12人在江苏、浙江、安徽等地跨省运输、转移危险废物，并在长江流域甚至是长江堤坝内倾倒、处置，危险废物数量大，持续时间长，给长江流域生态环境造成严重危害。涉案地办案机关加强协作配合，查清犯罪事实，对被告单位宝勋公司及被告人黄冠群等12人依法追究刑事责任，在办理长江经济带跨省（直辖市）环境污染案件，守护好长江母亲河方面具有典型意义。

案例二：上海印达金属制品有限公司及被告人应伟达等5人污染环境案

（一）基本案情

被告单位上海印达金属制品有限公司（以下简称“印达公司”），被告人应伟达系印达公司实际经营人，被告人王守波系印达公司生产部门负责人。

印达公司主要生产加工金属制品、小五金、不锈钢制品等，生产过程中产生的废液被收集在厂区储存桶内。2017年12月，被告人应伟达决定将储存桶内的废液交予被告人何海瑞处理，并约定向其支付7000元，由王守波负责具体事宜。后何海瑞联系了被告人徐鹏鹏，12月22日夜，被告人徐鹏鹏、徐平平驾驶槽罐车至公司门口与何海瑞会合，经何海瑞与王守波联系后进入公司抽取废液，三人再驾车至上海市青浦区白鹤镇外青松公路、鹤吉路西100米处，先后将约6吨废液倾倒至该处市政窨井内。经青浦区环保局认定，倾倒物质属于有腐蚀性的危险废物。

（二）诉讼过程

本案由上海铁路运输检察院于2018年5月9日以被告人应伟达、王守波等5人犯污染环境罪向上海铁路运输法院提起公诉。在案件审理过程中，上海铁路运输检察院对被告单位印达公司补充起诉。2018年8月24日，上海铁路运输法院依法作出判决，认定被告单位印达公司犯污染环境罪，判处罚金十万元；被告人应伟达、王守波等5人犯污染环境罪，判处有期徒刑一年至九个月不等，并处罚金。判决已生效。

（三）典型意义

准确认定单位犯罪并追究刑事责任是办理环境污染刑事案件中的重点问题，一些地方存在追究自然人犯罪多，追究单位犯罪少，单位犯罪认定难的情况和问题。司法实践中，经单位实际控制人、主要负责人或者授权的分管负责人决定、同意，实施环境污染行为的，应当认定为单位犯罪，对单位及其直接负责的主管人员和其他直接责任人员均应追究刑事责任。

本案中，被告人应伟达系印达公司实际经营人，决定非法处置废液，被告人王守波系印达公司生产部门负责人，直接负责废液非法处置事宜。本案中对被告单位印达公司及其直接负责的主管人员和其他直接责任人员被告人应伟达、王守波同时追究刑事责任，在准确认定单位犯罪并追究刑事责任方面具有典型意义。

案例三：上海云瀛复合材料有限公司及被告人贡卫国等3人污染环境案

（一）基本案情

被告单位上海云瀛复合材料有限公司（以下简称“云瀛公司”）在生产过程中产生的钢板清洗废液，属于危险废物，需要委托有资质的专门机构予以处置。被告人乔宗敏系云瀛公司总经理，全面负责日常生产及管理工作，被告人陶薇系云瀛公司工作人员，负责涉案钢板清洗液的采购和钢板清洗废液的处置。

2016年3月至2017年12月，被告人乔宗敏、陶薇在明知被告人贡卫国无危险废物经营许可资质的情况下，未填写危险废物转移联单并经相关部门批准，多次要求被告人贡卫国将云瀛公司产生的钢板清洗废液拉回常州市并处置。2017年2月至2017年12月，被告人贡卫国多次驾驶卡车将云瀛公司的钢板清洗废液非法倾倒于常州市新北区春江路与辽河路交叉口附近污水井、常州市新北区罗溪镇黄河西路等处；2017年12月30日，被告人贡卫国驾驶卡车从云瀛公司运载钢板清洗废液至常州市新北区黄河西路685号附近，利用塑料管引流将钢板清洗废液非法倾倒至下水道，造成兰陵河水体被严重污染。经抽样检测，兰陵河增光桥断面河水超过Ⅳ类地表水环境质量标准。被告人贡卫国非法倾倒涉案钢板清洗废液共计67.33吨。

（二）诉讼过程

本案由江苏省常州市武进区人民检察院于2018年8月9日以被告单位云瀛公司以及被告人贡卫国等3人犯污染环境罪向江苏省常州市武进区人民法院提起公诉。2018年12月17日，常州市武进区人民法院作出判决，认定被告单位云瀛公司犯污染环境罪，判处罚金三十万元；被告人贡卫国犯污染环境罪，判处有期徒刑一年三个月，并处罚金五万元；被告人乔宗敏犯污染环境罪，判处有期徒刑一年，缓刑二年，并处罚金五万元；被告人陶薇犯污染环境罪，判处有期徒刑一年，缓刑二年，并处罚金五万元；禁止被告人乔宗敏、陶薇在缓刑考验期内从事与排污工作有关的活动。判决已生效。

（三）典型意义

准确认定犯罪嫌疑人、被告人的主观过错是办理环境污染刑事案件中的重点问题。司法实践中，判断犯罪嫌疑人、被告人是否具有环境污染犯罪的故意，应当依据犯罪嫌疑人、被告人的任职情况、职业经历、专业背景、培训经历、本人因同类行为受到行政处罚或刑事追究情况以及污染物种类、污染方式、资金流向等证据，结合其供述，进行综合分析判断。

本案中，被告人乔宗敏、陶薇明知本单位产生的危险废物需要有资质的单位来处理，且跨省、市区域转移需填写危险废物转移联单并经相关部门批准，仍通过与有资质的单位签订合同但不实际处理，多次要求被告人贡卫国将云瀛公司产生的钢板清洗废液拉回常州市并处置，放任对环境造成危害。被告人贡卫国在无危险废物经营许可资质的情况下，跨省、市区域运输危险废物并非法倾倒于常州市内污水井、下水道中，严重污染环境。上述3名被告人均具有环境污染犯罪的故意。本案在准确认定犯罪嫌疑人、被告人的主观过错方面具有典型意义。

案例四：贵州宏泰化工有限责任公司及被告人张正文、赵强污染环境案

（一）基本案情

被告单位贵州宏泰化工有限责任公司（以下简称“宏泰公司”），经营范围为重晶石开采和硫酸钡、碳酸钡、硝酸钡生产销售等。被告人张正文自2014年起任

宏泰公司副总经理兼办公室主任，协助总经理处理全厂日常工作。被告人赵强自2014年起任宏泰公司环保专员，主管环保、消防等工作。

宏泰公司主要业务之一为生产化工原料碳酸钡，生产产生的废渣有氮渣和钡渣。氮渣属一般废弃物，钡渣属危险废物。宏泰公司在贵州省紫云自治县猫营镇大河村租赁土地堆放一般废弃物氮渣，将危险废物钡渣销往有危险废物经营许可证资质的企业进行处置。2014年底，因有资质企业经营不景气，加之新的环境保护法即将实施，对危险废物管理更加严格，各企业不再向宏泰公司购买钡渣，导致该公司厂区内大量钡渣留存，无法处置。被告人张正文、赵强在明知钡渣不能随意处置的情况下，通过在车箱底部垫钡渣等方式在氮渣内掺入钡渣倾倒在氮渣堆场，并且借安顺市某环保砖厂名义签署工业废渣综合利用协议，填写虚假的危险废物转移联单，应付环保行政主管部门检查。2015年10月19日至23日，环保部西南督查中心联合贵州省环保厅开展危险废物污染防治专项督查过程中，查获宏泰公司的违法行为。经测绘，宏泰公司废渣堆场堆渣量为72194立方米，废渣平均密度为1250千克/立方米，堆渣量达90242.5吨。经对堆场废渣随机抽取的50个样本进行检测，均检出钡离子，其中两个样本检测值超过100mg/L。

（二）诉讼过程

本案由贵州省安顺市平坝区人民检察院以被告单位宏泰公司及被告人赵强犯污染环境罪向贵州省安顺市平坝区人民法院提起公诉，后又以被告人张正文犯污染环境罪向安顺市平坝区人民法院追加起诉。2017年11月23日，贵州省安顺市平坝区人民法院依法作出判决，认定被告单位宏泰公司犯污染环境罪，判处罚金一百万元；被告人张正文犯污染环境罪，判处有期徒刑三年，缓刑三年，并处罚金二千元；被告人赵强犯污染环境罪，判处有期徒刑三年，缓刑三年，并处罚金二千元。判决已生效。

（三）典型意义

准确认定非法排放、倾倒、处置行为是办理环境污染刑事案件中的重点问题。司法实践中认定非法排放、倾倒、处置行为时，应当根据法律和司法解释的有关规定精神，从其行为方式是否违反国家规定或者行业操作规范、污染物是否与外环境接触、是否造成环境污染的危险或者危害等方面进行综合分析判断。对名为运输、贮存、利用，实为排放、倾倒、处置的行为应当认定为非法排放、倾倒、处置行为，依法追究刑事责任。

本案中，被告单位宏泰公司及被告人张正文、赵强在明知危险废物钡渣不能随意处置的情况下，仍在氮渣内掺入钡渣倾倒在氮渣堆场，名为运输、贮存、利用，实为排放、倾倒、处置，放任危险废物流失、泄漏，严重污染环境。本案在准确认定非法排放、倾倒、处置行为方面具有典型意义。

案例五：刘土义、黄阿添、韦世榜等 17 人污染环境系列案

（一）基本案情

被告人刘尾系广东省博罗县加得力油料有限公司的实际投资人和控制人，被告人黄阿添系该公司法定代表人。自 2016 年起，两被告人明知被告人刘土义没有处置废油的资质，仍将 3192 吨废油交给刘土义处理。

被告人黄应顺系广东省佛山市泽田石油科技有限公司的法定代表人。自 2016 年 11 月起，黄应顺为获取 600 元/车的装车费，擅自决定将存放在公司厂区近 100 吨废油交给刘土义处理。

被告人关伟平、冯耀明系广东省东莞市道滘镇鸿海润滑油经营部的合伙人。2017 年 2 月，两被告人将加工过程中产生的酸性废弃物 29.63 吨交给刘土义处置。

除上述企业提供的废油外，被告人刘土义还联系广东其他企业提供废油，然后由被告人柯金水、韦苏文联系车辆将废油运送至广西壮族自治区来宾市兴宾区、武宣县、象州县等地，被告人韦世榜负责找场地堆放、倾倒、填埋。被告人梁全邦、韦武模应被告人韦世榜的要求，负责在武宣县境内寻找场地堆放废油并组织人员卸车，从中获取卸车费。被告人韦文林、张东来等 5 人应被告人韦世榜的要求，负责在象州县境内寻找场地倾倒废油并收取酬劳。

此外，被告人柯金水、韦世榜在武宣县境内建造炼油厂，从广东省运来 30 吨废油提炼沥青，提炼失败后，两被告人将 13 吨废油就地丢弃，其余废油转移至位于来宾市兴宾区的韦世榜炼油厂堆放，之后被告人柯金水又联系被告人刘土义将废油运至韦世榜的炼油厂堆放。在该堆放点被查处后，被告人柯金水、韦世榜决定将废油就地填埋。

经现场勘验及称量，本案中被告人在兴宾区、武宣县、象州县倾倒、填埋、处置的废油共计 6651.48 吨，需要处置的污染废物共计 10702.95 吨，造成直接经济损失 3217.05 万元，后续修复费用 45 万元。

（二）诉讼过程

刘土义、黄阿添、韦世榜等 17 人污染环境系列案由广西壮族自治区武宣县人民检察院向广西壮族自治区武宣县人民法院提起公诉。武宣县人民法院依法作出一审判决，认定被告人刘土义犯污染环境罪，判处有期徒刑五年，并处罚金一百万元；被告人黄阿添犯污染环境罪，判处有期徒刑四年，并处罚金八十万元；被告人

韦世榜犯污染环境罪，判处有期徒刑四年，并处罚金二十万元；其余被告人犯污染环境罪，判处有期徒刑四年至拘役三个月缓刑六个月不等，并处罚金。一审宣判后，被告人刘尾、黄阿添、柯金水、梁全邦提出上诉。2018 年 7 月 18 日，广西壮族自治区来宾市中级人民法院作出二审判决，驳回黄阿添、柯金水、梁全邦的上诉。鉴于刘尾主动缴纳四百万元给当地政府用于处置危险废物，二审期间又主动缴纳罚金八十万元，缴纳危险废物处置费二十万元，认罪态度好，确有悔罪表现，认定刘尾犯污染环境罪，判处有期徒刑三年，缓刑四年，罚金八十万元。判决已生效。

（三）典型意义

当前，有的地方已经形成分工负责、利益均沾、相对固定的危险废物非法经营产业链，具有很大的社会危害性。司法实践中，公安司法机关要高度重视此类型案件的办理，坚持全链条、全环节、全流程对非法排放、倾倒、处置、经营危险废物的产业链进行刑事打击，查清犯罪网络，深挖犯罪源头，斩断利益链条，不断挤压和铲除其滋生蔓延的空间。

本案中，被告人刘土义等 17 人形成了跨广东、广西两省区的非法排放、倾倒、处置、经营危险废物产业链，有的被告人负责提供废油，有的被告人负责收集运输废油，有的被告人负责寻找场所堆放、倾倒、填埋废油，废油数量大，持续时间长，涉及地区广，严重污染当地环境。本案在深挖、查实并依法惩处危险废物非法经营产业链方面具有典型意义。

最高人民法院发布生态环境保护典型案例

（2019 年 3 月 2 日）

一、被告人董传桥等 19 人污染环境案

二、被告人卓文走私珍贵动物案

三、东莞市沙田镇人民政府诉李永明固体废物污染责任纠纷案

四、韩国春诉中国石油天然气股份有限公司吉林油田分公司水污染责任纠纷案

五、常州德科化学有限公司诉原江苏省环境保护厅、原中华人民共和国环境保护部及光大常高新环保能源（常州）有限公司环境评价许可案

六、杨国先诉桑植县水利局行政协议及行政赔偿案

七、江苏省人民政府诉安徽海德化工科技有限公司生态环境损害赔偿案

八、中国生物多样性保护与绿色发展基金会诉秦皇岛方圆包装玻璃有限公司大

气污染责任民事公益诉讼案

九、铜仁市人民检察院诉贵州玉屏湘盛化工有限公司、广东韶关沃鑫贸易有限公司土壤污染责任民事公益诉讼案

十、江苏省宿迁市宿城区人民检察院诉沭阳县农业委员会不履行林业监督管理法定职责行政公益诉讼案

一、被告人董传桥等19人污染环境案

【基本案情】

2015年2月，被告人董传桥将应由黄骅市津东化工有限公司处置的废碱液交由没有资质的被告人刘海生处置。后刘海生联系被告人刘永辉租用被告人李桂钟停车场场地，挖设隐蔽排污管道，连接到河北省蠡县城市下水管网，用于排放废碱液。2015年2至5月，董传桥雇佣被告人石玉国等，将2816.84吨废碱液排放至挖设的排污管道，并经案涉暗道流入蠡县城市下水管网。同时，从2015年3月起，被告人高光义等明知被告人娄贺无废盐酸处置资质，将回收的废盐酸交由娄贺处置。娄贺又将废盐酸交由无资质的被告人张锁等人处置。张锁、段青松等人又联系李桂钟，商定在其停车场内经案涉暗道排放废盐酸。2015年5月16、17日，石玉国等人经案涉暗道排放100余吨废碱液至城市下水管网。同月18日上午，张锁等人将30余吨废盐酸排放至案涉暗道。下午1时许，停车场及周边下水道大量废水外溢，并产生大量硫化氢气体，致停车场西侧经营饭店的被害人李强被熏倒，经抢救无效死亡。经鉴定，本案废碱液与废盐酸结合会产生硫化氢，并以气体形式逸出；李强符合硫化氢中毒死亡。

【裁判结果】

河北省蠡县人民法院一审认为，案涉废碱液、废盐酸均被列入《国家危险废物名录》，属危险废物。被告人董传桥等违反国家规定，非法处置、排放有毒物质，严重污染环境。其行为均已构成污染环境罪。董传桥等人非法排放废碱液，娄贺等人非法排放废盐酸，均对李强硫化氢中毒死亡这一结果的发生起到了决定性的作用，应对李强的死亡结果承担刑事责任。根据各被告人的犯罪事实、情节和社会危害性，一审法院判决被告人董传桥等犯污染环境罪，判处有期徒刑七年至二年不等，并处罚金。河北省保定市中级人民法院二审对一审刑事判决部分予以维持。

【典型意义】

本案系污染环境致人死亡案件。危险废物具有腐蚀性、毒性、易燃性、反应性、感染性等危险特性，收集、贮存或处置不当，不仅严重威胁生态环境安全，更

可能直接危及人体健康甚至生命。近年来，非法处置危险废物现象屡禁不绝，环境风险日益凸显。面对环境污染犯罪呈现的大幅增长态势，坚持最严格的环保司法制度、最严密的环保法治理念，加大对环境污染犯罪的惩治力度，服务保障打好打赢污染防治攻坚战，是人民法院审判工作的重要职责。本案中，被告人董传桥等挖设隐蔽排污管道，将废碱液排放至城市下水管网，被告人张锁等利用同一暗道排放废盐酸，造成一人死亡的特别严重后果。人民法院全面贯彻宽严相济刑事政策，充分发挥环境资源刑事审判的惩治和教育功能，结合各被告人犯罪事实、情节和社会危害性，依法认定提供、运输、排放、倾倒、处置等环节各被告人的刑事责任，从重判处刑罚。本案的审理和判决对于斩断危险废物非法经营地下产业链条、震慑潜在的污染者具有典型意义。

二、被告人卓文走私珍贵动物案

【基本案情】

2015 年 7 月，另案被告人李伟文根据被告人卓文的指使携带两个行李箱，乘坐飞机抵达广州白云机场口岸，并选择无申报通道入境，未向海关申报任何物品。海关关员经查验，从李伟文携带的行李箱内查获乌龟 259 只。经鉴定，上述乌龟分别为地龟科池龟属黑池龟 12 只、地龟科小棱背龟属印度泛棱背龟 247 只，均属于受《濒危野生动植物种国际贸易公约》附录 I 保护的珍贵动物，价值共计 647.5 万元。

【裁判结果】

广东省广州市中级人民法院一审认为，被告人卓文无视国家法律，逃避海关监管，指使他人走私国家禁止进出口的珍贵动物入境，其行为已构成走私珍贵动物罪，且情节特别严重。一审法院判决卓文犯走私珍贵动物罪，判处有期徒刑十二年，并处没收个人财产 20 万元。广东省高级人民法院二审维持一审判决。

【典型意义】

本案系走私《濒危野生动植物种国际贸易公约》附录所列珍贵动物的犯罪案件。生物多样性是人类生存和发展的必要条件，野生动植物种是生物多样性的重要组成部分。没有买卖，就没有杀戮。保护野生动植物是全人类的共同责任。我国作为《濒危野生动植物种国际贸易公约》的缔约国，积极履行公约规定的国际义务，严厉打击濒危物种走私违法犯罪行为。本案中，被告人卓文违反国家法律及海关法规，逃避海关监管，指使他人非法携带国家禁止进出口的珍贵动物入境。人民法院依法认定其犯罪情节特别严重，判处刑罚，彰显了人民法院依法严厉打击和遏制破坏野生动植物资源犯罪的坚定决心。本案的审理和判决对于教育警示社会公众树立法律意识，自觉保护生态环境尤其是野生动植物资源，具有较好的示范作用。

三、东莞市沙田镇人民政府诉李永明固体废物污染责任纠纷案

【基本案情】

生效刑事判决认定，2016 年 3 至 5 月，李永明违反国家规定向沙田镇泥洲村倾倒了约 60 车 600 吨重金属超标的电镀废料，严重污染环境，其行为已构成污染环境罪。2016 年 7 至 9 月，东莞市沙田镇人民政府（以下简称沙田镇政府）先后两次委托检测机构对污染项目进行检测，分别支出检测费用 17500 元、31650 元。2016 年 8 至 9 月，东莞市环境保护局召开专家咨询会，沙田镇政府为此支付专家评审费 13800 元。沙田镇政府委托有关企业处理电镀废料共支出 2941000 元。2016 年 12 月，经对案涉被污染地再次检测，确认重金属含量已符合环保要求，暂无需进行生态修复，沙田镇政府为此支付检测费用 19200 元。沙田镇政府委托法律服务所代理本案，支付法律服务费 39957 元。

【裁判结果】

广东省东莞市第二人民法院一审认为，沙田镇政府为清理沙田镇泥洲村渡口边的固体废物支出检测费用 68350 元、专家评审费 13800 元、污泥处理费 2941000 元，以上合计 3023150 元。沙田镇政府系委托具有资质的公司或个人来处理对应事务，并提交了资质文件、合同以及付款单据予以证明。李永明倾倒的固体废物数量占沙田镇政府已处理的固体废物总量的 25. 6%，故李永明按照比例应承担的损失数额为 773926. 4 元。沙田镇政府为本案支出的法律服务费亦应由李永明承担。沙田镇政府对于侵权行为的发生及其损害结果均不存在过错。一审法院判决李永明向沙田镇政府赔偿电镀废料处理费、检测费、专家评审费 773926. 4 元，法律服务费 39957 元。广东省东莞市中级人民法院二审判决李永明向沙田镇政府赔偿电镀废料处理费、检测费、专家评审费 773926. 4 元。

【典型意义】

本案系固体废物污染责任纠纷。生态环境是人民群众健康生活的重要因素，也是需要刑事和民事法律共同保护的重要法益。生效刑事判决审理查明的事实，在无

相反证据足以推翻的情况下，可以作为民事案件认定事实的根据。本案审理法院正确适用《中华人民共和国环境保护法》，在依法惩治污染环境罪的同时，对于沙田镇政府处理环境污染产生的损失依法予以支持，体现了“谁污染、谁治理”的原则，全面反映了污染环境犯罪成本，起到了很好的震慑作用。本案对于责任的划分，特别是对地方政府是否存在监管漏洞、处理环境污染是否及时的审查判断，也起到了一定的规范、指引作用。本案的审理和判决对于教育企业和个人依法生产、督促政府部门加强监管有着较好的推动和示范作用。

四、韩国春与中国石油天然气股份有限公司吉林油田分公司水污染责任纠纷案

【基本案情】

韩国春与宝石村委会于1997年签订《承包草沟子合同书》后，取得案涉鱼塘的承包经营权，从事渔业养殖。2010年9月9日，中国石油天然气股份有限公司吉林油田分公司（以下简称中石油吉林分公司）位于韩国春鱼塘约一公里的大－119号油井发生泄漏，泄漏的部分原油随洪水下泄流进韩国春的鱼塘。中石油吉林分公司于9月14日至9月19日在污染现场进行了清理油污作业。大安市渔政渔港监督管理站委托环境监测站作出的水质监测报告表明，鱼塘石油含量严重超标，水质环境不适合渔业养殖。韩国春请求法院判令中石油吉林分公司赔偿3015040.36元经济损失，包括2010年养鱼损失、2011年未养鱼损失、鱼塘围坝修复及注水排污费用。

【裁判结果】

吉林省白城市中级人民法院一审认为，本案应适用一般侵权归责原则，韩国春未能证明损害事实及因果关系的存在，故判决驳回其诉讼请求。吉林省高级人民法院二审认为，韩国春未能证明三次注水排污事实的发生，未能证明鱼塘围坝修复费用、2011年未养鱼损失与中石油吉林分公司污染行为之间的因果关系，故仅改判支持其2010年养鱼损失1058796.25元。最高人民法院再审认为，本案系因原油泄漏使鱼塘遭受污染引发的环境污染侵权责任纠纷。韩国春举证证明了中石油吉林分公司存在污染行为，鱼塘因污染而遭受损害的事实及原油污染与损害之间具有关联性，完成了举证责任；中石油吉林分公司未能证明其排污行为与韩国春所受损害之间不存在因果关系，应承担相应的损害赔偿责任。排放污染物行为，不限于积极的投放或导入污染物质的行为，还包括伴随企业生产活动的消极污染行为。中石油吉林分公司是案涉废弃油井的所有者，无论是否因其过错导致废弃油井原油泄漏流入

韩国春的鱼塘，其均应对污染行为造成的损失承担侵权损害赔偿责任。洪水系本案污染事件发生的重要媒介以及造成韩国春2010年养鱼损失的重要原因，可以作为中石油吉林分公司减轻责任的考虑因素。综合本案情况，改判中石油吉林分公司赔偿韩国春经济损失1678391.25元。

【典型意义】

本案系因原油泄漏致使农村鱼塘遭受污染引发的环境污染侵权责任纠纷。司法服务保障农业农村污染治理攻坚战是司法服务保障污染防治攻坚战的重要组成部分，也是司法服务保障乡村振兴战略的重要任务，对于依法解决农业农村突出生态环境问题具有重要意义。本案重申了此类案件双方当事人的举证责任，明确了"排放污染物行为"，不限于积极的投放或导入污染物质的行为，还包括伴随企业生产活动的消极污染行为，并对多种因素造成侵权结果的规则进行了探索。本案的正确审理，体现了环境司法协调平衡保障民生与发展经济之间的关系，既保护了被侵权人的合法权益，体现了对农业水产健康养殖的司法保障，同时也对督促石油企业履行更高的注意义务具有一定的指引作用。

五、常州德科化学有限公司诉原江苏省环境保护厅、原中华人民共和国环境保护部及光大常高新环保能源（常州）有限公司环境评价许可案

【基本案情】

光大常高新环保能源（常州）有限公司（以下简称光大公司）拟在江苏省常州市投资兴建生活垃圾焚烧发电BOT项目。2014年，光大公司向原江苏省环境保护厅（以下简称江苏省环保厅）报送《环境影响报告书》《技术评估意见》《预审意见》等材料，申请环境评价许可。江苏省环保厅受理后，先后发布受理情况及拟审批公告，并经审查作出同意项目建设的《批复》。常州德科化学有限公司（以下简称德科公司）作为案涉项目附近经营范围为化妆品添加剂制造的已处于停产状态的企业，不服该《批复》，向原中华人民共和国环境保护部（以下简称环境保护部）申请行政复议。环境保护部受理后，向江苏省环保厅发送《行政复议答复通知书》《行政复议申请书》等材料，并向原江苏省常州市环境保护局发送《委托现场勘验函》。环境保护部在收到《行政复议答复书》《现场调查情况报告》后，作出维持《批复》的《行政复议决定书》。

【裁判结果】

江苏省南京市中级人民法院一审认为，德科公司位于案涉项目附近，其认为《批复》对生产经营有不利影响，有权提起行政诉讼，具有原告主体资格。案涉项

目环评编制单位和技术评估单位均是具有甲级资质的独立法人，在《环境影响报告书》编制期间，充分保障了公众参与权。江苏省环保厅依据光大公司报送的《环境影响报告书》《技术评估意见》《预审意见》等材料，进行公示、发布公告，并根据反馈情况经审查后作出《批复》，并不违反相关规定。环境保护部作出的案涉行政复议行为亦符合行政复议法及实施条例的规定。一审法院判决驳回德科公司的诉讼请求。江苏省高级人民法院二审认为，江苏省环保厅在审批《环境影响报告书》时已经履行了对项目选址、环境影响等问题的审查职责，故判决维持一审判决。最高人民法院再审审查认为，德科公司并非案涉项目厂界周围的环境敏感保护目标，且当时处于停产状态，没有证据证明德科公司与光大公司之间就案涉环境保护行政许可存在重大利益关系。案涉项目环评过程中保障了公众参与权，江苏省环保厅在作出环境评价许可过程中履行了对项目选址、污染物排放总量平衡等问题的审查职责，亦未侵犯德科公司的权利。江苏省环保厅的环境评价许可行政行为、环境保护部的行政复议行为均符合相关法律、法规的规定。最高人民法院裁定驳回德科公司的再审申请。

【典型意义】

本案所涉项目系生活垃圾焚烧发电项目，对社会整体有益，但也可能对周围生态环境造成一定影响。此类项目周边的居民或者企业往往会对项目可能造成的负面影响心存担忧，不希望项目建在其附近，由此形成“邻避”困境。随着我国城市化和工业化进程，“邻避”问题越来越多，“邻避”冲突逐渐呈现频发多发趋势。本案的审理对于如何依法破解“邻避”困境提供了解决路径。即对于此类具有公共利益性质的建设项目，建设单位应履行信息公开义务，政府行政主管部门应严格履行监管职责，充分保障公众参与权，尽可能防止或者减轻项目对周围生态环境的影响；当地的公民、法人及其他组织则应依照法律规定行使公众参与权、维护自身合法环境权益。

六、杨国先诉桑植县水利局水利行政协议及行政赔偿案

【基本案情】

桑植县水利局依据湖南省水利厅和桑植县人民政府的相关批复，委托拍卖机构对张家界市桑植县澧水干流、南、中、北源等河流河道砂石开采权进行公开拍卖。期间，张家界大鲵国家级自然保护区管理处（以下简称大鲵自然保护区管理处）函告桑植县水利局在自然保护区河段采砂行为涉嫌违法，要求终止

对相关河段采砂权的拍卖。通过竞标，杨国先竞得刘家河花兰电站库区，在缴清 100 万元成交价及 5 万元拍卖佣金后与桑植县水利局签订了《张家界市桑植县刘家河花兰电站库区河段河道砂石开采权出让合同》（以下简称《出让合同》）。杨国先为履行合同修建公路一条，造采砂船两套（四艘），先后向银行贷款两笔。杨国先向桑植县水利局申请发放河道采砂许可证，桑植县水利局以杨国先未按要求提交资料为由未予办理。

【裁判结果】

湖南省桑植县人民法院一审认为，争议行政协议项下的采砂河段在实施拍卖和签订出让协议时已是国家级自然保护区范围，属于禁止采砂区域，大鲵自然保护区管理处在发现桑植县水利局的拍卖行为后，按照职责要求终止拍卖，桑植县水利局在未取得自然保护区主管部门批准的情况下不能继续实施出让行为。该河道采砂权有偿出让行为未经国务院授权的有关主管部门同意，桑植县水利局违反禁止性规定，实施拍卖出让，所签订的《出让合同》无效。双方当事人在签订《出让合同》后对采砂许可证的颁发产生误解，最终杨国先因不能提交完整申请材料、不符合颁证条件而未取得采砂许可证，《出让合同》没有实际履行与桑植县水利局在实施行政许可过程中未尽到公示告知职责有一定的关系。桑植县水利局的上述违法行为致使行政协议未能实际履行，造成的经济损失客观存在，应承担赔偿责任。一审法院判决确认案涉《出让合同》无效，桑植县水利局返还杨国先出让款并赔偿相关损失。湖南省张家界市中级人民法院二审维持一审判决。

【典型意义】

自然保护区是维护生态多样性，构建国家生态安全屏障，建设美丽中国的重要载体。自然保护区内环境保护与经济发展之间的矛盾较为突出，存在资源主管部门与自然保护区管理部门之间的职责衔接问题。现行法律对自然保护区实行最严格的保护措施，人民法院在审理相关案件时，应注意发挥环境资源司法的监督和预防功能，对涉及环境公共利益的合同效力依职权进行审查，通过依法认定合同无效，严禁任意改变自然生态空间用途的行为，防止不合理开发利用资源的行为损害生态环境。本案对在自然保护区签订的采矿权出让合同效力给予否定性评价，由出让人返还相对人出让款并赔偿损失，既是对相对人合法财产权利的保护，也是对行政机关、社会公众的一种政策宣示和行为引导，符合绿色发展和保障自然保护区生态文明安全的理念和要求。

七、江苏省人民政府诉安徽海德化工科技有限公司生态环境损害赔偿案

【基本案情】

2014 年 4 至 5 月间，安徽海德化工科技有限公司（以下简称海德公司）营销部经理杨峰分三次将海德公司生产过程中产生的 102.44 吨废碱液，以每吨 1300 元的价格交给没有危险废物处置资质的李宏生等人处置，李宏生等人又以每吨 500 元、600 元不等的价格转交给无资质的孙志才、丁卫东等人。上述废碱液未经处置，排入长江水系，严重污染环境。其中，排入长江的 20 吨废碱液，导致江苏省靖江市城区集中式引用水源中断取水 40 多个小时；排入新通扬运河的 53.34 吨废碱液，导致江苏省兴化市城区集中式饮水源中断取水超过 14 个小时。靖江市、兴化市有关部门分别采取了应急处置措施。杨峰、李宏生等人均构成污染环境罪，被依法追究刑事责任。经评估，三次水污染事件共造成环境损害 1731.26 万元。

【裁判结果】

江苏省泰州市中级人民法院一审认为，海德公司作为化工企业，对其生产经营中产生的危险废物负有法定防治责任，其营销部负责人杨峰违法处置危险废物的行为系职务行为，应由海德公司对此造成的损害承担赔偿责任。案涉长江靖江段生态环境损害修复费用，系经江苏省环境科学学会依法评估得出；新通扬运河生态环境损害修复费用，系经类比得出，亦经出庭专家辅助人认可。海德公司污染行为必然对两地及下游生态环境服务功能造成巨大损失，江苏省人民政府主张以生态环境损害修复费用的 50% 计算，具有合理性。江苏省人民政府原诉讼请求所主张数额明显偏低，经释明后予以增加，应予支持。水体自净作用只是水体中污染物向下游的流动中浓度自然降低，不能因此否认污染物对水体已经造成的损害，不足以构成无需再行修复的抗辩。一审法院判决海德公司赔偿环境修复费用 3637.90 万元、生态环境服务功能损失 1818.95 万元、评估鉴定费 26 万元，上述费用合计 5482.85 万元，支付至泰州市环境公益诉讼资金账户。江苏省高级人民法院二审在维持一审判决的基础上，判决海德公司可在提供有效担保后分期履行赔偿款支付义务。

【典型意义】

本案是《生态环境损害赔偿制度改革试点方案》探索确立生态环境损害赔偿制度后，人民法院最早受理的省级人民政府诉企业生态环境损害赔偿案件之

一。长江是中华民族的母亲河。目前沿江化工企业分布密集，违规排放问题突出，已经成为威胁流域生态系统安全的重大隐患。加强长江经济带生态环境司法保障，要着重做好水污染防治案件的审理，充分运用司法手段修复受损生态环境，推动长江流域生态环境质量不断改善，助力长江经济带高质量发展。本案判决明确宣示，不能仅以水体具备自净能力为由主张污染物尚未对水体造成损害以及无需再行修复，水的环境容量是有限的，污染物的排放必然会损害水体、水生物、河床甚至是河岸土壤等生态环境，根据损害担责原则，污染者应当赔偿环境修复费用和生态环境服务功能损失。本案还是《中华人民共和国人民陪审员法》施行后，由七人制合议庭审理的案件，四位人民陪审员在案件审理中依法对事实认定和法律适用问题充分发表了意见，强化了长江流域生态环境保护的公众参与和社会监督，进一步提升了生态环境损害赔偿诉讼裁判结果的公信力。

八、中国生物多样性保护与绿色发展基金会诉秦皇岛方圆包装玻璃有限公司大气污染责任民事公益诉讼案

【基本案情】

2015 年 12 月至 2016 年 4 月，秦皇岛方圆包装玻璃有限公司（以下简称方圆公司）因未取得排污许可证，玻璃窑炉超标排放二氧化硫、氮氧化物等大气污染物并拒不改正等行为，被秦皇岛市海港区环境保护局分四次罚款共计 1289 万元。2015 年 2 月，方圆公司签订总金额为 3617 万元的《玻璃窑炉脱硝脱硫除尘总承包合同》。2016 年中国生物多样性保护与绿色发展基金会（以下简称绿发会）提起本案诉讼后，方圆公司缴纳行政罚款共计 1281 万元，并加快了脱硝脱硫除尘改造提升进程，于 2016 年 6 月 15 日通过环保验收，于 2016 年 6 月 17 日、2017 年 6 月 17 日取得排污许可证。2016 年 12 月 2 日，方圆公司再次投入 1965 万元，增设脱硝脱硫除尘备用设备一套。环境保护部环境规划院环境风险与损害鉴定评估研究中心接受一审法院委托，按照虚拟治理成本法，将方圆公司自行政处罚认定损害发生之日至环保达标之日造成的环境损害数额评估为 154. 96 万元。

【裁判结果】

河北省秦皇岛市中级人民法院一审认为，本案起诉后，方圆公司积极投入，加快治理污染设备的更新改造，诉讼过程中经环保验收已达标排放并取得排污许可证，其非法排放大气污染物的违法行为已经停止。环境保护部环境规划院环境风险

与损害鉴定评估研究中心具备法定资质，评估依据已经双方当事人质证，按照虚拟治理成本法计算的环境损害数额包括修复被污染的大气环境的费用和因非法排放大气污染物给环境造成的损害两项内容，应予确认。方圆公司污染大气行为影响群众日常生活，造成了一定的精神损害，应承担赔礼道歉的民事责任。绿发会虽主张差旅费、律师费等费用，但未提交充分证据，考虑本案实际情况予以酌定。一审法院判决方圆公司赔偿损失 154.96 万元，分三期支付至秦皇岛市专项资金账户，用于该地区的环境修复；在全国性媒体上刊登致歉声明；向绿发会支付因本案支出的合理费用 3 万元。河北省高级人民法院二审维持一审判决。

【典型意义】

本案系京津冀地区受理的首例大气污染公益诉讼案。大气污染防治是污染防治三大攻坚战之一，京津冀及周边地区是蓝天保卫战的重点区域。本案审理法院正确适用《最高人民法院关于审理环境民事公益诉讼案件适用法律若干问题的解释》，结合绿发会的具体诉讼请求，对方圆公司非法排放大气污染物造成的环境损害进行了界定和评估，积极探索公益诉讼专项资金账户运作模式，确保环境损害赔偿金用于受损环境的修复。本案受理后，方圆公司积极缴纳行政罚款，主动升级改造环保设施，成为该地区首家实现大气污染治理环保设备“开二备一”的企业，实现了环境民事公益诉讼的预防和修复功能，同时还起到了推动企业积极承担生态环境保护社会责任以及采用绿色生产方式的作用，具有良好的社会导向。本案的审理和公开宣判对司法服务保障京津冀及周边地区环境治理和经济社会发展具有重要的示范效应，将对京津冀及周边地区大气污染防治和区域生态文明建设起到积极的促进作用。

九、铜仁市人民检察院诉贵州玉屏湘盛化工有限公司、广东韶关沃鑫贸易有限公司土壤污染责任民事公益诉讼案

【基本案情】

贵州玉屏湘盛化工有限公司（以下简称湘盛公司）、广东韶关沃鑫贸易有限公司（以下简称沃鑫公司）均未取得危险废物经营许可证。2010 年 5 月，两公司建立合作关系，沃鑫公司提供原料给湘盛公司加工，加工费为生产每吨硫酸 240 元，硫酸产品及废渣由沃鑫公司负责接收销售。2011 年 11 月 1 日，两公司签订《原料购销协议》，以湘盛公司名义对外向中金岭南丹霞冶炼厂购买硫精矿原料。2011 年 11 月 1 日至 2015 年 7 月 6 日，湘盛公司共取得硫精矿 66900 吨，用于生产硫酸。2015 年 3 月 30 日至 2018 年 3 月 30 日，湘盛公司整体承包给沃鑫公司独立经营，期间曾发生高温水管破裂事故，导致生产车间锅炉冷却水直接排入厂外河流。上述

生产过程中，生产原材料和废渣淋溶水、生产废水流入厂区外，造成厂区外一、二号区域土壤污染。经鉴定，一号区域为灌草地，重金属污染面积约达3600平方米，全部为重度污染。二号区域为农田，重金属污染面积达39500平方米，91%的土壤为重度污染，7%的土壤为中度污染，2%的土壤为轻度污染。污染地块的种植农作物重金属超标。县环境保护局于2015年、2016年两次责令湘盛公司拆除排污暗管、改正违法行为，处以行政罚款。2016年9月，湘盛公司及其法定代表人梁长训、沃鑫公司余军因犯污染环境罪被追究刑事责任。2017年12月，贵州省环境科学研究设计院出具《损害评估报告》，确认案涉土壤污染损害费用包括消除危险费用、污染修复、期间生态服务功能损失共计639.7万元。

【裁判结果】

贵州省遵义市中级人民法院一审认为，湘盛公司、沃鑫公司均无危险废物经营许可证，不具备危废处理资质。两公司生产过程中实施了污染行为，案涉污染土壤中重金属与湘盛公司生产原料、废渣及排放废水中所含重金属成分相同，具有同源性，且污染土壤区域的重金属含量均远高于对照检测点，足以认定两公司排污行为与案涉土壤及地上农作物中度污染之间的因果关系。两公司先为合作，后为承包，主观上具有共同故意，客观上共同实施了污染行为，应承担连带责任。一审法院判决湘盛公司、沃鑫公司立即停止侵害，在对生产厂区进行综合整改及环境监控，未通过相关环保行政职能部门监督验收前，不得生产；对厂区留存全部原料及废渣进行彻底无污染清除，逾期则应当支付危废处置费60.3万元，聘请第三方处置；对案涉土壤进行修复，逾期则支付修复费用230万元，聘请第三方修复；赔偿生态环境期间服务功能损失127.19万元，承担本案鉴定费38.6万元。

【典型意义】

本案是由检察机关提起的土壤污染民事公益诉讼案件。土壤是经济社会可持续发展的重要物质基础。尤其本案所涉二号区域用途为农用耕地，其上农作物及农产品的安全更是直接关切群众身体健康。本案审理法院依法启动鉴定程序对案涉专业问题作出技术判断，鉴定机构出具的评估报告同时提供了土壤污染的风险判定和具体修复方案，为推动后续土壤修复治理提供了专业技术支撑。本案审理法院还向县政府发出司法建议，建议通过征用程序改变二号区域的农用耕地用途，消除被污染土地继续种植农作物可能带来的人体健康风险。同时，突出保护农用耕地、基本农田的价值理念，将农用耕地用途改变导致农用耕地功能丧失纳入期间服务功能损失，建立了民事裁判与行政执法之间的衔接路径。本案的正确审理，为案涉土壤污染构建了“责任人修复+政府监管+人民法院强制执行+人民检察院监督”的全新复合治理路径，有力地推进了污染土壤的修复治理，确保实现涉地农业生产环境安全，体现了司法保护公益的良好效果。

十、江苏省宿迁市宿城区人民检察院诉沭阳县农业委员会不履行林业监督管理法定职责行政公益诉讼案

【基本案情】

2016年1至3月，仲兴年于沭阳县七处地点盗伐林木444棵，立木蓄积122余立方米。其中在沭阳县林地保护利用规划范围内盗伐杨树合计253棵。2017年3月7日，沭阳县人民法院以盗伐林木罪判处仲兴年有期徒刑七年六个月，并处罚金3万元，追缴违法所得2.4万元。2017年9月29日，江苏省宿迁市宿城区人民检察院（以下简称宿城区检察院）向沭阳县农业委员会（以下简称沭阳农委）发送检察建议，督促沭阳农委对仲兴年盗伐林木行为依法处理，确保受侵害林业生态得以恢复。沭阳农委于2017年10月16日、12月15日两次电话反映该委无权对仲兴年履行行政职责，未就仲兴年盗伐林木行为进行行政处理，案涉地点林地生态环境未得到恢复。2018年3月27日，沭阳农委仅在盗伐地点补植白蜡树苗180棵。

【裁判结果】

江苏省宿迁市宿城区人民法院一审认为，沭阳农委作为沭阳县林业主管部门，对案涉盗伐林木等违法行为负有监督和管理职责。仲兴年在林地保护利用规划范围内盗伐林木，不仅侵害了他人林木所有权，也损害了林木的生态效益和功能。宿城区检察院经依法向沭阳农委发送检察建议，督促沭阳农委依法履职无果后，提起行政公益诉讼，符合法律规定。仲兴年因盗伐林木行为已被追究的刑事责任为有期徒刑、罚金、追缴违法所得，不能涵盖补种盗伐株数十倍树木的行政责任。沭阳农委收到检察建议书后未责令仲兴年补种树木，其嗣后补种的株数和代履行程序亦不符合法律规定，未能及时、正确、完全履行法定职责。一审法院判决确认沭阳农委不履行林业监督管理法定职责的行为违法，应依法对仲兴年作出责令补种盗伐253棵杨树十倍树木的行政处理决定。

【典型意义】

本案是检察机关提起的涉林业行政公益诉讼。林木除具有经济价值外，还具有涵养水源、防风固沙、调节气候以及为野生动物提供栖息场所等生态价值。任何组织和个人均有义务保护林业生态环境安全。林业行政主管部门更应恪尽职守，依法履职。《中华人民共和国森林法》第三十九条规定：“盗伐森林或者其他林木的，依法赔偿损失；由林业主管部门责令补种盗伐株数十倍的树木，没收盗伐的林木或

者变卖所得，并处盗伐林木价值三倍以上十倍以下的罚款。滥伐森林或者其他林木，由林业主管部门责令补种滥伐株数五倍的树木，并处滥伐林木价值二倍以上五倍以下的罚款。拒不补种树木或者补种不符合国家有关规定的，由林业主管部门代为补种，所需费用由违法者支付。盗伐、滥伐森林或者其他林木，构成犯罪的，依法追究刑事责任。”林业纠纷案件多具融合性，同一违法行为往往涉及刑事、民事和行政不同法律责任。本案的正确审理，有助于进一步厘清涉林业检察公益诉讼中刑事责任、行政责任以及民事责任的关系和界限，依法全面保护林业生态环境安全。本案审理法院还组织省市县三级120余家行政执法机关的150余名工作人员以及10位人大代表、政协委员旁听庭审，起到了宣传教育的良好效果。

最高人民法院发布长江流域环境资源审判十大典型案例

（2017年12月4日）

目　录

一、汤某等十二人非法捕捞水产品案

（一）基本案情

2016年3月1日至6月30日，岳阳县东洞庭湖为禁渔期、禁渔区。2016年3月24日23时许，在汤某、彭某等六人的授意下，万某等人前往岳阳县东洞庭湖麻拐石水域捕捞螺蛳。3月25日凌晨2时许，万某等人停止捕捞，根据汤某、彭某的指示，先后携带捕捞的螺蛳前往北门船厂码头。3月25日6时许，万某等人被岳阳县渔政局执法大队查获，其捕捞的螺蛳重约7.6吨，所有渔获物由岳阳县渔政局执法大队现场放生。岳阳县人民检察院以汤某等十二人犯非法捕捞水产品罪提起公诉。

（二）裁判结果

湖南省岳阳县人民法院认为，汤某等十二人违反我国渔业法的规定，在禁渔期、禁渔区进行非法捕捞，情节严重，构成非法捕捞水产品罪，依法应予惩处。根据各人在共同犯罪中的作用、案发后的自首、坦白等情节，判决汤某、彭某等人犯非法捕捞水产品罪，分别处以二到五个月不等拘役；万某等人犯非法捕捞水产品罪，分别处以三千至五千不等的罚金。

（三）典型意义

洞庭湖位于长江中下游荆江南岸，是我国五大淡水湖之一，也是我国重要的调蓄湖泊和生态湿地。近年来，洞庭湖水生生物多样性指数持续下降，多种珍稀物种濒临灭绝，洞庭湖的湖泊、湿地功能退化严重。为加强水生生物物种保护，洞庭湖每年都会设定禁渔期和禁渔区，但依然有不法分子在禁渔期、禁渔区内违法捕捞水产品。本案中，岳阳县东洞庭湖从2016年3月1日至6月30日全面禁渔，被告人汤某等人违反渔业法的规定，在禁渔期、禁渔区非法捕捞，已构成非法捕捞罪。捕捞的螺蛳是东洞庭湖生态环境的重要组成部分，对于净化水质、促进水藻生长、为鱼类提供食物、维持湖内生态系统的平衡起着重要作用。本案判决对引导沿岸渔民的捕捞行为，有效遏制非法捕捞，保护洞庭湖乃至长江中下游流域生物链的完整具有指导意义。

二、十堰市驰迈工贸有限公司、古文秀污染环境案

（一）基本案情

2015年5月1日上午，驰迈公司厂房搬迁，该厂生产负责人古文秀明知该厂操作污水处理设备的工人赵正明在新厂区调试设备，老厂房无人能操作污水处理设备，仍安排工人潘立春等人在老厂房内，在未运行污水处理设施的情况下进行电镀生产，造成电镀废水未经处理非法外排，被十堰市环保局当场查获。经环保局现场采样，十堰市环境监测站分析检测，并报湖北省环境监测中心站审查，该公司排出的电镀废水中重金属总铬浓度值为88.8mg/L，六价铬浓度值为80.4mg/L，锌浓度值为11.7mg/L，分别超出国家排放标准88倍、401倍、6.8倍。湖北省十堰市张

湾区人民检察院以污染环境罪对驰迈公司和古文秀提起公诉。

（二）裁判结果

湖北省十堰市张湾区人民法院一审认为，驰迈公司非法排放含重金属的污染物严重超标，已构成污染环境罪；古文秀作为生产管理负责人，明知电镀作业产生的污水未经处理会流向犟河造成环境污染，仍安排工人从事电镀生产作业，放任单位排放污水污染环境的行为，亦构成污染环境罪。鉴于被告人积极认罪悔罪，在量刑上可以酌情从轻。对驰迈公司判处罚金1万元、古文秀拘役四个月。驰迈公司和古文秀以污染环境后果较轻为由提起上诉，十堰市中级人民法院二审认为，一审判决体现了对污染环境犯罪的零容忍态度。十堰作为南水北调中线工程核心水源区，加强水资源保护，确保“一江清水永续北送”，具有非同寻常的意义。对恣意排放生产废水，严重破坏生态环境的违法犯罪行为，必须始终保持高压态势，依法严厉打击。二审裁定驳回上诉，维持原判。

（三）典型意义

依法审理水污染防治案件，加强对饮用水水源地的司法保护，保障饮用水水源地的水质安全，是人民法院环境资源审判的重要职责。湖北十堰作为南水北调中线工程的水源地，严控水体污染，抓好水体保护，维护水质安全，确保“一江清水永续北送”具有非同寻常的意义。二审法院立足“十堰作为南水北调中线工程核心水源区”的重要生态环境定位，以保护用水区人民群众身体健康为根本目标，落实最严格的生态环境保护制度，严格执行国家环境质量标准，强化污染者的责任，对污染环境犯罪采取零容忍态度，以对生态环境的损害情况作为刑事处罚的重要情节，严厉打击了在饮用水水源地非法排放生产废水的违法犯罪行为。该案是十堰法院受理的首例水污染刑事案件，宣判后对全市造纸、印染、电渡等高能耗、重污染企业起到了教育、引导和震慑作用。

三、尼玛多吉非法收购、运输、出售珍贵、濒危野生动物制品案

（一）基本案情

2016年12月2日，尼玛多吉从桑培手中以每只8000元的价格购买了五只麝香，合计40000元。随后又从布恩手中以每只6000元的价格购买了五只麝香，合计30000元。十只麝香共计70000元。2016年12月5日尼玛多吉携带十只麝香在玉树市相古村卡沙社设卡点被公安人员查获，当场缴获了十只麝香。经宁夏绿森源森林资源司法鉴定中心鉴定，案涉十只马麝，价值为75000元。玉树市人民检察院以非法收购、运输、出售珍贵、濒危野生动物制品罪对尼玛多吉提起公诉。

（二）裁判结果

青海省玉树市人民法院一审认为，尼玛多吉明知麝香为珍贵、濒危野生动物制品而予以购买交易的行为已触犯我国刑法，构成非法收购、运输、出售珍贵、濒危野生动物制品罪。鉴于尼玛多吉归案后能够如实交代自己的犯罪事实，认罪态度较好，确有悔罪表现，同时向公安机关提供了赃物来源的线索，为侦破案件提供了真实情况，属于立功表现，量刑时予以酌情从轻考虑。判处尼玛多吉有期徒刑三年，缓刑四年，并处罚金3000元，对十只麝香予以没收。

（三）典型意义

本案系青海省玉树藏族自治州玉树市法院生态法庭成立以来审理的首起环境资源刑事案件，对于加强三江源地区生态环境保护有着特殊意义。三江源地区被誉为长江上游生态安全屏障、“中华水塔”，是我国重要的生态功能区。鉴于三江源地区特殊的生态环境地位，人民法院要重点关注区域内环境污染和自然资源破坏案件，坚决打击采矿、砍伐、狩猎以及擅自采集国家和省级重点保护野生动植物等违法行为，促进三江源地区自然资源的持久保育和永续利用，筑牢国家生态安全屏障。麝是我国一级保护动物，也是世界濒危物种之一，麝香是一种极其稀缺的名贵药材。随着麝香市场价格日益昂贵，不法分子为获取暴利不断猎杀野生麝，我国的麝和天然麝香资源已处于极为严重稀缺的状态。“没有买卖就没有杀害”。社会各方都要充分关注濒危野生动物的保护，共同守护美丽家园。

四、贵州泰蘋河生态养殖开发有限公司诉贵州华锦铝业有限公司财产损害赔偿案

（一）基本案情

泰蘋河公司是一家主要从事鲟鱼养殖的企业，从戈家寨大沟取水。华锦公司于2014年10月在戈家寨水库上游河段筑坝取水。由于华锦公司筑坝拦水，下游河道水量减少，导致泰蘋河公司养殖的鲟鱼在4月21至23日因严重缺水缺氧大量窒息死亡。泰蘋河公司主张，华锦公司从事工程建设，明知对原有供水水源有不利影响，应当采取相应的补救措施。华锦公司在未通知下游用水户做好应对准备的情况下，擅自蓄水断水，造成泰蘋河公司养殖的鲟鱼缺氧窒息大量死亡。泰蘋河公司诉至法院，主张华锦公司承担赔偿责任。

（二）裁判结果

贵州省清镇市人民法院一审认为，河流生态流量可以保证河流所需的自净扩散能力，维持水生生态系统平衡，保证库区养殖业所需的水质水量。我国虽然没有关

于河流生态流量的法律规定，但实践中有此要求，如水电站最小下泄流量就是保障河流生态流量的措施。华锦公司未办理取水行政许可及环境影响评价，擅自修建拦截坝取水，未保障必要的生态下泄流量，导致下游水量减少，养殖场进水减少，鲟鱼窒息死亡。故泰蘋河公司养殖的鲟鱼死亡与华锦公司蓄水之间存在因果关系，判决华锦公司赔偿泰蘋河公司经济损失 757158.6 元。华锦公司不服，提起上诉。贵阳市中级人民法院二审判决驳回上诉、维持原判。

（三）典型意义

长江流域蕴藏着十分丰富的水资源，依法审理水资源开发利用案件，促进水资源可持续利用是人民法院环境资源审判的重要职责。本案系水资源开发利用过程中产生的侵权纠纷，涉及水资源利用中“生态流量”的保障和控制。河流生态流量具有重要价值，上游地区用水户在水资源开发和利用过程中，要保障河流生态流量，不能损害下游地区供水、通航、灌溉、养殖等生态流量受益方的合法权益，从而保障全流域水生生态系统基本功能的正常运转。本案中，作为主要从事鲟鱼养殖的泰蘋河公司与华锦公司均系戈家寨水库的需水方，均应依照法律规定取水、用水、排水。华锦公司在上游取水用水时未办理取水行政许可和环境影响评价，擅自修建拦截坝取水，未保障必要的生态下泄流量，损害了下游用水户的合法权益，导致损害事实的发生，依法应当承担赔偿责任。本案肯定了生态流量的重要价值，维护了生态流量受益方的合法权益，对于人民法院审理水资源开发利用案件具有指导意义。

五、赵来喜、周正红与赵成春买卖合同案

（一）基本案情

赵来喜与周正红夫妻二人雇佣赵加龙、徐培金驾驶船只停靠在赵成春位于镇江市内的长江采砂点，赵成春用吸砂船吸出江砂直接放置在赵加龙、徐培金驾驶的船上，卖给赵来喜、周正红。2014 年 5 月 8 日，赵来喜与赵成春对 2012 年至 2014 年的砂款进行结算，扣除已付款项后，赵来喜向赵成春支付了 20700 元。赵成春认为赵来喜、周正红尚欠其砂款 380000 元未付，并多次向赵来喜、周正红催要，而赵来喜、周正红以双方之间的款项已结清为由，拒绝支付。赵成春将赵来喜、周正红起诉至法院，要求给付砂款。

（二）裁判结果

江苏省南京市栖霞区人民法院一审认为，国家对长江采砂实行许可证制度，赵成春无采砂许可证，在长江中用吸砂船非法采砂，转卖给周正红、赵来喜，其行为违反了《长江河道采砂管理条例》第九条的规定，侵害了国家对自然资源的所有

权。依照民法通则及物权法的相关规定，判决驳回赵成春对赵来喜、周正红的诉讼请求，并作出处罚决定，对赵成春的违法所得予以收缴。赵来喜、周正红不服，上诉至江苏省南京市中级人民法院。南京中院二审认为，赵成春与赵来喜、周正红的行为属于非法采砂行为，该买卖纠纷不属于人民法院民事诉讼的管辖范围，且本案所涉非法采砂行为已涉嫌刑事犯罪，应移交刑事侦查机关进行侦查，并根据侦查情况作出处理，故撤销一审判决和处罚决定书，驳回赵成春的起诉。宣判后，二审法院依据《最高人民法院关于在审理经济纠纷案涉及经济犯罪嫌疑若干问题的规定》第十一条的规定，将此案移送至江苏省镇江市公安局立案侦查。

（三）典型意义

长江江砂属于国家所有，《长江河道采砂管理条例》明确规定国家对长江采砂实行许可证制度，但长江中下游部分地区非法采砂的情况时有发生，不仅侵害了国家对自然资源的所有权，也严重影响长江航道通行，破坏了长江河道生态环境。因此，必须严厉打击河道非法采砂，切实保障长江水域水运安全。按照《最高人民法院关于审理非法采矿、破坏性采矿刑事案件具体应用法律若干问题的解释》第三条的规定，对于非法采砂行为，应充分考虑生态环境的破坏程度，依法以非法采矿罪进行处罚。一审法院将本案作为民事案件进行审理，忽略了本案刑事违法性的本质，二审法院准确认定案件性质，认为本案并不属于民事诉讼管辖范围，所涉非法采砂行为涉嫌刑事犯罪，并将案件移送公安机关立案侦查，适用法律正确，对于打击河道非法采砂起到了威慑作用。

六、镇江市自来水公司诉韩国开发银行投资公司水污染损害赔偿案

（一）基本案情

2012 年 2 月 2 日 13 时，FC 轮（所有人为韩国开发银行投资有限公司）靠泊江苏镇江某化工码头后开始卸货。2 月 3 日 19 时，镇江市自来水公司检测出自来水厂出水中挥发酚浓度超过标准值 9.4 倍。随后，镇江市自来水公司采取了相关应急措施。2 月 6 日至 2 月 15 日，镇江海事局先后对 FC 轮的船长、大副以及其他船员进行调查。镇江海事局作出《调查报告》称：FC 轮因违反操作规程、设备存在缺陷等原因导致在卸货作业过程中有约 44 吨苯酚通过该轮的水下排放管路直接排出了舷外造成长江水体污染。镇江市自来水公司起诉至武汉海事法院，要求韩国开发银行投资公司赔偿损失。

（二）裁判结果

武汉海事法院一审认为，FC 轮因违反操作规程、设备存在缺陷等导致在卸

载作业过程中有约44吨苯酚直接排出舷外，造成长江水体污染，判决韩国开发银行投资公司赔偿镇江市自来水公司经济损失。韩国开发银行投资公司不服，提起上诉。湖北省高级人民法院二审维持一审判决认定的事实及赔偿金额、利息，仅改判该项赔偿款从韩国开发银行投资公司设立的海事赔偿责任限制基金中受偿。

（三）典型意义

长江水道被誉为“黄金水道”，但长江上港口、码头众多，通航船舶不计其数，其中，涉危险化学品码头和船舶数量多，分布广，发生危险化学品泄漏的风险持续加大，有的直接威胁长江水体和沿江地区饮用水的水质安全。人民法院要加强对港口、码头使用过程中引发的水污染案件以及船舶排放、泄漏、倾倒油类、污水或者其他有害物质造成水域污染案件的审理，保护长江水域生态环境安全。本案为船舶污染案件，存在涉外因素、社会关注度高、公众反映强烈。FC轮在卸载苯酚过程中，因违反操作规程、设备存在缺陷等原因导致约44吨苯酚直接排出舷外，造成长江水体污染，人民法院依法判决韩国开发银行投资公司承担赔偿责任，维护了长江水域生态环境安全及长江沿岸人民群众的生命健康权益。

七、富启建材有限公司诉姚友刚等确认合同无效案

（一）基本案情

2013年5月28日，宜宾县喜捷镇自然村征服组与姚友刚签订《农村集体土地租赁合同》，由姚友刚租赁征服组菜喜码头“喜捷码头至岷江船厂”所有土地。合同签订后，姚友刚一直未使用租赁场地。2015年9月15日，姚友刚与富启公司签订《农村集体土地租赁（转租）合同》，将租赁土地转租给富启公司。双方约定租赁用途为沙石堆放、加工生产及转运，租金120万元。富启公司实际支付首期租金80万元。因征服组村民阻扰富启公司生产加工，富启公司向法院提出诉讼，请求确认富启公司与姚友刚之间签订的《农村集体土地租赁（转租）合同》无效；姚友刚返还富启公司已支付的租金并赔偿损失。

案件审理中，宜宾县水务局出具《关于老喜捷段河道管理范围的说明》，主要内容为：老喜捷段河道的管理范围内有农户的责任承包地（集体土地），如村社或者农户能够提供相应的土地承包手续，应认定为集体土地，如没有相应的土地承包手续，应视为习惯性耕种，土地属性为国有河滩地，属国家所有。宜宾县国土资源局出具复函称，征服组菜喜码头公路边河道侧“喜捷码头至岷江船厂所有地”未办理土地登记。

（二）裁判结果

四川省宜宾市翠屏区人民法院一审认为，本案诉争土地为宜宾县喜捷镇自然村征服组菜喜码头公路边河道侧喜捷码头至岷江船厂所有土地，该区域位于岷江河道侧，且已被洪水淹没大部分。根据物权法第四十八条规定，森林、山岭、草原、荒地、滩涂等自然资源，属于国家所有，但法律规定属于集体所有的除外。结合宜宾县水务局出具的说明及宜宾县国土资源局出具复函，该区域属于滩涂性质，系国家所有的自然资源，因此征服组将该地块出租给姚友刚，姚友刚又转租给富启公司的行为应属无效。遂判决富启公司与姚友刚签订的《农村集体土地租赁（转租）合同》无效；姚友刚返还富启公司租金 80 万元。宜宾市中级人民法院二审维持原判。

（三）典型意义

江河湖泊的滩涂具有重要的通航生态功能和水域岸线生态功能，不能乱占滥用。作为本案租赁物的土地位于长江主要支流岷江河道侧，系国有性质的滩涂，附近村民在河道枯水期对滩涂“习惯使用”，只要对自然资源保护与生态环境不构成危害，有关部门往往并不严加禁止，但如果将滩涂用于破坏生态和污染环境的生产经营活动，威胁防洪、供水和生态安全，则为法律所不容许。富启公司通过转租形式“租赁”本案滩涂后，进行砂石粉碎加工活动，产生大量噪音、粉尘污染，对水域环境和安全造成危害。人民法院确认争议土地的性质为国有滩涂，属国家所有的自然资源，任何单位和个人不得侵占和破坏，判决双方当事人以国有滩涂为标的的合同无效，制止了在国有滩涂上进行的生产经营活动，保护了国有自然资源，维护了岷江河道水域岸线生态功能和河道通航功能。

八、贵州省金沙县人民检察院诉毕节市七星关区大银镇人民政府不当履职案

（一）基本案情

2010 年以来，大银镇政府将该镇集镇及邻近村寨产生的固体生活垃圾收集后，雇请专人运输倾倒在该镇羊桥村石人脚公路旁。该镇大量垃圾露天堆放，散发出难闻气体，严重危害当地生态环境、影响当地群众的生活。其间，因垃圾倾倒在公路上影响该处正常通行，大银镇政府于 2016 年 3 月底组织修建了简易围墙将垃圾场与公路隔开，除此之外并未对场内垃圾进行任何处理。七星关区人民检察院于 2016 年 4 月 28 日向大银镇政府发出检察建议书，督促其“及时纠正违法行为，并采取补救措施，消除其违法倾倒垃圾对周边环境和群众生产生活造成的影响。”大银镇政府虽作出书面回复，但并未积极履职，亦未采取补救措施。毕节市人民检察院指定金沙县人民检察院管辖本案，金沙县人民检察院以大银镇政府不履行行政职

权为由，向仁怀市人民法院提起行政公益诉讼。

（二）裁判结果

贵州省仁怀市人民法院一审认为，检察机关在履行职责过程中发现在生态环境和资源保护等领域负有监督管理职责的行政机关违法行使职权或者不作为，造成国家和社会公共利益受到侵害，可以向人民法院提起行政公益诉讼。毕节市人民检察院指定金沙县人民检察院管辖本案符合法律规定。七星关区人民检察院向大银镇政府发出检察建议书，督促其纠正违法行为，采取补救措施，大银镇政府虽作出书面回复，但并未积极履职，亦未采取补救措施。遂判决确认大银镇政府倾倒垃圾的行为违法；责令大银镇政府依法履行法定职责，采取补救措施弥补对环境造成的危害。

（三）典型意义

长江流域环境资源要素跨区域特征明显，要优化审判机制，打破行政区划的界限和壁垒。本案中，人民检察院跨行政区划提起环境行政公益诉讼，人民法院跨行政区划审理，具有较强的典型意义。本案中，毕节市人民检察院指定金沙县人民检察院跨区划管辖本案；遵义市所辖仁怀市人民法院根据贵州省高级人民法院《关于环境保护案件指定集中管辖的规定》审理本案，并依法对毕节市人民检察院指定金沙县人民检察院管辖本案予以确认，对于推动构建流域内环境公益诉讼等案件的集中管辖和探索重大环境资源行政案件在跨行政区划法院审理的专门管辖机制具有指导意义。另外，按照环境保护法第三十七条的规定，地方政府负有对生活废弃物分类处置的义务，大银镇政府虽然雇佣了专人收集、清理固体废物，但没有完全履行固体污染物处置义务，给环境造成持续的污染，属于行政违法行为。本案公益诉讼对于督促行政机关积极开展农村人居环境整治，加强固体废弃物和垃圾处置具有指导作用。

九、宜宾县溪鸣河水力发电有限责任公司诉沐川县人民政府政府信息公开案

（一）基本案情

溪鸣河公司系龙溪河流域光明电站业主。2015 年 11 月，溪鸣河公司向沐川县发改经信局多次提交关于要求公开溪鸣、福尔溪、箭板三电站初步设计、核准、施工许可、设计变更、验收等工程相关文件的申请。因沐川县发改经信局未予答复，溪鸣河公司于 2015 年 12 月 14 日以沐川县发改经信局为被申请人向沐川县政府提交《行政复议申请书》。2015 年 12 月 15 日，沐川县人民政府作出沐府复（2015）12 号《行政复议（不予受理）决定书》，对溪鸣河公司的复议申请不予受理。溪

鸣河公司不服沐川县政府作出的行政复议决定，向人民法院提起行政诉讼。

（二）裁判结果

四川省乐山市中级人民法院一审认为，溪鸣电站、福尔溪电站、光明电站、箭板电站是龙溪河流域开发规划中的5、6、7、8级电站。因此，溪鸣河公司主张溪鸣电站、福尔溪电站、箭板电站的水位标高、水资源利用、质量安全等与其所有的光明电站的生产密切相关，其理由成立。沐川县政府以溪鸣河公司与沐川县发改经信局的行政行为之间没有法律上利害关系，不具有行政复议申请人资格为由，对溪鸣河公司的复议申请决定不予受理，适用法律、法规错误，故判决撤销沐川县政府作出的沐府复（2015）12号《行政复议（不予受理）决定书》。由于沐川县政府尚未受理溪鸣河公司的复议申请，沐川县政府是否应当责令沐川县发改经信局向溪鸣河公司公开相关信息尚需其进一步处理，故对溪鸣河公司关于判决沐川县政府责令沐川县发改经信局向溪鸣河公司公开溪鸣、福尔溪、箭板三电站项目相关资料信息的诉讼请求，不予支持。

（三）典型意义

长江中上游地区水利资源丰富，水利发电是水资源开发利用的重要方式之一。长江流域水资源是一种流域资源，它具有整体流动的自然属性，以流域为单元，水量水质、地上水地下水相互依存，上下游、左右岸、干支流的开发利用互为影响。本案涉及如何认识与对待流域水资源开发利用权益保护问题，具有不同于一般信息公开案件的特殊性。人民法院在审理该案过程中，准确把握纠纷的流域性实质和特征，对于主体之间不存在“财产毗邻”或者“行为直接互动”，而是因为水的流动性而形成的“间接法律关系”予以确认，认定“溪鸣河公司与沐川发改经信局的政府信息公开行为之间具有利害关系”，体现了运用司法手段保护长江流域生态环境、保障上下游之间不同主体合法权益的司法智慧，具有示范意义。

十、罗建兰、游泳等人诉丰都县水务局行政批复违法案

（一）基本案情

2009至2013年间，经游泳申请，丰都县水务局每年均为其经营的“游某采砂场”办理了期限为一年的《重庆市河道采砂许可证》。2010年，罗建兰出资与游泳合伙经营，并将采砂厂名称变更为“丰都县羊鹿沟采砂场”。2014年，丰都县水务局收取了罗建兰申请办理采砂许可证的费用，但未向其交付2014年度的采砂许可证，仅允许其正常经营。2014年4月，重庆市水利局作出行政处理决定书，认定罗建兰在丰都县羊鹿沟的砂石加工场属于在重庆长江三峡龙河流域湿地自然保护区

范围内违规修建的房屋和砂石加工场，根据《重庆市河道管理条例》的规定，要求罗建兰限期报送工程建设方案及洪水影响评价报告，补办审批手续。随后，罗建兰向丰都县水务局递交了《丰都县羊鹿沟砂石加工场涉河建设方案及洪水影响评价报告》。2014 年9 月3 日，丰都县水务局作出丰都水务发〔2014〕94 号《关于丰都县羊鹿沟砂石加工场涉河建设方案的批复》，原则同意丰都县羊鹿沟砂石加工场建设工程，建议按基本建设程序到相关部门完善相关审批手续。2016 年2 月，罗建兰再次向丰都县水务局申请办理《采砂许可证》时，丰都县水务局答复早在2008 年丰都县人民政府的文件就已将罗建兰的经营场所及范围划为湿地自然保护区，禁止采砂，不予办证。罗建兰不服，诉至法院，请求确认丰都县水务局作出的丰都水务发〔2014〕94 号《关于丰都县羊鹿沟砂石加工场涉河建设方案的批复》违法。

（二）裁判结果

重庆市涪陵区人民法院一审认为，根据《重庆市河道管理条例》第八条规定，丰都县水务局作为县级河道主管机关，具有对本行政区域河道管理范围内工程建设方案的审查职权。对罗建兰提交的《丰都县羊鹿沟砂石加工场涉河建设方案及洪水影响评价报告》，丰都县水务局依法应按照防洪要求进行审查，并作出批复。根据《中华人民共和国行政诉讼法》第三十四条规定，丰都县水务局未依法提供证明批复合法的事实证据，其作出的行政批复应视为没有证据，故依法撤销丰都县水务局作出的丰都水务发〔2014〕94 号《关于丰都县羊鹿沟砂石加工场涉河建设方案的批复》。

（三）典型意义

三峡库区处于长江流域中上游，自然资源丰富且生态环境脆弱、不易修复，因此要合理开发利用水资源，加大对湿地生态系统的保护。本案系湿地资源开发许可过程中引发的行政案件，涉及对环保行政批复行为所依据证据的审查认定，具有典型性和指导意义。丰都县水务局作为湿地保护行政主管机关，具有许可公民申请采砂的行政职权，许可前的批复是针对建设工程是否影响河道行洪作出的行政审查。从查明事实看，丰都县水务局作出批复时不知道丰都县人民政府对丰都县林业局作出的丰都府（2008）194 号《关于同意建立重庆长江三峡龙河流域湿地自然保护区的批复》，导致其对湿地自然保护区范围不清楚。因丰都县水务局未依法提供证明批复合法的事实证据，其作出的行政批复应视为没有证据，依法应予撤销。本案反映出行政机关对湿地自然保护区的行政信息公开不规范，体现了人民法院对行政批复行为的监督，对于推动行政主管部门规范行使行政许可职权、促进依法行政具有积极作用。

最高人民法院发布10起环境资源刑事、民事、行政典型案例

（2017年6月22日）

目　录

案例一：宁夏回族自治区中卫市沙坡头区人民检察院诉宁夏明盛染化有限公司、廉兴中污染环境案

【基本案情】

2007年以来，明盛公司在废水处理措施未经环境影响评估，未经申报登记、验收的情况下，擅自在厂区外东侧腾格里沙漠采用“石灰中和法”处置工业废水。2009年6月18日，廉兴中任明盛公司法定代表人，负责公司的全面工作并决定继续使用“石灰中和法”处置工业废水。明盛公司于2011年5月11日取得排放污染

物许可证，有限期限至2014年4月30日。明盛公司在排放污染物许可证到期后，仍继续非法排污。至2014年9月被责令关闭停产时，该公司厂区外东侧腾格里沙漠渗坑内存有大量工业废水。经宁夏环境监测中心站对现场废水取样检测认定，废水中多项监测因子超过国家排放标准。案发后，明盛公司、廉兴中为防止污染扩大，及时采取措施，消除污染。明盛公司支付因采取合理必要措施所产生的费用626640元。

【裁判结果】

宁夏回族自治区中卫市沙坡头区人民法院一审认为，明盛公司违反国家有关环境保护的规定，非法排放、处置有毒物质，严重污染环境，廉兴中系被告单位直接负责的主管人员，对污染环境的行为负有直接责任，明盛公司和廉兴中的行为均已触犯刑律，构成污染环境罪。公诉机关的指控成立，予以支持。廉兴中归案后，能如实供述自己的犯罪事实，可以从轻处罚；案发后，明盛公司、廉兴中及时采取措施，消除污染，可以酌情从宽处罚。明盛公司排污时间相对较长，且在排放污染物许可证到期后，仍非法排污，严重污染环境，结合明盛公司的具体犯罪事实，决定对其判处罚金人民币五百万元。根据廉兴中的犯罪事实、性质、情节和对社会的危害程度，对廉兴中可以适用缓刑，依法实行社区矫正。一审法院判决明盛公司犯污染环境罪，判处罚金人民币五百万元；廉兴中犯污染环境罪，判处有期徒刑一年六个月，缓刑二年，并处罚金人民币五万元。

【典型意义】

本案系腾格里沙漠污染事件发生后首例宣判的环境污染刑事案件。环境是社会健康发展的重要因素，也是刑法保护的重要法益。本案审理法院正确适用《最高人民法院 最高人民检察院关于办理环境污染刑事案件适用法律若干问题的解释》，依法惩治私设暗管排放、倾倒有毒、有害废物，严重污染腾格里沙漠生态环境的犯罪行为，充分贯彻宽严相济的刑事政策，依法保障社会公共利益和人民群众环境权益。该案的审理也为正确处理经济发展与环境保护之间的关系敲响了警钟，警醒政府在发展经济与保护环境、当前利益和长远利益等问题发生矛盾时应当如何取舍。该案的审理和判决对于教育和促进企业依法生产，依托科技手段提升清洁生产工艺和排放控制技术，实现绿色发展具有较好推动和示范作用。

【点评专家】

竺效，中国人民大学教授

【点评意见】

本案最大的亮点在于法院采用了“双罚制”，即对涉案企业宁夏明盛染化有限公司判处刑事罚金500万元，让涉案企业在经济上“得不偿失”，今后不敢再犯，较好地威慑了那些不依法办理环评手续、超标排污、无排污许可证排污或“超（许可）证”排污、偷排污染物的潜在的类似环境污染危害行为人。同时，法院对涉案企业的法定代表人、污染行为直接负责的企业主管人员廉兴中，判处有期徒刑1年6个月，并处罚金5万元。那些心存侥幸的污染企业的法定代表人应该以此为戒，环保警钟时时敲响，环境守法谨记于心，依法经营，保护环境，避免犯罪入狱“自由和财产两失”。

此外，该案也结合案发后明盛公司、廉兴中及时采取措施，支付因采取合理必要的环境处置措施所产生的费用626640元，以积极消除污染行为对环境的不利影响等具体案件情节，对企业法定代表人廉兴中适用了缓刑，即判处有期徒刑1年6个月，缓刑2年，并依法对其实行社区矫正。环境损害后果往往具有不可逆性，该案中，法院的这一做法对于引导类似环境危害行为人在案发后积极预防环境危害后果的发生或扩大，修复被破坏的生态或恢复被污染的环境，具有良好的示范效果。

案例二：江苏省连云港市连云区人民检察院诉尹宝山等人非法捕捞水产品刑事附带民事诉讼案

【基本案情】

2012年6月初至7月30日，尹宝山召集李至友、秦军、秦波涛、李明明、秦新波等人，在伏季休渔期间违规出海作业捕捞海产品，捕捞的海产品全部由尹宝山收购。至2012年7月30日，尹宝山收购上述另五人捕捞的水产品价值828784元人民币。连云港市连云区人民检察院以上述六人犯非法捕捞水产品罪向连云港市连云区人民法院提起公诉，同时根据相关职能部门出具的修复方案，提起刑事附带民事诉讼，要求六人采取一定方式修复被其犯罪行为破坏的海洋生态环境。

【裁判结果】

江苏省连云港市连云区人民法院一审认为，尹宝山召集李至友、秦军、秦波涛、李明明、秦新波等人违反保护水产资源法规，在禁渔期、禁渔区非法捕捞水产品，情节严重，六人的行为均已构成非法捕捞水产品罪。六人主动退缴部分违法所得，确有悔罪表现，还主动缴纳了海洋生态环境修复保证金，同意以实际行动修复被其犯罪行为损害的海洋生态环境，量刑时可酌情从轻处罚。六人在禁渔期、禁渔区非法捕捞海产品的犯罪行为，影响海洋生物休养繁殖，给海洋渔业资源造成严重破坏。为了保护国家海洋渔业资源，改善被六人犯罪行为破坏的海洋生态环境，六人应当根据《中华人民共和国侵权责任法》的规定，采取科学、合理的方式予以修复。根据专业机构出具的修复意见，采取增殖放流的方式，放流中国对虾苗可以有效的进行修复。遂对六人分别判处一年至二年三个月不等的有期徒刑，部分适用缓刑，没收全部违法所得。同时判决六人以增殖放流1365万尾中国对虾苗的方式修复被其犯罪行为破坏的海洋生态环境。一审判决作出后，尹宝山以一审量刑过重为由，上诉至江苏省连云港市中级人民法院，该院经审理后裁定驳回上诉，维持原判。

【典型意义】

本案系江苏省首例由检察机关提起刑事附带民事诉讼的环境资源刑事案件。该案在审判及执行方式上的探索创新，对环境资源案件审理具有较好的借鉴价值。一审法院在依法受理检察机关提起的刑事附带民事起诉后，查明案件事实并充分听取了各被告对修复方案的意见，将生态修复方案向社会公开，广泛征求公众的意见，在汇总、审查社会公众意见后，确认了相关职能部门出具的根据产出比1：10增殖放流中国对虾苗的修复方案的科学性、合理性，开创了引导社会公众参与环境司法的新机制。本案对环境资源审判贯彻恢复性司法理念审理海洋生态环境破坏案件，引导社会公众参与审判具有较好的示范意义。

【点评专家】

罗丽，北京理工大学教授

【点评意见】

本案是由检察机关在提起公诉追究犯罪行为人非法捕捞水产品罪刑事责任时提起的附带民事诉讼案件。本案的典型意义在于：第一，本案充分发挥了刑事附带民事诉讼制度在维护环境公共利益方面的功能。我国设立刑事附带民事诉讼制度的主要目的在于，通过使民事赔偿与刑事制裁一体化，实现服务于预防与控制犯罪、救济被害人的刑事政策目标。根据我国现行立法规定，在追究破坏环境资源保护罪犯罪行为人刑事责任时，检察机关通过提起刑事附带民事诉讼，能够有效实现保护国家财产、集体财产等生态环境公共利益之目的。因此，针对犯罪嫌疑人构成破坏环境资源保护罪的案件，检察机关除提起公诉追究行为人刑事责任外，还应通过提起刑事附带民事诉讼途径维护国家财产、集体财产等生态环境公共利益。例如，在本案中，检察机关通过提起附带民事诉讼请求依法判令六名被告人修复被其犯罪行为损害的海洋生态环境或赔偿生态环境修复费用81900元的请求得到了法院支持，法院最终判决六名被告以增殖放流中国对虾苗1365万尾的方式修复被其破坏的海洋生态环境，实现了维护海洋生态环境公共利益之目的。第二，本案在审判和执行方式方面引入了信息公开和公众参与机制，有利于制定科学、合理的生态修复方案。

由于生态环境损害调查、鉴定评估、修复方案编制等工作会涉及生态环境公共利益，法院在审判和执行过程中对相关重大事项向社会公开，并推行公众参与机制，便于公众监督，有利于制定科学、合理的生态环境修复方案。如在本案中，人民法院充分听取了各被告对修复方案的意见，并将生态修复方案通过地方新闻媒体、法院官方微博、微信公众号等方式向社会公开，广泛征求公众的意见。这种在生态环境损害赔偿司法裁判过程中引导社会公众参与民主科学决策的创新方式，具有积极的借鉴价值。

案例三：湖南省岳阳楼区人民检察院诉何建强等非法杀害珍贵、濒危野生动物罪、非法狩猎罪刑事附带民事诉讼案

【基本案情】

2014年11月至2015年1月期间，何建强、钟德军在湖南省东洞庭湖国家级自然保护区收鱼时，与养鱼户及帮工人员方建华、龙雪如、龙启明和涂胜保、余六秋、张连海、任小平等人商定投毒杀害保护区内野生候鸟，由何建强提供农药并负责收购。此后，何建强等人先后多次在保护区内投毒杀害野生候鸟，均由何建强统一收购后贩卖给李强介绍的汪前平。2015年1月18日，何建强、钟德军先后从方建华及余六秋处收购了8袋共计63只候鸟，在岳阳市君山区壕坝码头被自然保护区管理局工作人员当场查获。经鉴定，上述63只候鸟均系中毒死亡；其中12只小天鹅及5只白琵鹭均属国家二级保护野生动物；其余苍鹭、赤麻鸭、赤颈鸭、斑嘴鸭、夜鹭等共计46只，均属国家“三有”保护野生动物。查获的63只野生候鸟核定价值为人民币44617元。

湖南省岳阳楼区人民检察院以何建强等七人犯非法猎捕、杀害珍贵濒危野生动物罪，向岳阳市岳阳楼区人民法院提起公诉。岳阳市林业局提起刑事附带民事诉讼，请求七名被告人共同赔偿损失53553元，湖南省岳阳楼区人民检察院支持起诉。

【裁判结果】

湖南省岳阳市岳阳楼区人民法院一审认为：何建强伙同钟德军、方建华在湖南东洞庭湖国家级自然保护区内，采取投毒方式非法杀害国家二级保护动物小天鹅、白琵鹭及其他野生动物，李强帮助何建强购毒并全程负责对毒杀的野生候鸟进行销售，何建强、钟德军、方建华、李强的行为均已构成非法杀害珍贵、濒危野生动物罪，属情节特别严重。龙雪如、龙启明、龙真在何建强的授意下，采取投毒方式，分别在国家级自然保护区内猎杀野生候鸟，破坏野生动物资源，情节严重，其行为

均已构成非法狩猎罪。何建强、钟德军的犯罪行为同时触犯非法杀害珍贵、濒危野生动物罪和非法狩猎罪，应择一重罪以非法杀害珍贵、濒危野生动物罪定罪处罚。此外，因何建强等七人的犯罪行为破坏了国家野生动物资源，致使国家财产遭受损失，各方应承担赔偿责任。相应损失以涉案63只野生候鸟的核定价值认定为44617元，根据各人在犯罪过程中所起的具体作用进行分担，判决何建强、钟德军、方建华、李强犯非法杀害珍贵、濒危野生动物罪，判处有期徒刑六年至十二年不等，并处罚金。龙雪如、龙真、龙启明犯非法狩猎罪，判处有期徒刑一年至二年不等，其中二人缓刑二年。由何建强等七人共同向岳阳市林业局赔偿损失人民币44617元。

【典型意义】

本案系非法猎捕、杀害珍贵、濒危野生动物刑事附带民事诉讼案件。刑罚是环境治理的重要方式，面对日趋严峻的环境资源问题，运用刑罚手段惩治和防范环境资源犯罪，加大环境资源刑事司法保护力度，是维护生态环境的重要环节。本案发生于东洞庭湖国家级自然保护区内，在检察机关提起公诉的同时，由相关环境资源主管部门提起刑事附带民事诉讼、检察机关支持起诉，依法同时追究行为人刑事责任和民事责任，具有较高借鉴价值。一审法院在认定七名被告人均具有在自然保护区内投毒杀害野生候鸟的主观犯意前提下，正确区分各自的客观行为，根据主客观相一致原则对七名被告人分别以杀害珍贵、濒危野生动物罪和非法狩猎罪定罪；并根据共同犯罪理论区分主从犯，分别对七名被告人判处一年至十二年不等的有期徒刑，部分适用缓刑，既体现了从严惩治环境资源犯罪的基本价值取向，突出了环境法益的独立地位，又体现了宽严相济的刑事政策，充分发挥了刑法的威慑和教育功能。此外，本案不仅追究了被告人杀害野生候鸟的刑事责任，还追究了被告人因其犯罪行为给国家野生动物资源造成损失的民事赔偿责任，对环境资源刑事犯罪和民事赔偿案件的一并处理具有较好的示范意义。

【点评专家】

秦天宝，武汉大学教授

【点评意见】

本案中司法机关依法对非法捕杀珍贵、濒危野生动物的犯罪行为进行打击，不仅体现了我国司法机制惩治环境犯罪行为、保护生态环境的积极意义，而且本对今后我国环境司法专门化的进一步发展具有积极意义。

首先，本案体现了打击环境违法行为中的多部门协作。本案中，湖南省东洞庭湖自然保护区管理局发现犯罪行为后立即将该案移交岳阳市森林公安局办理。公安机关积极进行案件侦办和移送工作，并由检察机关依法提起公诉，最终由法院依法作出判决。同时，检察机关还派员支持了由岳阳市林业局提起的刑事附带民事诉讼。行政机关、公安机关、检察机关、审判机关等多部门的协作配合不仅有效打击了环境违法行为，而且也代表了新时期我国环境司法机制的发展方向。其次，本案提升了公众保护环境、特别是野生生物的意识。本案中人民法院依法对环境犯罪行为进行了判决，不仅使违法行为人得到了应有的处罚，而且证据鉴定、法律适用等内容向公众呈现了我国司法机关保护生态环境的具体运行机制。同时，人民陪审员的加入以及开庭审理的方式体现了司法机关保障公众参与环境保护的权利，进而提升了公众的环境保护意识。最后，本案积极探索了生态环境修复机制。在附带民事赔偿部分，法院判决被告赔偿其违法行为造成的国家野生动物资源损失。虽然单纯的经济赔偿难以完全填补和修复生态环境损失，但本案判决体现了我国环境司法实践的积极探索，对于建立健全我国的生态环境修复机制具有重要意义。

案例四：吕金奎等 79 人诉山海关船舶重工有限责任公司海上污染损害责任纠纷案

【基本案情】

2010 年 8 月 2 日上午，秦皇岛山海关老龙头东海域海水出现异常。秦皇岛市环境保护局的《监测报告》显示，海水悬浮物含量 24mg/L、石油类 0.082mg/L、铁 13.1mg/L。大连海事大学海事司法鉴定中心出具《鉴定意见》，结论为：2010 年 8 月 2 日山海关老龙头海域（靠近山船重工公司）存在海水异常区；海水水质中污染最严重的因子为铁，对渔业和养殖水域危害程度较大；根据山船重工公司系山海关老龙头附近临海唯一大型企业，修造船舶的刨锈污水中铁含量很高，一旦泄漏将严重污染附近海域，推测出污染海水源地系山船重工公司。吕金奎等 79 人系长期在山海关老龙头海域进行扇贝养殖的养殖户，诉请法院判令山船重工公司赔偿养殖损失 20084940 元。

【裁判结果】

天津海事法院一审认为：吕金奎等 79 人的委托诉讼代理人所做的调查笔录仅有被调查人陈述，未能提供现场的客观记录予以佐证；《鉴定意见》所依据的卫星图像不能证明养殖区域在 2010 年 8 月 2 日上午 10 时遭受污染，判决驳回吕金奎等 79 人的诉讼请求。吕金奎等 79 人上诉至天津市高级人民法院。天津市高级人民法院二审认为：大连海事大学海事司法鉴定中心具备相应的鉴定资质，选用卫星遥感监测技术具有科学性，《鉴定意见》与其他证据相互佐证，可以证实山船重工公司实施了向海水中泄漏含铁量较高污水的行为、涉案 79 人中的王丽荣等 21 人从事扇贝养殖且养殖区域遭受污染，以及山船重工公司的污染行为和王丽荣等 21 人损害之间可能存在着因果关系等三项事实。吕金奎等其余 58 人未能完成证明责任。关于山船重工公司提出铁物质不属于评价海水水质的标准，其行为不属于环境污染侵权行为的问题，二审法院认为，环境标准并非判断某类物质是否造成损害的唯一依据，依据环境保护主管部门意见，鉴定人作出的涉案海域水质中铁物质对渔业和养殖水域危害程度较大的评价，可以作为确定铁物质能够致害的依据。山船重工公司未能完成证明本案存在法律规定的不承担责任或者减轻责任的情形以及行为与损害之间不存在因果关系的证明责任，应承担赔偿责任。综合王丽荣等 21 人养殖行为不具有合法性的事实以及《鉴定意见》确定的污染物有三类，其中山船重工公司排放的铁物质对水质污染最严重的结论，判决山船重工公司对王丽荣等 21 人养殖损失承担 40% 的损害赔偿责任，共计 1377696 元。宣判后，山船重工公司主动履行了全部判决内容。

【典型意义】

本案系海洋环境污染损害赔偿纠纷案件。近年来，伴随着经济社会的快速发展，新型污染物时有出现，由此引发的纠纷日益受到关注。在未纳入环境标准的物质导致损害结果的情况下，致害物质是否属于环境污染责任中的“污染物”以及是否构成环境污染侵权成为法院审理案件的难点。本案在正确分配举证证明责任的基础上，针对山船重工公司提出的铁物质不属于评价海水水质的标准，其行为不属于环境污染侵权行为的抗辩理由，综合考虑相关环境标准未及时更新和具备专业资质的鉴定人出具的鉴定意见，认定山船重工公司应就其污染行为承担侵权责任，确立了环境污染责任中“污染物”应界定为一切能够造成环境损害的物质，排放未纳入环境标准物质致损亦构成环境污染侵权的裁判规则，依法规范了生产企业的行为，对类似案件审理起到了较好的示范作用。

【点评专家】

邓海峰，清华大学副教授

【点评意见】

本案系海上污染损害纠纷案件。近年来，伴随着经济社会的快速发展，新类型污染物时有出现，由此引发的纠纷日益受到关注。与同类新案件相比，本案的特殊性主要体现在以下三个方面：其一是在受害人不持有海域使用权许可证及养殖许可证等实体权利存在瑕疵的情况下，是否应当提供救济及如何救济？其二是发生未纳入环境标准的物质致损，对该物质是否属于环境污染责任中的“污染物”应如何认定？其三是重要证据存在一定瑕疵时，对其证明力应当如何判断。针对上述三个问题，二审法院分别通过对法律条文的目的性解释、对环境标准内容与效力的动态评价、对证据证明力的辩证分析等严谨的方法，得出了具有公信力的结论。二审法院以成本损失为据确定海域使用权缺失情况下扇贝损失的计算方法、以“一切能够造成环境损害的物质”为基准确立的“污染物”认定规则及以相关佐证作为媒介判定“鉴定结论”等重要证据证明力的证据认定方式，均为审理海上污染损害纠纷案件探寻出了有益的裁判基准。本案的妥善处理，依法规范了企业的生产行为，有效衡平了当事人的合法利益，积极探索了涉海污染侵权案件的审理规则，对类似案件审理起到了重要的示范作用。

案例五：倪旭龙诉丹东海洋红风力发电有限责任公司环境污染侵权纠纷案

【基本案情】

倪旭龙于1993年建温室养殖场养殖中华鳖。2000年3月，海洋红公司在倪旭龙养殖场周边村落建成大规模风力发电机组，其中两组发电机位于养殖场附近。一组位于养殖场东南约100米处，另一组位于养殖场西北400－500米处。2000年9月后倪旭龙养殖的中华鳖大量死亡。2001年7月25日，倪旭龙自行委托监测站针对海洋红公司对倪旭龙中华鳖生产影响进行了论证，结论为：风力发电机叶轮转动投影及噪声扰乱改变了温室大棚中中华鳖所需的安静生活环境，而且这种惊扰正值中华鳖繁殖、发育和生长期间，导致了一系列不良后果。倪旭龙针对所致损失，又委托评估鉴定，结论为损失总计1637966元。辽宁省丹东市中级人民法院委托渔业生态监测中心针对“丹东海洋红风力发电厂对室内养殖中华鳖生长影响”进行现场试验鉴定，渔业生态监测中心出具鉴定报告，结论为：试验现场的噪声、电磁辐射以及转动的阴影，不会对中华鳖的存活和生长造成影响。农业部渔业局资源环保处出具证明材料认为：渔业生态监测中心“关于风车的噪声、电磁辐射、转动阴影等因素对中华鳖的存活和生活影响的试验鉴定”已超出该局核发的《渔业污染事故调查鉴定资格证书》的业务范围。农业部渔业局针对一审法院就相关问题的咨询函答复：“渔业生态监测中心持有我局颁发的《渔业污染事故调查鉴定资格证书》（甲级），具有渔业污染事故调查资格”。倪旭龙诉请海洋红公司赔偿其养殖的中华鳖损失1637966元。

【裁判结果】

辽宁省东港市人民法院一审认为，因环境污染引起的损害赔偿诉讼，由加害人就法律规定的免责事由及行为与损害结果之间不存在因果关系承担举证责任。渔业生态监测中心作出的鉴定报告结论为：“试验现场的噪声、电磁辐射以及转动的阴影，不会对中华鳖的存活和生长造成影响。”倪旭龙虽对此提出异议，但农业部渔业局已复函证实渔业生态监测中心具有渔业污染事故调查资格，故对该鉴定报告内容予以采信，判决驳回倪旭龙的诉讼请求。二审法院维持一审判决。辽宁省高级人民法院再审认为，根据《最高人民法院关于民事诉讼证据的若干规定》第四条规定，因环境污染引起的损害赔偿诉讼，由加害人就法律规定的免责事由及行为与损害结果之间不存在因果关系承担举证责任。本案存在发生损害的事实，且海洋红公司客观上实施风力发电所产生的噪声、光影及电磁可能会形成环境污染，海洋红公司应当就倪旭龙饲养的中华鳖死亡与其实施的风力发电行为之间不存在因果关系承担举证责任。渔业生态监测中心虽作出鉴定意见认为现场的噪声、电磁辐射以及转动的阴影，不会对中华鳖的存活和生长造成影响。但农业部渔业局资源环保处答复认为，渔业生态监测中心“关于风车的噪声、电磁辐射、转动阴影等因素对中华鳖的存活和生活影响的试验鉴定”已经超出核发的《渔业污染事故调查鉴定资格证书》的业务范围。农业部渔业局虽答复称，渔业生态监测中心具有渔业污染事故鉴定资质，但并未对本案噪声、电磁辐射、转动阴影等因素对中华鳖的影响是否系渔业生态监测中心的鉴定范围作出实质性答复。本案应当认定渔业生态监测中心不具有涉及本案环境污染因素的鉴定资质。案涉环境污染损害纠纷，是基于风力发电产生的噪声、光影及电磁造成的新类型环境污染，不属于一般意义上的渔业水域污染，仅具有渔业污染鉴定资质的机构所出具的鉴定结论不能作为定案的依据。中华鳖属于对噪声及光影敏感生物，而本案中风力发电机最近一组机组距离养殖场仅100米，不符合相关规范要求。《辽宁省风力发电厂生态建设管理暂行办法》可以印证中华鳖死亡与风力发电机所产生的噪声、转动阴影、电磁辐射等因素具有一定因果关系。本案海洋红公司未完成中华鳖死亡与其实施的风力发电行为之间不存在因果关系的举证证明责任，应承担相应的民事责任。辽宁省高级人民法院再审判决撤销一审、二审判决，改判海洋红公司承担本案损失的80%民事责任，赔偿倪旭龙经济损失1310327.8元。

【典型意义】

本案系因风力发电产生的噪声、光影及电磁造成损害的新类型环境污染侵权纠纷。噪声是风力发电场典型的污染因素。光影的影响，虽未明确作为环境污染的类别，但与光污染类似，且相关研究表明风电场光影的规律性变化和晃动可能对居民和敏感生物产生影响，是可致污染的重要因素。关于电磁波污染，由于风力发电的原理即在于利用风力使得叶片带动磁场转动，由磁场能量转化为电能，在此过程中会产生磁场或电磁波的负面影响，也是已知的可能污染源。本案再审法院根据案件系风力发电厂噪声、光影及电磁致损的新类型污染的特点，综合相关部门就鉴定资质出具的证据，对于鉴定机构的鉴定资质进行了审查判断，未予采信鉴定意见，同时依据风力发电机组与养殖场的距离、风力发电厂生态建设相关规范文件，结合中华鳖的习性，认定了风力发电产生的噪声、光影及电磁与中华鳖的死亡具有一定的因果关系，体现了环境资源审判中对于专业性问题审查判断的特殊性，对于准确认定污染行为和损害的因果关系具有一定示范意义。

【点评专家】

侯佳儒，中国政法大学教授

【点评意见】

本案的争议焦点是中华鳖死亡与海洋红公司实施的风力发电行为之间是否存在因果关系。对此，虽一审、二审法院未予认定该因果关系，但再审法院通过对鉴定机构资质的判断以及综合案件具体情况认定该因果关系存在，是正确的。侵权法上，加害行为与损害结果间的因果关系有两个特征：一是该因果关系具有客观性，符合自然科学上的因果规律；二是该因果关系认定具有主观性，一个社会内在的文化观念、习俗伦理、立法政策都影响该因果关系的认定。法律上的因果关系认定不仅依赖自然科学知识，还依赖法学的价值判断。本案存在对鉴定机构资质出具的两份结论相悖的意见，人民法院在采信证据方面没有依赖鉴定意见，而是在审查鉴定机构资质确定不予采信鉴定意见基础上，从规范要求和侵权行为的特殊性出发，依据风力发电机最近一组机组距离养殖场仅100米，选址违反法律规定等因素，对于因果关系予以认定，体现了法学的价值判断对于认定因果关系成立与否的重要意义。

案例六：江西星光现代生态农业发展有限公司诉江西鹰鹏化工有限公司大气污染责任纠纷案

【基本案情】

2014年6月，鹰鹏公司在生产中因故导致生产废气泄漏，致使星光公司苗木叶面受损，星光公司根据资产评估报告自行按比例计算损失为3742600.1元，据此诉请判令鹰鹏公司赔偿苗木损失。

【裁判结果】

江西省赣州市中级人民法院一审认为，鹰鹏公司作为侵权人应当承担侵权责任，赔偿星光公司因此造成的损失，星光公司根据资产评估报告自行按比例计算损失为3742600.1元，因其委托资产评估机构所作的资产价格评估不属损失鉴定，评估报告亦未对其苗木损失作出鉴定意见，不能达到其证明损失数额的证明目的，故参照当地林业部门的建议补偿标准，结合星光公司受损苗木面积、品种、树龄等本案实际情况，判令酌定由鹰鹏公司向星光公司赔偿损失共计 160000 元。江西省高级人民法院二审认为，涉案资产评估报告可信程度较高，该评估报告虽未直接给出星光公司的受损价值金额，但根据该评估报告确定的资产评估价值，结合会昌县林业局出具的《关于江西会昌县鹰鹏公司废气污染林业苗木受害情况调查报告》，可以计算出星光公司的受损价值金额，会昌县林业局《2014 年鹰鹏污染事故林业苗木受损情况调查登记表》中载明了星光公司因案涉污染事故而受损苗木的树种、苗龄、面积、株数、受害程度（分轻度、中度、重度三个等级）等具体信息，评估机构的《苗木资产评估明细表》对应《2014 年鹰鹏污染事故林业苗木受损情况调查登记表》中载明的受损苗木的树种作出了单项评估价值，两者相结合并扣除必然发生的税费和交易成本，可以计算出星光公司的受损总值为 1363217. 29 元，据此改判由鹰鹏公司赔偿星光公司因废气污染造成的苗木损失 1363217. 29 元。鹰鹏公司不服二审判决，向最高人民法院申请再审。最高人民法院认为，二审判决根据有资质机构作出的资产评估报告，以受损苗木的总资产价值 7492147 元为基础，酌定扣减涉案苗木的实际交易成本和税费，并参照林业局评估报告中林分受损等级划分标准，取 75%、35%、15% 三个较低数值作为重度、中度、轻度三种损害程度的计算比值，得出星光公司苗木损失为 1363217. 29 元，该计算方法公允、客观，事实依据充分。最高人民法院裁定驳回了鹰鹏公司的再审申请。

【典型意义】

本案系环境民事侵权案件，人民法院在能动计算环境侵权损失数额方面进行了积极有益的探索。环境侵权诉讼具有举证难、损失鉴定难的特点，在环境侵权行为和损害已经实际发生，但受害人难以举证证明损失具体数额的情况下，法官应当注重适度发挥职权作用，根据已有证据进行认定，以救济受害人的合法权益，倒逼污染者强化环境保护意识，预防环境损害的发生。本案是在两次委托鉴定未果的情况下，二审法院根据评估机构的评估报告、林业部门的调查材料，秉持衡平双方当事人利益的理念确认星光公司受损金额，具有公平合理性。

【点评专家】

周塞军，中华全国律师协会环境、资源与能源法专业委员会主任

【点评意见】

在比较典型的有毒气体排放导致损害赔偿的侵权案件中，案件的侵权事实部分一般没有太大的争议，侵权的行为与结果发生的因果关系争议也不大，但是赔偿的

范围和额度往往成为当事人争讼的焦点问题，各地的判决结果也存在差别。

法院如何认定和采信鉴定机构对损害赔偿的鉴定报告，是本案的核心问题。在实践中，环境侵权案件的鉴定意见往往是关系到责任认定和赔偿额度的关键证据，但各级法院对鉴定意见的采信持比较慎重的态度。这是由于我国环境侵权案件的鉴定工作也是刚刚开始，鉴定机构的设置和工作开展，确保鉴定意见真实、合法、有效的鉴定规则，鉴定人资质要求，鉴定人的职业道德，鉴定的法律依据和技术标准，鉴定结果的权威性都在逐步的建立和制度完善之中，社会对环境损害赔偿也有一个逐步认识和接受过程。此外对于法院在审判过程中审查鉴定意见的规则也需要不断完善。应该说本案鉴定报告对基本事实的范围、鉴定技术方法是有价值的，但单独的鉴定报告并没有解决全部问题。因此法院在评判鉴定报告时，将其与林业局《关于鹰鹏公司废气污染林业苗木受害情况调查报告》和其他证据相结合，得出了赔偿范围和价值，较好地解决了案件争议。

案例七：中华环保联合会诉谭耀洪、方运双环境污染民事公益诉讼案

【基本案情】

2011年8月，方运双将其承包的两个鱼塘转租给谭耀洪。当年9月1日至3日，谭耀洪向其中一个面积为0.75亩的鱼塘倾倒不明固体污泥110车。之后，方运双收回鱼塘，撒上石灰后继续养鱼。2011年9月14日，广州市白云区环境保护局到上述被倾倒污泥的鱼塘进行现场检查取样。经检测，确认该鱼塘铜和锌超过相应限值。中华环保联合会诉请法院判令谭耀洪、方运双共同修复鱼塘至污染损害发生前的状态和功能，或承担恢复鱼塘原状所需的环境污染处理费4092432元，广州市白云区人民检察院作为支持起诉人支持中华环保联合会提起诉讼。

【裁判结果】

广州市白云区人民法院一审认为，中华环保联合会作为专门从事环境保护公益活动的全国性、非营利性社团组织，对危害社会公益的行为提起公益诉讼，为当地百姓消除环境污染损害，对其积极维护公共利益的行为予以赞许。双方对于谭耀洪向涉案鱼塘倾倒不明固体污泥、造成环境污染的事实均无异议，对该侵权事实予以认定。只要污染源没有清理，重金属通过食物链的浓缩和富集会对鱼塘及周边环境形成持续的污染危害。方运双既未证明鱼塘倾倒污泥前已经受到污染，也未证明污染损害已经消除。遂判决谭耀洪、方运双共同修复涉案鱼塘到本次污染损害发生之前的状态和功能；逾期未修复的，由环保部门指定具有专业清污资质的机构代为修复，修复费用由谭耀洪与方运双共同承担，并相互负连带责任。广州市中级人民法

院二审认为，中华环保联合会作为专门从事与环境相关活动的非营利性社会团体，依法有权对损害社会公共利益的行为提起环境民事公益诉讼；广州市白云区人民检察院作为国家法律监督机关，在社会公共利益遭受损害的情况下，支持中华环保联合会提起环境民事公益诉讼，具有合法性和正当性。谭耀洪倾倒污泥的行为造成鱼塘污泥中的铜、锌重金属超标，损害了社会公共利益，构成环境污染侵权，其依法应承担相应的法律责任。本次污染的损害后果是由谭耀洪倾倒污泥的行为和方运双出租鱼塘的行为直接结合所共同导致的，故二人构成共同侵权，应当承担连带责任。谭耀洪直接倾倒污泥导致污染的发生，其对损害结果的发生起到主要作用；而方运双仅为倾倒污泥提供场所和便利，且在事后积极向村委会反映情况，配合村委会阻止了谭耀洪的继续倾倒行为，其行为对损害结果的发生仅起到次要作用，故酌情确定谭耀洪承担80%的责任，方运双承担20%的责任。修复鱼塘属于谭耀洪和方运双履行生效法律文书所确定的行为义务，如果二人逾期未履行，应当由人民法院选定代为修复的机构，而非由环保部门指定。二审法院对谭耀洪、方运双的责任分担以及代履行机构的选定等内容进行改判。

【典型意义】

本案系倾倒固体废物污染水体的环境民事公益诉讼案件。本案由社会组织作为原告、检察机关支持起诉，弥补了个体受害者难以应付专业性强、案情复杂的环境侵权诉讼的不足和环境公益救济主体的缺失，无论对个体权益还是对社会公共利益的保护都非常必要和及时。本案环境污染的后果是鱼塘污泥中的铜、锌重金属超标，侵权行为所侵害的环境权益是公众享有无害水产品和清洁水环境的权益，虽然没有证据显示已有特定主体因此受到重金属的毒害，但是二审判决基于“超过最高容许含量的重金属会通过食物链进一步浓缩和富集，并最终毒害人体”的原理认定污染行为“造成损害”，符合环境污染损害的特点，对于审理固体废物污染案件具有一定示范意义。

【点评专家】

郑少华，上海财经大学教授

【点评意见】

环境问题日趋严重，司法机关如何应对？近几年来，随着生态文明建设的强力推进，司法机关在环境资源审判专门化，环境公益诉讼等方面都采取了一些突破性的措施。作为个案，本案的裁判较为典型地反映了司法机关全面应对环境问题，实施强有力的司法救济。首先，采取民事公益诉讼加支持起诉的方式，弥补公益保护之不足。在本案中，由中华环保联合会作为原告，检察机关支持起诉，以专门从事环境保护活动的社会组织提起公益诉讼与法律监督机关支持起诉相结合的方式，将“分散化”的不特定多数人的利益以公益聚合在一起，以对抗通过“专业化”和“商业化”聚合而形成的侵权人，通过法庭控辩双方对等博弈，最终保护了社会公共利益。其次，确定共同被告，建立完善的追责机制。本案依据二被告行为结合产生损害的事实，将鱼塘承包人方运双与污泥倾倒者谭耀洪确定为共同被告，在判定二被告共同侵权，负连带责任的基础上，细化了责任比例。这样，既凸显责任分担比例，又通过连带责任使追责机制得以完善。最后，通过举证责任转移、申请评估人员作证等程序与相关制度，构建完整的审理机制，体现了环境侵权案例审理的复杂性与专业性。

案例八：邓仕迎诉广西永凯糖纸有限责任公司等六企业通海水域污染损害责任纠纷案

【基本案情】

2012 年 4 月 29 日至 5 月 25 日，广西横县郁江六景至飞龙河段连续发生多起网箱养殖鱼类死亡事故，邓仕迎是遭受死鱼事故的养殖户之一。事故河段是横县人民政府为保护重点流域水质和饮用水源安全而划定的禁止网箱养殖水域，邓仕迎未持有合法有效的《水域滩涂养殖许可证》。死鱼事件发生后，当地渔业管理部门和环境保护主管部门对死鱼原因开展调查，认为溶解氧偏低是主要原因。邓仕迎认为广西永凯糖纸有限责任公司等六企业所在的河岸位置均属其养殖河段的上游，且其排污管都是通向郁江，其排污行为直接造成郁江六景至飞龙河段溶解氧过低，从而导致其网箱鱼大量死亡，诉请法院判令六家企业连带赔偿其经济损失、人工费 114786 元、饲料鱼苗成本 302500 元，并共同承担本案的诉讼费用。

【裁判结果】

北海海事法院一审认为，邓仕迎已经举证证明永凯公司、祈顺公司和华鸿公司均排放了可能造成其养殖鱼缺氧致死的污染物，并且该污染物到达了损害发生地，而永凯公司、祈顺公司和华鸿公司未能举证证明其污染行为与邓仕迎的死鱼损害不存在因果关系，故应认定永凯公司、祈顺公司和华鸿公司的排污行为与邓仕迎的养殖损失存在因果关系。邓仕迎在死鱼事故发生时未依法取得养殖证，并不享有使用水域从事养殖生产的权利，其养殖收益不具有合法性，故养殖鱼价值构成中的利润部分及养殖人工费不受法律保护，但其购买的鱼苗、饲养鱼类必要的饲料等成本性投入属于合法民事利益，应当受到法律的保护。对于邓仕迎可受法律保护的养殖损失，强降雨导致各种污染源汇入郁江所输出的有机污染物与损害后果的原因力比例为75%，沿江生产企业正常排放生产废水所输出的有机污染物与损害后果的原因力比例为25%。对于生产企业排污所造成的邓仕迎养殖成本损失23056.13元，永凯公司、祈顺公司和华鸿公司应平均承担赔偿责任。广西壮族自治区高级人民法院二审认为，一审判决认定永凯公司、祈顺公司、华鸿公司的排污行为与邓仕迎养殖的鱼类死亡有因果关系正确。一审法院以行政部门记载的死鱼数据为依据，综合鱼种类、数量、鱼苗市场价格等各方面实际因素，对邓仕迎购买鱼苗的损失进行合理计算，对购买饲料的成本根据养殖惯例进行酌定，尊重客观事实且公平合理。邓仕迎未经相关行政主管部门许可使用全民所有的水域，对其非法占有水域进行养殖而取得的不正当收益损失部分法律不予保护，对其具体实施非法养殖行为所投入的人工费亦不应支持，但其购买的鱼苗、饲料、鱼药等生产成本并无非法性，仍属于合法的民事权益，应予以保护。根据南宁市环保局的报告，从造成死鱼河段溶解氧降低的有机污染物的来源构成来看，沿江生产企业正常排放的生产废水为输出耗氧有机物的来源之一，还存在另外三方面的污染源，一审确定排污企业对邓仕迎可受法律保护的养殖损失应承担25%的责任比例有事实和法律依据。二审判决驳回上诉，维持原判。

【典型意义】

本案系网箱养殖鱼死亡事件引发的环境污染损害赔偿诉讼。本案被诉排污企业较多，水体污染来源多样，甄别侵权责任主体及判定各主体责任比例是审理的难点。一审、二审法院依法适用环境污染侵权的无过错责任原则，认定被告企业的排污虽未超过国家和地方的污染物排放标准，但并不能直接免除其责任；正确分配举证责任，由原告对存在侵权行为、损害以及侵权行为和损害之间有一定关联性承担举证责任，被告对法律规定的不承担责任或者减轻责任的情形及其行为与损害之间不存在因果关系承担举证责任；准确认定责任比例，在数个企业分别排放污水，造成流域性溶解氧急剧下降的情况下，每个企业的污染行为都不足以造成全部损害，难以确定各自责任大小，判定平均承担赔偿责任。本案原告系无证在政府划定的禁止网箱养殖水域进行生产的养殖户，其主张的损失应否支持是本案审理的另一难点。一审、二审法院正确处理行政管理和保护合法民事权益的关系，对原告的损失进行细化定性，对不正当收益损失部分及其具体实施非法养殖行为所投入的人工费不予支持，对其购买鱼苗、饲料、鱼药等生产成本的损失赔偿请求予以支持。本案审理思路清晰，对水污染案件的审理具有一定示范意义。

【点评专家】

张梓太，复旦大学教授

【点评意见】

对污染水体造成损害的案件，应适用有关环境侵权的特殊规则。但水体污染成因复杂，具有间接性、长期性、潜伏性、滞后性等特点，即使适用特殊规则，要厘清致损原因及责任范围等也殊为不易。环境侵权规则的目的是合理填补受害人的损失，本案较好地把握了这一理念，具体体现在：一是无过错责任与违法性关系的把握上，明确了合法排污仍应承担责任。无过错责任产生的原因不是违反法定或约定义务，而是来自于法律的直接规定，因而违法性不应纳入考量因素。二是在举证责任的分配上，准确把握了举证责任倒置规则，原告仍需承担初步的证明责任，且举证程度需达到一定的概然性。三是在损害范围的确定上，本案没有直接探寻单个污染行为对损害结果的影响，而是首先明确了不同类型的污染源的致损原因力，进而在同一类型的污染源排放企业间划分责任，较好的解决了污染源复杂所导致的责任确定困境。

水污染案件的另一特殊性在于所侵害权益的把握上。民事法律所保护的民事权益不包括非法民事利益。我国水资源属于国家所有，个人利用水资源，必须依法进行。本案中原告未取得养殖证，不享有受到物权法保护的养殖收益权，其养殖收益不具正当性，不属于民事权益。但原告购买鱼苗、饲料、鱼药等并不违法，在因污染受损后应予以救济。

案例九：海南桑德水务有限公司诉海南省儋州市生态环境保护局环保行政处罚纠纷案

【基本案情】

2013年6月5日，海南省环境监测中心站出具琼环监字〔2013〕第153号《监测报告》（简称153号《监测报告》）。儋州环保局根据该《监测报告》，认为桑德水务公司涉嫌违法排放水污染物，于2014年4月16日拟对桑德水务公司作出行政处罚。桑德水务公司在法定期限内未提出陈述、申辩和听证的申请。同年6月16日，儋州环保局作出被诉儋土环资罚决字〔2014〕47号《行政处罚决定书》（以下简称47号处罚决定），对桑德水务公司处以2013年5月应缴纳排污费二倍的罚款177719元。儋州市人民政府经复议后对47号处罚决定予以维持。桑德水务公司不服，遂诉至法院，请求撤销47号处罚决定。

【裁判结果】

海南省儋州市人民法院一审认为，儋州环保局作为儋州市环境保护工作的行政主管部门，具有对本辖区内违法排放水污染物的行为作出行政处罚的法定职权。根据《环境行政处罚办法》第三十四条规定，采样是本案监测的必经程序。但儋州环保局未能提供采样记录或采样过程等相关证据，无法证明其采样程序合法，进而无法证明送检样品的真实性，直接影响监测结果的真实性。因此，儋州环保局在没有收集确凿证据证实样品来源真实可靠的情况下，仅以海南省环境监测中心站出具的153号《监测报告》认定桑德水务公司超标排放废水，主要证据不足。儋州环保局于2014年6月16日同时分别对桑德水务公司2013年1月14日和5月22日超标排放行为给予二次处罚，程序违法。被诉47号处罚决定只给予桑德水务公司罚款，未责令桑德水务公司限期改正，行政处罚行为明显不当。一审法院判决撤销47号处罚决定，由儋州环保局承担诉讼费用。海南省第二中级人民法院二审认为，153号《监测报告》的合法性是审查本案被诉环保行政处罚事实认定是否清楚的基础。由于153号《监测报告》的取样程序违法，不能作为认定桑德水务公司存在环境违法行为事实的主要证据。而除153号《监测报告》外，儋州环保局没有进行相关调查，并且违反查处分离的规定，程序违法。47号处罚决定认定事实的主要证据不足，适用法律错误。二审法院判决驳回上诉，维持原判。

【典型意义】

本案系环保行政处罚纠纷，涉及对环保行政处罚行为所依据证据的审查认定，具有典型性和指导意义。近年来，各级环保行政执法部门加大了生态环境违法案件的行政执法力度，有效遏制了环境持续恶化的基本态势。但从法院审理环境行政处罚案件情况看，环保行政执法不同程度存在执法不规范，“重结果、轻程序”等问题。环保行政执法部门在环境监测过程中，应重视环境监测程序的合法性，特别是在涉及水污染的环保处罚案件中，被检测标本的取样是否合乎技术规范，直接影响该标本检测结果正确与否。因此，《环境行政处罚办法》专门进行对现场调查取样程序作了规定，要求制作取样记录或者将取样过程记入现场检查（勘察）笔录，并可以采取拍照、录像或者其他方式记录取样情况。由于儋州环保局在一审中未能提供取样记录或取样过程等相关证据，无法证明其取样程序的合法性，故法院认定153号《监测报告》不能作为认定桑德水务公司存在环境违法行为事实的主要证据，依法撤销处罚决定。本案判决体现了人民法院对环保行政执法行为的监督，对于推动环境保护行政主管部门规范行使行政处罚职权、促进依法行政具有积极作用。

【点评专家】

竺效，中国人民大学教授

【点评意见】

本案法院以程序合法性审查行政机关的具体行政行为的合法性。程序合法是依法行政的重要内容。本案中，儋州环保局以海南省环境监测中心站出具的153号

《监测报告》认定桑德水务公司超标排放废水，并作出47号行政处罚决定。但儋州环保局却未能提供采样记录或采样过程等相关证据，无法证明其采样程序合法，进而无法证明送检样品的真实性，直接影响监测结果的真实性。儋州环保局环境执法中监测程序违法导致153号《监测报告》亦不具有合法性。可见，环保部门在环境行政执法过程中，尤其是环境监测过程中，应重视执法程序的合法性，摒弃环境行政执法“重结果、轻程序”的思想，规范行使行政处罚职权、促进依法行政。

另外，行政诉讼中行政主体需要提供证据证明其行为的合法性。本案中，由于儋州环保局未能提供采样记录或采样过程等相关证据，而承担诉讼中举证不利的法律后果。可见，环境监测证据的采集与提交对环境行政执法与环境行政诉讼均具有重大影响。随着公民法治意识的提高和环境执法案件量的增长，环境行政诉讼应诉将成为环境行政执法部门的一种“新常态”，事先执法必须重视证据收集的合法性，以及正确认识和对待事后应诉的法定举证义务。

案例十：陈德龙诉成都市成华区环境保护局环保行政处罚案

【基本案情】

陈德龙系个体工商户龙泉驿区大面街道办德龙加工厂业主，自2011年3月开始加工生产钢化玻璃。2012年11月2日，成华区环保局在德龙加工厂位于成都市成华区保和街道办事处天鹅社区一组B－10号的厂房检查时，发现该厂涉嫌私自设置暗管偷排污水。成华区环保局经立案调查后，依照相关法定程序，于2012年12月11日作出成华环保罚字（2012）1130－01号行政处罚决定，认定陈德龙的行为违反《水污染防治法》第二十二条第二款的规定，遂根据《水污染防治法》第七十五条第二款的规定，作出责令立即拆除暗管，并处罚款10万元的处罚决定。陈德龙不服，遂诉至法院，请求撤销该处罚决定。

【裁判结果】

成都市成华区人民法院一审认为，德龙加工厂工商登记注册地虽然在成都市龙泉驿区，但其生产加工形成环境违法事实的具体地点在成都市成华区，根据《行政处罚法》第二十条、《环境行政处罚办法》第十七条的规定，成华区环保局具有作出被诉处罚决定的行政职权；虽然成都市成华区环境监测站于2012年5月22日出具的《检测报告》，认为德龙加工厂排放的废水符合排放污水的相关标准，但德龙加工厂私设暗管排放的仍旧属于污水，违反了《水污染防治法》第二十二条第二款的规定；德龙加工厂曾因实施“未办理环评手续、环保设施未验收即投入生产”的违法行为受到过行政处罚，本案违法行为系二次违法行为，成华区环保局对德龙加工厂作出罚款10万元的行政处罚并无不妥。遂判决驳回陈德龙的诉讼请求。成都市中级人民法院二审认为，德龙加工厂的工商登记注册地虽然在龙泉驿区，但相关证据能够证明涉案地点在成华区，根据相关法律规定，成华区环保局具有作出被诉行政处罚的行政职权；陈德龙租赁成华区保和街道办事处天鹅社区厂房的目的是用于德龙加工厂的钢化玻璃生产加工，涉案生产点是否办理工商登记、租赁者是否为陈德龙个人，并不影响涉案生产点的经营主体为德龙加工厂这一客观事实，故成华区环保局将德龙加工厂作为处罚对象并无不当；涉案生产点存在私设暗管排放生产污水的违法行为，该生产点所排放的生产污水是否达标并不影响德龙加工厂私设暗管规避监管这一违法事实的成立；成华区环保局在《水污染防治法》第七十五条第二款所规定的幅度内，综合考虑德龙加工厂系二次违法等事实，作出罚款10万元的行政处罚并无不当。遂判决驳回上诉，维持原判。

【典型意义】

本案系典型的逃避监管和查处的环境违法案件。主要表现在以下方面：一是工商注册地与违法行为发生地不一致，导致监管缺失；二是违法行为实施主体隐藏，导致处罚对象认定困难；三是违法行为和违法后果隐蔽，导致发现和查处困难。对此，在认定执法主体时，一审、二审法院依据法律关于违法行为发生地管辖的规定，在查明生产加工形成环境违法事实具体地点的基础上，准确界定了行政职权的行使主体，避免了执法监管的空白。在认定处罚对象时，一审、二审法院认为，尽管涉案生产点未办理工商登记，涉案厂房租赁者为陈德龙个人，但根据陈德龙系个体工商户德龙加工厂业主这一事实，以及涉案厂房生产加工的产品与德龙加工厂生产经营范围的关联性，可以认定涉案生产点的实际经营主体为德龙加工厂，违法行为的实施者和被处罚对象应为德龙加工厂，从而避免了违法行为人利用其身份的隐藏性、模糊性逃避监管和处罚。在认定违法行为时，一审、二审法院从《水污染防治法》第二十二条的立法目的出发，认为只要存在私设暗管等规避环境执法部门监管的行为，无论其排放的污染物是否达标，是否对环境实际造成了影响，均应受到处罚，从而更加有效地打击规避监管的违法行为。本案的处理有利于揭开该类逃避监管和查处的环境违法行为的面纱，为环保执法部门的行政执法提供有价值的参考，具有较好的示范意义。

【点评专家】

李挚萍，中山大学教授

【点评意见】

私设暗管或者采取其他规避监管的方式排放污染物是一种主观恶性更大的违法

行为，其不仅可能导致更严重环境损害后果，而且对监管造成了严重的阻碍及干扰，大大增加了执法的难度和成本。我国的《水污染防治法》第22条规定："向水体排放污染物的企业事业单位和个体工商户，应当按照法律、行政法规和国务院环境保护主管部门的规定设置排污口；禁止私设暗管或者采取其他规避监管的方式排放水污染物。"2014年新修订的《环境保护法》第42条第4款规定"严禁通过暗管、渗井、渗坑、灌注或者篡改、伪造监测数据，或者不正常运行防治污染设施等逃避监管的方式违法排放污染物。"相关的环保行政处罚规定和司法解释规定只要存在通过暗管、渗井、渗坑、灌注等逃避监管的方式违法排放污染物的行为，不管是否造成损害后果，都视为严重污染环境的行为，执行严格的行政处罚及刑事制裁。本案系典型的逃避监管和查处的环境违法案件，违法行为人不仅有私设暗管排放生产污水的行为，而且在违法实施主体身份上进行隐瞒混淆，法院根据这些重要违法事实所做出的判决对于社会普遍存在的规避监管的环境违法行为有重要的警示作用。

最高人民法院公布八起环境污染犯罪典型案例

（2016年12月26日）

案例一：刘祖清污染环境案

排放含重金属的污染物严重超标，构成污染环境罪

（一）基本案情

2013年10月以来，被告人刘祖清伙同他人，在未按国家规定办理工商营业执照及环境影响评价审批手续，未建设配套水污染防治等环保设施的情况下，雇佣工人从事鞋模加工。期间，产生的废水未经过处理，通过连接围堰的管道排至村庄排水渠。经监测，上述加工厂总外排口废水中重金属浓度为镍23200 mg/L、总铬8.64 mg/L、铜36mg/L、锌132 mg/L，分别超过《污水综合排放标准》（GB8978－1996）规定的排放标准23199倍、4.76倍、35倍、25.4倍。

（二）裁判结果

福建省晋江市人民法院一审判决、泉州市中级人民法院二审裁定认为：被告人刘祖清伙同他人在鞋模加工时，违反国家规定，排放含镍、铬、铜、锌的废水，超过国家规定的排放标准23199倍、4.76倍、35倍、25.4倍，严重污染环境，其行

为已构成污染环境罪。据此，以污染环境罪判处被告人刘祖清有期徒刑二年八个月，并处罚金人民币五万元。

案例二：田建国、厉恩国污染环境案
非法炼铅污染环境，判处有期徒刑四年半

（一）基本案情

被告人田建国租赁炼铅厂，未取得危险废物经营许可证，未采取任何污染防治措施，利用火法冶金工艺进行废旧铅酸蓄电池还原铅生产。自2012年8月至2013年10月，被告人田建国先后从张柱芳等人（已另案处理）处购买价值人民币108330105元的废旧铅酸蓄电池共计13500余吨，用于还原铅生产，严重污染环境。被告人厉恩国建设炼铅厂租赁给田建国，且为田建国经营提供帮助。田建国归案后如实供述自己的犯罪行为。

（二）裁判结果

江苏省徐州市云龙区人民法院一审判决、徐州市中级人民法院二审裁定认为：田建国非法收购废旧铅酸电池，利用火法冶金工艺进行炼铅，在非法处置过程中，产生的大量废水、废气均未经处理直接排放，溢出的粉尘用自制布袋收集，生产的成品铅锭露天堆放，造成严重污染，构成污染环境罪。厉恩国构成污染环境罪的共同犯罪。综合考虑污染行为持续时间、经营规模、污染范围以及排放污染物的数量等因素，二被告人的行为应当认定为“后果特别严重”。据此，以污染环境罪判处被告人田建国、厉恩国各有期徒刑四年六个月，并处罚金人民币十万元。

案例三：浙江汇德隆染化有限公司等污染环境案
一万八千余吨精馏残液倾倒海塘，判处罚金二千万元

（一）基本案情

被告单位浙江汇德隆染化有限公司（以下简称“汇德隆公司”）是一家年产4万吨保险粉及3800吨亚硫酸钠的化工企业，绍兴腾达印染有限公司（以下简称“腾达公司”）主要经营印花、染色等项目，上述两公司实际控制人均为被告人严海兴。在保险粉合成、过滤干燥过程中产生的精馏残液（含有甲醇、甲酸钠、亚硫酸钠等成分），属于危险废物。2012年7、8月间，为缓解汇德隆公司处理精馏残液的排污压力，严海兴经与被告人潘得峰（汇德隆公司总经理）、潘华林（腾达公司土建主管）商议，将汇德隆公司的精馏残液外运至无危险废物处置资质的腾

达公司。精馏残液经与腾达公司自身产生的废水混合后，通过暗管直接排入管网，累计排放5000余吨。2012年10月起，为缓解汇德隆公司处理精馏残液的排污压力，潘得峰又以50－80元/吨的价格委托无危险废物处置资质的被告人汝建国外运处置汇德隆公司的精馏残液，严海兴明知且默许上述外运处置行为。汝建国伙同被告人汝建成、汝俊，分别雇佣被告人徐夫锁、唐长征、李镇华、罗卫杰等人采用槽罐车将上述精馏残液运至杭州湾上虞工业园区外海塘等地直接倾倒，累计倾倒18000余吨。被告人潘德凤（汇德隆公司仓库主管）明知汇德隆公司非法外运处置精馏残液，仍接受潘得峰的指派，组织人员负责对运输精馏残液的槽罐车过磅、填写供货清单等工作。

（二）裁判结果

浙江省绍兴市上虞区人民法院一审判决、绍兴市中级人民法院二审裁定认为：被告单位汇德隆公司伙同被告人汝建国、汝建成、汝俊等违反国家规定，排放、倾倒、处置有毒物质，严重污染环境，构成污染环境罪，且属后果特别严重。综合考虑案发后自首、立功、如实供述、退缴违法所得、补缴污水处理费等情节，以污染环境罪判处被告单位浙江汇德隆染化有限公司罚金人民币二千万元；判处被告人严海兴有期徒刑四年六个月，并处罚金人民币一百万元；判处被告人潘得峰、汝建国各有期徒刑四年，并处罚金人民币三十万元；判处被告人潘华林有期徒刑三年，并处罚金人民币六万元；判处被告人汝建成有期徒刑一年六个月，并处罚金人民币五万元；判处被告人汝俊有期徒刑一年三个月，并处罚金人民币三万元；判处被告人潘德凤、徐夫锁各有期徒刑十个月，缓刑一年，并处罚金人民币一万元；判处被告人唐长征、李镇华各有期徒刑六个月，缓刑一年，并处罚金人民币一万元；判处被告人罗卫杰拘役六个月，缓刑十个月，并处罚金人民币一万元；禁止被告人徐夫锁、唐长征、李镇华、罗卫杰在缓刑考验期限内从事与排污相关的活动。

案例四：王秋为等污染环境案

居民区附近非法填埋生活垃圾，判处有期徒刑五年

（一）基本案情

2014年10月起，被告人王秋为承包现代农业物流园用地回填工程，并转包给他人，在明知该物流园用地不具备生活垃圾处置功能，且他人无处置生活垃圾资质的情况下，任其倾倒、填埋生活垃圾。该填埋场西北侧为吴淞江，东侧为农田，500米内有村庄3座，最近的村庄距离该填埋场125米。王秋为和被告人李伟根系合伙关系，其中王秋为总体负责填埋工程。被告人刘红海系南侧填埋工地负责人，

被告人韩洋应刘红海之邀作为合伙人参与南侧填埋工程。该填埋场采用生活垃圾和建筑垃圾分层填埋的方式填埋生活垃圾。填埋生活垃圾被发现后，王秋为派人移除北侧部分生活垃圾，南侧继续填埋生活垃圾直至2015年3月。经测算，北侧所倾倒、填埋生活垃圾的留存量为48236立方米，南侧所倾倒、填埋生活垃圾的留存量为146935立方米。经评估，王秋为、李伟根填埋生活垃圾造成公私财产损失合计人民币约12067009.94元，刘红海、韩洋填埋生活垃圾造成公私财产损失合计人民币约9084680.27元。

（二）裁判结果

江苏省苏州市姑苏区人民法院判决认为：被告人王秋为、李伟根明知涉案物流园用地不具备生活垃圾处置功能，且他人无处置生活垃圾资质，任其倾倒、填埋生活垃圾，造成公私财产重大损失；被告人刘红海、韩洋违反国家规定，无资质倾倒、填埋生活垃圾，造成公私财产重大损失。上述各被告人的行为均构成污染环境罪，且属“后果特别严重”。据此，以污染环境罪判处被告人王秋为有期徒刑五年，并处罚金人民币二十万元；被告人刘红海有期徒刑四年八个月，并处罚金人民币十五万元；被告人李伟根有期徒刑三年六个月，并处罚金人民币十万元；被告人韩洋有期徒刑二年六个月，并处罚金人民币六万元。该判决已发生法律效力。

案例五：湖州市工业和医疗废物处置中心有限公司污染环境案

危险废物处置企业非法处置危险废物，后果特别严重

（一）基本案情

湖州市工业和医疗废物处置中心系具有处置危险废物资质的企业，其许可经营项目为湖州市范围内医药废物、有机溶剂废物、废矿物油、感光材料废物等危险废物和医疗废物的收集、贮存、处置。2011年至2014年4月，被告人施政（法定代表人）指使、授意或者同意其下属经营管理人员，将该中心收集的危险废物共计5950余吨交由没有相应资质的单位和个人处置，从中牟利。其中，部分危险废物被随意倾倒。

（二）裁判结果

浙江省湖州市吴兴区人民法院一审判决、湖州市中级人民法院二审判决认为：被告单位湖州市工业和医疗废物处置中心有限公司违反国家规定，处置危险废物，严重污染环境。被告人施政系被告单位直接负责的主管人员，指使、授意或者同意其下属经营管理人员实施上述行为。被告单位和被告人的行为均已构成污染环境罪，且属后果特别严重。综合考虑本案相关犯罪情节，判决被告单位湖州市工业和

医疗废物处置中心有限公司犯污染环境罪，判处罚金人民币四十万元；被告人施政犯污染环境罪，判处有期徒刑三年十个月，并处罚金人民币十五万元，与其所犯行贿罪判处的刑罚并罚，决定执行有期徒刑六年三个月，并处罚金人民币二十五万元。

案例六：建滔（河北）焦化有限公司污染环境案

挥发酚超标直排大气，判处罚金二百四十五万元

（一）基本案情

2014 年 3 月，被告单位建滔（河北）焦化有限公司二期生化处理站的生化池出现活性污泥死亡，不能达标处理蒸氨废水。被告人王成武（公司总经理）、张剑甫（公用工程部经理）、胡晓晶（公用工程部副经理）、陈瑞（二期生化处理站主任）和张铸（岗位责任人）发现这一情况后，在未采取有效措施使蒸氨废水处理达标的情况下，为逃避环保部门的监管，由张剑甫指使陈瑞、张铸捏造达标的虚假水质检测表，并将这些未达标处理的蒸氨废水用于熄焦塔补水，导致蒸氨废水中的挥发酚被直接排入大气，严重污染环境，经检测，熄焦塔补水中的有毒物质挥发酚超出国家规定标准 137 倍。

（二）裁判结果

河北省邢台市桥东区人民法院判决认为：被告单位建滔（河北）焦化有限公司违反国家规定排放严重危害环境、损害人体健康的污染物，严重污染环境，构成污染环境罪。被告人张剑甫、张铸、陈瑞、王成武、胡晓晶作为直接负责的主管人员或者其他直接责任人员，应当承担相应的刑事责任。案发后被告单位建滔（河北）焦化有限公司投入大量资金对设备进行改造，达到环保要求，可以酌情从轻处罚。据此，以污染环境罪判处被告单位建滔（河北）焦化有限公司罚金人民币二百四十五万元；被告人张剑甫有期徒刑一年，并处罚金人民币五万元；被告人张铸有期徒刑十个月，并处罚金人民币三万元；被告人陈瑞有期徒刑十个月，并处罚金人民币三万元；被告人王成武有期徒刑六个月，缓刑一年，并处罚金人民币二万元；被告人胡晓晶罚金人民币二万元。该判决已发生法律效力。

案例七：白家林、吴淑琴污染环境案

非法处置含矿物油的包装桶，构成污染环境罪

（一）基本案情

润滑油等矿物油系危险废物，根据《国家危险废物名录》的规定，含有或直

接沾染危险废物的废弃包装物、容器亦属于危险废物。2014 年 10 月至 2015 年 4 月，被告人白家林在未取得危险废物经营许可证的情况下，从被告人吴淑琴等人处收购沾染有矿物油、涂料废物及废有机溶剂等物的废旧包装桶，并雇佣工人清洗或者切割后出售。对于清洗废旧包装桶产生的废水，白家林指使工人倾倒在地上，通过铺设的管道排放至外环境。据查，吴淑琴先后向白家林出售沾染有润滑油的废旧包装桶共计 50.5 吨。

（二）裁判结果

重庆市渝北区人民法院一审判决认为：被告人白家林违反国家规定，非法处置危险废物三吨以上，严重污染环境；被告人吴淑琴明知白家林无经营许可证，向其提供危险废物，严重污染环境，构成共同犯罪。据此，综合考虑被告人吴淑琴系初犯，庭审中自愿认罪等情节，以污染环境罪判处被告人白家林有期徒刑一年八个月，并处罚金 150000 元；被告人吴淑琴有期徒刑一年，缓刑二年，并处罚金 80000 元。被告人白家林提起上诉后申请撤回上诉，重庆市第一中级人民法院经审查裁定准许。

案例八：浙江金帆达生化股份有限公司等污染环境案

非法倾倒草甘膦母液三万五千余吨，判处罚金七千五百万元

（一）基本案情

方埠化工厂系浙江金帆达生化股份有限公司（下称金帆达公司）下属企业，专门生产农药草甘膦。2011 年，方埠化工厂生产产生的危险废物草甘膦母液因得不到及时处理而胀库。为不影响生产，并降低处理成本，被告人杜忠祥（金帆达公司副总经理）、宋秋琴（金帆达公司国内贸易部经理），经被告人蒲建国（金帆达公司总经理）默许，委托不具备危险废物处置资质的杭州联环化工有限公司（以下简称“联环公司”）、湖州德兴化工物资有限公司（以下简称“德兴公司”）、富阳博新化工有限公司（以下简称“博新公司”）及被告单位衢州市新禾农业生产资料有限责任公司（以下简称“新禾公司”）等有业务往来的化工原料提供单位非法外运处置草甘膦母液。被告人李小峰（方埠化工厂分管物管部的副厂长）明知生产产生的草甘膦母液应委托有处理资质的企业处置，仍负责联系宋秋琴通知新禾公司等单位非法拉运草甘膦母液。从 2011 年 10 月至 2013 年 5 月，金帆达公司共非法处置草甘膦母液 35000 余吨，直接倾倒至外环境。

2011 年下半年，被告单位新禾公司为谋取利益，在不具备危险废物处置资质的情况下，违反国家规定，经被告人吴贵长（新禾公司法定代表人）同意，由被告人洪国女（新禾公司副总经理）与杜忠祥、宋秋琴联系，约定为金帆达公司处

置草甘膦母液，并收取每吨 80－100 元的处置费用。从 2012 年初至 2013 年 5 月期间，新禾公司通过被告人黄小东、王飞合伙经营的槽罐车将共计 5000 余吨的草甘膦母液从方埠化工厂运至衢州，倾倒在小溪、沙滩、林地等处，并支付黄小东、王飞每吨 50－60 元的处置费用。被告人严琦（新禾公司股东）负责与黄小东、王飞及金帆达公司结算草甘膦母液处置费用、开具发票等事宜。被告人林树木、舒文忠、柴荣贵、杨建云、傅国祥、陈卸荣、张仙国、方岳良、邱土良、蒋东华作为槽罐车的驾驶员、押运员，参与草甘膦母液的运输及协助倾倒。

（二）裁判结果

浙江省龙游县人民法院一审判决、浙江省衢州市中级人民法院二审裁定认为：被告单位浙江金帆达生化股份有限公司、衢州市新禾农业生产资料有限责任公司与被告人黄小东、王飞等人违反国家规定，倾倒、处置危险废物，严重污染环境，其行为均已构成污染环境罪，且属后果特别严重。综合考虑案发后自首、如实供述、退缴违法所得等情节，以污染环境罪判处被告单位浙江金帆达生化股份有限公司罚金人民币七千五百万元；判处被告单位衢州市新禾农业生产资料有限责任公司罚金人民币四百万元；判处被告人杜忠祥有期徒刑六年，并处罚金人民币一百万元；以及其他各被告人相应有期徒刑和罚金。

此外，浙江省杭州市富阳区人民法院、萧山区人民法院、杭州市中级人民法院、德清县人民法院、湖州市中级人民法院均已分别对涉案的博新化工、联环化工、德兴化工及相关被告人依法作出裁判。

最高人民法院发布十起环境公益诉讼典型案例

（2017 年 3 月）

一、江苏省泰州市环保联合会诉泰兴锦汇化工有限公司等水污染民事公益诉讼案

【基本案情】

2012 年 1 月至 2013 年 2 月，被告锦汇公司等六家企业将生产过程中产生的危险废物废盐酸、废硫酸总计 2.5 万余吨，以每吨 20 至 100 元不等的价格，交给无危险废物处理资质的相关公司偷排进泰兴市如泰运河、泰州市高港区古马干河中，导致水体严重污染。泰州市环保联合会诉请法院判令六家被告企业赔偿环境修复费

1.6 亿余元、鉴定评估费用 10 万元。

【裁判结果】

江苏省泰州市中级人民法院一审认为，泰州市环保联合会作为依法成立的参与环境保护事业的非营利性社团组织，有权提起环境公益诉讼。六家被告企业将副产酸交给无处置资质和处置能力的公司，支付的款项远低于依法处理副产酸所需费用，导致大量副产酸未经处理倾倒入河，造成严重环境污染，应当赔偿损失并恢复生态环境。2 万多吨副产酸倾倒入河必然造成严重环境污染，由于河水流动，即使倾倒地点的水质好转，并不意味着河流的生态环境已完全恢复，依然需要修复。在修复费用难以计算的情况下，应当以虚拟治理成本法计算生态环境修复费用。遂判决六家被告企业赔偿环境修复费用共计 1.6 亿余元，并承担鉴定评估费用 10 万元及诉讼费用。江苏省高级人民法院二审认为，泰州市环保联合会依法具备提起环境公益诉讼的原告资格，一审审判程序合法。六家被告企业处置副产酸的行为与造成古马干河、如泰运河环境污染损害结果之间存在因果关系。一审判决对赔偿数额的认定正确，修复费用计算方法适当，六家被告企业依法应当就其造成的环境污染损害承担侵权责任。二审判决维持一审法院关于六家被告企业赔偿环境修复费用共计 1.6 亿余元的判项，并对义务的履行方式进行了调整。如六家被告企业能够通过技术改造对副产酸进行循环利用，明显降低环境风险，且一年内没有因环境违法行为受到处罚的，其已支付的技术改造费用可经验收后在判令赔偿环境修复费用的 40% 额度内抵扣。六家被告企业中的三家在二审判决后积极履行了判决的全部内容。锦汇公司不服二审判决，向最高人民法院申请再审。最高人民法院认为，环境污染案件中，危险化学品和化工产品生产企业对其主营产品及副产品均需具有较高的注意义务，需要全面了解其主营产品和主营产品生产过程中产生的副产品是否具有高度危险性，是否会造成环境污染；需要使其主营产品的生产、出售、运输、储存和处置符合相关法律规定，亦需使其副产品的生产、出售、运输、储存和处置符合相关法律规定，避免对生态环境造成损害或者产生造成生态环境损害的重大风险。虽然河水具有流动性和自净能力，但在环境容量有限的前提下，向水体大量倾倒副产酸，必然对河流的水质、水体动植物、河床、河岸以及河流下游的生态环境造成严重破坏。如不及时修复，污染的累积必然会超出环境承载能力，最终造成不可逆转的环境损害。因此，不能以部分水域的水质得到恢复为由免除污染者应当承担的环境修复责任。最高人民法院最终裁定驳回了锦汇公司的再审申请。

【典型意义】

泰州水污染公益诉讼案被媒体称为“天价”环境公益诉讼案。该案由社会组织作为原告、检察机关支持起诉，参与主体特殊、涉案被告多，判赔金额大、探索创新多、借鉴价值高。一审法院正确认定泰州市环保联合会的主体资格，确认锦汇公司等六家公司主观上具有非法处置危险废物的故意，客观上造成了环境严重污染的结果，应该承担对环境污染进行修复的赔偿责任。同时，结合鉴定结论和专家证人意见认定环境修复费用，判令六家被告企业共计赔偿1.6亿余元环境修复费用。二审法院衡平企业良性发展与环境保护目标，创新了修复费用支付方式，鼓励企业加大技术改造力度，处理好全局利益与局部利益、长远利益与短期利益的关系，承担起企业环境保护主体责任和社会责任。最高人民法院肯定了二审法院创新修复费用支付方式的做法，鼓励企业积极开展技术创新和改造，促进区域生态环境质量改善。同时明确了危险化学品和化工产品生产企业在生产经营过程中应具有较高的注意义务，应承担更多的社会责任。对于河水这种具有流动性和自净能力的环境介质，确立了水污染环境修复责任的处理原则，即污染行为一旦发生，不因水环境的自净改善而影响污染者承担修复义务。本案对水污染案件的处理具有一定的示范意义。

【点评专家】

吕忠梅 十二届全国人大代表、全国政协社会和法制委员会驻会副主任、最高人民法院特邀咨询员

【点评意见】

泰州案因参与主体特殊、诉讼程序完整、因果关系判定、环境污染损害鉴定评估、赔付履行方式创新等，引人瞩目。再审裁定虽然主要是对一、二审判决的确认，但其作为国家最高司法机关的终审裁决，对今后的个案裁判乃至司法规则确立具有里程碑意义。该案的事实认定与因果关系推定法理十分清晰。区分该案被告有直接实施污染物倾倒行为和非倾倒行为直接实施人两类不同情况，采纳“违反注意义务说”及因果关系推定规则，清晰的展示“受害人证明基础事实达到低标准证明——法官推定因果关系的存在——被推定人提出反证证明”的逻辑，妥当实现原、被告间在诉讼中的平衡。该案损害后果的认定鲜明体现环境侵权特征。针对当事人双方就是否存在损害后果的严重分歧，法官基于对环境侵权后果二元性的充分认识，清晰的论证了倾倒副产酸这一污染行为所造成的污染与生态损害两种后果，正确认定河域生态系统损害及其规律。该案对环境修复费用的确定、计算以及履行方式积极探索创新。法官将倾倒副产酸的损害后果确定为污染导致的生态破坏危险，引入虚拟治理成本计算法，采用支付环境修复费用的责任承担方式并探索具体履行路径，较好考虑了司法效果、社会效果与环境效果的统一。

二、中国生物多样性保护与绿色发展基金会诉宁夏瑞泰科技股份有限公司等腾格里沙漠污染系列民事公益诉讼案

【基本案情】

2015年8月，中国生物多样性保护与绿色发展基金会向宁夏回族自治区中卫市中级人民法院提起诉讼称：瑞泰公司等八家企业在生产过程中违规将超标废水直接排入蒸发池，造成腾格里沙漠严重污染，截至起诉时仍然没有整改完毕。请求判令：1. 停止非法污染环境行为；2. 对造成环境污染的危险予以消除；3. 恢复生态环境或者成立沙漠环境修复专项基金并委托具有资质的第三方进行修复；4. 针对第二项和第三项诉讼请求，由法院组织原告、技术专家、法律专家、人大代表、政协委员共同验收；5. 赔偿环境修复前生态功能损失；6. 在全国性媒体上公开赔礼道歉等。绿发会向法院提交了基金会法人登记证书，显示绿发会是在国家民政部登记的基金会法人。绿发会提交的2010至2014年度检查证明材料，显示其在提起本案公益诉讼前五年年检合格。绿发会提交了五年内未因从事业务活动违反法律、法规的规定而受到行政、刑事处罚的无违法记录声明。此外，绿发会章程规定，其宗旨为“广泛动员全社会关心和支持生物多样性保护和绿色发展事业，保护国家战略资源，促进生态文明建设和人与自然和谐，构建人类美好家园”。绿发会还向法院提交了其自1985年成立至今，一直实际从事包括举办环境保护研讨会、组织生态考察、开展环境保护宣传教育、提起环境民事公益诉讼等活动的相关证据材料。

【裁判结果】

宁夏回族自治区中卫市中级人民法院一审认为，绿发会不能认定为环境保护法第五十八条规定的“专门从事环境保护公益活动”的社会组织，对绿发会的起诉裁定不予受理。绿发会不服，提起上诉。宁夏回族自治区高级人民法院审查后裁定驳回上诉，维持原裁定。绿发会不服二审裁定，向最高人民法院申请再审。最高人民法院依法提审并审理认为，因环境公共利益具有普惠性和共享性，没有特定的法律上直接利害关系人，有必要鼓励、引导和规范社会组织依法提起环境公益诉讼，以充分发挥环境公益诉讼功能。依据环境保护法第五十八条和《最高人民法院关于审理环境民事公益诉讼案件适用法律若干问题的解释》第四条的规定，对于本案绿发会是否可以作为“专门从事环境保护公益活动”的社会组织提起本案诉讼，应重点从其宗旨和业务范围是否包含维护环境公共利益，是否实际从事环境保护公益活动，以及所维护的环境公共利益是否与其宗旨和业务范围具有关联性等三个方面进行审查。对于社会组织宗旨和业务范围是否包含维护环境公共利益，应根据其内涵而非简单依据文字表述作出判断。社会组织章程即使未写明维护环境公共利

益，但若其工作内容属于保护各种影响人类生存和发展的天然的和经过人工改造的自然因素的范畴，均应认定宗旨和业务范围包含维护环境公共利益。绿发会章程中规定的宗旨契合绿色发展理念，亦与环境保护密切相关，属于维护环境公共利益的范畴。环境保护公益活动，不仅包括植树造林、濒危物种保护、节能减排、环境修复等直接改善生态环境的行为，还包括与环境保护有关的宣传教育、研究培训、学术交流、法律援助、公益诉讼等有利于完善环境治理体系，提高环境治理能力，促进全社会形成环境保护广泛共识的活动。绿发会在本案一审、二审及再审期间提交的历史沿革、公益活动照片、环境公益诉讼立案受理通知书等相关证据材料，虽未经庭审质证，但在立案审查阶段，足以显示绿发会自1985年成立以来长期实际从事包括举办环境保护研讨会、组织生态考察、开展环境保护宣传教育、提起环境民事公益诉讼等环境保护活动，符合环境保护法和环境公益诉讼司法解释的规定。同时，上述证据亦证明绿发会从事环境保护公益活动的时间已满五年，符合环境保护法第五十八条关于社会组织从事环境保护公益活动应五年以上的规定。依据环境公益诉讼司法解释第四条的规定，社会组织提起的公益诉讼涉及的环境公共利益，应与社会组织的宗旨和业务范围具有一定关联。即使社会组织起诉事项与其宗旨和业务范围不具有对应关系，但若与其所保护的环境要素或者生态系统具有一定的联系，亦应基于关联性标准确认其主体资格。本案环境公益诉讼系针对腾格里沙漠污染提起。沙漠生物群落及其环境相互作用所形成的复杂而脆弱的沙漠生态系统，需要人类的珍惜利用和悉心呵护。绿发会起诉认为瑞泰公司将超标废水排入蒸发池，严重破坏了腾格里沙漠本已脆弱的生态系统，所涉及的环境公共利益维护属于绿发会宗旨和业务范围。此外，绿发会提交的基金会法人登记证书、年度检查证明材料、无违法记录声明等，证明其符合环境保护法第五十八条，环境公益诉讼司法解释第二条、第三条、第五条对提起环境公益诉讼社会组织的其他要求，具备提起环境民事公益诉讼的主体资格。最高人民法院再审裁定撤销一审、二审裁定，指令本案由中卫市中级人民法院立案受理。

【典型意义】

最高人民法院通过审理腾格里沙漠污染系列民事公益诉讼案，针对新环境保护法实施以来各地环境公益诉讼案件审理中出现的与原告主体资格有关的突出问题，就环境保护法第五十八条以及环境公益诉讼司法解释规定的环境公益诉讼原告主体资格相关法律适用问题，确立、细化了裁判规则。再审裁定明确对于社会组织是否具备提起环境民事公益诉讼的主体资格，应当重点从宗旨和业务范围是否包含维护环境公共利益，是否实际从事环境保护公益活动，以及所维护的环境公共利益是否与其宗旨和业务范围具有关联性等三个方面进行认定。再审裁定阐明了对于社会组织宗旨和业务范围是否包含维护环境公共利益，应根据其内涵而非简单依据文字表述作出判断；阐明了环境保护公益活动，不仅包括直接改善生态环境的行为，还包括有利于完善环境治理体系，提高环境治理能力，促进全社会形成环境保护广泛共识的活动；阐明了社会组织起诉事项与其宗旨和业务范围即便不具有对应关系，但若与其所保护的环境要素或者生态系统具有一定的联系，亦应基于关联性标准确认其主体资格。该系列案件是最高人民法院首次通过具体案例从司法层面就环境民事公益诉讼主体问题明确判断标准，推动了环境公益诉讼制度的发展，已作为最高人民法院指导性案例发布，对于环境民事公益诉讼案件的审理具有重要的指引和示范作用。

【点评专家】

王树义 武汉大学教授

【点评意见】

环境民事公益诉讼的原告资格问题，是近几年来在环境民事公益诉讼司法实践中时常困扰法官们的一个实际问题。问题主要出在对环境保护法第五十八条中“专门从事环境保护公益活动”的理解。其实，《最高人民法院关于审理环境民事公益诉讼案件适用法律若干问题的解释》第四条已经解释得非常清楚，为何依然出现此类问题？主要还是涉及对“专门从事环境保护公益活动”的正确理解。如何认定一个社会组织是否属于专门从事环境保护公益活动的社会组织，主要考察两点：一是社会组织章程确定的宗旨；二是社会组织的主要业务活动范围。具体到本案，绿发会章程中明确规定，其宗旨是“广泛动员全社会关心和支持生物多样性保护与绿色发展事业，维护公众环境权益和社会公共利益”；第七条规定，其业务范围包括“（五）开展和资助维护公众环境权益和环境保护领域社会公共利益的理论研究和实践活动，推动我国环境法治”；“（九）开展和资助符合本基金会宗旨的其他项目和活动”。从绿发会的宗旨和主要业务范围看，绿发会显然应当被认定为“专门从事环境保护公益活动”的社会组织。因为，保护生物多样性、推动和支持绿色发展、开展维护公众环境权益和环境保护领域社会公共利益的实践活动，就是一种环境保护的公益活动，并且是一种重要的、应当广泛提倡和推动的环境保护公益活动。另外，绿发会起诉的事项与其宗旨及业务范围亦具有对应关系或关联性，其原告资格显而易见。最高人民法院对本案的再审裁定，对类似案件具有很好的指引和示范作用。

三、中华环保联合会诉山东德州晶华集团振华有限公司大气污染民事公益诉讼案

【基本案情】

振华公司是一家从事玻璃及玻璃深加工产品制造的企业，位于山东省德州市区内。振华公司虽投入资金建设脱硫除尘设施，但仍有两个烟囱长期超标排放污染物，造成大气污染，严重影响了周围居民生活，被环境保护部点名批评，并被山东省环境保护行政主管部门多次处罚，但其仍持续超标向大气排放污染物。中华环保联合会提起诉讼，请求判令振华公司立即停止超标向大气排放污染物，增设大气污染防治设施，经环境保护行政主管部门验收合格并投入使用后方可进行生产经营活动；赔偿因超标排放污染物造成的损失2040万元（诉讼期间变更为2746万元）及因拒不改正超标排放污染物行为造成的损失780万元，并将赔偿款项支付至地方政府财政专户，用于德州市大气污染的治理；在省级及以上媒体向社会公开赔礼道歉；承担本案诉讼、检验、鉴定、专家证人、律师及其他为诉讼支出的费用。德州市中级人民法院受理本案后，向振华公司送达民事起诉状等诉讼材料，向社会公告案件受理情况，并向德州市环境保护局告知本案受理情况。德州市人民政府、德州市环境保护局积极支持、配合本案审理，并与一审法院共同召开协调会。通过司法机关与环境保护行政主管部门的联动、协调，振华公司将全部生产线关停，在远离居民生活区的天衢工业园区选址建设新厂，防止了污染及损害的进一步扩大，使案件尚未审结即取得阶段性成效。

【裁判结果】

山东省德州市中级人民法院一审认为，诉讼期间振华公司放水停产，停止使用原厂区，可以认定振华公司已经停止侵害。在停止排放前，振华公司未安装或者未运行脱硫和脱硝治理设施，未安装除尘设施或者除尘设施处理能力不够，多次超标向大气排放二氧化硫、氮氧化物、烟粉尘等污染物。其中，二氧化硫、氮氧化物是酸雨的前导物，过量排放形成酸雨会造成居民人身及财产损害，过量排放烟粉尘将影响大气能见度及清洁度。振华公司超标排放污染物的行为导致了大气环境的生态附加值功能受到损害，应当依法承担生态环境修复责任，赔偿生态环境受到损害至恢复原状期间服务功能损失。同时，振华公司超标向大气排放污染物的行为侵害了社会公众的精神性环境权益，应当承担赔礼道歉的民事责任。遂判决振华公司赔偿超标排放污染物造成损失2198.36万元，用于大气环境质量修复；振华公司在省级以上媒体向社会公开赔礼道歉等。宣判后，双方当事人均未提起上诉，一审判决已生效。

【典型意义】

德州大气污染公益诉讼案是新环境保护法施行后，人民法院受理的首例京津冀及其周边地区大气污染公益诉讼案件。大气具有流动性，其本身具有一定的自净功能，企业超标排放是否构成生态环境损害是本案审理的难点。本案裁判明确超标过量排放二氧化硫、氮氧化物和粉尘将影响大气的生态服务功能，应当承担法律责任，可根据企业超标排放数量以及二氧化硫、氮氧化物和粉尘的单位治理成本计算大气污染治理的虚拟成本，进而作为生态环境损害赔偿的依据，具有一定合理性。振华公司在本案审理期间主动承担社会责任，积极采取措施防止污染的持续和扩大，值得肯定。该案的审结及时回应了当前社会公众对京津冀及周边地区的大气污染治理的关切，对区域大气污染治理进行了有益的实践探索。

【点评专家】

周珂 中国人民大学教授

【点评意见】

本案判决结果较充分地体现了环境司法这一新型司法领域独特的公平正义。第一，关于超标排污的正当性问题。法院判决被告超标排污的行为侵害了社会公共的环境权益，即认定了其行为的违法性和对环境公益的侵害性。这为通过环境公益诉讼的办法，使超标排污造成大气污染得到有效治理开辟了一条新的有效的途径。第二，大气污染的因果关系历来是个难点，判决不纠缠于复杂的逻辑争辩，在本案所在城市属于国内污染极为严重城市这一不需要鉴定的事实前提下，确认了鉴定报告可以作为认定事实的依据，采用了国外环境诉讼中的间接因果关系认定说，提高了审判的效率，也完全满足程序正义的要求。第三，大气污染环境公益诉讼的损害数额计算全世界也没有统一的标准，判决认定了鉴定报告采用的“按虚拟治理成本的4倍计算被告振华公司生态损害数额”的计算方法，采用了适中的倍数。这为今后环境公益诉讼正确和有效地处理这方面的问题提供了有益的经验。第四，修改前的环保法没有赔礼道歉的规定，而判决援引了2014年新环保法的有关规定，认定被告应当承担赔礼道歉的民事责任，其历史意义是重大而深远的。第五，本案法院立案受理后，及时与政府部门沟通，发挥司法与行政执法协调联动作用，促进污染企业向节能环保型企业转型发展，体现了我国绿色司法追求社会经济发展与生态环境保护双赢的目标和效果。

四、重庆市绿色志愿者联合会诉湖北恩施州建始磺厂坪矿业有限责任公司水库污染民事公益诉讼案

【基本案情】

千丈岩水库位于重庆市巫山县、奉节县和湖北省建始县交界地带，距离长江25公里，被重庆市人民政府确认为集中式饮用水源保护区，供应周边5万居民的生活饮用和生产用水。该地区属喀斯特地貌。磺厂坪矿业公司距离千丈岩水库约2.6公里，2011年5月取得湖北省恩施土家族苗族自治州环境保护局环境影响评价批复，但该项目建设可行性报告明确指出尾矿库库区为自然成库的岩溶洼地，库区岩溶表现为岩溶裂隙和溶洞；尾矿库工程安全预评价报告建议对尾矿库运行后可能存在的排洪排水问题进行补充评价。磺厂坪矿业公司未按照报告要求修改可行性研究报告并申请补充环评。项目于2014年6月建成，8月10日开始违法生产，产生的废水、尾矿未经处理就排入临近有溶洞漏斗发育的自然洼地。2014年8月12日，巫山县红椿乡村民反映千丈岩水库饮用水源取水口水质出现异常，巫山县启动了重大突发环境事件应急预案。重庆绿联会提起诉讼，请求判令磺厂坪矿业公司停止侵害，不再生产或者避免再次造成污染，对今后可能出现的污染地下溶洞水体和污染水库的风险重新作出环境影响评价，并由法院根据环境影响评价结果，作出是否要求磺厂坪矿业公司搬迁的裁判；磺厂坪矿业公司进行生态环境修复，并承担相应费用991000元等。

【裁判结果】

重庆市万州区人民法院一审认为，磺厂坪矿业公司违法生产行为已导致千丈岩水库污染，破坏了千丈岩地区水体、地下水溶洞以及排放废水洼地等生态，造成周边居民的生活饮用水困难，损害了社会公共利益。同时，磺厂坪矿业公司的选址存在污染地下水风险，且至今未建设水污染防治设施，潜在的污染风险和现实的环境损害同时存在。据此，一审法院判决磺厂坪矿业公司立即停止侵害，履行重新申请环境影响评价的义务，未经环境保护行政主管部门批复、环境保护设施未经验收的，不得生产；在判决生效后180日内，制定磺厂坪矿业公司洼地土壤修复方案并进行修复，逾期不履行修复义务或者修复未达到保护生态环境社会公共利益标准的，承担修复费用991000元；在国家级媒体上赔礼道歉等。重庆市第二中级人民法院二审维持了一审判决。

【典型意义】

本案涉及三峡库区饮用水资源的保护。磺厂坪矿业公司位于喀斯特地貌山区，地下裂缝纵横，暗河较多，选址建厂应当充分考虑特殊地质条件，生产对周边生态

环境的影响。磺厂坪矿业公司与千丈岩水库分处两个不同的省级行政区域，导致原环境影响评价并未全面考虑生产对相邻千丈岩水库的影响。磺厂坪矿业公司在水污染防治设施尚未建成的情况下，擅自投入生产，违法倾倒生产废水和尾矿，引发千丈岩水库重大突发环境事件。本案结合污染预防和治理的需要，创新民事责任承担方式，将停止侵害的具体履行方式进一步明确为重新申请环境影响评价，未经环境保护行政主管部门批复和环境保护设施未经验收的不得生产，较好地将行政权和司法权相衔接，使判决更具可执行性，有利于及时制止违法生产行为，全面保护社会公共利益。

【点评专家】

张新宝 中国人民大学教授

【点评意见】

本案属于典型的环境民事公益诉讼案，审理法院对已有的公益诉讼审判规则的把握和适用较为准确，并体现了一定的创新性。具体分析如下：第一，关于诉讼管辖规则。本案被告磺厂坪矿业公司地处湖北省建始县，而因其违法行为遭受损害的千丈岩水库位于重庆市巫山县、奉节县和湖北省建始县交界地带（被重庆市确认为集中式饮用水源保护区），根据《最高人民法院关于审理环境民事公益诉讼案件适用法律若干问题的解释》第六条、第七条，以及《重庆市关于环境资源审判组织管辖环境资源案件范围的暂行规定》可知，万州区人民法院享有第一审环境民事公益诉讼管辖权。第二，关于原告诉讼请求。鉴于磺厂坪矿业公司造成的现实环境损害与潜在的污染风险并存，本案原告重庆绿联会主张之诉讼请求合法且合理。第三，关于民事责任承担方式。法院根据事实和法律判决支持原告停止侵害诉讼请求，要求被告重新申请环境影响评价，未经环境保护行政主管部门批复和环境保护设施未经验收的不得生产。这种将诉讼请求予以具体化的原告主张方式和法院判决思路，是值得后续相应案例予以思考和借鉴的，其能够较好地实现司法权与行政权的衔接、配合，使判决更加具有可执行性。同时，环境民事公益诉讼司法解释第二十条规定的生态修复可以理解为民事责任承担方式中恢复原状的一种，即法院可以依法判决被告将环境修复到损害发生之前的状态和功能，无法完全修复可准许采取替代性修复方式，并且法院可以确定被告不履行修复义务时应当承担的修复费用（也可以直接判决被告承担费用）。本案一审法院直接判处被告制定、实施生态修复方案，并在逾期不履行或修复不达标时承担修复费用，符合现行法律和司法解释规定。

五、中华环保联合会诉江苏江阴长泾梁平生猪专业合作社等养殖污染民事公益诉讼案

【基本案情】

梁平合作社等与周边村庄相距较近，其生猪养殖项目建设未经环境影响评价、配套污染防治设施未经验收，就擅自投入生产，造成邻近村庄严重污染。中华环保联合会提起诉讼，请求法院判令梁平合作社等立即停止违法养猪、排污行为，并通过当地媒体向公众赔礼道歉；对养殖产生的粪便、沼液等进行无害化处理，排除污染环境的危险，并承担采取合理预防、处置措施而发生的费用；对污染的水及土壤等环境要素进行修复，并承担相应的生态环境修复费用；承担生态环境受到损害至恢复原状期间服务功能损失费用等。诉讼期间，梁平合作社停止了生猪养殖及排污侵害行为，向法院提交《环境修复报告》。江苏省无锡市中级人民法院组织双方进行了质证，并邀请专家到庭发表意见。专家认为，《环境修复报告》所提供的修复方案不能达到消除污染的目的。原、被告双方对专家意见均无异议，该院予以确认。经双方当事人同意，法院委托鉴定部门重新作出修复方案和监理方案。

【裁判结果】

江苏省无锡市中级人民法院一审认为，经双方当事人同意，法院委托专家在现场调研和勘验的基础上，针对案涉环境地形地貌、污染状况，并结合国家、地方地表水环境质量标准、江河湖泊水功能区划水质要求，作出的技术性修复方案程序合法，依据充分，应予以确认。被告应按照该修复方案对受污染的水、土壤等环境要素进行修复，并自觉接受监理单位的监督。遂判决梁平合作社等必须严格按照修复方案明确的土地复耕方案对涉案土壤进行修复，复耕标准达到国土资源主管部门复耕要求和农林主管部门农业生产条件符合性评价指标与要求；必须严格按照修复方案对涉案污染的水环境进行修复，水环境污染物浓度应降低到《地表水环境质量标准》（GB3838－2002）V类标准，并自觉接受监理单位的监督；在判决生效后一个月内向该院报告环境修复落实情况，法院将委托当地环境保护主管部门验收；如自行修复后经环境保护主管部门验收仍不能达到环境修复预期目标的，法院将委托第三方进行修复，由此产生的一切费用由梁平合作社等负担。宣判后，双方当事人均未提起上诉，一审判决已生效。

【典型意义】

“十三五”规划纲要提出，要开展农村人居环境整治行动，建设美丽宜居乡村。国家标准委下发的《美丽乡村建设指南》明确了农村畜禽研制厂污染排放、废弃物综合利用和畜禽无害化处理等的具体标准。法院在审理本案过程中，针对被告提交的《环境修复报告》组织双方当事人质证、并邀请专家出庭发表意见，充

分发挥庭审功能，确保实现修复生态环境的诉讼目的。在当事人提交的《环境修复报告》不能实现修复目的的情形下，法院发挥能动作用，征得双方当事人同意委托专家另行出具修复方案、监理方案，确保污染预防、治理方案科学合理、切实可行。该案裁判在具体判项中引入相关国家标准，使被告履行义务更加全面具体，确保污染防治能够达到国家标准的质量和水平。该案对于人民法院发挥审判职能作用，支持保障美丽宜居乡村建设，发挥了良好的示范作用。

【点评专家】

王灿发 中国政法大学教授

【点评意见】

本案是一起针对畜禽养殖污染要求污染者停止污染、治理污染并修复生态环境的公益诉讼。在诉讼期间，排污者就停止了污染行为，部分诉讼目的已经实现。关键的问题是修复已经被污染破坏了的生态环境。在处理这个难题上，该案的审判具有三个方面的亮点：一是充分体现了“技术的归技术，法律的归法律”的环境案件审判特点。环境案件的审判，通常会涉及许多的技术问题，作为法官，不可能对这些技术问题都了解和掌握，也难以判断其中的科学性。在这种情况下，就需要依靠科学技术机构和专家对技术问题作出判断，而法官则要在专家技术判断的基础上来适用法律，这样才能保障案件审判的科学性、合理性和公正性。二是法院对案件的审判没有停留在判断是非和法益归属上，而是延伸到了执行的监督。该案的判决，不但判令被告负责修复环境，而且对修复过程中的监理、修复后的验收作出安排。因此可以说这是一份十分负责的判决，为今后此类环境公益诉讼案件的审判提供了范例。三是该案的审判回应了农村环境亟待司法保障的需求。随着我国经济的发展，在城市环境问题尚未得到根本解决的情况下，农村环境的污染和破坏也越来越严重。特别是由畜禽养殖造成的水污染、大气污染和土壤污染，已经达到相当严重的程度。由于农村地区环境法治观念淡薄和一些地方政府一味追求经济发展，使得农村地区的畜禽养殖大多缺乏治理措施。该公益诉讼案件的审理和判决，一方面给其他畜禽养殖污染者敲响了警钟，同时也对其他环保社会组织提起类似的公益诉讼作出了示范，必将有利于促进农村环境污染的预防和治理。

六、北京市朝阳区自然之友环境研究所诉山东金岭化工股份有限公司大气污染民事公益诉讼案

【基本案情】

金岭公司下属热电厂持续向大气超标排放污染物，并存在环保设施未经验收即

投入生产、私自篡改监测数据等环境违法行为。2014 年至 2015 年间，多个环境保护主管部门先后对金岭公司进行了多次行政处罚，山东省环境保护厅责成其停产整改、限期建成脱硫脱硝设施，环境保护部对该公司进行过通报、督查。自然之友诉请人民法院判令被告停止超标排污，消除所有不遵守环境保护法律法规行为对大气环境造成的危险；判令被告支付 2014 年 1 月 1 日起至被告停止侵害、消除危险期间所产生的大气环境治理费用，具体数额以专家意见或者鉴定结论为准等。

【裁判结果】

在山东省东营市中级人民法院审理本案期间，金岭公司纠正违法行为，全部实现达标排放，监测设备全部运行并通过了东营市环境保护局的验收。经法院主持调解，金岭公司自愿承担支付生态环境治理费 300 万元。为了保障社会公众的知情权，法院在双方当事人达成调解协议之后，依法公示调解协议内容，并在公告期间届满后，对调解协议内容是否损害社会公共利益进行了审查，确保调解符合公益诉讼目的，生态环境损害能够得到及时有效救济。该案调解书经双方当事人签收已发生法律效力。

【典型意义】

本案涉及公用事业单位超标排放的环境污染责任。金岭公司系热电企业，在生产过程中多次违法超标排放，对大气造成严重污染。诉讼中，金岭公司积极整改，停止侵害，实现达标排放，监测设备正常运行，使本案具备了调解的基础。法院依法确认该企业存在向大气超标排放污染物等违法事实，并依照《最高人民法院关于审理环境民事公益诉讼案件适用法律若干问题的解释》第二十五条规定，对调解协议内容进行公示，公告期间届满又对调解协议内容进行审查后出具调解书。该案对于督促公用事业单位在提供公共服务过程中履行环境保护责任，依法保障社会公众在环境公益诉讼案件调解程序中的知情权、参与权，做了有益的探索，具有良好的示范意义。

【点评专家】

孙佑海 天津大学法学院院长、教授

【点评意见】

关于环境民事公益诉讼案件能否适用调解的问题，在制定相关司法解释时有过争论。《最高人民法院关于审理环境民事公益诉讼案件适用法律若干问题的解释》第二十五条明确规定，在办理环境民事公益诉讼案件中可以采用调解方式。本案中，山东省东营市中级人民法院根据该司法解释，采用调解方式成功解决了一起在全国有重大影响的环境民事公益诉讼纠纷，取得了良好的社会效果。在环境民事公益诉讼案件中适用调解方式，需要认真把握以下几点：一是对社会公共利益的保护不能仅仅寄希望于通过单一途径或单一方式，多元矛盾纠纷解决机制不失为另一种有效选择；二是对环境民事公益诉讼案件进行调解，符合构建社会主义和谐社会的要求，且具有成本低、效率高、社会风险小、节约司法资源等优势；三是根据权利和义务相一致的原则，既然环境民事公益诉讼的原告负担着诉讼中的一切义务，那么，其也理当享有完整的诉讼权利，包括处分权在内，否则不公平；四是鉴于该类公益诉讼的性质，应当强化监督，人民法院不仅要对调解协议依法进行公告，听取社会公众的意见和建议，而且公告期满后还要进行认真审查，认为调解协议或者和解协议的内容不损害社会公共利益的，才可以出具调解书。东营市中级人民法院在案件的办理中，悉心关照环境民事公益诉讼的特点，根据“有限调解”等原则，对环境民事公益诉讼调解的特殊模式予以考量，凸显环境民事公益诉讼不同于一般民事诉讼的特征，取得了宝贵的经验，对今后办理类似案件，具有良好的示范性。

七、江苏省镇江市生态环境公益保护协会诉江苏优立光学眼镜公司固体废物污染民事公益诉讼案

【基本案情】

优立公司是江苏省丹阳市一家生产树脂眼镜镜片的企业。2006 年，丹阳市环境保护科技咨询服务中心作出的环境影响报告表认定，当地眼镜生产加工企业因树脂镜片磨边、修边工段产生的树脂玻璃质粉末废物为危险废物 HW13。2014 年 4 月至 7 月期间，优立公司将约 5.5 吨该类废物交给 3 名货车司机，倾倒于某拆迁空地，造成环境污染。丹阳市环境保护局对污染场地进行初步清理，将该废物连同被污染的土壤挖掘并予以保管。镇江公益协会提起诉讼，请求判令优立公司采取措施消除污染，承担固体废物暂存、前期清理以及验收合格的费用，或者赔偿因其环境污染所需的相关修复费用 234400 元。

【裁判结果】

江苏省镇江市中级人民法院一审经委托鉴定查明，案涉树脂玻璃质粉末废物不在《国家危险废物名录》之列，原环评报告将其评定为危险废物不符合法律规定，遂向丹阳市环境保护局、当地眼镜商会发出司法建议，建议依法重新评定该类固体废物的属性，准确定性。后经组织评定，确认该类废物不具有危险特性，可交由第三方综合利用或者以无害化焚烧等方式进行处置。一审法院根据评定报告再次提出司法建议，建议为该类废物建立集中收集处置体系。丹阳市眼镜商会采纳了该建

议，参照固体废物相关环保管理要求，采取转移“五联单”的办法管理，并将该类废物运交垃圾发电厂焚烧发电。丹阳市环境保护局对新的评定报告予以认可，同意丹阳市眼镜商会提出的该类废物集中处置方案，并表示愿意监督优立公司依法处置剩余废物。一审法院遂判令优立公司在丹阳市环境保护局的监督下按照一般废物依法处置涉案废物。宣判后，双方均未上诉，一审判决已生效。

【典型意义】

本案涉及固体废物污染责任的认定问题。法院在案件审理中积极采取委托鉴定、调查等方式，依照固体废物污染环境防治法的规定，依法确认案涉固体废物的属性，较好发挥了司法的能动作用。鉴于对该类废物属性的确定和管理，将影响当地眼镜产业数百家企业的生产模式，以及区域危险废物处置能力的调整，法院发出司法建议，推动和督促当地眼镜商会和环境保护主管部门依法纠正了长达十余年的行业误评，鼓励、支持地方政府和行业组织采取有利于保护环境的固体废物集中处置措施，破解了治理固体废物污染的难题，促进了清洁生产和循环经济发展，对于充分发挥环境公益诉讼推动公共政策形成的功能，具有较好的示范意义。

【点评专家】

王子健 中国科学院生态环境研究中心研究员，国家863计划“化学品风险管理与控制”重大项目首席科学家

【点评意见】

本案关于树脂眼镜镜片修边工艺段粉末是否具有“危险特性”的认定过程具有典型性。《国家危险废物名录》规定，可以从两个方面认定固体废物是否具有危险特性。首先看废弃物是否列入了《国家危险废物名录》。本案中，地方眼镜行业技术服务部门的环评报告将其认定为危废（HW13），但是眼镜镜片材料从属性上并不符合“非特定行业的废弃的离子交换树脂（900－015－13）”。本案中的树脂指的是镜片树脂，而不是离子交换树脂。离子交换树脂在工业上和废水处理中用来吸附重金属等阳离子或氰化物等阴离子，因此在废弃阶段可能含有毒性残留物。对固体废物是否具有“危险特性”不明确时，还可以采用《国家危险废物名录》规定的“危险废物鉴别标准和鉴别方法”予以认定，而本案的分析测试结果也表明该固体废物不具有危险性。危险废弃物危害性质的鉴别及其处理处置费用十分高昂，因此，准确鉴别固体废物的危险特性在环境损害认定和赔偿中至关重要。本案中有机镜片树脂可分为天然树脂和合成树脂两种。其中的天然树脂不具有危害属性；合成树脂主要是烯丙基二甘醇酸脂烯（CR39）、聚碳酸酯（PC）和甲基丙烯酸甲酯（PMMA），也不具备物理、环境和健康危害特征。然而许多无毒原材料生

产的物品为了达到使用功能性要求可能会加入一些有毒化学物质，对这些化学物质的危害性质界定是需要将来在法律法规中予以明确的。

八、江苏省徐州市人民检察院诉徐州市鸿顺造纸有限公司水污染民事公益诉讼案

【基本案情】

鸿顺公司多次被环境保护主管机关查获以私设暗管方式向连通京杭运河的苏北堤河排放生产废水，废水的化学需氧量、氨氮、总磷等污染物指标均超标。江苏省徐州市铜山区环境保护局曾两次对鸿顺公司予以行政处罚。徐州市人民检察院作为公益诉讼人，于2015年12月28日向徐州市中级人民法院提起环境民事公益诉讼，请求判令鸿顺公司将被污染损害的苏北堤河环境恢复原状，并赔偿生态环境受到损害至恢复原状期间的服务功能损失；如鸿顺公司无法恢复原状，请求判令其以2600吨废水的生态环境修复费用26.91万元为基准，以该基准的3倍至5倍承担赔偿责任。

【裁判结果】

江苏省徐州市中级人民法院一审认为，鸿顺公司排放废水污染环境，应当承担环境污染责任。根据已查明的环境污染事实、鸿顺公司的主观过错程度、防治污染设备的运行成本、生态环境恢复的难易程度、生态环境的服务功能等因素，可酌情确定该公司应当承担的生态环境修复费用及生态环境受到损害至恢复原状期间的服务功能损失，遂判决鸿顺公司赔偿生态环境修复费用及服务功能损失共计105.82万元。宣判后，鸿顺公司以一审公益诉讼人徐州市人民检察院为被上诉人提起上诉。江苏省高级人民法院二审认为，污染物排放点的环境质量已经达标不能作为鸿顺公司拒绝承担生态环境修复费用的理由，一审判决以2.035倍作为以虚拟治理成本法计算生态环境修复费用的系数并无不当，以查明的鸿顺公司排放废水量的四倍计算生态环境修复费用具有事实和法律依据。二审判决驳回上诉，维持原判。

【典型意义】

该案是全国人大常委会授权检察机关试点提起公益诉讼以来人民法院依法受理的首批民事公益诉讼案件，也是人民法院审理的第一起检察机关试点提起公益诉讼的二审案件。一审法院注重司法公开，体现公众参与，合议庭由审判员和人民陪审员共同组成，庭审向社会公开并进行视频、文字同步直播。庭审时邀请专家辅助人就环境保护专业技术问题提出专家意见，较好地解决了环境资源案件科学性和公正性的衔接问题。该案尝试根据被告违法排污的主观过错程度、排污行为的隐蔽性以及环境损害后果等因素，合理确定带有一定惩罚性质的生态环境修复费用，加大污

染企业违法成本，有助于从源头上遏制企业违法排污。二审法院依据民事诉讼法、《全国人民代表大会常务委员会关于授权最高人民检察院在部分地区开展公益诉讼试点工作的决定》审理检察机关提起公益诉讼的二审案件，对于完善该类案件二审程序规则起到了示范作用。

【点评专家】

李浩 南京师范大学中国法治现代化研究院研究员

【点评意见】

本案是一起非常值得关注的具有典型意义的案件。这是检察机关作为公益诉讼人提起诉讼且进入第二审程序的首例民事公益诉讼案件。由于是第一案，它也提出了一些在程序上值得注意、值得重视、值得研究的问题。

首先，在被告提起上诉的情况下，如何确定检察机关在第二审程序中的称谓？在民事诉讼法中，只有上诉人和被上诉人，检察机关在二审中如何称谓？是继续称谓公益诉讼人还是称谓被上诉人？考虑到民事诉讼第二审程序的特点，二审判决将提起诉讼的徐州市人民检察院列为被上诉人（公益诉讼人）。应当说这是相当有智慧的做法，既充分关照了民事诉讼的特点，又保留了第一审中检察机关公益诉讼人这一特殊称谓。第二，在被上诉人未提交答辩状的情况下，程序如何进行？检察机关是否需要提交答辩状？这对于检察机关来说，恐怕是第一次遇到的问题。检察机关熟悉的情形是刑事诉讼中被告提起上诉进入第二审程序。对于此种情形，虽然根据刑事诉讼法的规定法院要把上诉状的副本交送同级人民检察院，但并未规定检察机关可以提交答辩状，事实上检察机关也不会提出答辩状。但是，依照民事诉讼法的规定，被上诉人是可以提交答辩状的。作为被上诉人的徐州市人民检察院会作出何种选择呢？在本案中，检察机关未提交答辩状。当然，不提交答辩状，在程序上也是合法的，因为按照民事诉讼法的规定，答辩是被上诉人的一项权利，既然是权利，就可以放弃。对于对方当事人不提出答辩状的情形，立法者在制定民事诉讼法时是有预估的，在第一百六十七条中规定不提出答辩状的不影响法院对案件的审理。所以二审法院适用民事诉讼法的这一规定化解了上诉案中的这一新问题。第三，二审是采取开庭审理还是径行裁判的方式。公益诉讼案件是社会影响大、民众关注度高的案件，所以该案在第一审中不仅由两名审判员和三名人民陪审员组成合议庭开庭审理，而且将庭审情况用图像、文字向社会进行了直播。进入第二审之后，要不要开庭审理？民事诉讼法第一百六十九条对二审案件规定了开庭审理和径行裁判两种审理方式，以开庭审理为原则，但经过阅卷、调查和询问当事人，对没有提出新的事实、证据或者理由，合议庭认为不需要开庭审理的，可以不开庭审理。本案虽然是公益诉讼案件，但由于上诉人在上诉时并未提出新的事实、证据或者理由，所以二审法院决定采用径行判决的方式。综上，二审法院通过适用民事诉讼法，妥善地解决了第一案中遇到的新的程序问题。

九、贵州省六盘水市六枝特区人民检察院诉贵州省镇宁布依族苗族自治县丁旗镇人民政府环境行政公益诉讼案

【基本案情】

丁旗镇政府将位于贵州省镇宁县与六枝特区交界处的原龙岩飞机制造厂用地后山地块约 5 亩场地作为丁旗镇生活垃圾临时堆放场，其辖区内的龙滩村村委会也组织将该村生活垃圾集中倾倒至垃圾堆放场附近。2015 年 11 月，六盘水市六枝特区人民检察院向丁旗镇政府发出检察建议书，建议丁旗镇政府在一个月内将倾倒的垃圾清理完毕，并恢复地块原状，责令龙滩村村委会停止垃圾倾倒。因丁旗镇政府未按期进行回复，六枝特区人民检察院作为公益诉讼人提起行政公益诉讼，请求确认被告未依照法律规定选址垃圾堆放场的行政行为违法；判令被告履行法定职责，责令其辖区内的龙滩村村委会停止在该地块倾倒垃圾；判令被告采取补救措施，将该地块的垃圾清除，恢复该地块原状。2016 年 2 月，丁旗镇政府向龙滩村村委会发出通知，禁止该村倾倒垃圾，并组织人员、车辆将临时堆放场的垃圾清运完毕。

【裁判结果】

贵州省清镇市人民法院一审认为，丁旗镇政府选址堆放该镇生活垃圾的行为，是其实施社会管理和公共服务职能的行为，但其选址未经环境卫生行政主管部门指定，垃圾堆放场亦未采取防扬散、防渗漏、防流失、防雨等防治措施，造成较严重的环境污染。公益诉讼人在发现违法行为后，向丁旗镇政府发出检察建议，但丁旗镇政府并未积极进行整改，在本案审理过程中，丁旗镇政府才履行其管理职能将垃圾清运，但还未达到使生态环境明显改善的效果。由于本案受理后，丁旗镇政府已向其辖区内的龙滩村村委会下达通知，禁止该村在该地块倾倒垃圾并将原有垃圾清理覆土，一审法院遂判决确认丁旗镇政府选址垃圾堆放场的行政行为违法；限丁旗镇政府按照专家意见及建议继续采取补救措施，确保该区域生态环境明显改善；驳回公益诉讼人的其他诉讼请求。宣判后，双方当事人均未上诉，一审判决已生效。

【典型意义】

本案是《全国人民代表大会常务委员会关于授权最高人民检察院在部分地区开展公益诉讼试点工作的决定》施行后首例由人民法院跨行政区划管辖的检察机关提起公益诉讼试点案件。对环境公益诉讼案件实行跨行政区划管辖，有利于克服

地方保护、督促行政机关依法履职，对于保护生态环境具有积极的作用。在本案审理过程中，被告积极履行其行政管理职能，公益诉讼人的诉讼目的部分得以实现，人民法院在公益诉讼人未明确申请撤回该部分诉讼请求的情况下，对该部分诉讼请求未予支持，符合行政诉讼法的规定。该案对于人民法院在行政诉讼法、民事诉讼法和全国人大授权决定的框架下依法稳妥有序审理检察机关提起的公益诉讼案件，具有示范意义。

【点评专家】

马怀德 中国政法大学副校长、最高人民法院特邀咨询员

【点评意见】

行政公益诉讼是一种全新的事物。根据全国人大常委会关于检察机关在生态环境和资源保护等领域开展提起公益诉讼试点的授权，对相关行政行为进行监督，是检察机关行使监督权的一种新形式。

正确认识行政公益诉讼试点工作，需要把握好三个关键词，第一是“公益”，公益诉讼一定是代表公共利益，维护公共利益，而不是维护私人利益；第二是“诉讼”，公益诉讼人必须通过诉讼的方式来实现维护公益的目的，尽管其本身具有法律监督的职责，但是一旦进入了诉讼，就要符合诉讼的规律和要求。第三是“检察机关”，检察机关的法律监督职能和公共利益的诉讼代表人这两种职能发生某种意义上的重叠或者结合之后，确实有别于民事公益诉讼中社会组织提起的公益诉讼，在诉讼中坚持正当程序原则，不仅仅是对裁判者、审理者而言，也适用于任何一方诉讼参加人。

本案公益诉讼人起诉后，行政机关主动履职，检察机关提起公益诉讼所发挥的监督效果十分明显，较好地实现了立法机关授权目的。审理者关照公益诉讼的特点，根据生态环境是否得到明显改善等，对行政机关履行法定职责范围的判断标准进行了探索和创新，并注意在法律授权的框架内开展试点，坚持正当程序基本规则，在作出对一方当事人不利裁决前，充分听取其辩论意见，作出行政机关已履行其行政管理职能、公益诉讼目的部分实现的认定，对类案处理发挥了较好的示范效应。

十、吉林省白山市人民检察院诉白山市江源区卫生和计划生育局、白山市江源区中医院环境行政附带民事公益诉讼案

【基本案情】

白山中医院新建综合楼时，未建设符合环保要求的污水处理设施就投入使用。吉林省白山市人民检察院调查发现白山中医院通过渗井、渗坑排放医疗污水。经对

白山中医院排放的医疗污水及渗井周边土壤取样检验，化学需氧量、五日生化需氧量等均超过国家标准。白山市卫生和计划生育局在白山中医院未提交环评合格报告的情况下，对其《医疗机构执业许可证》校验为合格。白山市人民检察院提起诉讼，请求判令白山市卫生和计划生育局于2015年5月18日为白山中医院校验《医疗机构执业许可证》的行为违法；白山市卫生和计划生育局履行法定监管职责，责令白山中医院限期对医疗污水净化处理设施进行整改；白山中医院立即停止违法排放医疗污水。

【裁判结果】

吉林省白山市中级人民法院一审认为，在白山中医院未提交环评合格报告的情况下，白山市卫生和计划生育局对其《医疗机构执业许可证》校验合格，违反相关法律法规规定，该校验行为违法。白山中医院违法排放医疗污水，导致周边地下水及土壤存在重大污染风险，白山市卫生和计划生育局未及时制止，其怠于履行监管职责的行为违法。白山中医院未安装符合环保要求的污水处理设备，通过渗井、渗坑实施了排放医疗污水的行为，产生了周边地下水及土壤存在重大环境污染风险的损害结果，应当承担侵权责任。遂判决确认白山市卫生和计划生育局于2015年5月18日对白山中医院《医疗机构执业许可证》校验合格的行政行为违法；责令其履行监管职责，监督白山中医院在三个月内完成医疗污水处理设施的整改；白山中医院立即停止违法排放医疗污水。一审宣判后，双方当事人均未上诉，一审判决已生效。

【典型意义】

本案涉及卫生行政许可及医疗污水污染地下水水体、土壤等环境要素的保护问题，系检察机关提起的全国首例行政附带民事公益诉讼，对检察机关提起公益诉讼的程序进行了有益探索和实践。人民检察院依法创新环境公共利益司法保护方式，积极提起行政附带民事公益诉讼，督促行政机关依法履行监管职责，监督行政管理相对人履行环境保护法定义务并承担停止侵害的民事责任，避免了重大环境污染事件的发生，取得了良好的法律效果和社会效果。人民法院采取了行政公益诉讼与民事公益诉讼分别立案，由同一审判组织一并审理、分别裁判的方式，在行政诉讼中将白山中医院作为行政诉讼第三人，充分保障了行政管理相对人发表意见的权利，同时通过民事诉讼程序依法确定白山中医院的民事责任，对于妥善协调同一污染行为引发的行政责任和民事责任具有示范意义。

【点评专家】

肖建国 中国人民大学教授，最高人民法院特邀咨询员

【点评意见】

这是基于环境污染引发的全国首例行政附带民事公益诉讼案件，行政公益诉讼判决与民事公益诉讼判决由法院同一合议庭于同日分别作出，两案当事人都服判息诉，判决均已发生法律效力。而且诉讼提起后，被告行政机关积极采取补救措施，筹措资金，监督中医院污水处理设施的整改工作。可见，该案对于矫正行政机关在履行法定职责时的懈怠行为，强化依法行政理念，防止行政相对人因违法排放医疗污水而造成重大环境污染风险，具有重要的现实意义，法律效果和社会效果良好。

本案凸显了行政附带民事公益诉讼在审理程序上的巨大优势，即：在两种诉讼中存在着某些共同的事实和证据问题时，通过附带诉讼的方式，由同一审判组织在同一程序中查明这些事实、认定这些证据，既可以节省时间，又能够避免相互矛盾的判断。当然，对于两种诉讼中相异的事实及证据，合议庭可以行使诉讼指挥权，将两种程序分开处理，同时或先后分别作出两个判决。不过，该案附带民事公益诉讼的被告是一家公立医院，自身承担着救死扶伤的公益职能。法院判决被告“立即停止违法排放医疗污水”，可能引发公众对医院是否会因此受到影响关门整顿，病人无法正常诊疗就医、生命健康权受到损害的质疑。因此，附带诉讼的判决说理中，只有阐明保护环境公益的必要性和紧迫性，裁判内容的可执行性和妥当性，裁判结果才具有正当性和说服力。

最高人民法院公布人民法院环境保护行政案件十大案例

（2014 年 12 月 19 日）

目　录

8. 梦达驰汽车系统（苏州工业园区）有限公司诉苏州工业园区环境保护局环保行政处罚案

9. 夏春官等4人诉东台市环境保护局环评行政许可案

10. 正文花园业委会、乾阳佳园业委会诉上海市环保局不服环评报告审批决定案

一、佛山市三英精细材料有限公司诉佛山市顺德区人民政府环保行政处罚案

（一）基本案情

2011年12月2日，广东省佛山市顺德区环境运输和城市管理局（以下简称区环运局）以佛山市三英精细材料有限公司（以下简称三英公司）在生产过程中排放废气的臭气浓度超标为由，对该公司作出《限期治理决定书》，要求2012年1月31日前完成排放臭气浓度治理达到《恶臭污染物排放标准》的要求，并经环运局验收合格；逾期未申请验收或未完成限期治理任务，将按规定责令停业、关闭；要求该公司分析臭气浓度超标排放原因，制定限期治理达标计划以及落实各项污染防治措施，确保污染物达标排放。

2012年2月9日，三英公司向区环运局申请治理验收。顺德区环境保护监测站受区环运局委托，于同年4月26日、6月28日对该公司进行臭气排放监测，两次监测报告均显示臭气浓度未达标。区环运局遂于2012年8月29日组织验收组现场检查并对法定代表人进行调查询问，告知该公司验收结果：即存在未提交限期治理方案、废气处理技术不能确保无组织废气达标排放、排放废气的臭气浓度超标、使用的燃油不符合环保要求等四个方面的问题，未通过限期治理验收。

2013年1月11日，顺德区人民政府作出《行政处罚告知书》，同年3月18日经听证后作出《行政处罚决定书》，决定三英公司自收到行政处罚决定书之日起停业、关闭。该公司不服提起行政诉讼，请求法院撤销上述《行政处罚决定书》。

（二）裁判结果

佛山市中级人民法院一审认为，三英公司对顺德区人民政府作出处罚决定的职权依据及行政程序并无异议。原告认为上述两次臭气排放监测的采样点与频次不符合法定要求，未能排除其他干扰因素，故监测报告的结论不能作为定案依据。经查，顺德区环境保护监测站具有废气污染物检测的法定资质，该监测站两次臭气采样点即监测位置为三英公司厂界敏感点，符合《恶臭污染物排放标准》及国家环境保护总局《关于恶臭物无组织排放检测问题的复函》规定。原告认为臭气监测采样点的设置不合法的主张于法无据，其亦未提供充分证据证明上述臭气监测采样

点存在其他干扰因素。至于采样频次问题，该监测站两次臭气监测均采用了 4 次 * 3 点的监测频次并取其中最大测定值，但频次间隔不足 2 小时，存在一定瑕疵。但该瑕疵不足以推翻监测报告结论的正确性。由于原告在限期治理期限届满后，经两次监测臭气排放浓度仍未达到《恶臭污染物排放标准》的要求，且存在其他相关环保问题，经区环运局报请顺德区人民政府依照《广东省珠江三角洲大气污染防治办法》有关规定对原告作出停业、关闭的行政处罚决定，认定事实清楚，证据充分，适用法律正确，遂判决驳回原告诉讼请求。原告上诉后，广东省高级人民法院二审判决驳回上诉，维持原判。

（三）典型意义

本案典型意义在于：当前，环境污染成为群众严重关切的社会问题。治理污染要从源头抓起，本案中行政机关对排污不达标企业提出限期治理要求，仍未达标的，依法作出责令停产、关闭的处罚，于法有据。人民法院在审理此类行政案件中，一方面要依法审查行政机关的执法职权、执法依据和执法程序，另一方面对于废气污染物监测报告等专业性判断和专家证据，也要从证据审查角度给予充分尊重，对合法形成的证据予以采信。人民法院对环境保护管理机关严格处罚污染物排放不达标企业的合法行政行为，依法予以坚决支持。

二、动感酒吧诉武威市凉州区环境保护局环保行政命令案

（一）基本案情

甘肃省武威市凉州区环境保护局（以下简称区环保局）接到其辖区陆羽茶楼对动感酒吧环境噪声污染的投诉后，组织环境检查执法人员和环境检测人员先后于 2012 年 11 月 23 日、12 月 20 日和 12 月 22 日 22 时零 5 分至 23 时零 5 分，对动感酒吧环境噪声及环境噪声污染防治情况实施了现场检查（勘查）和采样检测，其夜间场界 4 个检测点环境噪声排放值分别达到 58. 9dB（A）；55. 4dB（A）；52. 9dB（A）；56. 9dB（A）；均超过国家《社会生活环境噪声排放标准》（GB22337 - 2008）规定的环境噪声排放标准。区环保局于 2012 年 12 月 22 日制作了检测报告，认定动感酒吧夜间噪声达 58. 9 分贝，超过国家规定的排放标准，其行为违反了《中华人民共和国环境噪声污染防治法》第四十三条第二款规定，并依据该法第五十九条规定，于 2013 年 1 月 18 日对动感酒吧作出责令改正违法行为决定书：责令其立即停止超标排放环境噪声的违法行为，限于 2013 年 2 月 28 日前，采取隔音降噪措施进行整改，并于 2013 年 2 月 28 日前将改正情况书面报告。动感酒吧于 2013 年 2 月 27 日向区环保局提交了防噪音处理报告及申请，证明其已整改，同时申请对整

改后的噪音再次测试，区环保局未予答复，也未再组织测试；同年4月17日，动感酒吧就区环保局于1月18日作出的上述责令改正违法行为决定书向武威市环保局申请复议，复议机关以逾期为由不予受理。遂以区环保局为被告，诉请法院撤销上述责令改正违法行为决定书。

（二）裁判结果

武威市凉州区人民法院一审认为，被告区环保局执法主体资格、执法程序合法。被告的检测报告所适用的检测标准（《社会生活环境噪声排放标准》）与原告所述的检测标准（《标准声环境质量标准》）是法律规定的二个不同的标准，前者是适用于对营业性文化娱乐场所、商业经营活动中使用的向环境排放噪声的设备、设施的管理、评价与控制的排放标准，后者是适用于声环境质量评价与管理的环境质量标准，被告检测噪音的方式方法并不违背法律规定，其检测结果合法有效，遂判决维持被告作出的责令改正违法行为决定书。动感酒吧上诉后，武威市中级人民法院二审认为，被上诉人在夜间经营期间环境噪声排放及环境噪声污染噪声已超过《社会生活环境噪声排放标准》规定限度，其行为违反了《中华人民共和国环境噪声污染防治法》第四十三条第二款“经营中的文化娱乐场所，其经营管理者必须采取有效措施，使其边界噪声不超过国家规定的环境噪声排放标准”的规定，原判认定事实清楚，适用法律准确，判决驳回上诉、维持原判。

（三）典型意义

本案典型意义在于：对于社会生活中经常发生的噪声扰民现象，环保机关针对群众投诉作出合法适度处理后引发的行政诉讼，人民法院应当依法给予支持。与民事审判处理特定侵权者、受害者之间民事行为及相关赔偿不同，行政审判通过监督环保机关履行保护环境职责，对合法行政行为给予支持，对违法行政行为监督纠正，有利于保护受污染群体的利益，促进人民群众生活环境的改善。本案重要意义还体现于，人民法院以裁判方式明确了噪声相关标准执法适用范围。由国家环境保护部、国家质量监督检验检疫总局2008年10月1日发布施行的《声环境质量标准》、《社会生活环境噪声排放标准》和《工业企业厂界环境噪声排放标准》，是环境检测、执法人员进行噪声监管的重要依据。前一项是环境质量标准，后两项是排放标准，它们的适用范围、检测方法及限值等均有不同，应根据检测对象及目的等因素作出正确选择。本案判决对《声环境质量标准》、《社会生活环境噪声排放标准》的适用范围作了正确区分，对环保机关正确执法和人民法院审理类似行政案件具有示范作用。

三、海丽国际高尔夫球场有限公司诉国家海洋局环保行政处罚案

（一）基本案情

广东省海丰县海丽国际高尔夫球场有限公司（以下简称海丽公司）与海丰县人民政府（以下简称县政府）签订合同约定“征地范围南边的临海沙滩及向外延伸一公里海面给予乙方作为该项目建设旅游的配套设施”。海丽公司在海丰县后门镇红源管区海丽国际高尔夫球场五星级酒店以南海域进行涉案弧形护堤的建设。2009年3月9日，涉案弧形护堤部分形成。2010年3月19日，海监部门在执法检查中发现该公司未取得海域使用权证擅自建设涉案弧形护堤，涉嫌违反《中华人民共和国海域使用管理法》（以下简称《海域法》）第三条的规定。经逐级上报，国家海洋局立案审查。2011年3月，南海勘察中心受海监部门委托作出《汕尾市海丰县海丽国际高尔夫球场海岸线弧形护堤工程海域使用填海面积测量技术报告》，指出涉案弧形护堤填海形成非透水构筑物（堤坝），面积为0.1228公顷。

2011年6月2日，国家海洋局作出《行政处罚听证告知书》，告知海丽公司拟对其作出的处罚及事实和法律依据，经组织召开听证会，同年12月14日作出第12号行政处罚决定：认定海丽公司在未经有权机关批准的情况下，自2010年3月中旬进行涉案弧形护堤工程建设，以在海中直接堆筑碎石的方式进行填海活动，至2010年11月17日技术单位测量之日，填成弧形护堤面积为0.1228公顷。据此，依据《海域法》有关规定和《财政部、国家海洋局关于加强海域使用金征收管理的通知》，责令该公司退还非法占用的海域，恢复海域原状，并处非法占用海域期间内该海域面积应缴纳的海域使用金15倍的罚款人民币82.89万元。该公司不服，申请行政复议。国家海洋局于2012年5月30日作出行政复议决定认为：第12号处罚决定关于海丽公司自2010年3月中旬进行涉案弧形护堤建设的认定与海监部门航空照片显示涉案弧形护堤2009年已存在的情况不一致，系认定事实不清，决定撤销第12号处罚决定。其后，国家海洋局经履行听证告知、举行听证会等程序，于2012年7月25日作出海监七处罚（2012）003号行政处罚决定书，指出证据显示2009年3月9日涉案弧形护堤已部分形成，至2010年11月17日海监机构委托技术单位进行现场测量之日，该弧形护堤非法占用海域的面积为0.1228公顷；处罚依据与具体内容与上述12号处罚决定相同。海丽公司不服，提起行政诉讼，请求法院撤销海监七处罚（2012）003号行政处罚决定书。

（二）裁判结果

北京市第一中级人民法院一审认为，《国家海域使用管理暂行规定》《广东省海域使用管理规定》等有关规定明确了任何单位或个人实施填海等占用海域的行

为均必须依法取得海域使用权，海洋行政主管部门颁发的海域使用权证书是当事人合法使用海域的凭证。本案中，海丽公司未经批准合法取得海域使用权，填海建设弧形护堤的行为，属于《海域法》第四十二条所指未经批准非法占用海域进行填海活动的情形，被诉处罚决定中的该部分认定证据充分，定性准确。海丽公司关于涉案弧形护堤并非建设于海域范围，故国家海洋局无管辖权的诉讼理由，缺乏事实依据，其关于海丰县政府与其签订的合同可以作为其取得海域使用权证明的诉讼理由，缺乏法律依据，遂判决驳回该公司的诉讼请求。海丽公司上诉后，北京市高级人民法院判决驳回上诉，维持原判。

（三）典型意义

本案典型意义在于：人民法院通过发挥行政审判职能作用，有力地支持了海洋行政主管部门依法实施监督管理，切实保护海洋生态环境。党的十八届三中全会明确提出了完善自然资源监管体制，对海洋资源超载区域等实行限制性措施。海域属于国家所有，任何单位和个人在未依法取得有权机关颁发的海域使用权证书的情况下，不得侵占、买卖或者以其他形式非法转让海域，否则要受到相应的处罚。本案中，虽然海丰县政府与海丽公司签订了合同，允许其使用涉案海域，但依照海域法等有关规定，该公司仍需依法向项目所在地县以上海洋行政主管部门提出申请，并按照《广东省海域使用管理规定》第十一条规定的批准权限逐级上报，由批准机关的同级海洋行政主管部门发给海域使用证。本案的处理对于厘清地方政府与海洋行政主管部门的法定职权，对于相关行政执法和司法实践有着积极示范意义。

四、卢红等 204 人诉杭州市萧山区环境保护局环保行政许可案

（一）基本案情

杭州萧山城市建设投资集团有限公司（以下简称城投公司，原审第三人）因涉案风情大道改造及南伸项目建设需要，委托浙江省工业环保设计研究院有限公司（以下简称“省环保设计院”）对该项目进行环境影响评价。在涉案环评报告书编制过程中，城投公司分别在建设项目所涉区域对案涉项目的基本情况及其对周边环境可能造成的影响、预防或减轻不良环境影响的对策和措施、环境影响评价结论要点等内容进行了两次公示。省环保设计院通过发放个人调查表和团体调查表的方式进行了公众调查。2012 年 4 月 20 日，杭州市萧山区环境保护局（以下简称区环保局）与城投公司、省环保设计院和邀请的专家召开了涉案项目环境影响报告书技术评审会并形成评审意见。同年 4 月 23 日，区环保局在区办事服务中心大厅的公

示栏内张贴案涉项目的《环保审批公示》。公示期间为2012年4月23日至同年5月7日，共10个工作日。公示内容主要为：涉案项目基本情况；涉案项目对环境可能造成的影响；预防或减轻不良环境影响的对策和措施；环境影响评价结论要点；建设单位、环评单位及审批单位的联系方式，并注明征求意见的方式是电话和信件。2012年5月29日，区环保局与城投公司、省环保设计院和邀请的专家召开案涉环评报告书（复审稿）技术复审评审会并形成复审意见。2012年6月，省环保设计院形成环评报告书的送审稿。同年6月28日，城投公司向区环保局报送该环评报告书及相关的申请材料，申请对该环评报告书予以批准。区环保局于同日作出《关于风情大道改造及南伸（金城路－湘湖路）工程环境影响报告书审查意见的函》（以下简称《审查意见函》），同意该项目在萧山规划许可的区域内实施。

卢红等204人称，其均为萧山区风情大道湘湖段"苏黎世小镇"和"奥兰多小镇"两小区的居民。因不服萧山区发展和改革局审批的"风情大道改造及南伸（金城路－湘湖路）工程"可行性研究报告，向杭州市发展和改革委员会提起行政复议。在复议期间，萧山区发展和改革局提供了区环保局的《审查意见函》作为其审批依据。该204人认为涉案项目的建设将对两个小区造成不利影响，区环保局的行政许可行为侵害其合法权益，遂以该局为被告提起行政诉讼，请求法院撤销上述《审查意见函》。

（二）裁判结果

杭州市萧山区人民法院一审认为，根据《浙江省建设项目环境保护管理办法》（以下简称《办法》）第二十二条的规定，环保行政机关受理环境影响报告书审批申请后，除了依法需要保密的建设项目，仍需通过便于公众知晓的方式公开受理信息和环境影响报告书的查询方式以及公众享有的权利等事项，并征求公众意见，征求公众意见的期限不得少于7日。本案中，被告区环保局称其2012年4月23日受理第三人城建公司就案涉环评报告书提出的审批申请，而第三人委托评价单位省环保设计院编制的、用于申请被告批准的涉案环评报告书（报批稿）形成于2013年6月。因此，即使被告确实是2012年4月23日受理了第三人的申请，由于需要审批的环评报告书（报批稿）此时尚未编制完成，被告主张的受理行为亦不合法。被告在《承诺件受理通知书》中明确表示第三人向其申请环评审批的时间是2012年6月28日，而被告于同日即作出被诉《审查意见函》，对案涉环评报告书予以批准，其行为明显违反《办法》第二十二条关于环评审批行政机关在审批环节应进行公示和公众调查的相关规定，严重违反法定程序。据此，判决撤销被告作出《审查意见函》的具体行政行为。一审宣判后，各方当事人均未上诉。

（三）典型意义

本案典型意义在于：环保机关受理环境影响报告书审批申请的基本前提是该报告书已正式形成，且环保机关受理后应依法履行公开该报告书并征求公众意见的程序后，才可予以审批。人民法院要严格审查行政行为是否履行了法定程序和正当程序，是否充分尊重了当事人的知情权、表达权，如果认为行政行为存在程序违法或明显不当的，有权确认违法或予以撤销。近年来，有的地方政府和行政机关，为了加快城市化建设进程，不惜违反行政程序超常规审批某些建设项目，有的甚至以牺牲人民群众的环境权益为代价，造成不良的社会影响。只有严格依法依规，按程序办事，才能真正有利于促进城市环境改善和社会和谐安宁。本案中，区环保局存在明显的程序违法情形，其所主张的受理城投公司提出的环评报告书审批申请的时间，尚未形成正式报批稿；其在环评报告编制过程中所公示的《环保审批公示》，不能替代《办法》所要求环保机关在申请人正式报送环评报告及相关申请材料后对环境影响报告书进行公示和公众调查的程序和义务。法院基于其程序的严重违法，判决撤销了被诉行政行为，对于彰显程序公正和促进行政机关依法行政，具有很好的示范效应。

五、君宁机械厂诉六安市金安区环境保护局环保行政处罚案

（一）基本案情

安徽省六安市金安区君宁机械厂（以下简称君宁机械厂）于2012年4月11日租用六安光华厂家属区房屋，安装机械设备从事铸铁金属件制造和金属制品加工制造，但未依法报批建设项目环境影响评价文件。该厂在生产过程中使用乳化液对工件进行润滑和降温，有废水、固体废物和噪声产生，但该厂除对固体废物进行简单的堆放收集外，对其他污染未做任何处理，也未建设相关的环境保护设施。该厂所在居民区居民多次上访反映其产生的噪声等污染严重影响群众正常生活。六安市金安区环境保护局（以下简称区环保局）经现场检查、调查取证、集体讨论等程序于2012年8月5日对该厂作出了行政处罚决定书以及限期补办决定书，责令君宁机械厂停止生产、限期补办环评手续，同时罚款五万元。该厂对此不服申请行政复议，经区人民政府复议后决定维持上述两个决定。该厂仍不服，以区环保局为被告提起行政诉讼，请求法院撤销上述两个决定。

（二）裁判结果

六安市金安区人民法院一审认为，本案原告君宁机械厂在居民区从事机械加工生产，由此产生废水、固体废物及噪声等污染物，对周边环境及居民生活造成了一

定影响，应当依法办理环评手续，并配套建设环境保护设施后，才能正式投入生产。但原告在未办理环评手续，也未建设配套环保设施情况下，从事机械加工生产，显已违反了上述法律规定。被告区环保局依法对其作出行政处罚决定和限期补办决定，符合法律规定，依法应予支持，遂判决驳回原告诉讼请求。

君宁机械厂上诉后，六安市中级人民法院二审认为，上诉人君宁机械厂作为个体工商户，经营范围经工商部门核准登记为“机械加工”。国家环境保护部 2008 年颁布的《建设项目环境影响评价分类管理目录》，明确将机械加工类纳入到环境影响评价管理范围内。因此上诉人在投产前，理应先办理环境影响评价手续。区环保局基于举报在立案查处上诉人污染环境过程中，发现该厂未办理环境影响评价手续，根据相关法律法规的规定，在履行了法定程序后，依法作出责令其限期补办环评手续的决定，并无不妥。上诉人在加工生产过程中，确实存在排放污染的现象，且并未配套建设环保设施，对周边环境已造成一定影响，故被上诉人依照《建设项目环境保护管理条例》的规定，责令其停止生产并处以罚款五万元，于法有据。二审判决驳回上诉，维持原判。

（三）典型意义

本案典型意义在于：人民法院通过司法审查，支持环保机关针对废水、固体废物和噪声排放企业作出的合法处理决定，有力地维护人民群众环境权益。本案中，涉案企业从事属于需要办理环境影响评价手续的行业，但在未取得任何环评手续的情况下，擅自在居民区内从事金属加工制造。而其生产过程中产生的噪声、排放的污染物又对周边居民的生活、学习造成一定影响。因此，环境保护部门依法对其进行行政处罚，并要求其限期整改，以合法正当的行政执法维护公民良好的居住生活环境，人民法院应当依法予以支持。

六、苏耀华诉广东省博罗县人民政府划定禁养区范围通告案

（一）基本案情

2006 年底，苏耀华与广东省博罗县农业科技示范场签订了《承包土地合同书》，在涉案土地上经营养殖场，养殖猪苗，并先后领取了《税务登记证》、《排放污染物许可证》和《个体工商户营业执照》。2012 年 3 月 22 日，博罗县人民政府发布《关于将罗浮山国家级现代农业科技示范园划入禁养区范围的通告》（以下简称《通告》），要求此前禁养区内已有的畜禽养殖场（点）于当年 6 月 30 日前自行搬迁或清理，违者将依据有关法律、法规进行处理，直至关闭。

此后，博罗县环境保护局、畜牧局均以《通告》为由不予通过养殖场的排污

许可证、动物防疫合格证的年审；县国土资源局以养殖场未按规定申请办理用地手续，未取得县人民政府批准同意擅自兴建畜禽养殖房为由，要求养殖场自行关闭并拆除畜禽养殖房，恢复土地原状；县住房和城乡建设局对养殖场发出了《行政处罚告知书》，以养殖场的建筑未取得建设工程规划许可证为由，拟给予限期拆除的处罚。苏耀华对县人民政府作出的上述《通告》不服，提起行政诉讼，请求法院判决撤销该《通告》。

（二）裁判结果

惠州市中级人民法院一审认为，根据《广东省环境保护条例》《中华人民共和国畜牧法》有关规定，被告博罗县人民政府有权将其管辖的罗浮山国家级现代农业科技示范园划定为畜禽禁养区，县政府已将《通告》告知并送达有关畜牧养殖户，《通告》明确告知当事人应履行的义务。被告划定畜禽禁养区完全合乎法律规定，遂判决维持《通告》。

苏耀华上诉后，广东省高级人民法院二审认为，罗浮山国家级现代农业科技示范园承担着农业科技推广的任务，需要严格的环境保护条件。科技示范园附近的河道连接着当地饮用水源地，在科技示范园内进行畜禽养殖有可能造成空气和水质污染。博罗县人民政府有权依据畜牧法、《畜禽养殖污染防治管理办法》和《广东省环境保护条例》相关规定，根据环境保护的需要，将其管辖的罗浮山国家级现代农业科技示范园划定为畜禽禁养区。据此，二审判决维持原判，驳回上诉。

但二审法院同时认为，苏耀华经营养殖场的行为发生在《通告》作出之前，已经依法领取了《税务登记证》、《排放污染物许可证》和《个体工商户营业执照》，其合法经营行为应当受到法律保护。根据行政许可法第八条的规定，虽然博罗县人民政府有权根据环境保护这一公共利益的需要划定畜禽禁养区，但亦应当对因此遭受损失的苏耀华依法给予补偿。县人民政府发布《通告》要求养殖场自行搬迁或清理，未涉及对苏耀华的任何补偿事宜显然不妥。环保、国土、住建等部门对苏耀华及其养殖场作出行政处罚、不予年审等行为的依据均是《通告》，县人民政府不能以此为由否定苏耀华的合法经营行为。苏耀华可依照《最高人民法院关于审理行政许可案件若干问题的规定》第十四条的规定，另行提出有关行政补偿的申请。

（三）典型意义

本案典型意义在于：人民法院在维护行政机关环境保护监管行为的同时，也注重利益的平衡，较好地诠释了环境行政管理活动中的信赖保护原则。虽然县级以上人民政府有权根据环境保护的需要，划定畜禽禁养区，严禁在畜禽禁养区内从事畜禽养殖业，也可要求已有的畜禽养殖场（点）自行搬迁或清理，即变更或撤回养殖户的生产经营许可。但与此同时，也应当考虑到在此之前合法经营的畜禽养殖户的利益保护问题，应根据《行政许可法》第八条所体现的信赖保护原则精神，对行政许可因环境公共利益需要被变更或撤回而遭受损失的合法养殖户依法给予补偿。在环境行政管理活动中，政府及环保部门需注重公共利益与私人利益的平衡，不能只考虑环境保护的需要，忽视合法经营者的信赖利益。尤其要防止为了逃避补偿责任，有意找各种理由将合法的生产经营活动认定为“违法”的现象。本案由于原告并未提出行政补偿的诉讼请求，二审法院在维持被告《通告》的同时，明确指出被告未就补偿事宜作出处理，甚至以“事后”提出的原告行为不合法为由不予补偿，明显不当，并告知原告可另行提出补偿申请的法律救济途径，处理适当。

七、泉州弘盛石业有限公司诉晋江市环境保护局环保行政管理案

（一）基本案情

福建省晋江市环境保护局（以下简称市环保局）于2012年7月5日现场检查发现泉州弘盛石业有限公司（以下简称弘盛公司）在从事石材加工生产过程中，存在需要配套建设的水污染防治设施和未经环境保护主管部门验收（合格）而投入生产情形，遂于同年7月20日作出行政处罚决定，责令该公司停止生产并罚款人民币6万元。弘盛公司认为市环保局向其核发过《排放污染物临时许可证》，明确其建设项目的污水排放已达到零排放标准，符合项目环境保护的要求，应视同验收合格，遂申请行政复议。泉州市环境保护局复议后，决定维持上述行政处罚决定。弘盛公司仍不服，以市环保局为被告提起行政诉讼，请求法院撤销该行政处罚决定。

（二）裁判结果

晋江市人民法院一审认为，原告弘盛公司作为石材加工企业，在生产过程中必然产生污水等污染物，必须建设水污染防治设施并经验收合格才能投产。被告市环保局对其核发《排放污染物临时许可证》，准许其临时排放污染物，并不能视同原告的水污染防治设施验收合格，不能免除水污染防治设施应当经过环境保护主管部门验收合格方可投产的义务。原告在《排放污染物临时许可证》已过期的情形下继续生产，且水污染防治设施仍未经环保部门验收合格，其行为不属于行政处罚法第二十九条规定的不予处罚情形，且违法行为呈持续状态，行政处罚的追诉时效应从违法行为终了之日起计算。被告在作出行政处罚前，已依法作出《行政处罚告

知书》并送达原告，告知原告所享有的权利，遂判决维持被告作出的行政处罚决定书。弘盛公司上诉后，泉州市中级人民法院二审以相同理由判决驳回上诉、维持原判。

（三）典型意义

本案典型意义在于：人民法院通过判决的方式进一步明晰了环保机关核发《排放污染物临时许可证》，不能视同水污染防治设施已经验收合格。产生污水等污染物的排污企业，必须依法建设水污染防治设施并经环保机关验收合格后才能投入生产，否则环保机关有权依据水污染防治法以及地方性法规等规范性文件对违法排污企业予以处罚。本案中，弘盛公司主张所领取的《排放污染物临时许可证》应视同水污染防治设施验收合格的理由不能成立，同时还存在《排放污染物临时许可证》已过期继续生产的情形，且该许可证允许其对外排放的污染物种类中不包括废水等。法院支持对其作出停止生产和罚款的行政处罚是正确的。此外，本案在法律适用上，结合污染物种类明确了对于废水的排放应适用水污染防治法，而对于“液态废物”的排放则适用固体废物污染环境防治法，具有直接指导环保机关行政执法和人民法院审理相关案件的实践意义。

八、梦达驰汽车系统（苏州工业园区）有限公司诉苏州工业园区环境保护局环保行政处罚案

（一）基本案情

江苏省苏州市工业园区环境保护局（以下简称园区环保局）连续接到汀兰家园小区居民关于周围企业产生异味影响正常生活和健康的投诉，于 2013 年 9 月起对该小区周边企业废气排放情况集中排查整治，划定包括梦达驰汽车系统（苏州工业园区）有限公司（以下简称梦达驰公司）在内的 58 家企业作为检查对象。同年 9 月 30 日，园区环保局执法人员会同苏州市环境监察支队执法人员至梦达驰公司进行执法检查时，该公司保安以未办理来访预约为由拒绝执法人员进入现场检查。执法人员随即拨打 110 报警求助，在民警和执法人员的要求下，保安电话联系公司环保负责人后仍以未预约为由拒绝执法人员进入现场检查。园区环保局执法人员因受阻挠而认为丧失最佳检查时机，故未强行进入现场进行检查。2013 年 12 月 6 日，园区环保局向该公司邮寄送达了《行政处罚事先告知书》。在规定的期限内，该公司未向园区环保局提出陈述申辩意见。同年 12 月 20 日，园区环保局作出行政处罚决定，认定 2013 年 9 月 30 日园区环保局依法对梦达驰公司开展废气排放企业专项现场检查时，该公司拒绝其入内开展检查，违反大气污染防治法关于“环境

保护行政主管部门和其他监督管理部门有权对管辖范围内的排污单位进行现场检查，被检查单位必须如实反映情况，提供必要的资料”的规定，根据行政处罚法、大气污染防治法有关规定，对该公司处以罚款人民币4万元的行政处罚。梦达驰公司不服，提起行政诉讼，请求法院撤销该行政处罚决定。

（二）裁判结果

苏州市姑苏区人民法院一审认为，国家环境保护行政机关依法实施环境保护执法检查，是法律赋予执法机关的权力和职责，原告梦达驰公司的内部管理规定不能对抗国家强制性法律规定。原告以公司管理规定为由阻碍、拒绝依法进行的行政执法行为，在公安民警到场介入的情况下，仍拒绝检查，其行为已构成拒绝执法检查。根据大气污染防治法相关规定，拒绝环境保护行政主管部门或者其他监督管理部门现场检查，环境保护行政主管部门或者法律规定的监督管理部门可以根据不同情节，责令停止违法行为，限期改正，给予警告或者处以五万元以下罚款，原告无正当理由拒绝被告的执法检查，事后也未及时采取补救、改正措施，其主观过错较大。被告对原告所作出的罚款在法定处罚幅度内，并无不当。故判决驳回原告的诉讼请求。一审宣判后，双方当事人均未上诉。

（三）典型意义

本案典型意义在于：人民法院通过行政审判切实维护了环保机关的法定检查权和行政执法权威，裁判结果无论对被处罚企业还是其他相关排污企业，都是一次有意义的警示教育。现场检查是环境保护行政部门收集证据、制止环境污染违法行为的重要程序和手段，被检查单位拒绝环境保护行政部门现场检查的行为，依法应予处罚。

九、夏春官等4人诉东台市环境保护局环评行政许可案

（一）基本案情

夏春官等4人系江苏省东台市东台镇景范新村19幢的住户，其住宅与四季辉煌沐浴广场（原审第三人）上下相邻。四季辉煌沐浴广场为新建洗浴服务项目，在涉案地段承租了营业用房作为经营场地，项目投资250万元，其中环保投资25万元，先后于2013年2月25日就涉案建设项目报东台市东台镇人民政府审批，于2013年3月12日向东台市环境保护局（以下简称市环保局）提交了《建设项目环境影响申报（登记）表》，并根据该局有关须委托有资质的环评单位编制环境影响报告表的意见，委托东台市环境科学研究所编制相关报告表，其后送至该局进行审批。2013年4月1日，市环保局作出《关于对东台市东台镇四季辉煌沐浴广场洗浴服务项目环境影响报告表的审批意见》（以下简称《审批意见》），同意四季辉煌

沐浴广场在景范新村17号楼及19号楼之间新建洗浴服务项目，并对该项目在运营过程中产生的废、污水的处理、场界噪声对邻近声环境质量的影响及各类固体废物处置等提出了具体要求。夏春官等4人认为市环保局在没有召开座谈会、论证会以及征询公众意见的情况下，即作出《审批意见》，侵犯了其合法权益，故提起行政诉讼，请求法院撤销该《审批意见》。

（二）裁判结果

江苏省东台市人民法院一审认为，被告市环保局具有对本辖区建设项目的环境影响报告表进行审批的职权。行政许可法第四十七条规定“行政许可直接涉及申请人与他人之间重大利益关系的，行政机关在作出行政许可决定前，应当告知申请人、利害关系人享有要求听证的权利……。”对何谓“重大利益关系”，我国现行法律、法规、规章以及司法解释虽无具体规定，但涉及民生利益的问题，不应排除在“重大利益关系”之外。本案原告夏春官等4人的住宅与第三人四季辉煌沐浴广场相邻。第三人新建的洗浴项目投入运营后所产生的潮湿及热、噪声污染等，不能排除对原告的生活造成重大影响的可能，被告在作出《审批意见》前应当告知4名原告享有听证的权利，其未告知即径行作出《审批意见》违反法定程序，遂判决撤销该《审批意见》。

四季辉煌沐浴广场上诉后，盐城市中级人民法院二审认为，环境影响评价法第二十二条对建设项目环境影响评价文件的审批部门、审批权限和审批决定时限等问题作了明确规定，对审批部门行政许可的具体程序没有作出规定。但是，行政许可法对行政许可的设定和实施程序提出明确要求。本案被诉行政行为属于涉及建设项目环境影响评价的行政许可行为，应当按照行政许可法规定的程序进行审批。夏春官等4个家庭作为与本案审批项目直接相邻的利害关系人，应当认定与审批项目存在重大利益关系。环保机关在审查和作出这类事关民生权益的行政许可时，应当告知夏春官等人享有陈述、申辩和听证的权利，并听取其意见。原审法院认定市环保局未履行告知听证义务，违反法定程序并无不当，故判决驳回上诉，维持原判。

（三）典型意义

本案典型意义在于：人民法院通过严格审慎的审查，分析了行政许可法第四十七条有关是否存在“重大利益关系”以及听证程序的适用条件，最终撤销环保机关作出的被诉行政行为，保障了公民在环境管理领域的知情权、陈述权、申辩权和听证等权利，很大程度上彰显了程序正义和司法公正。本案作为一起典型的体现公众参与原则的环保行政许可案件，同时也是一起与群众利益息息相关的民生案件，两审法院以环保机关所审批的洗浴项目与相邻群众存在重大利益关系，未告知陈述、申辩和听证的权利违反法定程序为由，撤销环保机关作出的审批意见，既有力地维护了相邻群众的合法权益，又强化了司法对行政权力的监督，对引导和规范环保机关的同类审批行为，促进公众参与环境行政许可的决策与监督，提高行政审批的程序意识，具有重要意义。

十、正文花园业委会、乾阳佳园业委会诉上海市环保局不服环评报告审批决定案

（一）基本案情

2012年5月14日，上海市规划和国土资源管理局向国网上海市电力公司（以下简称电力公司）核发了500kV虹杨输变电工程《建设项目选址意见书》，明确了项目用地位置。一审原告正文花园（二期）小区、乾阳佳园小区毗邻虹杨变电站站址。同年6月25日，上海市环境保护管理局（以下简称市环保局）受理电力公司提出的《500kV虹杨输变电工程环境影响报告书》（以下简称《环评报告》）审批申请，并网上公示了受理信息。同日，市环保局委托上海市环境科学研究院开展该工程环评文件的技术评估。同年7月5日，上海市环境科学研究院向被告出具了技术评估报告，认为《环评报告》符合相关环保技术标准，评价结论总体可信。同年7月17日，市环保局组织召开专家咨询会，与会专家认为市环保局对公众反映问题的说明和处理符合有关规定；虹杨输变电项目对周边环境影响符合相关环保标准，项目不会影响周边居民的重大环境利益。同年8月6日，市环保局经审查认为，电力公司提交的《环评报告》符合相关要求，拟作出批准决定，遂在“上海环境网”就该工程拟批准情况进行公示。同年10月22日，市环保局作出《关于500kV虹杨输变电工程环境影响报告书的审批意见》，同意项目建设。上海市杨浦区正文花园（二期）业主委员会、乾阳佳园业主委员会认为居民小区附近不应建高压变电站项目，被告不考虑建设项目对居民的实际影响而作出审批系违法，向环境保护部申请行政复议，复议机关维持审批决定后，向上海市黄浦区人民法院提起行政诉讼。

（二）裁判结果

一审法院认为，被告受理电力公司申请后，就相关情况进行了公示，委托有关单位对《环评报告》进行了技术评估，并组织召开专家咨询会，在审查《环评报告》、技术评估报告等文件后，作出环评审批决定，履行了法定程序，但做出审批时间超过了法规规定时间，属程序瑕疵。《环评报告》的编制单位具有相应资质，《环评报告》依据相关编制标准对涉案建设项目的各项环保指标进行了评价，并据

此得出环评结论，符合环评技术规范和法律规定的要求。

原告在诉讼中主张，被告审批过程中不应以专家咨询会替代听证会、论证会、座谈会等公众参与，电力公司在编制环评报告过程中，公众参与不符合法定要求。法院认为，被告在环评文件审批过程中的公众参与活动有专家咨询会意见、网上公示信息等证据证明，根据《环境影响评价公众参与暂行办法》规定，环评审批过程中环保部门可以通过咨询专家意见的方式开展公众参与，故被告的公众参与活动与法不悖。对于环评过程中的公众参与问题，《环评报告》中对180份调查问卷的发放和分布、公众参与信息公示等均有明确记载，并附录了公众意见采纳或不采纳的说明。因此，环评文件编制过程中公众参与活动的开展符合法律、法规的要求。据此，一审判决驳回原告诉讼请求。原告上诉后，上海市第二中级人民法院二审判决驳回上诉，维持原判。

（三）典型意义

本案典型意义在于，在环境保护行政案件中对公众参与程序的司法审查是重要环节。公众参与是实现人民权利的基本途径，是落实人民重要地位的重要体现，是民主决策和科学决策的重要保障。特别是环境保护问题与群众生活休戚相关，更应该加强对公众参与的监督。为推进和规范环境影响评价活动中的公众参与，国家环境保护总局发布了《环境影响评价公众参与暂行办法》，对公众参与的形式、内容等做了明确规定。人民法院审查环评报告审批行为，应严格依据相关规定进行审查。本案一、二审法院均将公众参与作为审查重点，审理思路清晰，指导思想明确，所作出的判断和处理符合法律规定。

最高人民法院发布环境保护行政案件十大案例（第二批）

（2016年3月30日）

案例1：吴轶诉江苏省环境保护厅不履行法定职责案

（一）基本案情

2015年1月20日，吴轶通过“江苏省环境违法行为举报网上受理平台”向江苏省环境保护厅（以下简称省环保厅）投诉，反映其住宅距离沿江高速公路18米，噪声白天达70分贝、夜晚达60分贝以上，其身体健康受到很大损害，要求履行对噪声的管理和监督义务。省环保厅收到投诉后，网上转交无锡市环保局办理，该局网上签收又转交江阴市环保局办理。2015 年 1 月，江阴市环保局通过邮局给其寄出《信访事项不予受理告知书》称："你反映的噪音扰民问题已向江阴市法院提起诉讼，目前针对你的部分诉讼请求江阴市法院已作出予以支持的判决。按照《信访条例》规定，属于不予受理的第二类情况。"吴轶不服诉至法院，请求判令省环保厅履行监督管理法定职责。

（二）裁判结果

南京市中级人民法院一审认为，沿江高速公路涉案地段环保验收工作系被告省环保厅直接验收并公示的。被告在验收涉案工程时已经检测到该工程在夜间都有不同程度的超标，并称正在实施安装隔声窗等降噪措施，计划 2006 年 6 月完成，故对于该工程所产生的噪音扰民问题负有不可推卸的监督管理职责。被告对于原告吴轶提出的履责要求，未采取切实措施，仅作为信访事项转交下级环保部门处理。原告诉请成立，法院予以支持。遂判决确认被告不履行环保行政管理职责行为违法；责令被告于判决生效之日起 30 日内针对原告的投诉履行相应法定职责。一审判决后，双方当事人均未上诉。

（三）典型意义

本案属于规范环保机关履行噪声污染监督管理职责的典型案例。近年来，不少地方因高速公路车流量增长迅猛，加之过去规划不当等原因，噪声污染问题日趋严重，群众不堪其扰、身心受损，需要有关部门以人为本，解民之忧，切实采取措施加强监督管理，确保居民生活环境符合相关降噪标准。特别是当不同部门职能交叉、界限不清时，相互间宜主动沟通，共同协调解决，不宜简单将群众关切与投诉问题归于信访，一推了之。本案中，人民法院通过调查，认定涉案高速公路环保验收工作系省环保厅所为，其对群众投诉的噪声污染问题负有不可推卸的监管职责，法院裁判有利于避免行政机关之间相互推诿，有利于督促责任主体尽快履责，有利于减少公众投诉无门或乱投诉现象，彰显了司法保障民生的正当性。

案例 2：浦铁（青岛）钢材加工有限公司诉青岛市环境保护局环保行政处罚案

（一）基本案情

2014 年 10 月 15 日，山东省青岛市环境保护局（以下简称市环保局）执法人员至浦铁（青岛）钢材加工有限公司（以下简称浦铁公司）现场检查，被该公司保安以未经公司负责人同意为由拒之门外。执法人员当场制作了现场检查笔录并向浦铁公司送达了《环境违法行为协助调查告知书》，要求其协助调查。其后，市环保局作出《责令改正违法行为决定书》，并在收到浦铁公司提交的《关于积极配合环保部门监督检查的整改措施》后，作出行政处罚决定，认定该公司违反了《中华人民共和国水污染防治法》（以下简称《水污染防治法》）第二十七条的规定，决定罚款1万元。浦铁公司不服诉至法院，请求撤销上述处罚决定。

（二）裁判结果

青岛市市南区人民法院一审认为，根据《水污染防治法》第七十条规定，拒绝环保主管部门的监督检查，或者在接受监督检查时弄虚作假的，环保主管部门有权责令其改正，处1万元以上10万元以下罚款。原告浦铁公司保安以必须经过公司负责人同意为由，阻碍被告市环保局执法人员第一时间进厂检查，构成拒绝执法人员检查，违反了上述规定，应受到处罚。但鉴于原告事后积极整改，并提交整改措施，符合轻微标准，被告对其处以1万元罚款并无不当，遂判决驳回原告诉讼请求。一审宣判后，双方当事人均未上诉。

（三）典型意义

本案是有关维护环保机关依法履职的典型案例。调查权是行政机关实施管理的一项基础性权力。对环保机关而言，只有切实履行法定调查职能，才可能及时发现和处理环境污染问题。许多环保类法律法规规定了环保机关此项职权，同时明确了被调查对象的协助义务。如《水污染防治法》第二十七条规定环保部门有权对管辖范围内的排污单位进行现场检查，被检查单位应当如实反映情况，提供必要的资料；第七十条规定了具体罚则。本案中，市环保局依法履行法定的执法检查职责，具有强制性。浦铁公司作为钢材加工企业应当诚恳接受、配合环保部门的监督检查，不能拒绝或以公司内部管理规定为由对抗。市环保局结合浦铁公司随后递交报告、积极整改等情形，对该公司从轻处理，过罚相当，效果良好。

案例3：威海阿科帝斯电子有限公司诉威海市环境保护局环保行政处罚案

（一）基本案情

2012年12月，威海阿科帝斯电子有限公司（以下简称阿科帝斯公司）迁至山东省威海火炬高技术产业开发区（以下简称开发区）某厂房，该厂房原系某公司为汽车线束生产项目所建，该项目的环境影响评价文件已获威海市环境保护局（以下简称市环保局）批准。阿科帝斯公司迁入后开始生产打印机硒鼓等产品。2014年，市环保局工作人员对该公司的生产现场进行检查，发现该企业未依法取得环保部门批准的环境影响评价文件而擅自投产。经依法履行相关程序后，市环保局作出责令立即停产停业、罚款人民币12万元的行政处罚决定。阿科帝斯公司不服，申请行政复议后复议机关维持该处罚决定。该公司诉至法院，请求撤销市环保局的上述处罚决定。

（二）裁判结果

威海市环翠区人民法院一审认为，根据《中华人民共和国环境影响评价法》（以下简称《环境影响评价法》）第十六条、二十四条、二十五条之规定，建设项目环境影响评价文件经批准后，该项目性质、规模、地点、采用的生产工艺或者防治污染、防止生态破坏措施等发生重大变动的，建设单位应当重新报批环境影响评价文件；未经审查或者审查后未予批准的，不得开工建设。阿科帝斯公司搬迁后，其建设项目地点发生了变化，且其利用涉案厂房生产硒鼓等产品致使原建设项目的性质、采用的生产工艺等均发生重大变化，应重新报批环境影响评价文件，而该公司擅自投产违法事实清楚，遂判决维持被诉处罚决定。阿科帝斯公司上诉后，威海市中级人民法院判决驳回上诉、维持原判。

（三）典型意义

本案是涉及如何看待迁址企业是否需要重新进行环境影响评价的典型案例。环境影响评价制度关乎周边群众生活环境安全和生产企业自身的可持续发展。当某一建设项目的性质、规模、地点等要素发生重大变动时，对周围环境影响也相应变化，建设单位依法应当重新报批环境影响评价文件。本案中，虽然阿科帝斯公司在搬迁之前的原所在地进行过环评且符合相关标准，其搬迁后所租赁厂房此前也取得过汽车线束生产项目的环评批准文件，但由于前后厂址环境不同，项目性质、生产工艺以及对周边环境的影响都已变化，故该公司应依法重新报批环境影响评价文件。本案对引导企业依法履行环评义务，切实维护公众环境权益具有指导意义。一审所作的维持判决形成于行政诉讼法修改前，现此类判决已变为驳回原告诉讼请求。

案例4：张小燕等人诉江苏省环境保护厅环评行政许可案

（一）基本案情

江苏省电力公司镇江供电公司（以下简称镇江供电公司）为建设110千伏双井变电站等一批工程，委托环评机构以工频电场、工频磁场、噪声及无线电干扰为评价因子编制了《环境影响报告表》。该报告表预测工程建成运行后对周边环境的影响程度符合国家标准。2009年11月，江苏省环境保护厅（以下简称省环保厅）在经过镇江市规划局出具《选址意见》、江苏省电力公司同意环评结论、镇江市环保局对《环境影响报告表》预审之后作出批复，同意镇江供电公司建设该批工程。张小燕、陈晓湘、蔡富生三人不服诉至法院，主张所涉区域不宜建设变电站、环评方法不科学，建设项目不符合环评许可条件、环评许可违法，请求撤销省环保厅的上述批复。

（二）裁判结果

南京市中级人民法院一审认为，被告省环保厅在其他部门出具意见基础上作出的涉案批复，符合《中华人民共和国环境影响评价法》第二十二条以及国家有关技术规范与政策规定，程序合法，遂判决驳回原告张小燕等三人的诉讼请求。张小燕等三人上诉后，江苏省高级人民法院二审认为，双井变电站系城市公用配套基础设施，根据《城市电力规划规范》规定，在符合条件的情况下可以在风景名胜区、自然保护区和人口稠密区等敏感区域建设此类项目。涉案工程污染物预测排放量和投入运行后的实际排放量均小于或明显小于排放限值，环评符合法定审批条件。110千伏变电站所产生的是极低频场，按世界卫生组织相关准则，极低频场对环境可能造成轻度环境影响，但影响有限且可控。故二审判决驳回上诉、维持原判。二审法院同时认为，虽然被诉环评行政许可行为合法适当，但环保部门应采取措施加强信息公开，督促镇江供电公司将相关电磁场监测显示屏置于更加醒目的位置，方便公众及时了解实时数据，保障其环境信息知情权。

（三）典型意义

本案是涉及环保知情权、参与权保障的典型案例。变电站是现代城市不可或缺的基础设施，虽然世界卫生组织在有关准则中指出此类设施对环境造成的影响有限并且可控，但由于信息掌握不充分，公众很难准确判断电磁辐射对健康的影响，一些疑虑很容易引发对建设项目的抵触，从而产生“邻避效应”，形成纠纷。环保部门有必要在行政许可的同时完善信息公开沟通机制，便利公众充分了解建设项目的环境影响，有效参与环境保护，最大程度缓解“邻避效应”。本案中，法院没有止于就案办案，而是同时对行政机关提出保障公众知情权的明确要求。据悉，二审判决后，镇江供电公司已拆除电磁场监测显示屏外墙，此举有助于督促供电公司提高环境保护意识和电磁辐射污染防护水平。案件办理取得良好的社会效果。

案例5：临湘市壁山新农村养猪专业合作社诉临湘市环境保护局环保行政处罚案

（一）基本案情

湖南省临湘市壁山新农村养猪专业合作社（以下简称新农村合作社）自2004年正式投入生猪养殖起，常年存栏量500头以上。在一直未办理环保审批手续、配套环保设施未经环保部门验收、未取得排污许可证的情况下，新农村合作社将部分生猪养殖产生的废渣、废水直接排放至团湾水库。2014 年 12 月，临湘市环境保护局（以下简称市环保局）经现场调查、送达违法排放限期改正通知书、行政处罚听证告知书后，作出责令该合作社立即停止生产并处罚款 5 万元的行政处罚决定。但该合作社始终未停止违法排污。2015 年 1 月，市环保局又作出责令停止排污决定。新农村合作社不服诉至法院，请求撤销上述行政处罚决定和责令停止排污决定。

（二）裁判结果

临湘市人民法院一审认为，原告新农村合作社作为常年生猪存栏量 500 头以上的养殖场，在未进行环境影响评价，自建的污染防治配套设施未经环保部门验收合格的情况下直接进行养殖生产，导致废渣、废水直接排放，且未取得排污许可证，违反了《畜禽养殖污染防治管理办法》相关规定。被告市环保局依据《中华人民共和国环境保护法》《建设项目环境保护管理条例》等法律、法规授予的职权，就上述违法事实作出行政处罚决定书和责令停止排污决定书，在处罚程序、处罚幅度方面并无不当。遂判决驳回原告诉讼请求。新农村合作社上诉后，岳阳市中级人民法院判决驳回上诉、维持原判。

（三）典型意义

本案是涉及农业养殖造成环境污染的典型案例。农业养殖在带动农村经济发展同时，也可能导致群众居住环境恶化。近年来因养殖污染引发的水源、土壤、空气污染等问题不容忽视。2016 年中央一号文件明确要求加快农业环境突出问题治理，加大污染防治力度。原国家环境保护总局《畜禽养殖污染防治管理办法》明确对畜禽养殖场排放的废渣、清洗畜禽体和饲养场地、器具产生的污水及恶臭等要实行污染防治，新建、改建和扩建畜禽养殖场必须依法进行环境影响评价，办理相关审批手续。本案中，新农村合作社明显违反上述规定，造成环境污染，市环保局作出的处罚决定和责令停止排污决定于法有据，人民法院应予大力支持。该案对保护农村群众生活环境具有一定示范意义。

案例 6：晋海家居用品（上海）有限公司诉上海市奉贤区城市管理行政执法局行政处罚案

（一）基本案情

2013 年 12 月，上海市奉贤区城市管理行政执法局（以下简称区城管局）在该区某镇河岸边发现一堆垃圾，其中有晋海家居用品（上海）有限公司（以下简称晋海公司）成品标示卡、塑料外包装袋等废弃物，遂当场制作《现场检查笔录》，拍照取证，并向该公司开具了责令改正通知书和谈话通知书，后再次核查现场发现有焚烧痕迹。经调查，晋海公司承认该处垃圾为其产生的生产垃圾，但并非其倾倒；后案外人岳某于2014年1月向区城管局承认曾向晋海公司收购废弃物，其丈夫此后将无价值的废弃物倾倒的事实。该局随后以留置送达方式向晋海公司送达行政处罚听证告知书，该公司未在法定期限内提出听证申请。同年2月，区城管局对晋海公司作出罚款4.5万元的行政处罚决定。晋海公司不服诉至法院，请求撤销上述处罚决定。

（二）裁判结果

上海市奉贤区人民法院一审认为，依照《上海市市容环境卫生管理条例》第三十八条规定，单位产生的废弃物，由单位负责收集、运输或者委托市容环卫作业服务单位收集、运输。废弃物的处置，由市容环卫管理部门统一组织实施。原告晋海公司将废弃物（垃圾）擅自处置给没有相应资质的人员处理，致使废弃物未得到有效处置，其行为违反了该条例的上述规定，被告区城管局据以处罚并无不当，遂判决驳回晋海公司的诉讼请求。该公司上诉后，上海市第一中级人民法院判决驳回上诉、维持原判。

（三）典型意义

本案是有关查处生产企业未依法履行收集、运输废弃物义务的典型案例。城市生产、生活垃圾，是困扰城市管理、污染人居环境、给居民生活带来较大影响的重要污染源，产生废弃物的企业应当严格履行收集、运输废弃物的法定义务，不可贪图省事而交由无资质的单位或者个人任意处置。有关部门须加强治理，及时处理各类违法行为。本案中，依照《上海市市容环境卫生管理条例》有关规定，应由市容环卫管理部门统一组织实施废弃物的处置，任何单位和个人不得自行处置；对于单位产生的废弃物的收集、运输，仅有自行负责收集、运输和委托市容环卫作业服务单位收集、运输两种方式。晋海公司未自行收集、运输涉案废弃物，亦未委托市容环卫作业服务单位收集、运输，而是将废弃物出售给案外人岳某，属于违反规定应受处罚行为。人民法院依法裁判支持正当的行政执法行为，对于保护城市环境具有导向意义。

案例7：上海勤辉混凝土有限公司诉上海市奉贤区人民政府责令关闭行政决定案

（一）基本案情

上海勤辉混凝土有限公司（以下简称勤辉公司）成立于2006年2月，位于黄浦江上游沿岸，经营范围包括混凝土生产、加工、销售。2010年3月，该公司住所地和实际生产经营地被划入上海市黄浦区上游饮用水水源二级保护区。2015年2

月，上海市奉贤区人民政府（以下简称区政府）以勤辉公司在饮用水水源二级保护区内从事混凝土制品制造，生产过程中排放粉尘、噪声等污染物为由，根据《中华人民共和国水污染防治法》（以下简称《水污染防治法》）第五十九条第一款之规定，作出责令该公司关闭的决定。勤辉公司不服诉至法院，要求撤销上述决定。

（二）裁判结果

上海市第一中级人民法院一审认为，原告勤辉公司从事的利用混凝土搅拌站生产、加工、销售混凝土的建设项目具有排放废气等污染物的特征，属于《水污染防治法》第五十九条第一款规定的在二级饮用水水源保护区已建成排放污染物建设项目，被告区政府责令其关闭，事实认定清楚，适用法律正确，遂判决驳回原告诉讼请求。勤辉公司上诉后，上海市高级人民法院二审认为，勤辉公司从事的混凝土生产客观上存在粉尘排放，按照常理具有对水体产生影响的可能性，现有证据不能证明该粉尘排放确实没有对水体产生影响，区政府责令其关闭，于法有据，故判决驳回上诉、维持原判。

（三）典型意义

本案是涉及饮用水水源保护的典型案例。饮用水安全与人民群众健康息息相关。近年来，饮用水水源安全问题倍受社会关注，2008 年修订的《水污染防治法》明确了国家建立饮用水水源保护区制度，规定禁止在饮用水水源二级保护区内新建、改建、扩建排放污染物的建设项目，已建成的排放污染物的建设项目，由县级以上人民政府责令拆除或者关闭。“十三五”规划中明确要求推进多污染综合防治和环境治理，实行联防联控和流域共治，深入实施大气、水、土壤污染防治行动计划。本案中，虽然涉案区域被划为二级水源保护区系在勤辉公司成立之后 4 年，但是该公司继续生产排放粉尘等污染物可能会对水体产生影响，故人民法院依法支持了区政府作出的责令关闭行政决定，有利于保护人民群众饮水安全。当然，政府其后对因环保搬迁的企业应当依法给予合理补偿。

案例 8：周锟、张文波诉中华人民共和国环境保护部环评批复案

（一）基本案情

2012 年 11 月，中华人民共和国环境保护部（以下简称环保部）受理了京沈铁路客运专线（京冀）公司筹备组等单位提交的京沈高铁项目环境影响评价申请，并委托环保部环境工程评估中心（以下简称评估中心）进行技术评估。其后，环保部在其网站上公示了该项目环评文件，同时提供了环评报告书简本的链接。后评估中心经提出修改建议、现场踏勘、专家审查、复核等程序后作出技术评估报告并

提交环保部。该部在其网站公示了相关文件并根据利害关系人申请组织了听证会。2013 年 12 月，环保部作出环评批复并在其网站上公示。周锟、张文波的房屋位于该项目星火站至五环路段，其因噪声影响等理由不服上述批复，申请行政复议后复议机关维持该批复。周锟、张文波诉至法院，请求撤销环保部的上述批复。

（二）裁判结果

北京市第一中级人民法院一审认为，建设单位与评价单位采用张贴环评公告、在报纸及网站公示、发放公众参与调查表等方式征求了公众意见。被告环保部在受理环评申请后，亦在网站上公示相关信息并举行了听证会，被诉环评批复符合法定程序。评价单位根据《环境影响评价技术导则》要求，综合考虑评价范围内环境噪声现状等因素，认为涉案项目噪声防治未违反上述导则要求。被告根据《城市环境振动标准》并参考《环境影响评价技术导则》的规定，认为涉案项目环境振动评价意见并无不当。遂判决驳回原告周锟、张文波的诉讼请求。一审宣判后，双方当事人均未上诉。

（三）典型意义

本案是涉及高铁项目环境影响评价许可的典型行政案件。京沈高铁是全国铁路“十二五”规划的重大建设项目，从一开始就备受社会关注。该项目环评内容大多涉及技术问题。本案中，人民法院着重对评价单位编制环评报告和行政许可的程序进行审查，充分保障了公众的参与权与知情权；对于环评内容则着重对环评采用的标准是否符合国家强制性规定，是否存在明显不合理等情形进行审查。对于环评涉及的专业性、技术性问题，则尊重行政机关基于专业性的裁量所作的判断与选择，既有力监督了行政机关依法行使职权，也准确把握了司法审查的范围和界限。

案例 9：刘德生诉胶州市环境保护局环保行政处罚案

（一）基本案情

2014 年 4 月，山东省胶州市环境保护局（以下简称市环保局）根据群众反映某村水塘出现死鱼现象，对刘德生建设经营的冷藏项目进行调查，发现其所建冷库生产面积 200 平方米，该项目未经环保部门批准，需要配套建设的环境保护设施未建成，主体工程未经验收已正式投入生产或使用，违反了《建设项目环境保护管理条例》第十六条之规定；同时，经执法人员现场核实，该冷库正在更换制冷剂，处于停产状态，属减轻处罚情节。市环保局遂依据上述条例第二十八条，并参照《青岛市环境行政处罚裁量权细化量化标准》的相关规定，作出对刘德生罚款 3 万元的行政处罚决定。刘德生不服，申请行政复议后复议机关维持该处罚决定。刘德生诉至法院，请求撤销市环保局的上述处罚决定。

（二）裁判结果

胶州市人民法院一审认为，根据《建设项目环境保护管理条例》第十六条、第二十八条之规定，建设项目需要配套建设的环保设施未建成，主体工程正式投入生产或使用，可由环保主管部门责令停止生产或者使用，处10万元以下罚款。同时，参照《青岛市环境行政处罚裁量权细化量化标准》对违法行为“一般”与“较重”阶次的划分标准，因冷库生产面积200平方米，系《建设项目环境保护分类管理名目》中应报批报告表类别，且因配套环保设施未建成，属于“较重”阶次，应处6万元罚款；但考虑到冷库正处于停产状态，符合“一般”阶次，故被告市环保局决定对原告刘德生罚款3万元并无不当，遂判决驳回原告诉讼请求。刘德生上诉后，青岛市中级人民法院判决驳回上诉、维持原判。

（三）典型意义

本案是涉及判断行政裁量权行使的合理性的典型案例。行政裁量事关行政机关在法定幅度、范围内如何正确行使职权，是依法行政的内在要求。随着法治政府建设步伐的加快，对行政裁量权的规制显得日益重要。行政裁量权行使得好，有助于行政执法人员更好地服务群众、优化管理，否则，裁量的随意与任性可能导致职权滥用、引发纠纷和矛盾。近年来，不少行政机关制定了详细的行政裁量标准，执法日趋规范，但徒法不足以自行，规定再严密也不可能囊括实践中的所有情形，也离不开执法人员结合具体情节的科学理解与准确适用。本案中，根据《建设项目环境保护管理条例》有关规定，涉案冷库属于仓储类需报批环境影响报告表的项目，市环保局依据行政法规以及当地有关环保处罚裁量权量化标准，结合本案违法情节，特别在可酌处6万元罚款的幅度下，考虑到该冷库用于仓储土豆，有季节性因素且调查当时正处于停产状态，故本着从轻处罚原则罚款3万元，体现了对行政裁量权宽严相济的适度把握，有一定示范意义。

案例10：锦屏县人民检察院诉锦屏县环境保护局不履行法定职责案

（一）基本案情

2014年8月，贵州省锦屏县人民检察院（以下简称县检察院）向锦屏县环境保护局（以下简称县环保局）发出检察建议书，就其所发现的雄军公司、鸿发公司等石材加工企业在该局下达环境违法行为限期改正通知书后，仍未建设完成环保设施并擅自开工，建议该局及时加强督促与检查，确保上述企业按期完成整改。其后于2015年4月再次向该局发出两份检察建议书，该局未在要求期限内答复。在

2015年7月和10月的走访中，县检察院发现有关企业仍存在环境违法行为。县环保局于12月1日对雄军、鸿发两公司分别作出罚款1万元的行政处罚决定。同年12月18日，县检察院以县环保局为被告提起行政公益诉讼，请求法院确认该局怠于履行监管职责行为违法，并判令该局对雄军、鸿发两公司进行处罚。后鸿发、雄军两公司在当地政府集中整治专项行动中被关停，县检察院申请撤回第二项诉讼请求。

（二）裁判结果

福泉市人民法院一审认为，被告县环保局作为锦屏县境内石材加工企业环评登记的审批机关，应当对企业生产建设过程中是否存在环境违法行为进行管理和监督。对企业环境违法行为应当依法立案查处。被告虽先后对鸿发、雄军等公司作出限期改正通知书和行政处罚，但由于之后未及时履行监管责任，致使有关企业违法生产至2015年12月31日。考虑到涉案企业已被关停和处罚，准许公益诉讼人撤回第二项诉讼请求。遂判决被告在2014年8月5日至2015年12月31日对有关企业违法生产的行为怠于履行监管职责的行为违法。一审宣判后，双方当事人均未上诉。

（三）典型意义

2015年7月全国人大常委会《关于授权最高人民检察院在部分地区开展公益诉讼试点工作的决定》施行以来，人民法院共受理12件检察机关提起的公益诉讼案件，审结3件。本案即是人民法院首例审结的检察机关提起的公益诉讼案件。本案中，县环保局虽然对违法企业作出过多次处理，县检察院亦多次以检察建议方式督促该局履行监管职责，但环境违法行为仍持续了近一年半。人民法院受理后，依法进行释明、建议和督促工作，当地政府开展了集中整治专项行动，关停了涉案企业，充分展示了环境行政公益诉讼在督促行政机关履行法定职责、保护环境公共利益等方面的积极作用。

最高人民法院发布环境侵权典型案例

（2015年12月29日）

目　录

二、中华环保联合会诉德州晶华集团振华有限公司大气污染民事公益诉讼案

三、常州市环境公益协会诉储卫清、常州博世尔物资再生利用有限公司等土壤污染民事公益诉讼案

四、曲忠全诉山东富海实业股份有限公司大气污染责任纠纷案

五、沈海俊诉机械工业第一设计研究院噪声污染责任纠纷案

六、袁科威诉广州嘉富房地产发展有限公司噪声污染责任纠纷案

七、梁兆南诉华润水泥（上思）有限公司水污染责任纠纷案

八、周航诉荆门市明祥物流有限公司、重庆铁发遂渝高速公路有限公司水污染责任纠纷案

九、吴国金诉中铁五局（集团）有限公司、中铁五局集团路桥工程有限责任公司噪声污染责任纠纷案

十、李才能诉海南海石实业有限公司粉尘污染责任纠纷案

案例1：北京市朝阳区自然之友环境研究所、福建省绿家园环境友好中心诉谢知锦等四人破坏林地民事公益诉讼案

【基本案情】

2008年7月29日，谢知锦等四人未经行政主管部门审批，擅自扩大采矿范围，采取从山顶往下剥山皮、将采矿产生的弃石往山下倾倒、在矿山塘口下方兴建工棚的方式，严重毁坏了28.33亩林地植被。2014年7月28日，谢知锦等人因犯非法占用农用地罪分别被判处刑罚。2015年1月1日，北京市朝阳区自然之友环境研究所（以下简称自然之友）、福建省绿家园环境友好中心（以下简称绿家园）提起诉讼，请求判令四被告承担在一定期限内恢复林地植被的责任，赔偿生态环境服务功能损失134万元；如不能在一定期限内恢复林地植被，则应赔偿生态环境修复费用110万余元；共同偿付原告为诉讼支出的评估费、律师费及其他合理费用。

【裁判结果】

福建省南平市中级人民法院一审认为，谢知锦等四人为采矿占用林地，不仅严重破坏了28.33亩林地的原有植被，还造成了林地植被受损至恢复原状期间生态服务功能的损失，依法应共同承担恢复林地植被、赔偿生态功能损失的侵权责任。遂判令谢知锦等四人在判决生效之日起五个月内恢复被破坏的28.33亩林地功能，在该林地上补种林木并抚育管护三年，如不能在指定期限内恢复林地植被，则共同赔偿生态环境修复费用110万余元；共同赔偿生态环境服务功能损失127万元，用于原地或异地生态修复；共同支付原告支出的评估费、律师费、为诉讼支出的其他合

理费用16.5万余元。福建省高级人民法院二审维持了一审判决。

【典型意义】

本案系新环境保护法实施后全国首例环境民事公益诉讼，涉及原告主体资格的审查、环境修复责任的承担以及生态环境服务功能损失的赔偿等问题。本案判决依照环境保护法第五十八条和《最高人民法院关于审理环境民事公益诉讼案件适用法律若干问题的解释》的规定，确认了自然之友、绿家园作为公益诉讼原告的主体资格；以生态环境修复为着眼点，判令被告限期恢复被破坏林地功能，在该林地上补种林木并抚育管护三年，进而实现尽快恢复林地植被、修复生态环境的目的；首次通过判决明确支持了生态环境受到损害至恢复原状期间服务功能损失的赔偿请求，提高了破坏生态行为的违法成本，体现了保护生态环境的价值理念，判决具有很好的评价、指引和示范作用。

案例2：中华环保联合会诉德州晶华集团振华有限公司大气污染民事公益诉讼案

【基本案情】

德州晶华集团振华有限公司（以下简称振华公司）是一家从事玻璃及玻璃深加工产品制造的企业，位于山东省德州市区内。振华公司虽投入资金建设脱硫除尘设施，但仍有两个烟囱长期超标排放污染物，造成大气污染，严重影响了周围居民生活。2014年，振华公司被环境保护部点名批评，并被山东省环境保护行政主管部门多次处罚，但其仍持续超标向大气排放污染物。2015年3月25日，中华环保联合会提起诉讼，请求判令振华公司立即停止超标向大气排放污染物，增设大气污染防治设施，经环境保护行政主管部门验收合格并投入使用后方可进行生产经营活动；赔偿因超标排放污染物造成的损失2040万元及因拒不改正超标排放污染物行为造成的损失780万元，并将赔偿款项支付至地方政府财政专户，用于德州市大气污染的治理；在省级及以上媒体向社会公开赔礼道歉；承担本案诉讼、检验、鉴定、专家证人、律师及其他为诉讼支出的费用。

山东省德州市中级人民法院受理本案后，向振华公司送达民事起诉状等诉讼材料，向社会公告案件受理情况，并向德州市环境保护局告知本案受理情况。德州市人民政府、德州市环境保护局积极支持、配合本案审理，并与一审法院共同召开协调会。通过司法机关与环境保护行政主管部门的联动、协调，振华公司将全部生产线关停，在远离居民生活区的天衢工业园区选址建设新厂，启动老厂区搬迁工作。2015年9月21日，法院组织原、被告双方质证，就相关证据材料、被告整改情况等问题见面沟通、交换意见。本案尚在审理之中。

【典型意义】

环境公益诉讼案件的审理，要依法协调环境保护与经济发展的关系，支持政府部门行使环境治理与生态修复职责，督促企业在承担环境保护义务与责任基础上更好的经营发展。本案是新环境保护法实施后人民法院受理的首例针对大气污染提起的环境民事公益诉讼。法院立案受理后，按照《最高人民法院关于审理环境民事公益诉讼案件适用法律若干问题的解释》和《最高人民法院、民政部、环境保护部关于贯彻实施环境民事公益诉讼制度的通知》的要求，及时与政府部门沟通，发挥司法与行政执法协调联动作用，促使被告及时停止污染行为，主动关停生产线，积极整改，重新选址，搬离市区，防止了污染及损害的进一步扩大，促进振华公司向节能环保型企业转型发展。本案虽然尚未审结，但上述做法符合环境公益诉讼案件的审理原则和工作要求，所取得的阶段性审理成效值得肯定。

案例3：常州市环境公益协会诉储卫清、常州博世尔物资再生利用有限公司等土壤污染民事公益诉讼案

【基本案情】

2012年9月1日至2013年12月11日，储卫清经常州市博世尔物资再生利用有限公司（以下简称博世尔公司）同意，使用该公司场地及设备，从事“含油滤渣”的处置经营活动。其间，无锡金科化工有限公司（以下简称金科公司）明知储卫清不具备处置危险废物的资质，允许其使用危险废物经营许可证并以该公司名义从无锡翔悦石油制品有限公司（以下简称翔悦公司）、常州精炼石化有限公司（以下简称精炼公司）等处违规购置油泥、滤渣，提炼废润滑油进行销售牟利，造成博世尔公司场地及周边地区土壤受到严重污染。2014年7月18日，常州市环境公益协会提起诉讼，请求判令储卫清、博世尔公司、金科公司、翔悦公司、精炼公司共同承担土壤污染损失的赔偿责任。

【裁判结果】

江苏省常州市中级人民法院受理后，组成由环境保护专家担任人民陪审员的合议庭审理本案，依照法定程序就环境污染损害情况委托鉴定，并出具三套生态环境修复方案，在受污染场地周边公示，以现场问卷形式收集公众意见，最终参考公众意见、结合案情确定了生态环境修复方案。法院认为，储卫清违反国家规定，借用金科公司的危险废物经营资质并以该公司名义，将从翔悦公司、精炼公司购买的油泥、滤渣进行非法处置，污染周边环境；博世尔公司明知储卫清无危险废物经营许

可证，为储卫清持续实施环境污染行为提供了场所和便利，造成其场地内环境污染损害结果的发生；翔悦公司、精炼公司明知储卫清行为违法，仍然违规将其生产经营过程中产生的危险废物交由储卫清处置，未支付处置费用，还向储卫清收取危险废物价款。五被告之行为相互结合导致损害结果的发生，构成共同侵权，应当共同承担侵权责任。遂判令五被告向江苏省常州市生态环境法律保护公益金专用账户支付环境修复赔偿金283万余元。一审判决送达后，各方当事人均未上诉。判决生效后，一审法院组织检察机关、环境保护行政主管部门、鉴定机构以及案件当事人共同商定第三方托管方案，由第三方具体实施污染造成的生态环境治理和修复。

【典型意义】

环境侵权案件具有很强的专业性、技术性，对于污染物认定、损失评估、因果关系认定、环境生态修复方案等问题，通常需要从专业技术的角度作出评判。受案法院在审理过程中，邀请环境保护专家担任人民陪审员，委托专业机构进行鉴定评估，制作生态环境修复方案，很好的发挥了技术专家和专业机构的辅助与支持作用。此外，受案法院将土壤修复方案向社会公布、听取公众意见，保障了公众对环境修复工作的有效参与；引入第三方治理模式，通过市场化运作，将环境修复交由专业公司实施，既有利于解决判决执行的监管，也有利于提高污染治理效率。

案例4：曲忠全诉山东富海实业股份有限公司大气污染责任纠纷案

【基本案情】

1995年，曲忠全承包一处集体土地种植樱桃。2001年，山东富海实业股份有限公司（以下简称富海公司）迁至曲忠全樱桃园毗邻处从事铝产品生产加工。2009年4月，曲忠全提起诉讼，请求富海公司停止排放废气，赔偿其损失501万余元。为证明其主张，曲忠全提交了烟台市牟平区公证处勘验笔录、烟台市农产品质量检测中心出具的樱桃叶片氟含量检测报告等证据。后经双方共同选定和取样，一审法院委托山东省农业科学院中心实验室对樱桃叶片的氟化物含量予以检测，检测报告表明：距离富海公司厂区越近，樱桃叶片氟化物含量越高。富海公司提供樱桃树叶氟含量检测报告、厂区大气氟化物含量检测报告、烟台市牟平区气象局出具的2008年2月至2009年5月的气候情况等证据，拟证明其不存在排污行为，曲忠全樱桃园受到损害系气候原因所致。

【裁判结果】

山东省烟台市中级人民法院一审判令富海公司停止排放氟化物，赔偿曲忠全损失204万余元。曲忠全、富海公司均不服提起上诉。山东省高级人民法院二审判令富海公司赔偿曲忠全224万余元。富海公司不服，向最高人民法院申请再审。

最高人民法院审查认为，曲忠全提交的公证勘验笔录和检测报告，与相关科普资料、国家标准以及一审法院委托专业机构出具的检测报告等证据相互印证，足以证明曲忠全的樱桃园受到损害，富海公司排污，排污和损害之间具有关联性，已完成举证证明责任。富海公司作为侵权人，其提交的樱桃树叶氟化物含量检测报告中距离厂区越近浓度越低的结论有悖常识；厂区大气氟化物含量检测报告系2010年5月7日作出，与本案待证事实不具有关联性；天气原因亦不能否定排污行为和损害之间的因果关系。考虑到确实存在天气恶劣等影响樱桃生产的原因，二审法院酌情判令富海公司对曲忠全的损失承担70%的赔偿责任，认定事实和适用法律均无不当。

【典型意义】

《最高人民法院关于审理环境侵权责任纠纷案件适用法律若干问题的解释》第六条规定，被侵权人根据侵权责任法第六十五条规定请求赔偿的，应当提供污染者排放了污染物；被侵权人的损害；污染者排放的污染物或者其次生污染物与损害之间具有关联性的证明材料。本案判决作出于上述司法解释之前，在适用侵权责任法第六十六条因果关系举证责任倒置原则的同时，要求被侵权人就污染行为与损害结果之间具有关联性负举证证明责任，对于细化被侵权人和污染者之间的举证责任分配，衡平双方利益具有典型意义，体现了审判实践在推进法律规则形成、探寻符合法律价值解决途径中的努力和贡献。同时，本案判决运用科普资料、国家标准以及专业机构的鉴定报告等做出事实认定，综合过错程度和原因力的大小合理划分责任范围，在事实查明方法和法律适用的逻辑、论证等方面提供了示范。

案例5：沈海俊诉机械工业第一设计研究院噪声污染责任纠纷案

【基本案情】

沈海俊系机械工业第一设计研究院（以下简称机械设计院）退休工程师，住该院宿舍。为增加院内暖气管道输送压力，机械设计院在沈海俊的住宅东墙外侧安装了增压泵。2014年，沈海俊认为增压泵影响其休息向法院提起诉讼。后双方达成和解，沈海俊撤回起诉，机械设计院将增压泵移至沈海俊住宅东墙外热交换站的东侧。2015年，沈海俊又以增压泵影响其睡眠、住宅需要零噪声为由，再次诉至法院，要求判令机械设计院停止侵害，拆除产生噪声的增压泵，赔偿其精神损害费1万元。根据沈海俊的申请，法院委托蚌埠市环境监测站对增压泵进行监测，结果显示沈海俊居住卧室室内噪声所有指标均未超过规定的限值。

【裁判结果】

安徽省蚌埠市禹会区人民法院一审认为，经监测，增压泵作为被测主要声源，在正常连续工作时，沈海俊居住卧室室内噪声所有指标均未超过规定的限值。沈海俊关于增压泵在夜间必须是零噪声的诉讼主张没有法律依据。一审法院判决驳回沈海俊的诉讼请求。安徽省蚌埠市中级人民法院二审维持了一审判决。

【典型意义】

环境噪声污染防治法第二条规定，环境噪声污染是指所产生的环境噪声超过国家规定的环境噪声排放标准，并干扰他人正常生活、工作和学习的现象。与一般环境侵权适用无过错责任原则不同，环境噪声侵权行为人的主观上要有过错，其外观须具有超过国家规定的噪声排放标准的违法性，才承担噪声污染侵权责任。因此，是否超过国家规定的环境噪声排放标准，是判断排放行为是否构成噪声污染侵权的依据。经委托鉴定，在增压泵正常工作过程中，沈海俊居住卧室室内噪声并未超过国家规定标准，不构成噪声污染，机械设计院不承担噪声污染侵权责任。本案判决有利于指引公众在依法保障其合法权益的同时，承担一定范围和限度内的容忍义务，衡平各方利益，促进邻里和睦，共同提升生活质量。

案例6：袁科威诉广州嘉富房地产发展有限公司噪声污染责任纠纷案

【基本案情】

袁科威购买了广州嘉富房地产发展有限公司（以下简称嘉富公司）开发的商品房。2014年2月，袁科威委托中国科学院广州化学研究所测试分析中心对其居住的房屋进行环境质量监测。该中心作出的环境监测报告显示袁科威卧室夜间的噪声值超过了《民用建筑隔声设计规范》（GB50118－2010）规定的噪声最高限值标准。袁科威认为住宅电梯临近其房屋，电梯设备直接设置在与其住房客厅共用墙之上，且未作任何隔音处理，致使电梯存在噪声污染。向法院提起诉讼，要求判令嘉富公司承担侵权责任。嘉富公司主张案涉电梯质量合格，住宅设计和电梯设计、电梯安装均符合国家规定并经政府部门验收合格，故其不应承担侵权责任。

【裁判结果】

广东省广州市越秀区人民法院一审认为，嘉富公司主张案涉电梯在设计、建筑、安装均符合国家相关部门的规定并经验收合格才投入使用，且电梯每年均进行年检并达标，但这只能证明电梯能够安全运行。袁科威购买的房屋经监测噪声值超过国家规定标准，构成了噪声污染。嘉富公司提供的证据不足以证明其对涉案房屋超标噪声不承担责任或者存在减轻责任的情形。一审法院判令嘉富公司60日内对案涉电梯采取相应的隔声降噪措施，使袁科威居住的房屋的噪声达到《民用建筑隔声设计规范》（GB50118－2010）规定的噪声最高限值以下；逾期未达标准，按每日100元对袁科威进行补偿；支付袁科威精神抚慰金1万元。广东省广州市中级人民法院二审维持了一审判决。

【典型意义】

电梯是民用建筑的一部分，电梯的设计、建设与安装均应当接受《民用建筑隔声设计规范》（GB50118－2010）的调整。经过监测，涉案电梯的噪声值已经超过国家标准，构成噪声污染。根据侵权责任法第六十六条规定，嘉富公司要对其行为与损害不存在因果关系或者减轻责任的情形承担举证证明责任。在嘉富公司未能提供证据证明袁科威对涉案电梯噪声超标存在过错或故意，亦不能证明噪声超标系第三人、不可抗力、正当防卫或紧急避险等原因造成，其不存在法律规定的不承担责任或者减轻责任的情形，应承担相应的侵权责任。本案的审理结果具有很好的警示作用，尤其是生产经营者要在机械设备的设计、建造、安装及日常运营过程中，关注噪声是否达标，自觉承担应有的环境保护社会责任。

案例7：梁兆南诉华润水泥（上思）有限公司水污染责任纠纷案

【基本案情】

2011年10月5日，上思县水产畜牧兽医局接到梁兆南报告，梁兆南所承包的下走水库因华润水泥（上思）有限公司（以下简称华润公司）所属华润水泥厂所排入的污水污染致使大批鱼类死亡。该局与县环境监测大队、思阳镇政府等单位组成联合调查组多次前往现场调查，调查报告显示，下走水库水质发黄混浊，水库周围靠近岸边的水面及其他水面出现死鱼；华润水泥厂的排水沟有水泥、煤炭等粉灰不断排入水库。上思县渔政管理站出具的《现场检查（勘验）笔录》记载，华润水泥厂位于水库上游，有水沟直接排到水库。上思县水产畜牧兽医局会同思阳镇政府、六银村、龙怀村及华润公司等单位到现场勘察，发现库中鱼类基本死亡。梁兆南提起诉讼，主张华润公司承担侵权责任。经法院委托鉴定确认，梁兆南的鱼类损失为11万余元。

【裁判结果】

广西壮族自治区上思县人民法院一审认为，华润公司有污染源进入梁兆南的养殖水库，其水库中鱼类基本死亡。上思县水产畜牧兽医局出具的调查报告，是在联合调查组三次现场勘察、对周边群众进行询问后形成的，并无违法情形，调查报告得出下走水库鱼类死亡与华润公司排污有因果关系的结论，应予采信。华润公司存在污染侵权行为，其所举证据并不足以证明其行为与损害之间没有因果关系，故其应承担环境污染的侵权责任，赔偿下走水库鱼类死亡的损失。一审法院判令华润公司赔偿梁兆南经济损失11万余元。广西壮族自治区防城港市中级人民法院二审维持了一审判决。

【典型意义】

环境污染具有易逝性、扩散性，污染事件发生后，必须尽快收集、固定相关证据。环境保护行政主管部门依职权或应当事人申请对污染者、污染物、排污设备，环境介质等进行查封、扣押、记录、检测、处罚，形成的行政文书有助于人民法院准确认定案件事实。本案污染事故发生后，政府相关部门及时介入，成立联合调查组，出具调查报告，固定、保全证据，为受案法院准确认定案件事实奠定良好基础。受案法院根据调查报告等，认定华润公司有污染行为，梁兆南承包的水库确有鱼类死亡的损害事实存在，水库鱼类死亡与华润公司排污有因果关系，本案对促进行政、司法联动，发挥行政文书的证明作用，解决环境侵权案件的举证难问题具有示范作用。《最高人民法院关于审理环境侵权责任纠纷案件适用法律若干问题的解释》第十条规定，“负有环境保护监督管理职责的部门或者其委托的机构出具的环境污染事件调查报告、检验报告、检测报告、评估报告或者监测数据等，经当事人质证，可以作为认定案件事实的根据。”进一步肯定了本案的做法。

案例8：周航诉荆门市明祥物流有限公司、重庆铁发遂渝高速公路有限公司水污染责任纠纷案

【基本案情】

2012年2月20日，荆门市明祥物流有限公司（以下简称明祥物流公司）所有的油罐运输车，在重庆铁发遂渝高速公路有限公司（以下简称遂渝高速公司）管理的成渝环线高速公路发生意外事故，所载变压器油泄漏。事故发生后，遂渝高速公司及时处理交通事故，撒沙处理油污路段。经铜梁县环境保护局现场勘验，长约1公里、宽约10米的路面被泄漏的变压器油污染。泄漏的变压器油顺着高速公路边坡流入高速公路下方雨水沟，经涵洞流入周航承包的鱼塘，鱼塘水面有大面积油层漂浮。经铜梁县环境监测站监测，鱼塘挥发酚、石油类浓度均超标。经鉴定，周航损失鱼类经济价值为35万余元。周航提起诉讼，要求明祥物流公司、遂渝高速公司承担侵权责任，赔偿其损失。

【裁判结果】

重庆市渝北区人民法院一审认为，明祥物流公司运输车辆在遂渝高速公司管理

的成渝环线高速公路发生意外事故，变压器油泄露，导致周航承包的鱼塘中鱼类死亡，明祥物流公司应当承担侵权责任。遂渝高速公司作为事故路段的管理者，应充分了解其控制、管理路产的周边情况，在交通事故导致变压器油大量泄漏并可能导致水污染事件的情况下，应当及时启动应急预案并采取有效措施，控制污染源，防止损害的扩大。遂渝高速公司在事故发生后仅应急处理路面交通情况，并未对该路段周围油污进行清理，致使油污流入周航承包的鱼塘造成进一步损害，应根据其过错程度承担次要的赔偿责任。遂判令明祥物流公司承担70%的赔偿责任，遂渝高速公司承担30%的赔偿责任。重庆市第一中级人民法院二审维持了一审判决。

【典型意义】

本案系在高速公路发生意外事故导致的环境污染及财产损害纠纷。随着我国高速公路的延伸和行驶车辆的增多，高速公路及两侧区域的生态环境保护问题日益突出。高速公路及其沿线的环境保护，不仅仅是环境保护行政主管部门的责任，更需要车辆所有人与使用人、高速公路建设单位与运营单位等方面的共同参与。本案中，遂渝高速公司虽然不是污染事故的肇事者，但在高速公路意外事故造成或者可能造成水污染事件的情况下，其理应依法采取有效措施予以处置，并向有关主管部门报告。遂渝高速公司没有履行上述义务，造成损失扩大，应当承担相应的赔偿责任。本案判决对于高速公路的运营、管理单位提高认识，完善机制，履行环境保护义务具有规范、引导作用。

案例9：吴国金诉中铁五局（集团）有限公司、中铁五局集团路桥工程有限责任公司噪声污染责任纠纷案

【基本案情】

在中铁五局（集团）有限公司（以下简称中铁五局）、中铁五局集团路桥工程有限责任公司（以下简称路桥公司）施工期间，距离施工现场约20至30米的吴国金养殖场出现蛋鸡大量死亡、生产软蛋和畸形蛋等情况。吴国金聘请三位动物医学和兽医方面的专家到养殖场进行探查，认为蛋鸡不是因为疫病死亡，而是在突然炮声或长期噪声影响下受到惊吓，卵子进入腹腔内形成腹膜炎所致。吴国金提起诉讼，请求中铁五局、路桥公司赔偿损失150万余元。

【裁判结果】

贵州省清镇市人民法院一审认为：吴国金养殖场蛋鸡的损失与中铁五局、路桥公司施工产生的噪声之间具有因果关系，中铁五局、路桥公司应承担相应的侵权责任。按照举证责任分配规则，吴国金应证明其具体损失数额。虽然吴国金所举证据

无法证明其所受损失的具体数额，但中铁五局、路桥公司对于施工中产生的噪声造成吴国金损失的事实不持异议，表示愿意承担赔偿责任。但在此情况下，一审法院依据公平原则，借助养殖手册、专家证人所提供的基础数据，建立计算模型，计算出吴国金所受损失并判令中铁五局、路桥公司赔偿35万余元。贵州省贵阳市中级人民法院二审肯定了一审法院以养殖手册及专家意见确定本案实际损失的做法，终审判令中铁五局、路桥公司赔偿吴国金45万余元。

【典型意义】

环境损害数额的确定，往往需要通过技术手段鉴定。但在鉴定困难、鉴定成本过高或不宜进行鉴定的情况下，人民法院可以参考专家意见，结合案件具体案情，依正当程序合理确定损失数额。本案中，吴国金能够证明其开办养鸡场在先，二被告施工行为在后，在二被告施工期间其养殖的蛋鸡出现异常死亡，并提交专家论证报告及其自行记载的蛋鸡死亡数量，但是难以举证证明损害的具体数额。在此情况下，受案法院并没有机械地因吴国金证据不足，判决驳回其诉讼请求，而是充分考虑噪声污染的特殊性，在认定蛋鸡受损系与二被告施工噪声存在因果关系的基础上，通知专家就本案蛋鸡损失等专业性问题出庭作证，充分运用专家证言、养殖手册等确定蛋鸡损失基础数据，并在专家的帮助下建立蛋鸡损失计算模型，得出损失数额并判决支持了吴国金部分诉请，在确定环境损害数额问题上做了有益尝试。

案例10：李才能诉海南海石实业有限公司粉尘污染责任纠纷案

【基本案情】

海南海石实业有限公司（以下简称海石公司）未经依法批准，自2010年起租赁集体土地建设灰沙环保砖厂，所建厂房位于李才能羊圈及屋舍西面隔壁。李才能认为海石公司生产经营排放的石灰粉尘、烧锅炉产生的蒸汽、废烟及设备噪声等造成了山羊和种植的菠萝蜜树叶损害，遂向法院提起诉讼，请求判令海石公司停止侵害，停止石灰粉碎和烧锅炉生产作业，赔偿其菠萝蜜树叶及林下草地失去草料价值所致损失以及其身体健康损害、水井污染和孕羊流产等损失共计53000元。

【裁判结果】

海南省海口市琼山区人民法院受理案件后，指导李才能委托法律援助律师，并免去其需预交的案件受理费用。承办法官及时赴现场查勘、拍摄固定海石公司污染行为的有关证据，向环境保护、国土主管部门调取海石公司未办理环境影响评价、违法占地及排污等证据。考虑到损害鉴定费用高、周期长，而本案基本事实清楚，法律关系明晰，为依法妥善解决纠纷，一审法院在明确案件基本事实的基础上，明之以法、晓之以理，促成李才能、海石公司自愿达成调解协议，由海石公司一次性赔偿李才能损失53000元，并于签收调解书时当场支付赔偿款。调解书生效后，一审法院向环境保护主管部门发出司法建议，以监督海石公司限期整改，消除污染，防止后续环境损害行为的发生。

【典型意义】

调解是贯穿民事诉讼的基本原则。在环境侵权案件审理过程中，人民法院应当统筹社会力量，健全完善调解机制，推动形成防范化解社会矛盾的整体合力，充分发挥司法在环境资源纠纷多元化解决机制中的引领、推动和保障作用。本案受案法院在查明事实、分清是非的基础上，积极探寻当事人个人利益与生态环境保护的根本利益的交汇点，在依法保障个人合法权益，促成李才能与海石公司达成和解的同时，注重环境治理、修复，向环境保护主管部门发出司法建议，促进了司法与行政执法的有机衔接，共同强化对生态环境的保护力度。此外，受案法院依法免除原告应预交的诉讼费用，指导原告委托法律援助律师，将法律援助与司法救助对接，引导当事人依法理性表达诉求、维护环境权益的做法，亦值得肯定。

最高人民法院公布的九起环境资源审判典型案例

（2014年7月4日）

案例1：中华环保联合会、贵阳公众环境教育中心与贵阳市乌当区定扒造纸厂水污染责任纠纷案

（一）基本案情

贵阳市乌当区定扒造纸厂（以下简称定扒纸厂）自2003年起经常将生产废水偷偷排入南明河或超标排放锅炉废气，多次受到当地环境保护行政主管部门处罚。但该纸厂仍采取夜间偷排的方式逃避监管，向南明河排放污水。中华环保联合会、贵阳公众环境教育中心提起诉讼，请求判令定扒纸厂立即停排污水，消除危险并支付原告支出的合理费用。贵州省清镇市人民法院（以下简称清镇法院）受理案件的同时，即依原告申请采取了拍照、取样等证据保全措施，固定了证据，并裁定责令定扒纸厂立即停止排污。经法院委托贵阳市环境中心监测站对定扒纸厂排放的废水取样检测，废水中氨氮含量等指标均严重超过国家允许的排放标准，其排污口下游的南明河水属劣五类水质。经原告申请，法院协调由贵阳市两湖一库基金会从环

境公益诉讼援助基金中先行垫付上述检测费用。清镇法院确定由一名审判员和两名环保专家担任人民陪审员共同组成合议庭。审理过程中，合议庭充分发挥专家作用，召开专家咨询委员会会议对被告的排污行为进行论证，依法采信了专家意见。该院还针对其他几家纸厂排污行为提出由环境保护行政主管部门对这些纸厂进行查处的司法建议，将南明河的污染问题一并解决。

（二）裁判结果

清镇法院一审认为，定扒纸厂取得的排污许可证载明，其能够排放的污染物仅为二氧化硫、烟尘等，不包含废水。但定扒纸厂却采取白天储存、夜间偷排的方式，利用溶洞向南明河排放严重超标工业废水，从直观上、实质上都对南明河产生了污染，严重危害了环境公共利益，故其应当承担侵权民事责任。清镇法院于2011年1月作出判决，判令定扒纸厂立即停止向南明河排放污水，消除对南明河产生的危害，并承担原告合理支出的律师费用及贵阳市两湖一库基金会垫付的检测费用。

（三）典型意义

为加大环境司法保护力度，贵阳市积极探索环境保护案件集中管辖和三审合一的模式，即由清镇法院生态保护法庭负责审理贵阳市辖区内所有涉及环境保护的刑事、行政、民事一审案件。本案被告地处贵阳市乌当区，清镇法院系按照上述环境污染案件跨行政区域管辖的规定受理并审理本案。本案审理中，合议庭在受理案件的同时保全证据，及时采取先予执行措施，协助原告申请环保基金垫付评估、鉴定、分析检测费用，依法采信专家意见，邀请环保专家担任人民陪审员，进行了一系列有益的探索。清镇法院还注意与环境保护行政主管部门协调联动，及时采取措施制止被告及其他纸厂的排污行为，使南明河的生态环境得到改善。

案例2：聂胜等149户辛庄村村民与平顶山天安煤业股份有限公司五矿等水污染责任纠纷案

（一）基本案情

自2003年6月起，聂胜等149户辛庄村村民因本村井水达不到饮用水的标准，而到附近村庄取水。聂胜等人以平顶山天安煤业股份有限公司五矿（以下简称五矿）、平顶山天安煤业股份有限公司六矿（以下简称六矿）、中平能化医疗集团总医院（以下简称总医院）排放的污水将地下水污染，造成井水不能饮用为由提起诉讼，请求判令三被告赔偿异地取水的误工损失等共计212.4万元。

（二）裁判结果

河南省平顶山市新华区人民法院一审认为，三被告排放生产、生活污水污染了辛庄村井水，导致聂胜等149户村民无法饮用而到别处取水，对此产生的误工损失，三被告应承担民事责任，判决三被告共同承担赔偿责任。双方不服上诉至平顶山市中级人民法院。二审庭审中，鉴定人员出庭接受质询，证明即便三被告排放的是达标污水，也肯定会含有一定的污染因子，五矿、六矿职工及家属排放的生活污水与五矿、六矿排放的生产污水只能按主次责任划分。二审法院依据鉴定报告及专家意见，结合二审查明的生产污水与生活污水对损害发生所起的主次作用以及五矿、六矿职工及其家属所排生活污水约占致损生活污水总排量的60%等事实，认定三被告对因其排放生产污水造成的本案误工损失共同承担40%的赔偿责任；五矿、六矿就其职工及家属排放生活污水造成的其余60%误工损失共同承担六成的赔偿责任。二审法院于2011年7月作出判决，判令五矿、六矿、总医院因排放生产污水共同赔偿聂胜等人误工费17.65万元，五矿、六矿因其职工及其家属排放生活污水共同赔偿聂胜等人误工费15.89万元。

（三）典型意义

本案系多方排污导致地下水污染，危害饮用水水源，严重威胁聂胜等人的身心健康。被告的生产、生活污水排入地下，且不能举证证明其排污行为与聂胜等人的损害之间不存在因果关系，一、二审法院认定三被告污染环境，应当承担民事责任并无不当。根据侵权责任法第六十五条和第六十六条的规定，污染者应对其污染行为造成的损害承担无过错责任，即使三被告排放的污染物达标，造成损害的，仍不能免除其民事责任。涉案地下水污染系多个责任主体、多个排污行为叠加所致，二审法院根据鉴定报告和专家意见，厘清了不同排污行为产生的主次责任以及被告承担责任的比例划分，进而作出了相应判决。

案例3：上海市松江区叶榭镇人民政府与蒋荣祥等水污染责任纠纷案

（一）基本案情

浩盟车料（上海）有限公司（以下简称浩盟公司）、上海日新热镀锌有限公司（以下简称日新公司）与上海佳余化工有限公司（以下简称佳余公司）存在盐酸买卖关系，并委托佳余公司处理废酸。佳余公司委托未取得危险废物经营许可证的蒋荣祥从上述两公司运输和处理废酸。2011年2月至3月期间，蒋荣祥多次指派其雇佣的驾驶员董胜振将从三公司收集的共计6车废酸倾倒至叶榭镇叶兴路红先河桥南侧的雨水井中，导致废酸经雨水井流入红先河，造成严重污染。污染事故发生后，上海市松江区叶榭镇人民政府（以下简称叶榭镇政府）为治理污染，拨款并委托松江区叶榭水务管理站对污染河道进行治理。经审计确认红先河河道污染治理工程款、清理管道污染淤泥工程款、土地征用及迁移补偿费、勘察设计费、合同公证及工程质量监理费、审计费等合计887266元。因本次污染事故，蒋荣祥、董胜振分别被判处有期徒刑二年和一年三个月，佳余公司、浩盟公司、日新公司分别被上海市环境保护局罚款46万元、16万元、16万元。叶榭镇政府提起诉讼，请求判令蒋荣祥、董胜振、佳余公司、浩盟公司、日新公司连带赔偿经济损失887266元。

（二）裁判结果

上海市松江区人民法院一审认为，本案中叶榭镇政府作为被污染河道的主管单位，有权对污染河道进行治理，也有权作为原告提起诉讼。蒋荣祥以营利为目的，在未取得危险废物经营许可证的情况下，指派其雇员将废酸倾倒至叶榭镇政府境内通向红先河的雨水井中，造成严重污染，应当承担民事赔偿责任。董胜振盲目听从蒋荣祥的指派，故意将废酸倒入雨水井中导致红先河严重污染，应当与其雇主蒋荣祥承担连带赔偿责任。佳余公司、浩盟公司、日新公司在生产过程中所产生的废酸属于危险废物，应向当地环境保护行政主管部门申报，并移交到有相应资质的单位进行处理。但上述三公司均未办理法定手续，擅自处理废酸，与此后红先河严重污染有直接的因果关系，对本次污染事故具有重大过错，理应与蒋荣祥承担连带赔偿责任，综合三公司运出并倾倒的废酸数量及佳余公司在本次事故中所起作用等因素，酌情确定各自对损害后果承担的赔偿责任比例。一审法院于2012年6月作出判决，判令蒋荣祥赔偿叶榭镇政府各项经济损失887266元，董胜振承担连带赔偿责任；佳余公司、浩盟公司、日新公司分别对蒋荣祥应当赔偿的款项承担20%、65%、15%的连带赔偿责任。

（三）典型意义

危险废物不但严重威胁人体健康，也会对人类赖以生存的生态环境造成巨大破坏，必须依法进行申报和处理。本案中，蒋荣祥在未取得危险废物经营许可证的情况下擅自倾倒废酸，致使红先河严重污染，应承担全部赔偿责任。董胜振作为蒋荣祥雇佣的驾驶员，对未经处理的废酸倾倒至雨水井可能造成的危害后果应当具有预见能力，但其盲目听从蒋荣祥的指派，故意将废酸倒入雨水井中，应与蒋荣祥承担连带赔偿责任。佳余公司、浩盟公司与日新公司未办理法定手续，擅自将废酸交由不具备资质的个人运输并排放，应根据各自违法处理危险废物的数量以及对事故发生所起作用等因素按份额与蒋荣祥共同承担责任。虽然环境保护行政主管部门已对上述三公司进行了行政罚款，蒋荣祥、董胜振也被处以刑罚，但均不能免除或减轻其民事赔偿责任。通过刑事责任、行政责任、民事责任三种责任方式的综合运用，提高污染者的违法成本，并对潜在的污染者形成有效震慑，达到防治危险废物污染的目的。

案例4：重庆市长寿区龙河镇盐井村1组与蒙城县利超运输有限公司等环境污染责任纠纷案

（一）基本案情

2010年7月6日，李勇驾驶杨玉文所有的牵引车与濮阳市汽车运输公司（以下简称濮阳公司）所有的重型罐式货车尾随相撞发生交通事故，造成杨玉文死亡、财产毁损，罐式货车所载的一甲胺溶液发生泄漏，产生环境污染。李勇承担此次事故的全部责任，濮阳公司的驾驶员不承担责任。上述牵引车系挂靠蒙城县利超运输有限公司（以下简称利超公司）、新余市广诚汽车运输有限责任公司（以下简称广诚公司）经营。此次交通事故泄露一甲胺溶液5.34吨，对当地鱼塘、农田造成污染。后政府职能部门对被污染的鱼塘和农田损失情况进行了实地测查，确认了相关损失。重庆市长寿区龙河镇盐井村1组（以下简称盐井村1组）提起诉讼，请求判令利超公司、广诚公司、李书芳等杨玉文遗属、濮阳公司连带赔偿因环境污染造成的财产损失7500元。

（二）裁判结果

重庆市长寿区人民法院一审认为，根据侵权责任法第六十八条之规定，环境污染者即使因第三人的过错造成他人损失，也不能免责，故濮阳公司应当承担环境污染的损害赔偿责任，其在赔偿后有权向有过错的其他责任人进行追偿。杨玉文一方在交通事故中负有全部责任，对于盐井村1组遭受的环境污染损害具有过错，也应承担赔偿责任。现杨玉文已经死亡，该债务发生在杨玉文与李书芳婚姻关系存续期间，故李书芳应当对该债务承担连带责任，杨爱芹等杨玉文的继承人应在继承杨玉文遗产的范围内承担赔偿责任。杨玉文所有的车辆，挂靠在利超公司、广诚公司名下，故该两公司应当承担补充赔偿责任。李勇系杨玉文雇佣的驾驶员，其在从事雇佣活动中造成他人损害的，依法应由雇主对外承担侵权责任。事故发生后，政府职能部门作出的损失情况统计表应予采纳。被告对污染行为与损害之间不存在因果关系未予举证证明，故对其辩解不予采信。一审法院于2011年12月作出判决，判令由濮阳公司、李书芳赔偿盐井村1组损失7500元；利超公司、广诚公司承担补充赔偿责任；杨爱芹等继承人在继承杨玉文遗产的范围内对前款债务承担清偿责任；驳回盐井村1组对李勇的诉讼请求。

（三）典型意义

本案系因交通事故导致有毒化学物质泄漏引起的环境污染责任纠纷，涉及不同法律关系的多方当事人。濮阳公司因第三人杨玉文方的过错造成了环境污染，被侵权人依法可以向污染者请求赔偿，也可以向第三人请求赔偿。本案中，盐井村1组同时以濮阳公司、杨玉文方为被告提起诉讼，一审法院予以受理并依法认定两被告应各自承担相应的责任，合法有据。污染者依法应对其污染行为造成的损害承担无过错责任，故濮阳公司不得以第三人过错造成损害为由拒绝赔偿，且该公司未能举证证明其行为与损害结果之间不存在因果关系，濮阳公司应当承担赔偿责任。濮阳公司赔偿后，有权向第三人追偿。因杨玉文方的过错发生交通事故，其过错行为与盐井村1组遭受的环境污染损害具有直接的因果关系，杨玉文方也应承担赔偿责任。

案例5：朱正茂、中华环保联合会与江阴港集装箱公司环境污染责任纠纷案

（一）基本案情

2004年上半年，江阴港集装箱公司（以下简称集装箱公司）未经环境保护行政主管部门环境影响评价和建设行政主管部门立项审批，自行增设铁矿石（粉）货种接卸作业。在作业过程中，该公司采用露天接卸，造成了铁矿石粉尘直接侵入周边居民住宅；采用冲洗方式处理散落在港区路面和港口外道路上的红色粉尘，形成的污水直接排入到周边河道和长江水域，并在河道中积淀，造成了周边环境大气污染、水污染，严重影响了周边地区空气质量、长江水质和附近居民的生活环境。虽经朱正茂等周边居民反映情况、江阴市人民政府召开协调会议，集装箱公司亦采取了整改措施，但仍未彻底消除污染现象。2009年7月6日，朱正茂作为周边居民代表与中华环保联合会共同提起诉讼，请求判令集装箱公司停止侵害，使港口周围的大气环境符合环境标准，排除妨碍；对铁矿粉冲洗进行处理，消除对饮用水源地和取水口产生的危险；将港口附近的下水道恢复原状，铁矿粉泥做无害化处理。江苏省无锡市中级人民法院（以下简称无锡中院）于受理本案的次日，进行了现场勘验，裁定责令被告立即停止污染侵害行为，并向无锡市人民政府法制办公室、江阴市人民政府发函，取得政府部门的配合和支持。该院还召集听证，责成集装箱公司在案件审结前采取切实可行的方案和措施，迅速改善环境质量状态。集装箱公司据此再次采取整改措施，并在审理过程中提出调解申请。

（二）裁判结果

无锡中院一审认为，集装箱公司自行增设铁矿石（粉）港口接卸作业，属违法行为，对周边大气环境和地表、水域造成了污染侵害，影响了周边居民的正常生活。鉴于集装箱公司在诉讼前已采取了一定的污染防治措施，在本案审理过程中又采取了一系列治理措施，并提出调解申请。经法院依法主持调解，双方当事人达成协议，由集装箱公司限期补办相关的行政许可审批手续，限期内未获得行政许可的，必须立即停止相关业务；在申办期内，必须做到无尘化装卸作业，不得向周边

河流、水域排放任何影响水体质量的污染物，不得产生超过国家规定标准的噪声；每30天书面报告本协议履行情况，并附当地环境保护行政主管部门的环境监测报告。无锡中院于2009年9月出具民事调解书，对上述协议依法予以确认。

（三）典型意义

本案兼具私益诉讼和公益诉讼的特点。朱正茂是居民代表，同时又是环境污染的受害者，其与中华环保联合会共同作为原告起诉后，无锡中院依法予以受理，对环境公益诉讼的原告主体资格问题进行了有益的探索和实践。鉴于环境污染具有不可逆性、地域广阔性、潜在受害人不确定性和社会公共利益受损的广泛性，无锡中院受理案件后，依职权进行现场勘验，针对正在实施的环境污染侵害行为，先行裁定污染者立即停止侵害，防止了损害扩大。无锡中院在审理本案的过程中，重视与政府相关部门的对接和联动，各司其职、各尽其责，正确处理了维权与维稳的关系，鼓励污染者积极采取防治措施，修复环境，对迅速治理环境污染起到了积极作用。

案例6：张长健等1721人与福建省（屏南）榕屏化工有限公司环境污染责任纠纷案

（一）基本案情

福建省（屏南）榕屏化工有限公司（以下简称榕屏公司）自1995年投产后，对周边地区陆续造成污染，排放的废水、废气、废渣，对环境和人体造成严重损害。特别是排放的氯气，造成大片树林、竹林、果树、庄稼枯死，鱼虾不能生存。对此，有现场勘验报告和当地乡人民政府出具的《屏城乡溪坪村受榕屏公司污染情况》佐证，江西惠普会计师事务所据此提出了损失计算标准。张长健等1721人提起诉讼，请求判令榕屏公司立即停止侵害，赔偿农作物及竹、木等损失，清除厂内及后山废渣。

（二）裁判结果

宁德市中级人民法院一审认为，榕屏公司虽主张排放达标，但不能证明排放不会造成损害，应推定因果关系存在，侵权责任成立。

张长健等1721人从1995年榕屏公司投产后、山地陆续出现毛竹等死亡时，就陆续向有关部门反映，诉讼时效并未超过。一审判决，榕屏公司立即停止侵害，清除厂内和后山工业废渣，并赔偿山场林木、果树、毛竹和农田等部分损失。双方不服上诉至福建省高级人民法院。该院二审认为，污染物排放标准不是确定排污单位是否承担侵权赔偿责任的界限，榕屏公司未能提供证据证明其废气排放、废渣堆放与张长健等1721人的农作物受损没有因果关系，应承担举证不能的责任。二审法院于2005年11月16日作出判决，维持一审判决关于榕屏公司立即停止侵害的判项，判令榕屏公司赔偿山场林木、果树、毛竹和农作物等损失68.42万元，在限期内对厂内及后山的含铬废渣进行清理，并按规范进行处置，对原后山的堆场进行封场。

（三）典型意义

环境污染责任的构成要件包括污染者有污染环境的行为、受害人有损害、污染者污染环境的行为与受害人的损害之间有因果关系。其中，因果关系的认定是环境污染责任纠纷中的重要问题。鉴于环境污染侵权具有致害途径复杂多样、损害证明科学技术性强以及多因一果现象频发等特性，侵权责任法第六十六条规定环境污染侵权实行因果关系的举证责任倒置，将污染行为与损害之间不存在因果关系的举证义务加于污染者，其举证不能时，则推定因果关系成立，从而认定环境污染责任成立，保护受害人的合法权益。此外，环境污染责任系无过错责任，污染者有污染行为并造成损害的，除其举证证明存在法律规定的不承担责任或者减轻责任的情形外，均应承担侵权责任，不得以排污达标为由提出抗辩、减免责任。再者，在认定环境污染责任成立的前提下，准确界定损害赔偿的范围，涉及化学、生物、地理等专业知识，宁德市中级人民法院经双方当事人同意委托专业人士进行现场勘验，并依据具备资产评估资格的会计师事务所提出的损失计算标准，认定赔偿数额，具有一定的指导意义。

案例7：姜建波与荆军噪声污染责任纠纷案

（一）基本案情

2009年起荆军租用了谷某的房屋和院落，此院落与姜建波住所前后相邻，仅一墙之隔。荆军在租用的院落里对钢铁制品进行切割作业，产生的噪声使姜建波不堪忍受。姜建波先后向村委会及当地环境保护行政主管部门反映，但问题仍未得到解决，遂提起诉讼，请求判令荆军停止侵害，排除妨碍，将产生噪声污染及粉尘污染的铁制品搬离与姜建波相邻的院落，赔偿其精神损失8000元。

（二）裁判结果

乌鲁木齐市米东区人民法院一审判令荆军立即停止侵权、排除妨害，将产生噪声的钢铁制品搬离与姜建波相邻的院落，并赔偿姜建波精神损害抚慰金2000元。荆军不服，上诉至乌鲁木齐市中级人民法院。该院二审认为，钢铁制品在装卸、运送或者加工过程中产生的声音超出一般公众普遍可忍受的程度。本案中，荆军院落与姜建波居所一墙相隔，荆军在院落中放置工具、加工材料时所产生的声音势必能传入到其他居民的居室内，已成为干扰周围居民生活的环境噪声。噪声污染对人体健康可能造成损害，是为公众普遍认可的，姜建波称其因噪声无法休息导致精神受到伤害符合日常生活经验法则，应推定属实。荆军否认噪声污染给姜建波造成了实际损害，应举证证明，但荆军不能举出其院落中发出的噪声对姜建波的身体健康未产生损害的证据。一审判决根据荆军加工钢铁制品产生的噪声的时间、两家距离的远近、噪声的大小酌情支持2000元精神损害抚慰金并无不当。二审法院于2012年7月作出判决，驳回上诉，维持原判。

（三）典型意义

在工业生产、建筑施工、交通运输和社会生活中产生的严重噪声污染，侵害人们安宁生活、工作和学习的权利，导致人们身心健康受损。本案中，荆军在装卸、运送、加工钢铁制品过程中产生的噪声，超过了一般人可容忍的程度，严重干扰了周边人群的正常生活，应承担停止侵害、排除妨碍及赔偿损失的民事责任。噪声污染给受害人身心健康造成的损害具有持续性和隐蔽性等特点，受害人的症状往往不明显且暂时无法用精确的计量方法反映。二审判决适用了日常生活经验法则及事实推定规则，认为钢铁制品加工、搬卸的噪声会比较严重的影响相邻院落居民正常的生活和休息，符合一般人的认知规律，而且噪声污染对身心健康造成损害，也是为公众普遍认可的。在荆军未举出反证证明其产生的噪声未对姜建波产生损害的情况下，即使姜建波尚未出现明显症状，其生活受到噪声侵扰而导致精神损害的事实也是客观存在的。二审法院系结合荆军加工钢铁制品产生噪声的时间、双方距离的远近、噪声的大小，酌情作出了由荆军赔偿姜建波精神损害抚慰金2000元的判决。

案例8：中华环保联合会与无锡市蠡湖惠山景区管理委员会生态环境损害赔偿纠纷案

（一）基本案情

无锡市蠡湖惠山景区管理委员会（以下简称景区管委会）在负责开发建设动植物园和儿童乐园项目的过程中，擅自占用2万平方米左右的林地。涉案项目尚有2500平方米山体土壤裸露宕口地块，系二十世纪八十年代开采山石遗留状态，景区管委会未在该地块进行任何建设。中华环保联合会提起诉讼，请求判令景区管委会将非法占用的林地恢复用途并赔偿损失，立即将项目区域内裸露的部分土地进行复绿固土。

（二）裁判结果

无锡市滨湖区人民法院一审认为，景区管委会未经审批占用17477平方米林地是事实，但动植物园项目系城市绿地系统的组成部分，后期景区管委会又恢复和新增了一定数量的林地，未造成显著损害。本案审理中，景区管委会已缴纳了植被恢复费114万余元，应当视为已经弥补了生态损害。景区管委会擅自改变3677平方米林地用途，应当恢复原状。鉴于该地块建设已经被纳入立项规划范围，且建设项目中的观光电梯具有逃生、急救通道的功能，涉及较大公共利益，不宜恢复原状。在审理中，景区管委会提出了异地补植方案，得到了主管单位和中华环保联合会的认可，并经咨询相关专业机构确定了杨湾异地补植恢复生态的方案。景区管委会等单位作为宕口裸露地块的使用人，有义务对该地块的状况进行持续整治，消除水土进一步流失的危险。在案件审理中，景区管委会自愿提出的复绿方案具有可行性，法院予以确认与准许。一审法院于2012年12月作出判决，判令景区管委会一个月内完成17477平方米林地改变用途的申报程序，将异地补植费用人民币79.44万元汇至指定账户并在六个月内完成杨湾地块4500平方米的异地补植，景区管委会及其他地块使用人六个月内完成2500平方米宕口地块复绿固土工作。

（三）典型意义

建设单位景区管委会在建设工程中未经批准占用并改变林地用途对生态环境造成损害，理应承担恢复生态环境的民事责任。本案的特殊之处在于，涉案工程所占用土地已经纳入立项规划范围，且工程对于整个项目具有重要作用，涉及公共利益，直接恢复原状不具可行性。在此情况下，一审法院经咨询专业机构意见，采纳了异地补植的方案进行生态恢复，探索了环境污染者、生态破坏者承担民事责任的方式，避免了社会财富的浪费，又在整个区域范围内恢复了生态容量的水平，可资借鉴。

案例9：王仕龙与刘俊波采矿权转让合同纠纷案

（一）基本案情

2007年8月27日，王仕龙以兴隆县龙思敏大理石厂的名义与刘俊波订立了矿山转让合同书，该合同约定王仕龙将兴隆县龙思敏大理石厂作价305万元转让给刘俊波。合同还对付款期限，违约责任等内容进行了约定。合同签订后，刘俊波共支付转让款等款项共计133.5万元。刘俊波修建了矿路及部分厂房，但未对该大理石矿进行开采。后王仕龙以刘俊波未足额付款为由提起诉讼请求判令解除矿山转让合同，刘俊波返还矿山并给付违约金76万元。刘俊波提起反诉请求判令王仕龙继续履行合同并赔偿损失108.8万元。

（二）裁判结果

承德市中级人民法院一审判决驳回双方的诉讼请求。双方不服上诉至河北省高级人民法院。该院二审认为，王仕龙和刘俊波均认可本案转让合同的标的物为大理石矿及相应采矿权，双方所签矿山转让合同已成立，但属于依照法律规定应到相关部门办理批准手续才能生效的合同。由于合同对移交矿山手续等约定不明，双方对合同未能履行均负有责任。对于按照法律、行政法规的规定须经批准或者登记才能生效的合同，双方当事人均应积极履行各自的义务，促使合同生效，以维护交易各方的合法权益。二审法院于 2011 年 2 月作出判决，判令王仕龙、刘俊波按照各自义务向有关部门提交相关资料，申请办理转让兴隆县龙思敏大理石矿的批准手续。王仕龙仍不服，向最高人民法院申请再审，最高人民法院裁定驳回再审申请。

（三）典型意义

矿产资源是人类生存和经济社会可持续发展的重要物质基础。采矿权的转让审批，是国家规范采矿权有序流转，实现矿产资源科学保护、合理开发的重要制度。采矿权转让未经审批的，转让合同尚未发生法律效力。二审法院在审理本案过程中严格依照法律规定，认定转让合同因未经审批而未生效，并判令双方按照各自义务办理采矿权转让报批手续，积极促使合同生效，维护了采矿权市场交易秩序，也符合合同法鼓励交易、创造财富的原则。

附录三 环境资源相关司法解释

最高人民法院关于审理环境侵权责任纠纷案件适用法律若干问题的解释

（2015年2月9日最高人民法院审判委员会第1644次会议通过 2015年6月1日最高人民法院公告公布 自2015年6月3日起施行 法释〔2015〕12号）

为正确审理环境侵权责任纠纷案件，根据《中华人民共和国侵权责任法》《中华人民共和国环境保护法》《中华人民共和国民事诉讼法》等法律的规定，结合审判实践，制定本解释。

第一条 因污染环境造成损害，不论污染者有无过错，污染者应当承担侵权责任。污染者以排污符合国家或者地方污染物排放标准为由主张不承担责任的，人民法院不予支持。

污染者不承担责任或者减轻责任的情形，适用海洋环境保护法、水污染防治法、大气污染防治法等环境保护单行法的规定；相关环境保护单行法没有规定的，适用侵权责任法的规定。

第二条 两个以上污染者共同实施污染行为造成损害，被侵权人根据侵权责任法第八条规定请求污染者承担连带责任的，人民法院应予支持。

第三条 两个以上污染者分别实施污染行为造成同一损害，每一个污染者的污染行为都足以造成全部损害，被侵权人根据侵权责任法第十一条规定请求污染者承担连带责任的，人民法院应予支持。

两个以上污染者分别实施污染行为造成同一损害，每一个污染者的污染行为都不足以造成全部损害，被侵权人根据侵权责任法第十二条规定请求污染者承担责任的，人民法院应予支持。

两个以上污染者分别实施污染行为造成同一损害，部分污染者的污染行为足以造成全部损害，部分污染者的污染行为只造成部分损害，被侵权人根据侵权责任法第十一条规定请求足以造成全部损害的污染者与其他污染者就共同造成的损害部分承担连带责任，并对全部损害承担责任的，人民法院应予支持。

第四条　两个以上污染者污染环境，对污染者承担责任的大小，人民法院应当根据污染物的种类、排放量、危害性以及有无排污许可证、是否超过污染物排放标准、是否超过重点污染物排放总量控制指标等因素确定。

第五条　被侵权人根据侵权责任法第六十八条规定分别或者同时起诉污染者、第三人的，人民法院应予受理。

被侵权人请求第三人承担赔偿责任的，人民法院应当根据第三人的过错程度确定其相应赔偿责任。

污染者以第三人的过错污染环境造成损害为由主张不承担责任或者减轻责任的，人民法院不予支持。

第六条　被侵权人根据侵权责任法第六十五条规定请求赔偿的，应当提供证明以下事实的证据材料：

（一）污染者排放了污染物；

（二）被侵权人的损害；

（三）污染者排放的污染物或者其次生污染物与损害之间具有关联性。

第七条　污染者举证证明下列情形之一的，人民法院应当认定其污染行为与损害之间不存在因果关系：

（一）排放的污染物没有造成该损害可能的；

（二）排放的可造成该损害的污染物未到达该损害发生地的；

（三）该损害于排放污染物之前已发生的；

（四）其他可以认定污染行为与损害之间不存在因果关系的情形。

第八条　对查明环境污染案件事实的专门性问题，可以委托具备相关资格的司法鉴定机构出具鉴定意见或者由国务院环境保护主管部门推荐的机构出具检验报告、检测报告、评估报告或者监测数据。

第九条　当事人申请通知一至两名具有专门知识的人出庭，就鉴定意见或者污染物认定、损害结果、因果关系等专业问题提出意见的，人民法院可以准许。当事人未申请，人民法院认为有必要的，可以进行释明。

具有专门知识的人在法庭上提出的意见，经当事人质证，可以作为认定案件事实的根据。

第十条　负有环境保护监督管理职责的部门或者其委托的机构出具的环境污染事件调查报告、检验报告、检测报告、评估报告或者监测数据等，经当事人质证，可以作为认定案件事实的根据。

第十一条　对于突发性或者持续时间较短的环境污染行为，在证据可能灭失或者以后难以取得的情况下，当事人或者利害关系人根据民事诉讼法第八十一条规定申请证据保全的，人民法院应当准许。

第十二条 被申请人具有环境保护法第六十三条规定情形之一，当事人或者利害关系人根据民事诉讼法第一百条或者第一百零一条规定申请保全的，人民法院可以裁定责令被申请人立即停止侵害行为或者采取污染防治措施。

第十三条 人民法院应当根据被侵权人的诉讼请求以及具体案情，合理判定污染者承担停止侵害、排除妨碍、消除危险、恢复原状、赔礼道歉、赔偿损失等民事责任。

第十四条 被侵权人请求恢复原状的，人民法院可以依法裁判污染者承担环境修复责任，并同时确定被告不履行环境修复义务时应当承担的环境修复费用。

污染者在生效裁判确定的期限内未履行环境修复义务的，人民法院可以委托其他人进行环境修复，所需费用由污染者承担。

第十五条 被侵权人起诉请求污染者赔偿因污染造成的财产损失、人身损害以及为防止污染扩大、消除污染而采取必要措施所支出的合理费用的，人民法院应予支持。

第十六条 下列情形之一，应当认定为环境保护法第六十五条规定的弄虚作假：

（一）环境影响评价机构明知委托人提供的材料虚假而出具严重失实的评价文件的；

（二）环境监测机构或者从事环境监测设备维护、运营的机构故意隐瞒委托人超过污染物排放标准或者超过重点污染物排放总量控制指标的事实的；

（三）从事防治污染设施维护、运营的机构故意不运行或者不正常运行环境监测设备或者防治污染设施的；

（四）有关机构在环境服务活动中其他弄虚作假的情形。

第十七条 被侵权人提起诉讼，请求污染者停止侵害、排除妨碍、消除危险的，不受环境保护法第六十六条规定的时效期间的限制。

第十八条 本解释适用于审理因污染环境、破坏生态造成损害的民事案件，但法律和司法解释对环境民事公益诉讼案件另有规定的除外。

相邻污染侵害纠纷、劳动者在职业活动中因受污染损害发生的纠纷，不适用本解释。

第十九条 本解释施行后，人民法院尚未审结的一审、二审案件适用本解释规定。本解释施行前已经作出生效裁判的案件，本解释施行后依法再审的，不适用本解释。

本解释施行后，最高人民法院以前颁布的司法解释与本解释不一致的，不再适用。

最高人民法院关于审理环境民事公益诉讼案件适用法律若干问题的解释

（2014 年 12 月 8 日最高人民法院审判委员会第 1631 次会议通过 2015 年 1 月 6 日最高人民法院公告公布　自 2015 年 1 月 7 日起施行　法释〔2015〕1 号）

为正确审理环境民事公益诉讼案件，根据《中华人民共和国民事诉讼法》《中华人民共和国侵权责任法》《中华人民共和国环境保护法》等法律的规定，结合审判实践，制定本解释。

第一条　法律规定的机关和有关组织依据民事诉讼法第五十五条、环境保护法第五十八条等法律的规定，对已经损害社会公共利益或者具有损害社会公共利益重大风险的污染环境、破坏生态的行为提起诉讼，符合民事诉讼法第一百一十九条第二项、第三项、第四项规定的，人民法院应予受理。

第二条　依照法律、法规的规定，在设区的市级以上人民政府民政部门登记的社会团体、民办非企业单位以及基金会等，可以认定为环境保护法第五十八条规定的社会组织。

第三条　设区的市，自治州、盟、地区，不设区的地级市，直辖市的区以上人民政府民政部门，可以认定为环境保护法第五十八条规定的“设区的市级以上人民政府民政部门”。

第四条　社会组织章程确定的宗旨和主要业务范围是维护社会公共利益，且从事环境保护公益活动的，可以认定为环境保护法第五十八条规定的“专门从事环境保护公益活动”。

社会组织提起的诉讼所涉及的社会公共利益，应与其宗旨和业务范围具有关联性。

第五条　社会组织在提起诉讼前五年内未因从事业务活动违反法律、法规的规定受过行政、刑事处罚的，可以认定为环境保护法第五十八条规定的“无违法记录”。

第六条　第一审环境民事公益诉讼案件由污染环境、破坏生态行为发生地、损害结果地或者被告住所地的中级以上人民法院管辖。

中级人民法院认为确有必要的，可以在报请高级人民法院批准后，裁定将本院管辖的第一审环境民事公益诉讼案件交由基层人民法院审理。

同一原告或者不同原告对同一污染环境、破坏生态行为分别向两个以上有管辖权的人民法院提起环境民事公益诉讼的，由最先立案的人民法院管辖，必要时由共同上级人民法院指定管辖。

第七条 经最高人民法院批准，高级人民法院可以根据本辖区环境和生态保护的实际情况，在辖区内确定部分中级人民法院受理第一审环境民事公益诉讼案件。

中级人民法院管辖环境民事公益诉讼案件的区域由高级人民法院确定。

第八条 提起环境民事公益诉讼应当提交下列材料：

（一）符合民事诉讼法第一百二十一条规定的起诉状，并按照被告人数提出副本；

（二）被告的行为已经损害社会公共利益或者具有损害社会公共利益重大风险的初步证明材料；

（三）社会组织提起诉讼的，应当提交社会组织登记证书、章程、起诉前连续五年的年度工作报告书或者年检报告书，以及由其法定代表人或者负责人签字并加盖公章的无违法记录的声明。

第九条 人民法院认为原告提出的诉讼请求不足以保护社会公共利益的，可以向其释明变更或者增加停止侵害、恢复原状等诉讼请求。

第十条 人民法院受理环境民事公益诉讼后，应当在立案之日起五日内将起诉状副本发送被告，并公告案件受理情况。

有权提起诉讼的其他机关和社会组织在公告之日起三十日内申请参加诉讼，经审查符合法定条件的，人民法院应当将其列为共同原告；逾期申请的，不予准许。

公民、法人和其他组织以人身、财产受到损害为由申请参加诉讼的，告知其另行起诉。

第十一条 检察机关、负有环境保护监督管理职责的部门及其他机关、社会组织、企业事业单位依据民事诉讼法第十五条的规定，可以通过提供法律咨询、提交书面意见、协助调查取证等方式支持社会组织依法提起环境民事公益诉讼。

第十二条 人民法院受理环境民事公益诉讼后，应当在十日内告知对被告行为负有环境保护监督管理职责的部门。

第十三条 原告请求被告提供其排放的主要污染物名称、排放方式、排放浓度和总量、超标排放情况以及防治污染设施的建设和运行情况等环境信息，法律、法规、规章规定被告应当持有或者有证据证明被告持有而拒不提供，如果原告主张相关事实不利于被告的，人民法院可以推定该主张成立。

第十四条 对于审理环境民事公益诉讼案件需要的证据，人民法院认为必要的，应当调查收集。

对于应当由原告承担举证责任且为维护社会公共利益所必要的专门性问题，人民法院可以委托具备资格的鉴定人进行鉴定。

第十五条　当事人申请通知有专门知识的人出庭，就鉴定人作出的鉴定意见或者就因果关系、生态环境修复方式、生态环境修复费用以及生态环境受到损害至恢复原状期间服务功能的损失等专门性问题提出意见的，人民法院可以准许。

前款规定的专家意见经质证，可以作为认定事实的根据。

第十六条　原告在诉讼过程中承认的对己方不利的事实和认可的证据，人民法院认为损害社会公共利益的，应当不予确认。

第十七条　环境民事公益诉讼案件审理过程中，被告以反诉方式提出诉讼请求的，人民法院不予受理。

第十八条　对污染环境、破坏生态，已经损害社会公共利益或者具有损害社会公共利益重大风险的行为，原告可以请求被告承担停止侵害、排除妨碍、消除危险、恢复原状、赔偿损失、赔礼道歉等民事责任。

第十九条　原告为防止生态环境损害的发生和扩大，请求被告停止侵害、排除妨碍、消除危险的，人民法院可以依法予以支持。

原告为停止侵害、排除妨碍、消除危险采取合理预防、处置措施而发生的费用，请求被告承担的，人民法院可以依法予以支持。

第二十条　原告请求恢复原状的，人民法院可以依法判决被告将生态环境修复到损害发生之前的状态和功能。无法完全修复的，可以准许采用替代性修复方式。

人民法院可以在判决被告修复生态环境的同时，确定被告不履行修复义务时应承担的生态环境修复费用；也可以直接判决被告承担生态环境修复费用。

生态环境修复费用包括制定、实施修复方案的费用和监测、监管等费用。

第二十一条　原告请求被告赔偿生态环境受到损害至恢复原状期间服务功能损失的，人民法院可以依法予以支持。

第二十二条　原告请求被告承担检验、鉴定费用，合理的律师费以及为诉讼支出的其他合理费用的，人民法院可以依法予以支持。

第二十三条　生态环境修复费用难以确定或者确定具体数额所需鉴定费用明显过高的，人民法院可以结合污染环境、破坏生态的范围和程度、生态环境的稀缺性、生态环境恢复的难易程度、防治污染设备的运行成本、被告因侵害行为所获得的利益以及过错程度等因素，并可以参考负有环境保护监督管理职责的部门的意见、专家意见等，予以合理确定。

第二十四条 人民法院判决被告承担的生态环境修复费用、生态环境受到损害至恢复原状期间服务功能损失等款项，应当用于修复被损害的生态环境。

其他环境民事公益诉讼中败诉原告所需承担的调查取证、专家咨询、检验、鉴定等必要费用，可以酌情从上述款项中支付。

第二十五条 环境民事公益诉讼当事人达成调解协议或者自行达成和解协议后，人民法院应当将协议内容公告，公告期间不少于三十日。

公告期满后，人民法院审查认为调解协议或者和解协议的内容不损害社会公共利益的，应当出具调解书。当事人以达成和解协议为由申请撤诉的，不予准许。

调解书应当写明诉讼请求、案件的基本事实和协议内容，并应当公开。

第二十六条 负有环境保护监督管理职责的部门依法履行监管职责而使原告诉讼请求全部实现，原告申请撤诉的，人民法院应予准许。

第二十七条 法庭辩论终结后，原告申请撤诉的，人民法院不予准许，但本解释第二十六条规定的情形除外。

第二十八条 环境民事公益诉讼案件的裁判生效后，有权提起诉讼的其他机关和社会组织就同一污染环境、破坏生态行为另行起诉，有下列情形之一的，人民法院应予受理：

（一）前案原告的起诉被裁定驳回的；

（二）前案原告申请撤诉被裁定准许的，但本解释第二十六条规定的情形除外。

环境民事公益诉讼案件的裁判生效后，有证据证明存在前案审理时未发现的损害，有权提起诉讼的机关和社会组织另行起诉的，人民法院应予受理。

第二十九条 法律规定的机关和社会组织提起环境民事公益诉讼的，不影响因同一污染环境、破坏生态行为受到人身、财产损害的公民、法人和其他组织依据民事诉讼法第一百一十九条的规定提起诉讼。

第三十条 已为环境民事公益诉讼生效裁判认定的事实，因同一污染环境、破坏生态行为依据民事诉讼法第一百一十九条规定提起诉讼的原告、被告均无需举证证明，但原告对该事实有异议并有相反证据足以推翻的除外。

对于环境民事公益诉讼生效裁判就被告是否存在法律规定的不承担责任或者减轻责任的情形、行为与损害之间是否存在因果关系、被告承担责任的大小等所作的认定，因同一污染环境、破坏生态行为依据民事诉讼法第一百一十九条规定提起诉讼的原告主张适用的，人民法院应予支持，但被告有相反证据足以推翻的除外。被告主张直接适用对其有利的认定的，人民法院不予支持，被告仍应举证证明。

第三十一条　被告因污染环境、破坏生态在环境民事公益诉讼和其他民事诉讼中均承担责任，其财产不足以履行全部义务的，应当先履行其他民事诉讼生效裁判所确定的义务，但法律另有规定的除外。

第三十二条　发生法律效力的环境民事公益诉讼案件的裁判，需要采取强制执行措施的，应当移送执行。

第三十三条　原告交纳诉讼费用确有困难，依法申请缓交的，人民法院应予准许。

败诉或者部分败诉的原告申请减交或者免交诉讼费用的，人民法院应当依照《诉讼费用交纳办法》的规定，视原告的经济状况和案件的审理情况决定是否准许。

第三十四条　社会组织有通过诉讼违法收受财物等牟取经济利益行为的，人民法院可以根据情节轻重依法收缴其非法所得、予以罚款；涉嫌犯罪的，依法移送有关机关处理。

社会组织通过诉讼牟取经济利益的，人民法院应当向登记管理机关或者有关机关发送司法建议，由其依法处理。

第三十五条　本解释施行前最高人民法院发布的司法解释和规范性文件，与本解释不一致的，以本解释为准。

最高人民法院关于审理海洋自然资源与生态环境损害赔偿纠纷案件若干问题的规定

（2017年11月20日最高人民法院审判委员会第1727次会议通过
2017年12月29日最高人民法院公告公布　自2018年1月15日起施行
法释〔2017〕23号）

为正确审理海洋自然资源与生态环境损害赔偿纠纷案件，根据《中华人民共和国海洋环境保护法》《中华人民共和国民事诉讼法》《中华人民共和国海事诉讼特别程序法》等法律的规定，结合审判实践，制定本规定。

第一条　人民法院审理为请求赔偿海洋环境保护法第八十九条第二款规定的海洋自然资源与生态环境损害而提起的诉讼，适用本规定。

第二条　在海上或者沿海陆域内从事活动，对中华人民共和国管辖海域内海洋自然资源与生态环境造成损害，由此提起的海洋自然资源与生态环境损害赔偿诉讼，由损害行为发生地、损害结果地或者采取预防措施地海事法院管辖。

第三条 海洋环境保护法第五条规定的行使海洋环境监督管理权的机关，根据其职能分工提起海洋自然资源与生态环境损害赔偿诉讼，人民法院应予受理。

第四条 人民法院受理海洋自然资源与生态环境损害赔偿诉讼，应当在立案之日起五日内公告案件受理情况。

人民法院在审理中发现可能存在下列情形之一的，可以书面告知其他依法行使海洋环境监督管理权的机关：

（一）同一损害涉及不同区域或者不同部门；

（二）不同损害应由其他依法行使海洋环境监督管理权的机关索赔。

本规定所称不同损害，包括海洋自然资源与生态环境损害中不同种类和同种类但可以明确区分属不同机关索赔范围的损害。

第五条 在人民法院依照本规定第四条的规定发布公告之日起三十日内，或者书面告知之日起七日内，对同一损害有权提起诉讼的其他机关申请参加诉讼，经审查符合法定条件的，人民法院应当将其列为共同原告；逾期申请的，人民法院不予准许。裁判生效后另行起诉的，人民法院参照《最高人民法院关于审理环境民事公益诉讼案件适用法律若干问题的解释》第二十八条的规定处理。

对于不同损害，可以由各依法行使海洋环境监督管理权的机关分别提起诉讼；索赔人共同起诉或者在规定期限内申请参加诉讼的，人民法院依照民事诉讼法第五十二条第一款的规定决定是否按共同诉讼进行审理。

第六条 依法行使海洋环境监督管理权的机关请求造成海洋自然资源与生态环境损害的责任者承担停止侵害、排除妨碍、消除危险、恢复原状、赔礼道歉、赔偿损失等民事责任的，人民法院应当根据诉讼请求以及具体案情，合理判定责任者承担民事责任。

第七条 海洋自然资源与生态环境损失赔偿范围包括：

（一）预防措施费用，即为减轻或者防止海洋环境污染、生态恶化、自然资源减少所采取合理应急处置措施而发生的费用；

（二）恢复费用，即采取或者将要采取措施恢复或者部分恢复受损害海洋自然资源与生态环境功能所需费用；

（三）恢复期间损失，即受损害的海洋自然资源与生态环境功能部分或者完全恢复前的海洋自然资源损失、生态环境服务功能损失；

（四）调查评估费用，即调查、勘查、监测污染区域和评估污染等损害风险与实际损害所发生的费用。

第八条 恢复费用，限于现实修复实际发生和未来修复必然发生的合理费用，包括制定和实施修复方案和监测、监管产生的费用。

未来修复必然发生的合理费用和恢复期间损失，可以根据有资格的鉴定评估机构依据法律法规、国家主管部门颁布的鉴定评估技术规范作出的鉴定意见予以确定，但当事人有相反证据足以反驳的除外。

预防措施费用和调查评估费用，以实际发生和未来必然发生的合理费用计算。

责任者已经采取合理预防、恢复措施，其主张相应减少损失赔偿数额的，人民法院应予支持。

第九条　依照本规定第八条的规定难以确定恢复费用和恢复期间损失的，人民法院可以根据责任者因损害行为所获得的收益或者所减少支付的污染防治费用，合理确定损失赔偿数额。

前款规定的收益或者费用无法认定的，可以参照政府部门相关统计资料或者其他证据所证明的同区域同类生产经营者同期平均收入、同期平均污染防治费用，合理酌定。

第十条　人民法院判决责任者赔偿海洋自然资源与生态环境损失的，可以一并写明依法行使海洋环境监督管理权的机关受领赔款后向国库账户交纳。

发生法律效力的裁判需要采取强制执行措施的，应当移送执行。

第十一条　海洋自然资源与生态环境损害赔偿诉讼当事人达成调解协议或者自行达成和解协议的，人民法院依照《最高人民法院关于审理环境民事公益诉讼案件适用法律若干问题的解释》第二十五条的规定处理。

第十二条　人民法院审理海洋自然资源与生态环境损害赔偿纠纷案件，本规定没有规定的，适用《最高人民法院关于审理环境侵权责任纠纷案件适用法律若干问题的解释》《最高人民法院关于审理环境民事公益诉讼案件适用法律若干问题的解释》等相关司法解释的规定。

在海上或者沿海陆域内从事活动，对中华人民共和国管辖海域内海洋自然资源与生态环境形成损害威胁，人民法院审理由此引起的赔偿纠纷案件，参照适用本规定。

人民法院审理因船舶引起的海洋自然资源与生态环境损害赔偿纠纷案件，法律、行政法规、司法解释另有特别规定的，依照其规定。

第十三条　本规定自 2018 年 1 月 15 日起施行，人民法院尚未审结的一审、二审案件适用本规定；本规定施行前已经作出生效裁判的案件，本规定施行后依法再审的，不适用本规定。

本规定施行后，最高人民法院以前颁布的司法解释与本规定不一致的，以本规定为准。

最高人民法院、最高人民检察院关于办理环境污染刑事案件适用法律若干问题的解释

（2016年11月7日最高人民法院审判委员会第1698次会议、2016年12月8日最高人民检察院第十二届检察委员会第58次会议通过　2016年12月23日最高人民法院、最高人民检察院公告公布　自2017年1月1日起施行　法释〔2016〕29号）

为依法惩治有关环境污染犯罪，根据《中华人民共和国刑法》《中华人民共和国刑事诉讼法》的有关规定，现就办理此类刑事案件适用法律的若干问题解释如下：

第一条　实施刑法第三百三十八条规定的行为，具有下列情形之一的，应当认定为“严重污染环境”：

（一）在饮用水水源一级保护区、自然保护区核心区排放、倾倒、处置有放射性的废物、含传染病病原体的废物、有毒物质的；

（二）非法排放、倾倒、处置危险废物三吨以上的；

（三）排放、倾倒、处置含铅、汞、镉、铬、砷、铊、锑的污染物，超过国家或者地方污染物排放标准三倍以上的；

（四）排放、倾倒、处置含镍、铜、锌、银、钒、锰、钴的污染物，超过国家或者地方污染物排放标准十倍以上的；

（五）通过暗管、渗井、渗坑、裂隙、溶洞、灌注等逃避监管的方式排放、倾倒、处置有放射性的废物、含传染病病原体的废物、有毒物质的；

（六）二年内曾因违反国家规定，排放、倾倒、处置有放射性的废物、含传染病病原体的废物、有毒物质受过两次以上行政处罚，又实施前列行为的；

（七）重点排污单位篡改、伪造自动监测数据或者干扰自动监测设施，排放化学需氧量、氨氮、二氧化硫、氮氧化物等污染物的；

（八）违法减少防治污染设施运行支出一百万元以上的；

（九）违法所得或者致使公私财产损失三十万元以上的；

（十）造成生态环境严重损害的；

（十一）致使乡镇以上集中式饮用水水源取水中断十二小时以上的；

（十二）致使基本农田、防护林地、特种用途林地五亩以上，其他农用地十亩

以上，其他土地二十亩以上基本功能丧失或者遭受永久性破坏的；

（十三）致使森林或者其他林木死亡五十立方米以上，或者幼树死亡二千五百株以上的；

（十四）致使疏散、转移群众五千人以上的；

（十五）致使三十人以上中毒的；

（十六）致使三人以上轻伤、轻度残疾或者器官组织损伤导致一般功能障碍的；

（十七）致使一人以上重伤、中度残疾或者器官组织损伤导致严重功能障碍的；

（十八）其他严重污染环境的情形。

第二条　实施刑法第三百三十九条、第四百零八条规定的行为，致使公私财产损失三十万元以上，或者具有本解释第一条第十项至第十七项规定情形之一的，应当认定为“致使公私财产遭受重大损失或者严重危害人体健康”或者“致使公私财产遭受重大损失或者造成人身伤亡的严重后果”。

第三条　实施刑法第三百三十八条、第三百三十九条规定的行为，具有下列情形之一的，应当认定为“后果特别严重”：

（一）致使县级以上城区集中式饮用水水源取水中断十二小时以上的；

（二）非法排放、倾倒、处置危险废物一百吨以上的；

（三）致使基本农田、防护林地、特种用途林地十五亩以上，其他农用地三十亩以上，其他土地六十亩以上基本功能丧失或者遭受永久性破坏的；

（四）致使森林或者其他林木死亡一百五十立方米以上，或者幼树死亡七千五百株以上的；

（五）致使公私财产损失一百万元以上的；

（六）造成生态环境特别严重损害的；

（七）致使疏散、转移群众一万五千人以上的；

（八）致使一百人以上中毒的；

（九）致使十人以上轻伤、轻度残疾或者器官组织损伤导致一般功能障碍的；

（十）致使三人以上重伤、中度残疾或者器官组织损伤导致严重功能障碍的；

（十一）致使一人以上重伤、中度残疾或者器官组织损伤导致严重功能障碍，并致使五人以上轻伤、轻度残疾或者器官组织损伤导致一般功能障碍的；

（十二）致使一人以上死亡或者重度残疾的；

（十三）其他后果特别严重的情形。

第四条 实施刑法第三百三十八条、第三百三十九条规定的犯罪行为，具有下列情形之一的，应当从重处罚：

（一）阻挠环境监督检查或者突发环境事件调查，尚不构成妨害公务等犯罪的；

（二）在医院、学校、居民区等人口集中地区及其附近，违反国家规定排放、倾倒、处置有放射性的废物、含传染病病原体的废物、有毒物质或者其他有害物质的；

（三）在重污染天气预警期间、突发环境事件处置期间或者被责令限期整改期间，违反国家规定排放、倾倒、处置有放射性的废物、含传染病病原体的废物、有毒物质或者其他有害物质的；

（四）具有危险废物经营许可证的企业违反国家规定排放、倾倒、处置有放射性的废物、含传染病病原体的废物、有毒物质或者其他有害物质的。

第五条 实施刑法第三百三十八条、第三百三十九条规定的行为，刚达到应当追究刑事责任的标准，但行为人及时采取措施，防止损失扩大、消除污染，全部赔偿损失，积极修复生态环境，且系初犯，确有悔罪表现的，可以认定为情节轻微，不起诉或者免予刑事处罚；确有必要判处刑罚的，应当从宽处罚。

第六条 无危险废物经营许可证从事收集、贮存、利用、处置危险废物经营活动，严重污染环境的，按照污染环境罪定罪处罚；同时构成非法经营罪的，依照处罚较重的规定定罪处罚。

实施前款规定的行为，不具有超标排放污染物、非法倾倒污染物或者其他违法造成环境污染的情形的，可以认定为非法经营情节显著轻微危害不大，不认为是犯罪；构成生产、销售伪劣产品等其他犯罪的，以其他犯罪论处。

第七条 明知他人无危险废物经营许可证，向其提供或者委托其收集、贮存、利用、处置危险废物，严重污染环境的，以共同犯罪论处。

第八条 违反国家规定，排放、倾倒、处置含有毒害性、放射性、传染病病原体等物质的污染物，同时构成污染环境罪、非法处置进口的固体废物罪、投放危险物质罪等犯罪的，依照处罚较重的规定定罪处罚。

第九条 环境影响评价机构或其人员，故意提供虚假环境影响评价文件，情节严重的，或者严重不负责任，出具的环境影响评价文件存在重大失实，造成严重后果的，应当依照刑法第二百二十九条、第二百三十一条的规定，以提供虚假证明文件罪或者出具证明文件重大失实罪定罪处罚。

第十条 违反国家规定，针对环境质量监测系统实施下列行为，或者强令、指使、授意他人实施下列行为的，应当依照刑法第二百八十六条的规定，以破坏计算机信息系统罪论处：

（一）修改参数或者监测数据的；

（二）干扰采样，致使监测数据严重失真的；

（三）其他破坏环境质量监测系统的行为。

重点排污单位篡改、伪造自动监测数据或者干扰自动监测设施，排放化学需氧量、氨氮、二氧化硫、氮氧化物等污染物，同时构成污染环境罪和破坏计算机信息系统罪的，依照处罚较重的规定定罪处罚。

从事环境监测设施维护、运营的人员实施或者参与实施篡改、伪造自动监测数据、干扰自动监测设施、破坏环境质量监测系统等行为的，应当从重处罚。

第十一条　单位实施本解释规定的犯罪的，依照本解释规定的定罪量刑标准，对直接负责的主管人员和其他直接责任人员定罪处罚，并对单位判处罚金。

第十二条　环境保护主管部门及其所属监测机构在行政执法过程中收集的监测数据，在刑事诉讼中可以作为证据使用。

公安机关单独或者会同环境保护主管部门，提取污染物样品进行检测获取的数据，在刑事诉讼中可以作为证据使用。

第十三条　对国家危险废物名录所列的废物，可以依据涉案物质的来源、产生过程、被告人供述、证人证言以及经批准或者备案的环境影响评价文件等证据，结合环境保护主管部门、公安机关等出具的书面意见作出认定。

对于危险废物的数量，可以综合被告人供述，涉案企业的生产工艺、物耗、能耗情况，以及经批准或者备案的环境影响评价文件等证据作出认定。

第十四条　对案件所涉的环境污染专门性问题难以确定的，依据司法鉴定机构出具的鉴定意见，或者国务院环境保护主管部门、公安部门指定的机构出具的报告，结合其他证据作出认定。

第十五条　下列物质应当认定为刑法第三百三十八条规定的“有毒物质”：

（一）危险废物，是指列入国家危险废物名录，或者根据国家规定的危险废物鉴别标准和鉴别方法认定的，具有危险特性的废物；

（二）《关于持久性有机污染物的斯德哥尔摩公约》附件所列物质；

（三）含重金属的污染物；

（四）其他具有毒性，可能污染环境的物质。

第十六条　无危险废物经营许可证，以营利为目的，从危险废物中提取物质作为原材料或者燃料，并具有超标排放污染物、非法倾倒污染物或者其他违法造成环境污染的情形的行为，应当认定为“非法处置危险废物”。

第十七条 本解释所称“二年内”，以第一次违法行为受到行政处罚的生效之日与又实施相应行为之日的时间间隔计算确定。

本解释所称“重点排污单位”，是指设区的市级以上人民政府环境保护主管部门依法确定的应当安装、使用污染物排放自动监测设备的重点监控企业及其他单位。

本解释所称“违法所得”，是指实施刑法第三百三十八条、第三百三十九条规定的行为所得和可得的全部违法收入。

本解释所称“公私财产损失”，包括实施刑法第三百三十八条、第三百三十九条规定的行为直接造成财产损毁、减少的实际价值，为防止污染扩大、消除污染而采取必要合理措施所产生的费用，以及处置突发环境事件的应急监测费用。

本解释所称“生态环境损害”，包括生态环境修复费用，生态环境修复期间服务功能的损失和生态环境功能永久性损害造成的损失，以及其他必要合理费用。

本解释所称“无危险废物经营许可证”，是指未取得危险废物经营许可证，或者超出危险废物经营许可证的经营范围。

第十八条 本解释自2017年1月1日起施行。本解释施行后，《最高人民法院、最高人民检察院关于办理环境污染刑事案件适用法律若干问题的解释》（法释〔2013〕15号）同时废止；之前发布的司法解释与本解释不一致的，以本解释为准。

最高人民法院、最高人民检察院关于检察公益诉讼案件适用法律若干问题的解释

（2018年2月23日最高人民法院审判委员会第1734次会议、2018年2月11日最高人民检察院第十二届检察委员会第73次会议通过　2018年3月1日最高人民法院、最高人民检察院公告公布　自2018年3月2日起施行　法释〔2018〕6号）

一、一般规定

第一条 为正确适用《中华人民共和国民事诉讼法》《中华人民共和国行政诉讼法》关于人民检察院提起公益诉讼制度的规定，结合审判、检察工作实际，制

定本解释。

第二条　人民法院、人民检察院办理公益诉讼案件主要任务是充分发挥司法审判、法律监督职能作用，维护宪法法律权威，维护社会公平正义，维护国家利益和社会公共利益，督促适格主体依法行使公益诉权，促进依法行政、严格执法。

第三条　人民法院、人民检察院办理公益诉讼案件，应当遵守宪法法律规定，遵循诉讼制度的原则，遵循审判权、检察权运行规律。

第四条　人民检察院以公益诉讼起诉人身份提起公益诉讼，依照民事诉讼法、行政诉讼法享有相应的诉讼权利，履行相应的诉讼义务，但法律、司法解释另有规定的除外。

第五条　市（分、州）人民检察院提起的第一审民事公益诉讼案件，由侵权行为地或者被告住所地中级人民法院管辖。

基层人民检察院提起的第一审行政公益诉讼案件，由被诉行政机关所在地基层人民法院管辖。

第六条　人民检察院办理公益诉讼案件，可以向有关行政机关以及其他组织、公民调查收集证据材料；有关行政机关以及其他组织、公民应当配合；需要采取证据保全措施的，依照民事诉讼法、行政诉讼法相关规定办理。

第七条　人民法院审理人民检察院提起的第一审公益诉讼案件，可以适用人民陪审制。

第八条　人民法院开庭审理人民检察院提起的公益诉讼案件，应当在开庭三日前向人民检察院送达出庭通知书。

人民检察院应当派员出庭，并应当自收到人民法院出庭通知书之日起三日内向人民法院提交派员出庭通知书。派员出庭通知书应当写明出庭人员的姓名、法律职务以及出庭履行的具体职责。

第九条　出庭检察人员履行以下职责：

（一）宣读公益诉讼起诉书；

（二）对人民检察院调查收集的证据予以出示和说明，对相关证据进行质证；

（三）参加法庭调查，进行辩论并发表意见；

（四）依法从事其他诉讼活动。

第十条　人民检察院不服人民法院第一审判决、裁定的，可以向上一级人民法院提起上诉。

第十一条　人民法院审理第二审案件，由提起公益诉讼的人民检察院派员出庭，上一级人民检察院也可以派员参加。

第十二条 人民检察院提起公益诉讼案件判决、裁定发生法律效力，被告不履行的，人民法院应当移送执行。

二、民事公益诉讼

第十三条 人民检察院在履行职责中发现破坏生态环境和资源保护、食品药品安全领域侵害众多消费者合法权益等损害社会公共利益的行为，拟提起公益诉讼的，应当依法公告，公告期间为三十日。

公告期满，法律规定的机关和有关组织不提起诉讼的，人民检察院可以向人民法院提起诉讼。

第十四条 人民检察院提起民事公益诉讼应当提交下列材料：

（一）民事公益诉讼起诉书，并按照被告人数提出副本；

（二）被告的行为已经损害社会公共利益的初步证明材料；

（三）检察机关已经履行公告程序的证明材料。

第十五条 人民检察院依据民事诉讼法第五十五条第二款的规定提起民事公益诉讼，符合民事诉讼法第一百一十九条第二项、第三项、第四项及本解释规定的起诉条件的，人民法院应当登记立案。

第十六条 人民检察院提起的民事公益诉讼案件中，被告以反诉方式提出诉讼请求的，人民法院不予受理。

第十七条 人民法院受理人民检察院提起的民事公益诉讼案件后，应当在立案之日起五日内将起诉书副本送达被告。

人民检察院已履行诉前公告程序的，人民法院立案后不再进行公告。

第十八条 人民法院认为人民检察院提出的诉讼请求不足以保护社会公共利益的，可以向其释明变更或者增加停止侵害、恢复原状等诉讼请求。

第十九条 民事公益诉讼案件审理过程中，人民检察院诉讼请求全部实现而撤回起诉的，人民法院应予准许。

第二十条 人民检察院对破坏生态环境和资源保护、食品药品安全领域侵害众多消费者合法权益等损害社会公共利益的犯罪行为提起刑事公诉时，可以向人民法院一并提起附带民事公益诉讼，由人民法院同一审判组织审理。

人民检察院提起的刑事附带民事公益诉讼案件由审理刑事案件的人民法院管辖。

三、行政公益诉讼

第二十一条　人民检察院在履行职责中发现生态环境和资源保护、食品药品安全、国有财产保护、国有土地使用权出让等领域负有监督管理职责的行政机关违法行使职权或者不作为，致使国家利益或者社会公共利益受到侵害的，应当向行政机关提出检察建议，督促其依法履行职责。

行政机关应当在收到检察建议书之日起两个月内依法履行职责，并书面回复人民检察院。出现国家利益或者社会公共利益损害继续扩大等紧急情形的，行政机关应当在十五日内书面回复。

行政机关不依法履行职责的，人民检察院依法向人民法院提起诉讼。

第二十二条　人民检察院提起行政公益诉讼应当提交下列材料：

（一）行政公益诉讼起诉书，并按照被告人数提出副本；

（二）被告违法行使职权或者不作为，致使国家利益或者社会公共利益受到侵害的证明材料；

（三）检察机关已经履行诉前程序，行政机关仍不依法履行职责或者纠正违法行为的证明材料。

第二十三条　人民检察院依据行政诉讼法第二十五条第四款的规定提起行政公益诉讼，符合行政诉讼法第四十九条第二项、第三项、第四项及本解释规定的起诉条件的，人民法院应当登记立案。

第二十四条　在行政公益诉讼案件审理过程中，被告纠正违法行为或者依法履行职责而使人民检察院的诉讼请求全部实现，人民检察院撤回起诉的，人民法院应当裁定准许；人民检察院变更诉讼请求，请求确认原行政行为违法的，人民法院应当判决确认违法。

第二十五条　人民法院区分下列情形作出行政公益诉讼判决：

（一）被诉行政行为具有行政诉讼法第七十四条、第七十五条规定情形之一的，判决确认违法或者确认无效，并可以同时判决责令行政机关采取补救措施；

（二）被诉行政行为具有行政诉讼法第七十条规定情形之一的，判决撤销或者部分撤销，并可以判决被诉行政机关重新作出行政行为；

（三）被诉行政机关不履行法定职责的，判决在一定期限内履行；

（四）被诉行政机关作出的行政处罚明显不当，或者其他行政行为涉及对款额的确定、认定确有错误的，判决予以变更；

（五）被诉行政行为证据确凿，适用法律、法规正确，符合法定程序，未超越职权，未滥用职权，无明显不当，或者人民检察院诉请被诉行政机关履行法定职责理由不成立的，判决驳回诉讼请求。

人民法院可以将判决结果告知被诉行政机关所属的人民政府或者其他相关的职能部门。

四、附则

第二十六条 本解释未规定的其他事项，适用民事诉讼法、行政诉讼法以及相关司法解释的规定。

第二十七条 本解释自 2018 年 3 月 2 日起施行。

最高人民法院、最高人民检察院之前发布的司法解释和规范性文件与本解释不一致的，以本解释为准。

最高人民法院关于审理矿业权纠纷案件适用法律若干问题的解释

（2017 年 2 月 20 日最高人民法院审判委员会第 1710 次会议通过
2017 年 6 月 24 日最高人民法院公告公布　自 2017 年 7 月 27 日起施行
法释〔2017〕12 号）

为正确审理矿业权纠纷案件，依法保护当事人的合法权益，根据《中华人民共和国物权法》《中华人民共和国合同法》《中华人民共和国矿产资源法》《中华人民共和国环境保护法》等法律法规的规定，结合审判实践，制定本解释。

第一条 人民法院审理探矿权、采矿权等矿业权纠纷案件，应当依法保护矿业权流转，维护市场秩序和交易安全，保障矿产资源合理开发利用，促进资源节约与环境保护。

第二条 县级以上人民政府国土资源主管部门作为出让人与受让人签订的矿业权出让合同，除法律、行政法规另有规定的情形外，当事人请求确认自依法成立之日起生效的，人民法院应予支持。

第三条 受让人请求自矿产资源勘查许可证、采矿许可证载明的有效期起始日确认其探矿权、采矿权的，人民法院应予支持。

矿业权出让合同生效后、矿产资源勘查许可证或者采矿许可证颁发前，第三人越界或者以其他方式非法勘查开采，经出让人同意已实际占有勘查作业区或者矿区的受让人，请求第三人承担停止侵害、排除妨碍、赔偿损失等侵权责任的，人民法院应予支持。

第四条　出让人未按照出让合同的约定移交勘查作业区或者矿区、颁发矿产资源勘查许可证或者采矿许可证，受让人请求解除出让合同的，人民法院应予支持。

受让人勘查开采矿产资源未达到国土资源主管部门批准的矿山地质环境保护与治理恢复方案要求，在国土资源主管部门规定的期限内拒不改正，或者因违反法律法规被吊销矿产资源勘查许可证、采矿许可证，或者未按照出让合同的约定支付矿业权出让价款，出让人请求解除出让合同的，人民法院应予支持。

第五条　未取得矿产资源勘查许可证、采矿许可证，签订合同将矿产资源交由他人勘查开采的，人民法院应依法认定合同无效。

第六条　矿业权转让合同自依法成立之日起具有法律约束力。矿业权转让申请未经国土资源主管部门批准，受让人请求转让人办理矿业权变更登记手续的，人民法院不予支持。

当事人仅以矿业权转让申请未经国土资源主管部门批准为由请求确认转让合同无效的，人民法院不予支持。

第七条　矿业权转让合同依法成立后，在不具有法定无效情形下，受让人请求转让人履行报批义务或者转让人请求受让人履行协助报批义务的，人民法院应予支持，但法律上或者事实上不具备履行条件的除外。

人民法院可以依据案件事实和受让人的请求，判决受让人代为办理报批手续，转让人应当履行协助义务，并承担由此产生的费用。

第八条　矿业权转让合同依法成立后，转让人无正当理由拒不履行报批义务，受让人请求解除合同、返还已付转让款及利息，并由转让人承担违约责任的，人民法院应予支持。

第九条　矿业权转让合同约定受让人支付全部或者部分转让款后办理报批手续，转让人在办理报批手续前请求受让人先履行付款义务的，人民法院应予支持，但受让人有确切证据证明存在转让人将同一矿业权转让给第三人、矿业权人将被兼并重组等符合合同法第六十八条规定情形的除外。

第十条　国土资源主管部门不予批准矿业权转让申请致使矿业权转让合同被解除，受让人请求返还已付转让款及利息，采矿权人请求受让人返还获得的矿产品及收益，或者探矿权人请求受让人返还勘查资料和勘查中回收的矿产品及收益的，人民法院应予支持，但受让人可请求扣除相关的成本费用。

当事人一方对矿业权转让申请未获批准有过错的，应赔偿对方因此受到的损失；双方均有过错的，应当各自承担相应的责任。

第十一条 矿业权转让合同依法成立后、国土资源主管部门批准前，矿业权人又将矿业权转让给第三人并经国土资源主管部门批准、登记，受让人请求解除转让合同、返还已付转让款及利息，并由矿业权人承担违约责任的，人民法院应予支持。

第十二条 当事人请求确认矿业权租赁、承包合同自依法成立之日起生效的，人民法院应予支持。

矿业权租赁、承包合同约定矿业权人仅收取租金、承包费，放弃矿山管理，不履行安全生产、生态环境修复等法定义务，不承担相应法律责任的，人民法院应依法认定合同无效。

第十三条 矿业权人与他人合作进行矿产资源勘查开采所签订的合同，当事人请求确认自依法成立之日起生效的，人民法院应予支持。

合同中有关矿业权转让的条款适用本解释关于矿业权转让合同的规定。

第十四条 矿业权人为担保自己或者他人债务的履行，将矿业权抵押给债权人的，抵押合同自依法成立之日起生效，但法律、行政法规规定不得抵押的除外。

当事人仅以未经主管部门批准或者登记、备案为由请求确认抵押合同无效的，人民法院不予支持。

第十五条 当事人请求确认矿业权之抵押权自依法登记时设立的，人民法院应予支持。

颁发矿产资源勘查许可证或者采矿许可证的国土资源主管部门根据相关规定办理的矿业权抵押备案手续，视为前款规定的登记。

第十六条 债务人不履行到期债务或者发生当事人约定的实现抵押权的情形，抵押权人依据民事诉讼法第一百九十六条、第一百九十七条规定申请实现抵押权的，人民法院可以拍卖、变卖矿业权或者裁定以矿业权抵债，但矿业权竞买人、受让人应具备相应的资质条件。

第十七条 矿业权抵押期间因抵押人被兼并重组或者矿床被压覆等原因导致矿业权全部或者部分灭失，抵押权人请求就抵押人因此获得的保险金、赔偿金或者补偿金等款项优先受偿或者将该款项予以提存的，人民法院应予支持。

第十八条 当事人约定在自然保护区、风景名胜区、重点生态功能区、生态环境敏感区和脆弱区等区域内勘查开采矿产资源，违反法律、行政法规的强制性规定或者损害环境公共利益的，人民法院应依法认定合同无效。

第十九条　因越界勘查开采矿产资源引发的侵权责任纠纷，涉及国土资源主管部门批准的勘查开采范围重复或者界限不清的，人民法院应告知当事人先向国土资源主管部门申请解决。

第二十条　因他人越界勘查开采矿产资源，矿业权人请求侵权人承担停止侵害、排除妨碍、返还财产、赔偿损失等侵权责任的，人民法院应予支持，但探矿权人请求侵权人返还越界开采的矿产品及收益的除外。

第二十一条　勘查开采矿产资源造成环境污染，或者导致地质灾害、植被毁损等生态破坏，法律规定的机关和有关组织提起环境公益诉讼的，人民法院应依法予以受理。

法律规定的机关和有关组织提起环境公益诉讼的，不影响因同一勘查开采行为受到人身、财产损害的自然人、法人和其他组织依据民事诉讼法第一百一十九条的规定提起诉讼。

第二十二条　人民法院在审理案件中，发现无证勘查开采，勘查资质、地质资料造假，或者勘查开采未履行生态环境修复义务等违法情形的，可以向有关行政主管部门提出司法建议，由其依法处理；涉嫌犯罪的，依法移送侦查机关处理。

第二十三条　本解释施行后，人民法院尚未审结的一审、二审案件适用本解释规定。本解释施行前已经作出生效裁判的案件，本解释施行后依法再审的，不适用本解释。

附录四　环境资源相关政策文件

全国人民代表大会常务委员会关于授权最高人民检察院在部分地区开展公益诉讼试点工作的决定

（2015 年 7 月 1 日第十二届全国人民代表大会常务委员会第十五次会议通过）

为加强对国家利益和社会公共利益的保护，第十二届全国人民代表大会常务委员会第十五次会议决定：授权最高人民检察院在生态环境和资源保护、国有资产保护、国有土地使用权出让、食品药品安全等领域开展提起公益诉讼试点。试点地区确定为北京、内蒙古、吉林、江苏、安徽、福建、山东、湖北、广东、贵州、云南、陕西、甘肃十三个省、自治区、直辖市。人民法院应当依法审理人民检察院提起的公益诉讼案件。试点工作必须坚持党的领导、人民当家作主和依法治国的有机统一，充分发挥法律监督、司法审判职能作用，促进依法行政、严格执法，维护宪法法律权威，维护社会公平正义，维护国家利益和社会公共利益。试点工作应当稳妥有序，遵循相关诉讼制度的原则。提起公益诉讼前，人民检察院应当依法督促行政机关纠正违法行政行为、履行法定职责，或者督促、支持法律规定的机关和有关组织提起公益诉讼。本决定的实施办法由最高人民法院、最高人民检察院制定，报全国人民代表大会常务委员会备案。试点期限为二年，自本决定公布之日起算。

最高人民法院、最高人民检察院应当加强对试点工作的组织指导和监督检查。试点进行中，最高人民检察院应当就试点情况向全国人民代表大会常务委员会作出中期报告。试点期满后，对实践证明可行的，应当修改完善有关法律。

本决定自公布之日起施行。

最高人民法院、民政部、环境保护部关于贯彻实施环境民事公益诉讼制度的通知

（2014年12月26日　法〔2014〕352号）

各省、自治区、直辖市高级人民法院、民政厅（局）、环境保护厅（局）、新疆维吾尔自治区高级人民法院生产建设兵团分院、民政局、环境保护局：

为正确实施《中华人民共和国民事诉讼法》《中华人民共和国环境保护法》《最高人民法院关于审理环境民事公益诉讼案件适用法律若干问题的解释》，现就贯彻实施环境民事公益诉讼制度有关事项通知如下：

一、人民法院受理和审理社会组织提起的环境民事公益诉讼，可根据案件需要向社会组织的登记管理机关查询或者核实社会组织的基本信息，包括名称、住所、成立时间、宗旨、业务范围、法定代表人或者负责人、存续状态、年检信息、从事业务活动的情况以及登记管理机关掌握的违法记录等，有关登记管理机关应及时将相关信息向人民法院反馈。

二、社会组织存在通过诉讼牟取经济利益情形的，人民法院应向其登记管理机关发送司法建议，由登记管理机关依法对其进行查处，查处结果应向社会公布并通报人民法院。

三、人民法院受理环境民事公益诉讼后，应当在十日内通报对被告行为负有监督管理职责的环境保护主管部门。环境保护主管部门收到人民法院受理环境民事公益诉讼案件线索后，可以根据案件线索开展核查；发现被告行为构成环境行政违法的，应当依法予以处理，并将处理结果通报人民法院。

四、人民法院因审理案件需要，向负有监督管理职责的环境保护主管部门调取涉及被告的环境影响评价文件及其批复、环境许可和监管、污染物排放情况、行政处罚及处罚依据等证据材料的，相关部门应及时向人民法院提交，法律法规规定不得对外提供的材料除外。

五、环境民事公益诉讼当事人达成调解协议或者自行达成和解协议的，人民法院应当将协议内容告知负有监督管理职责的环境保护主管部门。相关部门对协议约定的修复费用、修复方式等内容有意见和建议的，应及时向人民法院提出。

六、人民法院可以判决被告自行组织修复生态环境，可以委托第三方修复生态

环境，必要时也可以商请负有监督管理职责的环境保护主管部门共同组织修复生态环境。对生态环境损害修复结果，人民法院可以委托具有环境损害评估等相关资质的鉴定机构进行鉴定，必要时可以商请负有监督管理职责的环境保护主管部门协助审查。

七、人民法院判决被告承担的生态环境修复费用、生态环境受到损害至恢复原状期间服务功能损失等款项，应当用于修复被损害的生态环境。提起环境民事公益诉讼的原告在诉讼中所需的调查取证、专家咨询、检验、鉴定等必要费用，可以酌情从上述款项中支付。

八、人民法院应将判决执行情况及时告知提起环境民事公益诉讼的社会组织。

各级人民法院、民政部门、环境保护部门应认真遵照执行。对于实施工作中存在的问题和建议，请分别及时报告最高人民法院、民政部、环境保护部。

人民检察院提起公益诉讼试点工作实施办法

（2015 年 12 月 16 日最高人民检察院第十二届检察委员会第四十五次会议通过　2015 年 12 月 24 日最高人民检察院公告公布　自发布之日起施行　高检发释字〔2015〕6 号）

为了加强对国家和社会公共利益的保护，促进行政机关依法行政、严格执法，根据《全国人民代表大会常务委员会关于授权最高人民检察院在部分地区开展公益诉讼试点工作的决定》和《检察机关提起公益诉讼试点方案》，结合检察工作实际，制定本办法。

第一章　提起民事公益诉讼

第一条　人民检察院履行职责中发现污染环境、食品药品安全领域侵害众多消费者合法权益等损害社会公共利益的行为，在没有适格主体或者适格主体不提起诉讼的情况下，可以向人民法院提起民事公益诉讼。

人民检察院履行职责包括履行职务犯罪侦查、批准或者决定逮捕、审查起诉、控告检察、诉讼监督等职责。

第二条　人民检察院提起民事公益诉讼的案件，一般由侵权行为地、损害结果地或者被告住所地的市（分、州）人民检察院管辖。

有管辖权的人民检察院由于特殊原因，不能行使管辖权的，应当由上级人民检察院指定本区域其他试点地区人民检察院管辖。

上级人民检察院认为确有必要，可以办理下级人民检察院管辖的案件。下级人民检察院认为需要由上级人民检察院办理的，可以报请上级人民检察院办理。

有管辖权的人民检察院认为有必要将本院管辖的民事公益诉讼案件交下级人民检察院办理的，应当报请其上一级人民检察院批准。

第三条　人民检察院提起民事公益诉讼案件的办理，由民事行政检察部门负责。

第四条　人民检察院各业务部门在履行职责中，发现可能属于民事公益诉讼案件范围的案件线索，应当将有关材料移送民事行政检察部门。

第五条　经审查认为污染环境、食品药品安全领域侵害众多消费者合法权益等行为可能损害社会公共利益的，应当报请检察长批准决定立案，并到案件管理部门登记。

人民检察院决定立案的民事公益诉讼案件，应当制作《立案决定书》。

第六条　人民检察院可以采取以下方式调查核实污染环境、侵害众多消费者合法权益等违法行为、损害后果涉及的相关证据及有关情况：

（一）调阅、复制有关行政执法卷宗材料；

（二）询问违法行为人、证人等；

（三）收集书证、物证、视听资料等证据；

（四）咨询专业人员、相关部门或者行业协会等对专门问题的意见；

（五）委托鉴定、评估、审计；

（六）勘验物证、现场；

（七）其他必要的调查方式。

调查核实不得采取限制人身自由以及查封、扣押、冻结财产等强制性措施。

人民检察院调查核实有关情况，行政机关及其他有关单位和个人应当配合。

第七条　民事行政检察部门在办理民事公益诉讼案件过程中，发现国家工作人员涉嫌贪污贿赂、渎职侵权等职务犯罪线索的，应当及时移送职务犯罪侦查部门；发现其他刑事犯罪线索的，应当及时移送侦查监督部门。

第八条　人民检察院提起民事公益诉讼案件审查终结，承办人应当制作审查终结报告。审查终结报告应当全面、客观、公正地叙述案件事实，依据法律规定提出处理建议。

第九条 办理民事公益诉讼案件应当经集体讨论。参加集体讨论的人员应当对案件事实、适用法律、处理建议等发表明确的意见并说明理由。集体讨论意见应当在全面、客观地归纳讨论意见的基础上形成。

集体讨论形成的处理意见，由民事行政检察部门负责人提出审核意见后报检察长批准。检察长认为必要的，可以提请检察委员会讨论决定。

第十条 人民检察院对审查终结的民事公益诉讼案件，应当区分情况作出下列决定：

（一）终结审查；

（二）依法督促或者支持法律规定的机关和有关组织提起民事公益诉讼；

（三）提起民事公益诉讼。

第十一条 人民检察院办理民事公益诉讼案件，拟作出第十条第一项、第二项决定的，应当自决定立案之日起三个月内办理终结；拟作出第十条第三项决定的，应当自决定立案之日起六个月内办理终结。有特殊情况需要延长的，报经检察长批准。

第十二条 有下列情形之一的，人民检察院应当终结审查：

（一）经审查不存在损害社会公共利益需要追究民事法律责任情形的；

（二）损害社会公共利益的情形在依法督促或者支持法律规定的机关和有关组织提起民事公益诉讼之前已经消除且社会公共利益已经获得有效救济的；

（三）其他应当终结审查的情形。

终结审查的，应当制作《终结审查决定书》。

第十三条 人民检察院在提起民事公益诉讼之前，应当履行以下诉前程序：

（一）依法督促法律规定的机关提起民事公益诉讼；

（二）建议辖区内符合法律规定条件的有关组织提起民事公益诉讼。有关组织提出需要人民检察院支持起诉的，可以依照相关法律规定支持其提起民事公益诉讼。

法律规定的机关和有关组织应当在收到督促起诉意见书或者检察建议书后一个月内依法办理，并将办理情况及时书面回复人民检察院。

第十四条 经过诉前程序，法律规定的机关和有关组织没有提起民事公益诉讼，或者没有适格主体提起诉讼，社会公共利益仍处于受侵害状态的，人民检察院可以提起民事公益诉讼。

第十五条 人民检察院以公益诉讼人身份提起民事公益诉讼。民事公益诉讼的被告是实施损害社会公共利益行为的公民、法人或者其他组织。

第十六条 人民检察院可以向人民法院提出要求被告停止侵害、排除妨碍、消除危险、恢复原状、赔偿损失、赔礼道歉等诉讼请求。

第十七条 人民检察院提起民事公益诉讼应当提交下列材料：

（一）民事公益诉讼起诉书；

（二）被告的行为已经损害社会公共利益的初步证明材料。

第十八条 人民检察院提起民事公益诉讼，被告没有反诉权。

第十九条 人民检察院提起民事公益诉讼，对提出的诉讼请求所依据的事实或者反驳对方意见所依据的事实，以及履行诉前程序的事实，应当提供证据加以证明，法律另有规定的除外。

第二十条 对于可能因被告一方的行为或者其他原因，使判决难以执行或者造成与社会公共利益相关的其他损害情形，人民检察院可以向人民法院建议对被告财产进行保全、责令其作出一定行为或者禁止其作出一定行为。

根据人民检察院建议，人民法院采取保全措施的，人民检察院无需提供担保。

第二十一条 人民法院开庭审理人民检察院提起的民事公益诉讼案件，人民检察院应当派员出席法庭。

第二十二条 检察人员出席法庭的任务是：

（一）宣读民事公益诉讼起诉书；

（二）对人民检察院调查核实的证据予以出示和说明，对相关证据进行质证；

（三）参加法庭调查，进行辩论并发表出庭意见；

（四）依法从事其他诉讼活动。

检察人员发现庭审活动违法的，应当待休庭或者庭审结束之后，以人民检察院的名义提出检察建议。

第二十三条 民事公益诉讼案件，人民检察院可以与被告和解，人民法院可以调解。和解协议、调解协议不得损害社会公共利益。

第二十四条 在民事公益诉讼审理过程中，人民检察院诉讼请求全部实现的，可以撤回起诉。

第二十五条 地方各级人民检察院认为同级人民法院未生效的第一审判决、裁定确有错误，应当向上一级人民法院提出抗诉。

第二十六条 地方各级人民检察院对同级人民法院未生效的第一审判决、裁定的抗诉，应当通过原审人民法院提出抗诉书，并且将抗诉书抄送上一级人民检察院。

上级人民检察院认为抗诉不当的，可以向同级人民法院撤回抗诉，并且通知下级人民检察院。

第二十七条 对人民检察院提出抗诉的二审案件或者人民法院决定开庭审理的上诉案件，同级人民检察院应当派员出席第二审法庭。

第二章 提起行政公益诉讼

第二十八条 人民检察院履行职责中发现生态环境和资源保护、国有资产保护、国有土地使用权出让等领域负有监督管理职责的行政机关违法行使职权或者不作为，造成国家和社会公共利益受到侵害，公民、法人和其他社会组织由于没有直接利害关系，没有也无法提起诉讼的，可以向人民法院提起行政公益诉讼。

人民检察院履行职责包括履行职务犯罪侦查、批准或者决定逮捕、审查起诉、控告检察、诉讼监督等职责。

第二十九条 人民检察院提起行政公益诉讼的案件，一般由违法行使职权或者不作为的行政机关所在地的基层人民检察院管辖。

违法行使职权或者不作为的行政机关是县级以上人民政府的案件，由市（分、州）人民检察院管辖。

有管辖权的人民检察院由于特殊原因，不能行使管辖权的，应当由上级人民检察院指定本区域其他试点地区人民检察院管辖。

上级人民检察院认为确有必要，可以办理下级人民检察院管辖的案件。下级人民检察院认为需要由上级人民检察院办理的，可以报请上级人民检察院办理。

第三十条 人民检察院提起行政公益诉讼案件的办理，由民事行政检察部门负责。

第三十一条 人民检察院各业务部门在履行职责中，发现可能属于行政公益诉讼案件范围的案件线索，应当将有关材料移送民事行政检察部门。

第三十二条 经审查认为生态环境和资源保护、国有资产保护、国有土地使用权出让等领域负有监督管理职责的行政机关违法行使职权或者不作为可能损害国家和社会公共利益的，应报请检察长批准决定立案，并到案件管理部门登记。

人民检察院决定立案的行政公益诉讼案件，应当制作《立案决定书》。

第三十三条 人民检察院可以采取以下方式调查核实有关行政机关违法行使职权或者不作为的相关证据及有关情况：

（一）调阅、复制行政执法卷宗材料；

（二）询问行政机关相关人员以及行政相对人、利害关系人、证人等；

（三）收集书证、物证、视听资料等证据；

（四）咨询专业人员、相关部门或者行业协会等对专门问题的意见；

（五）委托鉴定、评估、审计；

（六）勘验物证、现场；

（七）其他必要的调查方式。

调查核实不得采取限制人身自由以及查封、扣押、冻结财产等强制性措施。

人民检察院调查核实有关情况，行政机关及其他有关单位和个人应当配合。

第三十四条　民事行政检察部门在办理行政公益诉讼案件过程中，发现国家工作人员涉嫌贪污贿赂、渎职侵权等职务犯罪线索的，应当及时移送职务犯罪侦查部门；发现其他刑事犯罪线索的，应当及时移送侦查监督部门。

第三十五条　人民检察院提起行政公益诉讼案件审查终结，承办人应当制作审查终结报告。审查终结报告应当全面、客观、公正地叙述案件事实，依据法律规定提出处理建议。

第三十六条　办理行政公益诉讼案件应当经集体讨论。参加集体讨论的人员应当对案件事实、适用法律、处理建议等发表明确的意见并说明理由。集体讨论意见应当在全面、客观地归纳讨论意见的基础上形成。

集体讨论形成的处理意见，由民事行政检察部门负责人提出审核意见后报检察长批准。检察长认为必要的，可以提请检察委员会讨论决定。

第三十七条　人民检察院对审查终结的行政公益诉讼案件，应当区分情况作出下列决定：

（一）终结审查；

（二）提出检察建议；

（三）提起行政公益诉讼。

第三十八条　人民检察院办理行政公益诉讼案件，拟作出第三十七条第一项、第二项决定的，应当自决定立案之日起三个月内办理终结；拟作出第三十七条第三项决定的，应当自决定立案之日起六个月内办理终结。有特殊情况需要延长的，报经检察长批准。

第三十九条　有下列情形之一的，人民检察院应当终结审查：

（一）经审查不存在行政机关违法行使职权或者不作为，造成国家和社会公共利益受到侵害情形的；

（二）行政机关在人民检察院向其提出检察建议前已纠正行政违法行为或依法履行职责的；

（三）其他应当终结审查的情形。

终结审查的，应当制作《终结审查决定书》。

第四十条 在提起行政公益诉讼之前，人民检察院应当先行向相关行政机关提出检察建议，督促其纠正违法行为或者依法履行职责。行政机关应当在收到检察建议书后一个月内依法办理，并将办理情况及时书面回复人民检察院。

第四十一条 经过诉前程序，行政机关拒不纠正违法行为或者不履行法定职责，国家和社会公共利益仍处于受侵害状态的，人民检察院可以提起行政公益诉讼。

第四十二条 人民检察院以公益诉讼人身份提起行政公益诉讼。行政公益诉讼的被告是生态环境和资源保护、国有资产保护、国有土地使用权出让等领域违法行使职权或者不作为的行政机关，以及法律、法规、规章授权的组织。

第四十三条 人民检察院可以向人民法院提出撤销或者部分撤销违法行政行为、在一定期限内履行法定职责、确认行政行为违法或者无效等诉讼请求。

第四十四条 人民检察院提起行政公益诉讼应当提交下列材料：

（一）行政公益诉讼起诉书；

（二）国家和社会公共利益受到侵害的初步证明材料。

第四十五条 人民检察院提起行政公益诉讼，对下列事项承担举证责任：

（一）证明起诉符合法定条件；

（二）人民检察院履行诉前程序提出检察建议且行政机关拒不纠正违法行为或者不履行法定职责的事实；

（三）其他应当由人民检察院承担举证责任的事项。

第四十六条 人民法院开庭审理人民检察院提起的行政公益诉讼案件，人民检察院应当派员出席法庭。

第四十七条 检察人员出席法庭的任务是：

（一）宣读行政公益诉讼起诉书；

（二）对人民检察院调查核实的证据予以出示和说明，对相关证据进行质证；

（三）参加法庭调查，进行辩论并发表出庭意见；

（四）依法从事其他诉讼活动。

检察人员发现庭审活动违法的，应当待休庭或者庭审结束之后，以人民检察院的名义提出检察建议。

第四十八条 行政公益诉讼案件不适用调解。

第四十九条 在行政公益诉讼审理过程中，被告纠正违法行为或者依法履行职责而使人民检察院的诉讼请求全部实现的，人民检察院可以变更诉讼请求，请求判决确认行政行为违法，或者撤回起诉。

第五十条　地方各级人民检察院认为同级人民法院未生效的第一审判决、裁定确有错误，应当向上一级人民法院提出抗诉。

第五十一条　地方各级人民检察院对同级人民法院未生效的第一审判决、裁定的抗诉，应当通过原审人民法院提出抗诉书，并且将抗诉书抄送上一级人民检察院。

上级人民检察院认为抗诉不当的，可以向同级人民法院撤回抗诉，并且通知下级人民检察院。

第五十二条　对人民检察院提出抗诉的二审案件或者人民法院决定开庭审理的上诉案件，同级人民检察院应当派员出席第二审法庭。

第三章　其他规定

第五十三条　地方各级人民检察院拟决定向人民法院提起公益诉讼的，应当层报最高人民检察院审查批准。

人民检察院审查批准公益诉讼案件，应当自收到案件请示之日起一个月内办理终结。有特殊情况需要延长的，报经检察长批准。

第五十四条　省级人民检察院向最高人民检察院报送审批的材料包括：

（一）公益诉讼案件层报审批表；

（二）省级人民检察院请示；

（三）省级人民检察院民事行政检察部门案件审查终结报告和集体讨论记录；

（四）公益诉讼起诉书；

（五）案件证据目录和主要证据材料。

第五十五条　提起公益诉讼，人民检察院免缴诉讼费。

第五十六条　本办法未规定的，分别适用民事诉讼法、行政诉讼法以及相关司法解释的规定。

第四章　附　　则

第五十七条　本办法仅适用于北京、内蒙古、吉林、江苏、安徽、福建、山东、湖北、广东、贵州、云南、陕西、甘肃等省、自治区、直辖市。

第五十八条 本办法自发布之日起施行。本院之前发布的司法解释和规范性文件，与本办法规定不一致的，适用本办法。

人民法院审理人民检察院提起公益诉讼案件试点工作实施办法

（2016年2月25日 法发〔2016〕6号）

为贯彻实施《全国人民代表大会常务委员会关于授权最高人民检察院在部分地区开展公益诉讼试点工作的决定》，依法审理人民检察院提起的公益诉讼案件，依据《中华人民共和国民事诉讼法》《中华人民共和国行政诉讼法》等法律的规定，结合审判工作实际，制定本办法。

一、民事公益诉讼

第一条 人民检察院认为被告有污染环境、破坏生态、在食品药品安全领域侵害众多消费者合法权益等损害社会公共利益的行为，在没有适格主体提起诉讼或者适格主体不提起诉讼的情况下，向人民法院提起民事公益诉讼，符合民事诉讼法第一百一十九条第二项、第三项、第四项规定的，人民法院应当登记立案。

第二条 人民检察院提起民事公益诉讼应当提交下列材料：

（一）符合民事诉讼法第一百二十一条规定的起诉状，并按照被告人数提出副本；

（二）污染环境、破坏生态、在食品药品安全领域侵害众多消费者合法权益等损害社会公共利益行为的初步证明材料；

（三）人民检察院已经履行督促或者支持法律规定的机关或有关组织提起民事公益诉讼的诉前程序的证明材料。

第三条 人民检察院提起民事公益诉讼，可以提出要求被告停止侵害、排除妨碍、消除危险、恢复原状、赔偿损失、赔礼道歉等诉讼请求。

第四条 人民检察院以公益诉讼人身份提起民事公益诉讼，诉讼权利义务参照民事诉讼法关于原告诉讼权利义务的规定。民事公益诉讼的被告是被诉实施损害社会公共利益行为的公民、法人或者其他组织。

第五条　人民检察院提起的第一审民事公益诉讼案件由侵害行为发生地、损害结果地或者被告住所地的中级人民法院管辖，但法律、司法解释另有规定的除外。

第六条　人民法院审理人民检察院提起的民事公益诉讼案件，被告提出反诉请求的，不予受理。

第七条　人民法院审理人民检察院提起的第一审民事公益诉讼案件，原则上适用人民陪审制。

当事人申请不适用人民陪审制审理的，人民法院经审查可以决定不适用人民陪审制审理。

第八条　人民检察院与被告达成和解协议或者调解协议后，人民法院应当将协议内容公告，公告期间不少于三十日。

公告期满后，人民法院审查认为和解协议或者调解协议内容不损害社会公共利益的，应当出具调解书。

第九条　人民检察院在法庭辩论终结前申请撤诉，或者在法庭辩论终结后，人民检察院的诉讼请求全部实现，申请撤诉的，应予准许。

第十条　对于人民法院作出的民事公益诉讼判决、裁定，当事人依法提起上诉、人民检察院依法提起抗诉或者其他当事人依法申请再审且符合民事诉讼法第二百条规定的，分别按照民事诉讼法规定的第二审程序、审判监督程序审理。

二、行政公益诉讼

第十一条　人民检察院认为在生态环境和资源保护、国有资产保护、国有土地使用权出让等领域负有监督管理职责的行政机关或者法律、法规、规章授权的组织违法行使职权或不履行法定职责，造成国家和社会公共利益受到侵害，向人民法院提起行政公益诉讼，符合行政诉讼法第四十九条第二项、第三项、第四项规定的，人民法院应当登记立案。

第十二条　人民检察院提起行政公益诉讼应当提交下列材料：

（一）行政公益诉讼起诉状，并按照被告人数提出副本；

（二）被告的行为造成国家和社会公共利益受到侵害的初步证明材料；

（三）人民检察院已经履行向相关行政机关提出检察建议、督促其纠正违法行政行为或者依法履行职责的诉前程序的证明材料。

第十三条　人民检察院提起行政公益诉讼，可以向人民法院提出撤销或者部分撤销违法行政行为、在一定期限内履行法定职责、确认行政行为违法或者无效等诉讼请求。

第十四条 人民检察院以公益诉讼人身份提起行政公益诉讼，诉讼权利义务参照行政诉讼法关于原告诉讼权利义务的规定。行政公益诉讼的被告是生态环境和资源保护、国有资产保护、国有土地使用权出让等领域行使职权或者负有行政职责的行政机关，以及法律、法规、规章授权的组织。

第十五条 人民检察院提起的第一审行政公益诉讼案件由最初作出行政行为的行政机关所在地基层人民法院管辖。经复议的案件，也可以由复议机关所在地基层人民法院管辖。

人民检察院对国务院部门或者县级以上地方人民政府所作的行政行为提起公益诉讼的案件以及本辖区内重大、复杂的公益诉讼案件由中级人民法院管辖。

第十六条 人民法院审理人民检察院提起的第一审行政公益诉讼案件，原则上适用人民陪审制。

第十七条 人民法院审理人民检察院提起的行政公益诉讼案件，不适用调解。

第十八条 人民法院对行政公益诉讼案件宣告判决或者裁定前，人民检察院申请撤诉的，是否准许，由人民法院裁定。

第十九条 对于人民法院作出的行政公益诉讼判决、裁定，当事人依法提起上诉、人民检察院依法提起抗诉或者其他当事人申请再审且符合行政诉讼法第九十一条规定的，分别按照行政诉讼法规定的第二审程序、审判监督程序审理。

三、其他规定

第二十条 人民法院审理人民检察院提起的公益诉讼案件，应当依法公开进行。人民法院可以邀请人大代表、政协委员等旁听庭审，并可以通过庭审直播录播等方式满足公众和媒体了解庭审实况的需要。裁判文书应当按照有关规定在互联网上公开发布。

第二十一条 人民法院审理人民检察院提起的公益诉讼案件，认为应当提出司法建议的，按照《最高人民法院关于加强司法建议工作的意见》办理。

第二十二条 人民法院审理人民检察院提起的公益诉讼案件，人民检察院免交《诉讼费用交纳办法》第六条规定的诉讼费用。

第二十三条 人民法院审理人民检察院提起的公益诉讼案件，本办法没有规定的，适用《中华人民共和国民事诉讼法》《中华人民共和国行政诉讼法》及相关司法解释的规定。

四、附则

第二十四条　本办法适用于北京、内蒙古、吉林、江苏、安徽、福建、山东、湖北、广东、贵州、云南、陕西、甘肃等十三个省、自治区、直辖市。

第二十五条　本办法自2016年3月1日起施行。

最高人民法院关于全面加强环境资源审判工作为推进生态文明建设提供有力司法保障的意见

（2014年6月23日　法发〔2014〕11号）

为深入贯彻党的十八大、十八届三中全会和习近平总书记系列重要讲话精神，充分发挥人民法院审判职能作用，为推进生态文明建设提供有力司法保障，现就全面加强人民法院环境资源审判工作，提出如下意见。

一、新形势下全面加强环境资源审判工作的重大意义

1. 全面加强环境资源审判工作是贯彻中央决定，推进生态文明建设的必然要求。当前，我国面临资源约束趋紧、环境污染严重、生态系统退化的严峻形势，已经影响到人民群众的生命健康和经济社会的可持续发展。为从源头上扭转生态环境恶化趋势，建设美丽中国，实现中华民族的永续发展，党的十八大把生态文明建设纳入中国特色社会主义事业五位一体总体布局。党的十八届三中全会作出的《中共中央关于全面深化改革若干重大问题的决定》进一步指出，要建设生态文明，必须建立系统完整的生态文明制度体系，用制度保护生态环境。习近平总书记强调，走向生态文明新时代，建设美丽中国，是实现中华民族伟大复兴的中国梦的重要内容。面对新的形势和任务，各级人民法院要认真学习中央关于加强生态文明建设的新思想、新论断，统一思想认识，全面加强环境资源审判工作，以法律的手段制裁污染环境、破坏生态等违法行为，切实保障自然资源和环境保护制度的落实，维护人民群众生命健康，促进社会和谐安定，推动经济社会可持续发展。

2. 全面加强环境资源审判工作是回应人民群众环境资源司法新期待，维护人民群众环境资源权益的必然要求。习近平总书记提出了“山水林田湖是一个生命共同体”“绿水青山就是金山银山”“人民对美好生活的向往，就是我们的奋斗目标”等一系列新思想新要求。随着经济的快速发展和物质生活水平的日益提高，广大人民群众的环境资源意识正在逐步增强，对于洁净的水源、清新的空气、安全的食品等良好生态环境和优质生态产品的需求越来越迫切，要求参与环境资源保护的呼声也越来越高。各级人民法院要积极回应人民群众对环境资源司法的新期待新要求，通过依法审理环境资源类案件，切实维护公众环境资源权益，为中华民族子孙后代永享优美宜居的生活空间、山清水秀的生态空间提供坚实的司法保障。

3. 全面加强环境资源审判工作是统一裁判尺度、保障环境资源法律正确实施的必然要求。民事诉讼法规定了环境公益诉讼制度，修订后的环境保护法大大强化了对生态环境的保护力度，进一步明确了环境公益诉讼主体范围，与其他环境资源保护法律一起形成了较为完善的环境资源保护法律体系，成为预防和惩治污染环境、破坏生态行为的有力法律武器。各级人民法院要认真学习、贯彻环境资源法律，深入研究环境资源审判规律，更新环境资源司法理念，规范环境资源审判程序，统一裁判尺度，通过优质高效的案件审理和执行工作，促进和保障环境资源法律的全面正确施行。

二、环境资源审判工作的指导思想、基本原则和目标任务

4. 指导思想。以党的十八大和十八届二中、三中全会精神为指导，认真学习贯彻习近平总书记系列重要讲话精神，深入贯彻中央关于全面深化改革的重大部署，紧紧围绕“让人民群众在每一个司法案件中都感受到公平正义”的目标，牢牢坚持司法为民、公正司法工作主线，切实贯彻节约资源和保护环境的基本国策，更加重视和全面加强环境资源审判工作，依法审理环境资源保护类案件，积极推进环境资源司法理论和制度研究，促进完善最严格的源头保护制度、损害赔偿制度、责任追究制度，为推进生态文明建设，增进人民福祉，建设美丽中国提供有力司法保障。

5. 基本原则。一要坚持依法保护。依照法律和行政法规的规定履行环境资源司法保护职责，切实维护人民群众环境资源权益。注意加强与检察机关、公安机关和环境资源保护行政执法机关的工作沟通，分工负责、各司其职、协调联动，共同扭转生态环境恶化趋势。二要坚持保护优先。积极创新审判机制和执行措施，按照环境资源保护优先的要求，加大对污染环境和破坏资源行为的惩处力度。三要坚持注重预防。在案件审理过程中积极采取司法措施预防、减少环境损害和资源破坏，通过事前预防措施降低环境风险发生的可能性及损害程度。四要坚持损害担责。落实全面赔偿规定，探索建立环境修复、惩罚性赔偿等制度，依法严肃追究违法者的法律责任。

6. 目标任务。环境资源纠纷司法救济渠道畅通；环境资源源头保护、损害赔偿、责任追究制度得到落实；环境公益诉讼、环境资源案件管辖等制度不断完善；环境资源刑事、民事、行政、执行等司法保护体系更加健全；环境资源法官队伍专业化水平和司法能力显著提高；环境资源审判工作全面加强，职能作用充分发挥。

三、充分发挥环境资源审判职能作用

7. 依法严惩污染环境、破坏资源犯罪。加大对涉及环境资源保护刑事案件的审判力度，依法严惩污染环境、乱砍滥伐、滥捕野生动物、乱采滥挖矿产资源、非法占用农用地、制污排污、非法处置进口固体废物、擅自进口固体废物等污染环境和破坏资源违法犯罪行为。严厉惩治环境监管失职犯罪。对造成环境污染严重后果的投放危险物质犯罪、重大安全责任事故犯罪，以及受害群众较多的涉众型案件，积极配合有关部门做好善后处置工作，最大限度地维护人民群众的合法权益。

8. 依法审理环境资源民事案件。畅通司法救济渠道，完善司法便民措施，依法及时受理环境资源保护民事案件。妥善审理与土地、矿产、草场、林场、渔业、水、电、气、热力以及海洋等环境资源保护相关的物权、合同和侵权案件，特别要加强对污染土壤、污染水源等环境侵权案件的审理。对于涉及到矿业权、林权及其他自然资源权属的股权转让、承包、联营、出租、抵押等案件，要将保护生态环境和自然资源作为裁判的重要因素予以综合考量。充分发挥保全和先予执行措施的预防和减损作用，对于保全和先予执行申请，要及时受理、迅速审查、依法裁定、立即执行。依法确定当事人举证责任，对于因污染环境、破坏生态发生的纠纷，原告应当就存在污染行为和损害承担举证责任，并提交污染行为和损害之间可能存在因果关系的初步证据，被告应当就法律规定的不承担责任或者减轻责任的情形及其行为与损害之间不存在因果关系承担举证责任。

9. 依法审理环境资源行政案件。依法受理环境资源行政案件，充分保障当事人诉权。案件审理既要从程序上审查行政机关的执法程序是否合法，也要从实体上审查行政许可、行政处罚等行为是否符合法定标准，特别要加强对行政机关不履行查处违反环境资源保护法律法规行为职责案件的审理，督促行政机关依法履职。谨慎适用协调手段结案，最大限度保护行政相对人的合法权益以及社会公众的环境健康与安全。妥善审理山林权属纠纷及确权行政案件，促进健全自然资源资产产权制度，加强对土地、矿产、水源、森林等自然资源的保护。妥当处理因同一环境资源纠纷引发的民事诉讼与行政诉讼的关系，避免不同审判组织对同一行政行为作出矛盾认定。积极探索环境行政诉讼与民事诉讼的合并审理，不断完善环境行政诉讼证据规则和法律适用规则。

10. 加大环境资源案件执行力度。执行过程中积极争取环境资源保护行政执法机关的支持和配合，确保被执行人应承担的行政责任及民事责任落实到位。适当采取限期履行、代为履行等方式实现恢复生态环境的目的。创新执行方式，探索建立环境资源保护案件执行回访制度，密切监督判决后责任人对污染的治理、整改措施以及生态恢复是否落实到位。依法审查环境行政非诉案件，对环境资源保护行政执法机关依法申请人民法院强制执行生效行政处罚决定，人民法院经审查裁定准予强制执行的，应当及时组织实施强制执行。

四、大力推进环境民事公益诉讼

11. 充分保障法律规定的机关和有关组织的环境民事公益诉权。依照民事诉讼法、环境保护法和海洋环境保护法等有关法律规定，充分保障环境公益诉讼原告诉权，及时受理符合条件的公益诉讼。对于负有监督、管理、保护环境公共利益职责的海洋环境监督管理部门等机关依法提起的公益诉讼，以及符合环境保护法第五十八条规定的社会组织提起的公益诉讼，应当依法受理。同一污染环境、破坏生态行为既损害社会公共利益，又损害公民、法人和其他组织民事权益的，有关机关和组织提起公益诉讼，不影响受害人另行提起民事诉讼。

12. 依法确定环境民事公益诉讼的管辖法院。环境公益诉讼一般由侵权行为地或者被告住所地的中级人民法院管辖。同一原告或者不同原告对同一行为分别向两个或者两个以上有管辖权的人民法院提起环境公益诉讼的，由最先受理的人民法院管辖。共同上级人民法院也可以在有管辖权的法院中指定一个法院集中管辖。

13. 探索完善环境民事公益诉讼的审判程序。探索立案沟通协调机制，及时将环境公益诉讼起诉情况通报环境资源保护行政执法机关。探索建立受理公告制度，及时公告环境公益诉讼受理情况。对于审理案件需要的涉及社会公共利益的证据原告因客观原因无法取得的，可以依职权调取。对于原告承担举证责任的涉及社会公共利益的事实需要鉴定的，可以依职权委托鉴定。对于当事人达成的调解协议或者和解撤诉申请，应当特别注重审查是否损害国家利益、社会公共利益或者他人合法权益。对于需要采取强制执行措施的生效判决，可以依法移送执行。

14. 依法确定环境民事公益诉讼的责任方式和赔偿范围。人民法院审理环境公益诉讼案件，可以根据原告请求判令被告停止侵害、排除妨碍、消除危险、返还财产、恢复原状、赔偿损失。探索研究环境公益诉讼的赔偿范围及其与私益诉讼赔偿范围的关系。环境公益诉讼的原告请求被告赔偿预防损害发生或恢复环境费用、破坏自然资源等生态环境造成的损失以及合理的律师费、调查取证费、鉴定评估费等诉讼支出的，可以根据案件审理情况予以支持。探索设立环境公益诉讼专项基金，将环境赔偿金专款用于恢复环境、修复生态、维护环境公共利益；尚未设立基金的地方，可以与环境资源保护行政执法机关、政府财政部门等协商确定环境赔偿金的交付使用方式。

15. 探索构建合理的诉讼成本负担机制。加大对环境公益诉讼原告的司法救助力度，法律规定的机关和有关组织向人民法院依法申请缓交、减交或者免交案件受理费、保全申请费的，可以予以准许。合理确定诉讼费用的负担主体，在原告胜诉时，原告支出的合理的律师费、调查取证费、鉴定评估费等费用可以判令由被告承担。鼓励从环境公益诉讼基金中支付原告环境公益诉讼费用的做法，充分发挥环境公益诉讼主体维护环境公共利益的积极作用。

五、有序推进环境资源司法体制改革

16. 合理设立环境资源专门审判机构。本着确有需要、因地制宜、分步推进的原则，建立环境资源专门审判机构，为加强环境资源审判工作提供组织保障。高级人民法院要按照审判专业化的思路，理顺机构职能，合理分配审判资源，设立环境资源专门审判机构。中级人民法院应当在高级人民法院的统筹指导下，根据环境资源审判业务量，合理设立环境资源审判机构，案件数量不足的地方，可以设立环境资源合议庭。个别案件较多的基层人民法院经高级人民法院批准，也可以考虑设立环境资源审判机构。

17. 积极探索环境资源刑事、民事、行政案件归口审理。结合各地实际，积极探索环境资源刑事、民事、行政案件由环境资源专门审判机构归口审理，优化审判资源，实现环境资源案件的专业化审判。未实行环境资源案件归口审理的地方，要注重加强刑事、民事、行政审判机构之间的业务协调与沟通。

18. 探索建立与行政区划适当分离的环境资源案件管辖制度。逐步改变目前以行政区划分割自然形成的流域等生态系统的管辖模式，着眼于从水、空气等环境因素的自然属性出发，结合各地的环境资源案件量，探索设立以流域等生态系统或以生态功能区为单位的跨行政区划环境资源专门审判机构，实行对环境资源案件的集中管辖，有效审理跨行政区划污染等案件。

六、建立健全环境资源司法工作机制

19. 加强环境资源司法解释和调研工作。紧密结合我国环境资源司法保护需求，加强对环境资源司法保护新问题的法律适用和诉讼制度研究，借鉴国际环境资源司法保护的有益经验，适时就环境资源损害民事责任、环境民事公益诉讼、矿业权等环境资源纠纷适用法律问题制定司法解释。加强对碳排放交易、排污权交易、水权交易、新能源开发利用及环境服务相关纠纷等新课题的研究，待条件成熟时出台司法解释或者指导意见。积极参与环境资源立法，深入调研及时提出立法建议，推动环境资源法律体系的不断完善。

20. *充分发挥专家在环境资源审判工作中的作用。*建立环境资源审判专家库，在审理重大疑难案件、研讨疑难专业问题、制定规范性文件时，充分听取专家意见。可以聘请环境资源领域的专家担任特邀调解员，运用专业技术知识促使当事人自觉认识错误，修复环境，赔偿损失。保障当事人要求专家出庭发表意见的权利，对于符合条件的申请及时通知专家出庭就鉴定意见和专业问题提出意见。

21. *加强环境资源保护职能部门之间的协调联动。*加强环境资源审判机构与立案、执行和审判监督机构之间的工作衔接，加强上下级法院之间的信息通报和业务交流。充分运用司法建议促进环境执法。积极推动建立审判机关、检察机关、公安机关和环境资源保护行政执法机关之间的环境资源执法协调机制。加强与环境资源保护行政执法机关和司法鉴定主管部门的沟通，推动完善环境资源司法鉴定和损害结果评估机制。

七、加大环境资源司法公开和宣传力度

22. *加大环境资源审判公众参与和司法公开力度。*积极回应人民群众参与环境资源保护意愿，在环境资源审判领域全面推行人民陪审员参与案件审理。自觉接受社会公众监督，推动建立中国环境资源裁判文书网，及时上网公开生效裁判文书。对于有重大影响的案件，邀请人大代表、政协委员、社会公众等旁听庭审，增强环境资源审判的公开性和公信力。

23. *加大环境资源司法保护宣传力度。*充分运用传统媒体和微信、微博、新闻客户端等新媒体，通过公开审判、以案说法、发布环境资源司法重要新闻和典型案例等形式，宣传环境资源保护法律法规，提高公众环境资源保护意识。定期发布《中国环境资源审判白皮书》，增进社会公众对环境资源司法保护制度及保护状况的客观全面了解。

八、大力加强环境资源审判队伍建设

24. *加强环境资源审判队伍的思想政治建设。*按照习近平总书记提出的“五个过硬”的标准，结合环境资源审判工作的政策性与专业性要求，强化队伍的政治意识、大局意识、群众意识、国情意识、稳定意识，确保环境资源审判工作为党和国家工作大局服务。

25. *加强环境资源审判队伍专业化建设。*按照环境资源专业审判要求，适时引进人才，注重培养人才。加大环境资源审判队伍的培训力度，学习环境资源专业知识，研究审判疑难问题，更新司法理念，提升司法能力，努力打造一支政治强、业务精、素质高的专业化环境资源审判队伍。

26. 加强环境资源审判机构领导班子建设。选优配强环境资源审判机构领导班子，增强领导班子把握环境资源审判工作全局和破解环境资源保护实践难题的能力，提高领导班子集体决策能力和整体合力，形成讲政治、顾大局、有凝聚力、有战斗力的领导核心，为全面加强人民法院环境资源审判工作提供坚强的组织领导。

最高人民法院、最高人民检察院、公安部、司法部、生态环境部关于办理环境污染刑事案件有关问题座谈会纪要

（2019 年 2 月 20 日）

2018 年 6 月 16 日，中共中央、国务院发布《关于全面加强生态环境保护坚决打好污染防治攻坚战的意见》。7 月 10 日，全国人民代表大会常务委员会通过了《关于全面加强生态环境保护依法推动打好污染防治攻坚战的决议》。为深入学习贯彻习近平生态文明思想，认真落实党中央重大决策部署和全国人大常委会决议要求，全力参与和服务保障打好污染防治攻坚战，推进生态文明建设，形成各部门依法惩治环境污染犯罪的合力，2018 年 12 月，最高人民法院、最高人民检察院、公安部、司法部、生态环境部在北京联合召开座谈会。会议交流了当前办理环境污染刑事案件的工作情况，分析了遇到的突出困难和问题，研究了解决措施。会议对办理环境污染刑事案件中的有关问题形成了统一认识。纪要如下：

一

会议指出，2018 年 5 月 18 日至 19 日，全国生态环境保护大会在北京胜利召开，习近平总书记出席会议并发表重要讲话，着眼人民福祉和民族未来，从党和国家事业发展全局出发，全面总结党的十八大以来我国生态文明建设和生态环境保护工作取得的历史性成就、发生的历史性变革，深刻阐述加强生态文明建设的重大意义，明确提出加强生态文明建设必须坚持的重要原则，对加强生态环境保护、打好污染防治攻坚战作出了全面部署。这次大会最大的亮点，就是确立了习近平生态文明思想。习近平生态文明思想站在坚持和发展中国特色社会主义、实现中华民族伟

大复兴中国梦的战略高度，把生态文明建设摆在治国理政的突出位置，作为统筹推进“五位一体”总体布局和协调推进“四个全面”战略布局的重要内容，深刻回答了为什么建设生态文明、建设什么样的生态文明、怎样建设生态文明的重大理论和实践问题，是习近平新时代中国特色社会主义思想的重要组成部分。各部门要认真学习、深刻领会、全面贯彻习近平生态文明思想，将其作为生态环境行政执法和司法办案的行动指南和根本遵循，为守护绿水青山蓝天、建设美丽中国提供有力保障。

会议强调，打好防范化解重大风险、精准脱贫、污染防治的攻坚战，是以习近平同志为核心的党中央深刻分析国际国内形势，着眼党和国家事业发展全局作出的重大战略部署，对于夺取全面建成小康社会伟大胜利、开启全面建设社会主义现代化强国新征程具有重大的现实意义和深远的历史意义。服从服务党和国家工作大局，充分发挥职能作用，努力为打好打赢三大攻坚战提供优质法治环境和司法保障，是当前和今后一个时期人民法院、人民检察院、公安机关、司法行政机关、生态环境部门的重点任务。

会议指出，2018 年 12 月 19 日至 21 日召开的中央经济工作会议要求，打好污染防治攻坚战，要坚守阵地、巩固成果，聚焦做好打赢蓝天保卫战等工作，加大工作和投入力度，同时要统筹兼顾，避免处置措施简单粗暴。各部门要认真领会会议精神，紧密结合实际，强化政治意识、大局意识和责任担当，以加大办理环境污染刑事案件工作力度作为切入点和着力点，主动调整工作思路，积极谋划工作举措，既要全面履职、积极作为，又要综合施策、精准发力，保障污染防治攻坚战顺利推进。

二

会议要求，各部门要正确理解和准确适用刑法和《最高人民法院、最高人民检察院关于办理环境污染刑事案件适用法律若干问题的解释》（法释〔2016〕29 号，以下称《环境解释》）的规定，坚持最严格的环保司法制度、最严密的环保法治理念，统一执法司法尺度，加大对环境污染犯罪的惩治力度。

1. 关于单位犯罪的认定

会议针对一些地方存在追究自然人犯罪多，追究单位犯罪少，单位犯罪认定难的情况和问题进行了讨论。会议认为，办理环境污染犯罪案件，认定单位犯罪时，应当依法合理把握追究刑事责任的范围，贯彻宽严相济刑事政策，重点打击出资者、经营者和主要获利者，既要防止不当缩小追究刑事责任的人员范围，又要防止打击面过大。

为了单位利益，实施环境污染行为，并具有下列情形之一的，应当认定为单位犯罪：（1）经单位决策机构按照决策程序决定的；（2）经单位实际控制人、主要负责人或者授权的分管负责人决定、同意的；（3）单位实际控制人、主要负责人或者授权的分管负责人得知单位成员个人实施环境污染犯罪行为，并未加以制止或者及时采取措施，而是予以追认、纵容或者默许的；（4）使用单位营业执照、合同书、公章、印鉴等对外开展活动，并调用单位车辆、船舶、生产设备、原辅材料等实施环境污染犯罪行为的。

单位犯罪中的“直接负责的主管人员”，一般是指对单位犯罪起决定、批准、组织、策划、指挥、授意、纵容等作用的主管人员，包括单位实际控制人、主要负责人或者授权的分管负责人、高级管理人员等；“其他直接责任人员”，一般是指在直接负责的主管人员的指挥、授意下积极参与实施单位犯罪或者对具体实施单位犯罪起较大作用的人员。

对于应当认定为单位犯罪的环境污染犯罪案件，公安机关未作为单位犯罪移送审查起诉的，人民检察院应当退回公安机关补充侦查。对于应当认定为单位犯罪的环境污染犯罪案件，人民检察院只作为自然人犯罪起诉的，人民法院应当建议人民检察院对犯罪单位补充起诉。

2. 关于犯罪未遂的认定

会议针对当前办理环境污染犯罪案件中，能否认定污染环境罪（未遂）的问题进行了讨论。会议认为，当前环境执法工作形势比较严峻，一些行为人拒不配合执法检查、接受检查时弄虚作假、故意逃避法律追究的情形时有发生，因此对于行为人已经着手实施非法排放、倾倒、处置有毒有害污染物的行为，由于有关部门查处或者其他意志以外的原因未得逞的情形，可以污染环境罪（未遂）追究刑事责任。

3. 关于主观过错的认定

会议针对当前办理环境污染犯罪案件中，如何准确认定犯罪嫌疑人、被告人主观过错的问题进行了讨论。会议认为，判断犯罪嫌疑人、被告人是否具有环境污染犯罪的故意，应当依据犯罪嫌疑人、被告人的任职情况、职业经历、专业背景、培训经历、本人因同类行为受到行政处罚或者刑事追究情况以及污染物种类、污染方式、资金流向等证据，结合其供述，进行综合分析判断。

实践中，具有下列情形之一，犯罪嫌疑人、被告人不能作出合理解释的，可以认定其故意实施环境污染犯罪，但有证据证明确系不知情的除外：（1）企业没有依法通过环境影响评价，或者未依法取得排污许可证，排放污染物，或者已经通过环境影响评价并且防治污染设施验收合格后，擅自更改工艺流程、原辅材料，导致产生新的污染物质的；（2）不使用验收合格的防治污染设施或者不按规范要求使用的；（3）防治污染设施发生故障，发现后不及时排除，继续生产放任污染物排放的；（4）生态环境部门责令限制生产、停产整治或者予以行政处罚后，继续生产放任污染物排放的；（5）将危险废物委托第三方处置，没有尽到查验经营许可的义务，或者委托处置费用明显低于市场价格或者处置成本的；（6）通过暗管、渗井、渗坑、裂隙、溶洞、灌注等逃避监管的方式排放污染物的；（7）通过篡改、伪造监测数据的方式排放污染物的；（8）其他足以认定的情形。

4. 关于生态环境损害标准的认定

会议针对如何适用《环境解释》第一条、第三条规定的“造成生态环境严重损害的”“造成生态环境特别严重损害的”定罪量刑标准进行了讨论。会议指出，生态环境损害赔偿制度是生态文明制度体系的重要组成部分。党中央、国务院高度重视生态环境损害赔偿工作，党的十八届三中全会明确提出对造成生态环境损害的责任者严格实行赔偿制度。2015 年，中央办公厅、国务院办公厅印发《生态环境损害赔偿制度改革试点方案》（中办发〔2015〕57 号），在吉林等 7 个省市部署开展改革试点，取得明显成效。2017 年，中央办公厅、国务院办公厅印发《生态环境损害赔偿制度改革方案》（中办发〔2017〕68 号），在全国范围内试行生态环境损害赔偿制度。

会议指出，《环境解释》将造成生态环境损害规定为污染环境罪的定罪量刑标准之一，是为了与生态环境损害赔偿制度实现衔接配套，考虑到该制度尚在试行过程中，《环境解释》作了较原则的规定。司法实践中，一些省市结合本地区工作实际制定了具体标准。会议认为，在生态环境损害赔偿制度试行阶段，全国各省（自治区、直辖市）可以结合本地实际情况，因地制宜，因时制宜，根据案件具体情况准确认定“造成生态环境严重损害”和“造成生态环境特别严重损害”。

5. 关于非法经营罪的适用

会议针对如何把握非法经营罪与污染环境罪的关系以及如何具体适用非法经营罪的问题进行了讨论。会议强调，要高度重视非法经营危险废物案件的办理，坚持全链条、全环节、全流程对非法排放、倾倒、处置、经营危险废物的产业链进行刑事打击，查清犯罪网络，深挖犯罪源头，斩断利益链条，不断挤压和铲除此类犯罪滋生蔓延的空间。

会议认为，准确理解和适用《环境解释》第六条的规定应当注意把握两个原则：一要坚持实质判断原则，对行为人非法经营危险废物行为的社会危害性作实质性判断。比如，一些单位或者个人虽未依法取得危险废物经营许可证，但其收集、贮存、利用、处置危险废物经营活动，没有超标排放污染物、非法倾倒污染物或者其他违法造成环境污染情形的，则不宜以非法经营罪论处。二要坚持综合判断原则，对行为人非法经营危险废物行为根据其在犯罪链条中的地位、作用综合判断其社会危害性。比如，有证据证明单位或者个人的无证经营危险废物行为属于危险废物非法经营产业链的一部分，并且已经形成了分工负责、利益均沾、相对固定的犯罪链条，如果行为人或者与其联系紧密的上游或者下游环节具有排放、倾倒、处置危险废物违法造成环境污染的情形，且交易价格明显异常的，对行为人可以根据案件具体情况在污染环境罪和非法经营罪中，择一重罪处断。

6. 关于投放危险物质罪的适用

会议强调，目前我国一些地方环境违法犯罪活动高发多发，刑事处罚威慑力不强的问题仍然突出，现阶段在办理环境污染犯罪案件时必须坚决贯彻落实中央领导同志关于重典治理污染的指示精神，把刑法和《环境解释》的规定用足用好，形成对环境污染违法犯罪的强大震慑。

会议认为，司法实践中对环境污染行为适用投放危险物质罪追究刑事责任时，应当重点审查判断行为人的主观恶性、污染行为恶劣程度、污染物的毒害性危险性、污染持续时间、污染结果是否可逆、是否对公共安全造成现实、具体、明确的危险或者危害等各方面因素。对于行为人明知其排放、倾倒、处置的污染物含有毒害性、放射性、传染病病原体等危险物质，仍实施环境污染行为放任其危害公共安全，造成重大人员伤亡、重大公私财产损失等严重后果，以污染环境罪论处明显不足以罚当其罪的，可以按投放危险物质罪定罪量刑。实践中，此类情形主要是向饮用水水源保护区，饮用水供水单位取水口和出水口，南水北调水库、干渠、涵洞等配套工程，重要渔业水体以及自然保护区核心区等特殊保护区域，排放、倾倒、处置毒害性极强的污染物，危害公共安全并造成严重后果的情形。

7. 关于涉大气污染环境犯罪的处理

会议针对涉大气污染环境犯罪的打击处理问题进行了讨论。会议强调，打赢蓝天保卫战是打好污染防治攻坚战的重中之重。各级人民法院、人民检察院、公安机关、生态环境部门要认真分析研究全国人大常委会大气污染防治法执法检查发现的问题和提出的建议，不断加大对涉大气污染环境犯罪的打击力度，毫不动摇地以法律武器治理污染，用法治力量保卫蓝天，推动解决人民群众关注的突出大气环境问题。

会议认为，司法实践中打击涉大气污染环境犯罪，要抓住关键问题，紧盯薄弱环节，突出打击重点。对重污染天气预警期间，违反国家规定，超标排放二氧化硫、氮氧化物，受过行政处罚后又实施上述行为或者具有其他严重情节的，可以适用《环境解释》第一条第十八项规定的“其他严重污染环境的情形”追究刑事责任。

8. 关于非法排放、倾倒、处置行为的认定

会议针对如何准确认定环境污染犯罪中非法排放、倾倒、处置行为进行了讨论。会议认为，司法实践中认定非法排放、倾倒、处置行为时，应当根据《固体废物污染环境防治法》和《环境解释》的有关规定精神，从其行为方式是否违反国家规定或者行业操作规范、污染物是否与外环境接触、是否造成环境污染的危险或者危害等方面进行综合分析判断。对名为运输、贮存、利用，实为排放、倾倒、处置的行为应当认定为非法排放、倾倒、处置行为，可以依法追究刑事责任。比如，未采取相应防范措施将没有利用价值的危险废物长期贮存、搁置，放任危险废物或者其有毒有害成分大量扬散、流失、泄漏、挥发，污染环境的。

9. 关于有害物质的认定

会议针对如何准确认定刑法第三百三十八条规定的“其他有害物质”的问题进行了讨论。会议认为，办理非法排放、倾倒、处置其他有害物质的案件，应当坚持主客观相一致原则，从行为人的主观恶性、污染行为恶劣程度、有害物质危险性毒害性等方面进行综合分析判断，准确认定其行为的社会危害性。实践中，常见的有害物质主要有：工业危险废物以外的其他工业固体废物；未经处理的生活垃圾；有害大气污染物、受控消耗臭氧层物质和有害水污染物；在利用和处置过程中必然产生有毒有害物质的其他物质；国务院生态环境保护主管部门会同国务院卫生主管部门公布的有毒有害污染物名录中的有关物质等。

10. 关于从重处罚情形的认定

会议强调，要坚决贯彻党中央推动长江经济带发展的重大决策，为长江经济带共抓大保护、不搞大开发提供有力的司法保障。实践中，对于发生在长江经济带十一省（直辖市）的下列环境污染犯罪行为，可以从重处罚：（1）跨省（直辖市）排放、倾倒、处置有放射性的废物、含传染病病原体的废物、有毒物质或者其他有害物质的；（2）向国家确定的重要江河、湖泊或者其他跨省（直辖市）江河、湖泊排放、倾倒、处置有放射性的废物、含传染病病原体的废物、有毒物质或者其他有害物质的。

11. 关于严格适用不起诉、缓刑、免予刑事处罚

会议针对当前办理环境污染犯罪案件中如何严格适用不起诉、缓刑、免予刑事

处罚的问题进行了讨论。会议强调，环境污染犯罪案件的刑罚适用直接关系加强生态环境保护打好污染防治攻坚战的实际效果。各级人民法院、人民检察院要深刻认识环境污染犯罪的严重社会危害性，正确贯彻宽严相济刑事政策，充分发挥刑罚的惩治和预防功能。要在全面把握犯罪事实和量刑情节的基础上严格依照刑法和刑事诉讼法规定的条件适用不起诉、缓刑、免予刑事处罚，既要考虑从宽情节，又要考虑从严情节；既要做到刑罚与犯罪相当，又要做到刑罚执行方式与犯罪相当，切实避免不起诉、缓刑、免予刑事处罚不当适用造成的消极影响。

会议认为，具有下列情形之一的，一般不适用不起诉、缓刑或者免予刑事处罚：（1）不如实供述罪行的；（2）属于共同犯罪中情节严重的主犯的；（3）犯有数个环境污染犯罪依法实行并罚或者以一罪处理的；（4）曾因环境污染违法犯罪行为受过行政处罚或者刑事处罚的；（5）其他不宜适用不起诉、缓刑、免予刑事处罚的情形。

会议要求，人民法院审理环境污染犯罪案件拟适用缓刑或者免予刑事处罚的，应当分析案发前后的社会影响和反映，注意听取控辩双方提出的意见。对于情节恶劣、社会反映强烈的环境污染犯罪，不得适用缓刑、免予刑事处罚。人民法院对判处缓刑的被告人，一般应当同时宣告禁止令，禁止其在缓刑考验期内从事与排污或者处置危险废物有关的经营活动。生态环境部门根据禁止令，对上述人员担任实际控制人、主要负责人或者高级管理人员的单位，依法不得发放排污许可证或者危险废物经营许可证。

三

会议要求，各部门要认真执行《环境解释》和原环境保护部、公安部、最高人民检察院《环境保护行政执法与刑事司法衔接工作办法》（环环监〔2017〕17号）的有关规定，进一步理顺部门职责，畅通衔接渠道，建立健全环境行政执法与刑事司法衔接的长效工作机制。

12. 关于管辖的问题

会议针对环境污染犯罪案件的管辖问题进行了讨论。会议认为，实践中一些环境污染犯罪案件属于典型的跨区域刑事案件，容易存在管辖不明或者有争议的情况，各级人民法院、人民检察院、公安机关要加强沟通协调，共同研究解决。

会议提出，跨区域环境污染犯罪案件由犯罪地的公安机关管辖。如果由犯罪嫌疑人居住地的公安机关管辖更为适宜的，可以由犯罪嫌疑人居住地的公安机关管辖。犯罪地包括环境污染行为发生地和结果发生地。“环境污染行为发生地”包括环境污染行为的实施地以及预备地、开始地、途经地、结束地以及排放、倾倒污染物的车船停靠地、始发地、途经地、到达地等地点；环境污染行为有连续、持续或者继续状态的，相关地方都属于环境污染行为发生地。“环境污染结果发生地”包括污染物排放地、倾倒地、堆放地、污染发生地等。

多个公安机关都有权立案侦查的，由最初受理的或者主要犯罪地的公安机关立案侦查，管辖有争议的，按照有利于查清犯罪事实、有利于诉讼的原则，由共同的上级公安机关协调确定的公安机关立案侦查，需要提请批准逮捕、移送审查起诉、提起公诉的，由该公安机关所在地的人民检察院、人民法院受理。

13. 关于危险废物的认定

会议针对危险废物如何认定以及是否需要鉴定的问题进行了讨论。会议认为，根据《环境解释》的规定精神，对于列入《国家危险废物名录》的，如果来源和相应特征明确，司法人员根据自身专业技术知识和工作经验认定难度不大的，司法机关可以依据名录直接认定。对于来源和相应特征不明确的，由生态环境部门、公安机关等出具书面意见，司法机关可以依据涉案物质的来源、产生过程、被告人供述、证人证言以及经批准或者备案的环境影响评价文件等证据，结合上述书面意见作出是否属于危险废物的认定。对于需要生态环境部门、公安机关等出具书面认定意见的，区分下列情况分别处理：（1）对已确认固体废物产生单位，且产废单位环评文件中明确为危险废物的，根据产废单位建设项目环评文件和审批、验收意见、案件笔录等材料，可对照《国家危险废物名录》等出具认定意见。（2）对已确认固体废物产生单位，但产废单位环评文件中未明确为危险废物的，应进一步分析废物产生工艺，对照判断其是否列入《国家危险废物名录》。列入名录的可以直接出具认定意见；未列入名录的，应根据原辅材料、产生工艺等进一步分析其是否具有危险特性，不可能具有危险特性的，不属于危险废物；可能具有危险特性的，抽取典型样品进行检测，并根据典型样品检测指标浓度，对照《危险废物鉴别标准》（GB5085. 1－7）出具认定意见。（3）对固体废物产生单位无法确定的，应抽取典型样品进行检测，根据典型样品检测指标浓度，对照《危险废物鉴别标准》（GB5085. 1－7）出具认定意见。对确需进一步委托有相关资质的检测鉴定机构进行检测鉴定的，生态环境部门或者公安机关按照有关规定开展检测鉴定工作。

14. 关于鉴定的问题

会议指出，针对当前办理环境污染犯罪案件中存在的司法鉴定有关问题，司法部将会同生态环境部，加快准入一批诉讼急需、社会关注的环境损害司法鉴定机构，加快对环境损害司法鉴定相关技术规范和标准的制定、修改和认定工作，规范鉴定程序，指导各地司法行政机关会同价格主管部门制定出台环境损害司法鉴定收费标准，加强与办案机关的沟通衔接，更好地满足办案机关需求。

会议要求，司法部应当根据《关于严格准入严格监管提高司法鉴定质量和公信力的意见》（司发〔2017〕11 号）的要求，会同生态环境部加强对环境损害司法鉴定机构的事中事后监管，加强司法鉴定社会信用体系建设，建立黑名单制度，完善退出机制，及时向社会公开违法违规的环境损害司法鉴定机构和鉴定人行政处罚、行业惩戒等监管信息，对弄虚作假造成环境损害鉴定评估结论严重失实或者违规收取高额费用、情节严重的，依法撤销登记。鼓励有关单位或者个人向司法部、生态环境部举报环境损害司法鉴定机构的违法违规行为。

会议认为，根据《环境解释》的规定精神，对涉及案件定罪量刑的核心或者关键专门性问题难以确定的，由司法鉴定机构出具鉴定意见。实践中，这类核心或者关键专门性问题主要是案件具体适用的定罪量刑标准涉及的专门性问题，比如公私财产损失数额、超过排放标准倍数、污染物性质判断等。对案件的其他非核心或者关键专门性问题，或者可鉴定也可不鉴定的专门性问题，一般不委托鉴定。比如，适用《环境解释》第一条第二项“非法排放、倾倒、处置危险废物三吨以上”的规定对当事人追究刑事责任的，除可能适用公私财产损失第二档定罪量刑标准的以外，则不应再对公私财产损失数额或者超过排放标准倍数进行鉴定。涉及案件定罪量刑的核心或者关键专门性问题难以鉴定或者鉴定费用明显过高的，司法机关可以结合案件其他证据，并参考生态环境部门意见、专家意见等作出认定。

15. 关于监测数据的证据资格问题

会议针对实践中地方生态环境部门及其所属监测机构委托第三方监测机构出具报告的证据资格问题进行了讨论。会议认为，地方生态环境部门及其所属监测机构委托第三方监测机构出具的监测报告，地方生态环境部门及其所属监测机构在行政执法过程中予以采用的，其实质属于《环境解释》第十二条规定的“环境保护主管部门及其所属监测机构在行政执法过程中收集的监测数据”，在刑事诉讼中可以作为证据使用。

最高人民法院环境资源司法研究中心会议纪要（节选）

（2018年度例会）

（一）

会议听取并审议通过最高人民法院环境资源审判庭副庭长、第三巡回法庭副庭长王旭光所作的《最高人民法院环境资源司法研究中心暨学术委员会工作情况报告》。一年来，最高人民法院环境资源司法研究中心认真贯彻江必新主任和吕忠梅副主任工作要求，充分发挥智库作用，通过积极参与立法建议，完善中心工作机制，强化专业人才培养，加强对理论研究基地和实践基地的工作指导，开展环境司法宣传与国际交流合作，在国内外形成良好声势和较高的影响力。同时，中心工作也存在统筹规划不够，创新动力不足，研究内容和方法同质化和低水平重复现象，需要认真研究解决。中心将进一步学习贯彻习近平生态文明思想，不断完善工作机制，加强对理论研究基地和实践基地的工作指导，努力推动中心工作在生态文明司法建设方面发挥更大更好作用。

（三）

会议总结了最高人民法院环境资源司法研究中心学术委员会一年来的工作并对下一阶段的工作安排进行讨论。武汉大学教授、最高人民法院环境资源司法研究中心学术委员会副主任王树义表示，武汉大学基地以环境诉讼程序专门化为研究重点，翻译出版国外环境司法专著，介绍印度、菲律宾等域外环境诉讼程序司法经验和理论体系。建议中心和学术委员会在下一阶段工作中建立理论研究基地和实践基地协调对接机制，促进环境司法理论研究与实践相结合；进一步加强国际交流与合作，组织域外培训与考察，扩展环境资源法官和基地学者视野，借鉴域外有益经验。天津大学教授、最高人民法院环境资源司法研究中心学术委员会副主任孙佑海表示，天津大学基地将在坚持以环境损害司法鉴定评估和环境诉讼程序为基地工作特色的同时，通过召开国际学术会议等学术交流方式，探索环境资源案件诉讼和非诉讼解纷机制的衔接工作，争取尽早完成最高人民法院委托起草的《关于环境损害司法鉴定意见的若干规定》的论证和修改工作。建议中心和学术委员会坚持以贯彻习近平生态文明思想为总原则，提高政治站位，为更好发挥环境资源审判职能作用提供智力支持。清华大学教授、最高人民法院环境资源司法研究中心学术委员会副主任王明远提交书面意见表示，完全同意对既有工作的回顾和总结，完全同意和支持中心未来工作计划，赞同江必新主任指示。建议中心在公开性大规模工作会议和研讨会之外，针对重要热点和难点问题召开或积极参与小规模、高层次的内部性理论会议，广开言路、集思广益，为领导层决策提供全面和高质量的理论参考依据。中国应用法学研究所副所长、最高人民法院环境资源司法研究中心副主任、学术委员会委员曹守晔表示，法研所作为中心依托单位高度重视和支持中心工作，今年已有专门招收的环境资源方向博士后顺利出站。为进一步落实习近平生态文明思想，落实周强院长在会见清华大学陈旭书记来访时的讲话精神，一是建议中心与清华大学、武汉大学等高校开展试点合作，联合培养跨学科的环境资源法方向博士后，以学校管理为主，由研究中心和学校具有博导资格的研究人员联合指导，秘书处具体负责联络，优化人才资源配置，完善人才融合培养机制；二是建议加强环境资源案例指导和类案研究工作，为统一裁判尺度、正确适用法律、公平公正司法、提高司法公信加油助力。最高人民法院环境资源审判庭副庭长、环境资源司法研究中心秘书长魏文超表示，中心和学术委员会认真贯彻江必新主任和吕忠梅副主任的工作要求，服务环境资源审判实践，积极拓展国际合作方式。建议中心和学术委员会加强基地工作管理，研究完善基地工作评估、末位淘汰机制；建议依托现有资源和机制，在典型案例培育和发布、解决审判实践突出问题等方面继续推进工作。最高人民法院环境资源审判庭专职党务干部（廉政监察员）、环境资源司法研究中心学术委员会委员李明义表示，非常荣幸当选学术委员会委员，希望能在学术委员会提升研究能力、加强学风建设、规范制度建设、服务环境资源审判工作等方面尽责履职。最高人民法院环境资源审判庭审判长、最高人民法院环境资源司法研究中心副秘书长刘小飞汇报了中心下一阶段的重点工作安排：一是起草中国环境资源审判白皮书，争取2019年春节前发布；二是组织编写环境资源法官培训系列教材，该系列第一本《生态环境损害赔偿诉讼理论与实务指南》正在编写过程中；三是拟于2019年年中与欧洲环保协会、亚洲开发银行合作召开国际研讨会；四是拟于2019年第三季度召开理论研究基地和实践基地第四次联席会；五是制定基地工作办法。下一步将进一步研究推进理论研究基地和实践基地工作对接具体措施，研究完善基地退出机制。

全国政协社会和法制委员会驻会副主任、清华大学法学院双聘教授、最高人民法院环境资源司法研究中心副主任、学术委员会主任吕忠梅指出，中心和学术委员会一年来坚持绿色司法理念，在提出立法建议、推动立法修改、加强人才培养、开展国际交流等方面取得了突出成绩。今后中心和学术委员会工作，要认真贯彻落实习近平生态文明思想、秉持“最严生态法治观”谋划中心工作，研究制定中心和学术委员会长期工作规划，探索建立中心年度重点课题发布制度；要积极探索理论研究基地和实践基地相结合的机制化安排，推动理论基地研究人员获得实践锻炼、环境资源法官进行短期进修成为工作常态，帮助理论基地和实践基地开展合作研究、申报课题、产出标志性成果、完成成果转化，指导环境司法实践；要坚持走中国特色环境资源司法道路，重点围绕“一带一路”建设等国家重大战略布局，积极争取建立以中国为主场的环境法治论坛，发出中国绿色审判好声音，增强在国际环境司法中的影响力和话语权；要加强对基地工作的管理，建立科学合理的考核机制，适当引入第三方评估机制，完善基地退出制度；要拓展中心与高校、科研机构合作，建构中心与高校联合培养环境资源法方向高层次人才合作框架，打造具有品牌效应的环境资源人才培养和学术交流平台。

最高人民法院党组副书记、副院长、最高人民法院环境资源司法研究中心主任江必新同志指出，要牢固树立“四个意识”、践行“两个维护”，认真学习贯彻习近平新时代中国特色社会主义思想，贯彻落实习近平生态文明思想，精准把握习近平生态文明思想的精神内涵，以新时代环境司法理念引领中心工作。中心开展各项工作，要坚持正确政治方向，坚定不移走中国特色社会主义法治道路，确保环境司法理论研究和实务工作始终为党和国家大局服务。要准确把握人民群众追求美好生活过程中的多样化、多层次的环境资源司法需求，将人民群众对优美生态环境和公平正义的需求作为中心工作的根本出发点和落脚点。以解决人民群众强烈关切的突出生态环境问题为工作方向，合理借鉴吸收域外经验，努力构建中国特色环境资源司法理论体系。

江必新强调，做好中心工作，一是要做好通篇统筹谋划工作。要明确中心工作目标和方向，充分发挥环境资源司法研究中心的理论引领和决策参谋功能，站在环境司法发展全局的高度，做好顶层设计。中心要根据工作实际，制定年度工作要点和做好年度工作总结，探索建立中心年度重点课题发布制度，确保责任分工落实到位。二是要努力促进理论与实践相结合。要指导各基地将环境资源审判实践中反映强烈、亟待解决的问题作为研究的方向和重点，积极搭建平台，帮助理论研究基地和有意向的实践基地“结对子”，共同开展课题研究，把理论研究基地和实践基地的不同资源结合为一个有机整体。要规范理论研究基地和实践基地需求对接机制，促进资源共享，提高信息资源利用质效，避免研究分散化和低端同质化。要善于学习借鉴国外环境司法理论和实践的有益成果和经验，总结具有中国特色的环境司法理论和实践经验。三是要着力推出标志性的研究成果。要建设高水平的研究平台，着力推出高水平优秀成果。中心要按照“八个一”的要求规划工作，即每年联合发布环境资源审判白皮书和专门化研究报告、出版一本论文集、编辑一本典型案例集、召开一次国内学术研讨会、召开一次国际研讨会、培养一至两名环境资源方向高层次研究人才、组织一次域外考察访问、推出一到两个优秀基地经验。四是要不断扩大研究中心影响力。要加强与环保行政主管部门、高校和科研机构的合作，推动环境资源司法裁判与行政执法规则相协调，加强环境司法人才梯队培养工作。要秉持开放的观点，加强与国外司法机构、学术机构、国际组织在环境资源司法领域的对话交流和务实合作，不断拓展合作方式和渠道，展示中国形象、讲好中国故事，力争把中心建设成为环境司法领域重量级的国际交流平台，不断提升中国环境司法的国际影响力。五是要继续完善中心研究机制。要完善中心与高校、科研机构、相关部委，尤其是自然资源部、生态环境部的合作机制，融合各渠道的研究资源，打造研究中心的智库品牌。要健全理论研究基地和实践基地科学考评机制和动态调整机制，对认识不到位、机制不健全、评估不合格的基地，实行末位淘汰。要完善人才培养机制，加大理论研究与司法实践人才的融合力度，依托研修学者制度，构筑环境资源理论研究人才与司法审判人才的培养机制。

（四）

会议审议通过了 2019 年度重点工作：一是继续做好起草发布环境资源审判白皮书和年度报告绿皮书工作；二是做好与亚洲开发银行、欧洲环保协会合作召开国际研讨会筹备工作；三是继续做好召开中心理论研究基地和实践基地联席会议工作；四是继续做好环境资源司法方向高层次人才培养工作。

代后记
加强环境资源案例研究　提升环境资源法治水平

案例指导是一项具有中国特色的司法制度。中国实行案例指导制度，可以说是一项富有远见而正确的、有利于统一法律适用维护司法公正的改革举措。党的十八届四中全会提出“加强和规范司法解释和案例指导，统一法律适用标准”，这是党中央文献中首次对案例指导提出明确要求。2018年10月，《中华人民共和国人民法院组织法》由第十三届全国人民代表大会常务委员会第六次会议修订通过，自2019年1月1日起施行，其中第十八条规定：“最高人民法院可以对属于审判工作中具体应用法律的问题进行解释。最高人民法院可以发布指导性案例。”指导性案例写进法律，充分说明了它的重要性。指导性案例为案件裁判提供具体、明确的指导和参照，能够更好地保证人民法院统一、公正地适用法律，规范法官自由裁量权的行使，对法律制度完善和弘扬社会主义核心价值观发挥着重要作用。案例指导制度的良好运行能够培养法官正确的法律思维模式和方法，同时对法官自由裁量权予以必要的规范。

《中国法院环境资源裁判规则与案例精析》精选典型案例、提炼裁判规则、剖析审判思路，加强对典型案例讲法说理的研究分析，是进一步加强案例指导工作的重要举措。加强司法案例分析研究，是贯彻落实全面依法治国、促进国家治理体系与治理能力现代化的必然要求，是促进审判体系与审判能力现代化的重要举措，是完善法律体系、丰富法学理论研究、弘扬法治精神的有效载体，是传承司法文明、增强文化自信、增进司法交流的重要途径。加强案例分析的根本目的是统一法律适用，实现类案类判同案同判。通过解剖麻雀总结审判经验、统一裁判规则和标准、提高审判质效，使抽象的法律规则和概念更明确、更具操作性，不但起到正确解释和适用法律的作用，而且最终实现公正司法。

《中国法院环境资源裁判规则与案例精析》以案释法。案例作为司法经验和智慧的结晶，是审判案件的重要参考依据和法学研究的实践素材，通过承办法官、专家法官对生效案例抽丝剥茧鞭辟入里的分析、研究、应用探讨、交流，有利于法治宣传和法制教育，提升司法能力和水平。

《中国法院环境资源裁判规则与案例精析》提炼规则。发挥生效案例的引导、示范、参考、参照和教育功能，有利于规范自由裁量权，统一裁判尺度，促进审判执行工作开展，推进法治中国建设。各级人民法院正在审理的案件，在基本案情和法律适用方面，与最高人民法院发布的指导性案例、典型案例相类似而法律司法解释没有明确具体规定的，应当参照相关案例的裁判要点裁判规则作出裁决。

《中国法院环境资源裁判规则与案例精析》剖析法理。通过案例注释法理分析，立足已知、研究未知、探索新知，总结个案的成功经验，不断发展符合中国实际、具有中国特色、体现司法规律和社会发展规律的社会主义法治理论，推进中国特色社会主义法治理论研究，加强法治人才培养，为社会主义法治建设作出贡献。

风皱池水，春落枝头，春风骀荡，绿色满眼。己亥春分时节，《中国法院环境资源裁判规则与案例精析》完稿问世。为克服指导性案例数量供给不足、专业性不强、理论分析常常囿于篇幅而难以说透等不足，2018 年 3 月以来，中国法制出版社黄会丽编辑精心策划，编务次晓宇广泛征稿，四级法院积极参加，各位优秀法官论文作者精选精析奋笔疾书，提供了高质量的案例分析文章，比如其中重庆市人民政府、重庆两江志愿服务发展中心诉重庆藏金阁物业管理有限公司、重庆首旭环保科技有限公司水污染责任纠纷案在 2018 年度全国法院优秀案例分析活动当中荣获一等奖；博士后何建法官、杨俊芳法官、曹文召检察官、博士研究生高晓丹处长和博士后潘静、博士后王琪、硕士研究生曹夏梦等反复核对认真编辑，我本人也三审其稿，大法官江必新教授最终审定，终成此书。希望它的付梓出版对法官、检察官、律师等法律工作者办理环境资源案件，对于环境资源法学工作者的研究教学有所指导和参考，希望对绿色发展理念的宣传，对节约资源保护环境和建设生态文明有所裨益和促进。

最高人民法院环境资源司法研究中心副主任

中国审判理论研究会民商事审判专委会副主任

2019 年 3 月 21 日

图书在版编目（CIP）数据

中国法院环境资源裁判规则与案例精析/最高人民法院环境资源司法研究中心编著．—北京：中国法制出版社，2019.3

ISBN 978-7-5216-0086-5

Ⅰ.①中… Ⅱ.①最… Ⅲ.①环境保护法-审判-研究-中国②环境保护法-案例-中国 Ⅳ.①D922.68

中国版本图书馆CIP数据核字（2019）第049535号

策划编辑：黄会丽（903980831@qq.com）
责任编辑：黄会丽　赵律玮　　封面设计：李　宁

中国法院环境资源裁判规则与案例精析

ZHONGGUO FAYUAN HUANJING ZIYUAN CAIPAN GUIZE YU ANLI JINGXI

编著/最高人民法院环境资源司法研究中心
经销/新华书店
印刷/三河市紫恒印装有限公司
开本/710毫米×1030毫米　16开　　印张/28.75　字数/420千
版次/2019年3月第1版　　2019年3月第1次印刷

中国法制出版社出版
书号 ISBN 978-7-5216-0086-5　　定价：98.00元

北京西单横二条2号
邮政编码 100031　　传真：66031119
网址：http：//www.zgfzs.com　　**编辑部电话：010-66070084**
市场营销部电话：010-66033393　　**邮购部电话：010-66033288**

（如有印装质量问题，请与本社印务部联系调换。电话：010-66032926）